教育部推荐教材

21 世纪经济学系列教材

现代公司制度概论

（第二版）

徐茂魁　著

中国人民大学出版社

21世纪经济学系列教材

总　序

"21 世纪经济学系列教材"在中国人民大学经济学院及相关财经院系广大教师的共同努力下终于逐步推出。这是中国人民大学经济学院建院以来的重要成果之一，也是国家教育部中国人民大学经济学理论人才培养基地的重要成果。

中国人民大学经济学院最早成立于 1988 年，由著名经济学家黄达任首任院长。1998 年经济学院进行了调整，下设经济学系、国际经济系、经济研究所以及中国改革与发展研究院。中国人民大学经济学院的前身可以追溯到 1951 年创办的中国人民大学经济学系。建国初期，经济学系曾为我国培养了大批马克思主义经济理论人才和经济工作者，更重要的是，在改革开放时期，为推进社会主义市场经济理论做出了积极的贡献。经济学院重建以后，在理论创新、教学改革、队伍建设等方面都取得了辉煌的成就。1991—1998 年，经济学院共承担国家社会科学基金科研项目 55 项，获得国家和省部级科研奖 31 项。1998 年，经过严格评审，中国人民大学经济学院被教育部确定为国家经济学理论人才培养基地。

经济学院在经济学教材建设方面做出了重要的贡献。早在五六十年代和改革开放初期，《政治经济学概论》、《政治经济学简明教程》、《〈资本论〉典故注释》、《帝国主义政治经济学》、《经济学说史》、《中国近代经济史》等，就曾作为我国高校经济学专业的权威性教材，影响了几代经济学子。近些年来，经济学院又出版了《政治经济学》、《社会主义市场经济通论》、《现代西方经济学》、《发展经济学》、《世界经济》、《国际经济学》、《国际贸易教程》等教材，以及研究生教材《西方经济学》等；此外，还翻译了包括萨缪尔森的《经济学》和斯蒂格利茨的《经济学》等著名的国外经济学教材。这些教材都在全国产生了重要的影响。

在进入21世纪的今天，中国人民大学经济学院及相关财经院系的中青年教师和科研人员，在老一辈经济学家的指导下，由中国人民大学理论经济学人才培养基地具体组织和策划，在总结过去教材建设经验尤其是改革开放以来经验的基础上，结合经济全球化的新形势、新格局，经过反复研究论证和精心写作，又推出了“21世纪经济学系列教材”。这套系列教材包括《政治经济学》、《西方经济学》、《财政学》、《货币银行学》、《国际经济学》、《统计学》、《会计学》、《计量经济学》、《世界经济史》、《国际贸易教程》、《经济学说史》、《〈资本论〉解读》、《信息经济学》、《产业组织理论》、《中国经济史》、《中华人民共和国经济史》、《现代公司制度概论》、《马克思主义经济思想史》、《产业经济学》、《当代西方经济学流派》、《国际贸易结算与信贷》等20多种。这套教材也是“国家经济学理论人才培养基地”的专用教材。这套系列教材作为经济学院的标志性教材和中国人民大学经济学理论人才培养基地的重要研究成果，坚持了马克思主义经济学基本理论，同时也反映了经济学理论的最新研究成果，具有基础性、通用性、创新性、前瞻性等特点。我们希望，通过这套教材的推出，进一步锻炼教师队伍，提高教学水平；同时，我们也希望通过这套教材的使用，不断探索经济学科的教学和科研的新路子，为经济学在中国的发展做出进一步的贡献。

由于受我们的理论水平和对社会主义市场经济规律的认识所限，特别是随着知识经济时代的到来，我们的传统知识包括传统的经济学知识，也要不断更新，所以这套教材还会存在许多不足之处。希望通过这套教材的出版，与经济学同仁一起研究和探讨，进一步提高经济学教材的编写水平，提高经济学教学和科研质量，为经济学的发展做出新的贡献。

丛书编委会

2000年11月

前 言

传统的国有企业是计划经济的产物，并成为计划经济体制的支柱。在建立社会主义市场经济体制的进程中，国有企业的改革、国有经济与市场机制的融合，必然成为中国经济改革的中心环节。本人从90年代初开始重点研究国有企业的公司制改革，从1993年开始讲授“股份经济学”的课程，从1994年开始进入股市，业绩虽平平，收获却颇多。积累了近10年的讲学、研究和实践，终于有了这本书的成果。

本书共分为三篇。第一篇是现代公司制度理论的简要概述，着重介绍现代公司制度和现代企业理论的发展，对公司制的特征和作用以及公司的产权制度进行分析。第二篇较为详细地介绍了公司制企业的运作，包括公司的设立、股份的发行、机构的设置、财务的管理和公司的资产重组等问题。第三篇对我国的国有企业公司制改革进行研究，包括坚持公司制改革的方向、国有企业的战略性调整和改组、发展企业集团、中小企业股份合作制改革的意义和存在的问题等。

本书中的以下一些问题希望能引起读者的关注：

1. 关于“现代企业制度”的理解。“现代企业制度”是在“企业制度”前加上一个时间限定词“现代”后组成的新概念，人们对它的含义还有不同的理解。我认为，现代企业制度不应是一个固定的概念，而应是一个相对的、动态的概念，在不同的历史时期有着不同的内容。一般而言，现代企业制度是指在现代市场经济中占有主导地位的、最具发展前途的企业制度。在现代市场经济中，企业制度的形式多种多样，但归根结底，可概括为私人业主制、合伙制、公司制和合作制四种企业制度，每种企业制度又可分为不同的亚种。在这四种企业制度中，只有公司制企业在现代市场经济中占有主导的和支配的地位，是最先进、最具发展前途的现代企业制度。国有型企业是一种特殊的“独资”企业，其产权性质是公有产权，产权结构类似于私人业主制。国有企业建立现代企业制度的改革，就是要进行公司制改革（参见第一章）。

2. 关于股份公司性质的理解。马克思指出，股份资本“直接取得了社会资本（即那些直接联合起来的个人的资本）的形式，而与私人资本相对立…… 这是作为私人财产的资本在资本主义生产方式本身范围内的扬弃。”[①] 这是对股份公司性质的科学概括。江泽民在党的十五大报告中指出：要努力寻找能够极大促进生产力发展的公有制实现形式。股份制是现代企业的一种资本组织形式，有利于所有权和经营权的分离，有利于提高企业和资本的运作效率，资本主义可以用，社会主义也可以用。实际上，股份制本身不存在“姓社姓资”、“是公是私”的问题，它既不是私有制，也不是公有制，而是财产的共有关系，或称为“混合所有制”（参见第一章）。

3. 关于股份公司产权制度的研究。公司产权制度的基本特征，是资本所有权与经营权的分离。在公司制度的初期，股份公司大都是家族控股式的企业，大股东直接选择或亲自出任董事长和财务主管，股东会的权力很大；经理人员则持股很少，是职业的管理人员，完全受董事会的控制。在现代的公司制度中，公司法人产权同经理控制权相分离。这时，股东会和董事会的权力被弱化，经理人员的控制权不断加强，并随着经理阶层地位的崛起而出现了所谓的“经理革命”。导致这种现象出现的主要原因，是股权的多元化、分散化和技术革命的发展，以及公司规模的扩大和生产经营活动的复杂化。公司的法人产权同控制权不同，公司法人产权控制在董事会手中，它是相对于资本所有权而言的；而公司的控制权掌握在经理人员手中，它是建立在公司法人产权制度基础之上的（参见第三章）。

4. 关于公司机构设置的国际比较。实现公司的资本所有权与经营权的分离，加强对经营者的监督和激励，是各国公司机构设置的共同出发点。不过，关于各国具体的监督模式的优劣，现在还难以下结论。英美法系的公司法采取了一元结构，其根源是深受信托法制度的影响。主流的公司理论认为，董事是信托法产生

---

① 马克思：《资本论》，第3卷，493页，北京，人民出版社，1975。

并行使职权的受托人，因而完全可以通过市场机制对受托人进行监督。大陆法系采取二元结构，与它们不属于信托制起源的国家有关，要求在公司内部寻求权力的制衡。缺乏制衡机制约束的公司制度，潜在的风险是巨大的。因此，德国等国家更多地借助监事会制度实现分权与监督。我国现在实行的是公司二元结构，是比较符合我国的基本国情的。但是，如果将我国的二元模式同大陆法系的二元结构进行比较，就会发现二者的明显差别。大陆法系的二元制是垂直式的结构，公司的董事会是监事会的派生机构，并对监事会负责，董事会在很大程度上受到监事会的制约。我国采取的是平行的二元制模式，董事会和监事会均由股东大会选举产生，二者在法律地位上是平等的，但实际上监事会的作用极为有限（参见第六章）。

5. 关于公司治理结构和经理人员股票期权制度的研究。在现代公司制度中，存在着出资者所有权与法人财产权、经理阶层的控制权的两级委托代理关系。由于存在着出资者与经营者的信息“不对称性”，难免出现代理人的“道德风险”问题。为了加强对经理人员的激励和监督，需要不断完善公司的治理结构。为了科学地评价经营管理人员的工作绩效，必须建立激励经营管理人员的薪酬制度。对高级管理人员（包括科技人员）实施股票期权制度，是国际通行的做法，被称为经理人的“金手铐”（参见第七章）。

6. 关于公司融资结构理论的评介及当前“债转股”绩效的研究。公司经营的目标是实现利润的最大化，以及实现公司的市场价值最大化。从一个公司的资产负债表来看，其左方资产的组合，反映着公司的未来利润流量，这几乎没有什么分歧。但是，公司资产负债表右方即融资结构是否会影响公司的价值，却是目前尚未完全解开的谜。公司融资结构理论起源于诺贝尔经济学奖获得者莫迪利安尼和米勒教授提出的 MM 定理，即证明公司的融资结构——“资本负债比率”——不影响公司价值。我国国有企业的“高负债率”引人关注，但国有企业资产负债率高，不是其亏损或低效益的原因，恰恰相反，应视其为企业长期效益不佳的结果（参见第九章）。

7. 关于国有企业公司制改革是不是搞“私有化”的研究。在西方国家近 20 年的“非国有化浪潮”后，出版了三本对此进行总结的书，都将“非国有化”、“国有民营”或股份制改造称为“私有化”。简言之，一切与“非国有化”运动有关的做法，都是“私有化”。“私有化”的这一定义能否用于我国的国有企业改革呢？不能。因为这一定义的理论前提，是面对以私有制为基础的资本主义制度，而没有涉及以公有制为基础的社会主义制度。它只注重了微观分析，没有注重宏观分析；只注重了企业产权制度的分析，没有注重社会经济制度的分析。有关资料表明，英国经过“轰轰烈烈”的私有化运动，到90年代初，国有企业在英国国内生产总值中的比重已从1979年的10.5%下降到6.5%左右。而依我们看来，英国在所谓的“私有化”之前，早就是真正的“私有化”了。我们认为，如果从社会主义和资本主义经济制度的根本区别——所有制结构出发，那么，所谓“私有化”的含义，就不仅仅指某些国有企业的产权和控制权向私人部门的转让，而是要改变整个社会的以公有制为主体的经济制度。从这个意义上说，只有苏联和东欧国家的剧变才称得上是真正意义上的“私有化”，我国国有企业公司制改革绝不是搞私有化（参见第十三章）。

8. 关于国有企业战略性调整和改组问题的研究。自党的十五大以来，我国逐步提出国有企业改革的总体方案，除了对国有企业进行公司制改革外，还要对国有经济布局进行战略性调整和战略性改组。国有经济的布局调整，所依据的是对国有经济的效益、功能和布局规律的分析。国有经济效益低下已是不争的事实，这既有政策原因，又有体制原因。因此，必须对国有经济进行有进有退的战略性调整；同时，这种调整要同完善所有制结构和产业升级结合起来。国有企业进行“抓大放小”的战略性改组，必须促进企业之间的资产重组，努力消除影响企业改组的种种障碍，包括产权制度的障碍、体制障碍和政策障碍等（参见第十三章）。

9. 关于我国发展企业集团和资本运营的研究。我国企业集团的发展，对我国的经济发展和经济改革已然产生了积极的影响。它有利于冲破“条块分割”的旧体制的束缚，促进企业组织结构的调整和改革，推动国有资产存量的合理流动与重组。但其中也存在一些问题，主要是对企业集团的性质和作用认识不足，存在着“一哄而上”的现象，许多企业集团只是有个空壳，实际上企业组织结构没有多少变化。资本运营是我国90年代以来开始流行的概念，实际上是控股公司发展到一定规模和阶段时必定要采取的战略选择。资本运营是以利润最大化和资本增值为目的、以价值管理为特征的，通过生产要素的优化配置和产业结构的动态调整，对企业的全部资产进行综合有效经营的一种经营方式。资本运营仍然属于企业经营的范畴，因此，资本运营与生产运营有着不可分割的联系，否则，资本运营将成为空中楼阁，必将促成“泡沫经济”的形成（参见第十五章）。

10. 关于中小企业股份合作制改革的功过得失的研究。近年来，随着“抓大放小”战略的实施，国有和集体中小型企业的股份合作制改革越来越引起全社会的关注。股份合作制实质上是一种新型的合作经济，从农村走向城市，从集体企业走向国有企业。股份合作制改革对明晰企业产权、提高经济效益具有重要意义，但也存在着很大的局限性，包括股份合作制在资金筹集、管理体制、积累机制、民主管理效率、承担风险等方面的局限性。股份合作制的上述问题，要求我们探寻股份合作制的再创新之路。在这方面，美国的“雇员持股计划”将会给我们许多有益的启发（参见第十五章）。

我的研究生郑炜、王志霞、刘培林、张泽晓分别参与了第 7 章～第 10 章部分章节初稿的编写工作。

作者　徐茂魁

内容简介

《现代公司制度概论》对现代公司制度的理论、运行和我国国有企业的公司制改革进行了全面的论述，是目前对公司制度进行的较为全面而系统研究的著作之一。它是中国人民大学21世纪系列教材之一，不仅适用于经济学与经济管理专业的教学，也是经济理论研究与经济管理人员的必要参考用书。

该书共分为三篇。第一篇对现代公司制度进行理论概述，着重介绍现代公司制度的性质、特征，以及20世纪70年代以来现代企业理论的发展，并对现代公司的产权制度进行了重点分析。第二篇考察现代公司的运作过程，不仅对公司的设立、机构设置、财务管理、可转换公司债券、资产重组和终止清算等公司运作的基本环节进行了全面的分析和介绍，还对现代公司制度在运作中出现的一些令人关注的重要理论和实践问题，如公司治理结构、经理人员的股票期权制度、公司的融资理论等，进行了深入研究和阐释。第三篇考察我国国有企业的公司制改革，研究了公有制实现形式多样化理论、国有企业股份制改革不是搞“私有化”、国有经济战略性调整与改组、国有中小企业股份合作制改革等重要理论问题。

作者简介

徐茂魁1947年生于北京，祖籍江苏无锡。现任中国人民大学经济学院教授、博士生导师，中国生产力经济学学会常务理事。主要从事中国经济改革与发展、现代公司制度、证券投资等方面的教学与研究。撰写和主编的主要著作有：《国有经济论》、《现代公司制度概论》、《马克思主义政治经济学研究述评》、《股份制企业》和《当代中国经济研究》等。发表的论文主要有：《中国二元经济结构的形成与发展》、《正确理解和把握马克思主义政治经济学的研究对象》、《对我国经济增长转型的认识》、《“二元结构”的中国股市如何涅槃》、《马克思虚拟资本理论的现代阐释》等。

目 录

第一篇 现代公司制度概述

第二篇　现代公司制企业的运作

第三篇 中国的公司制改革

第一篇

现代公司制度概述

第一章

现代公司制度的产生与发展

本章主要介绍有关现代公司制度的一些基础知识和理论，包括企业的性质与企业制度的类型，现代公司制度的产生与发展，现代公司制度的类型等。江泽民在党的十五大报告中，对股份制经济的性质及作用做了精辟的论述，并明确指出，实行公司制是国有大中型企业改革的方向。因此，对现代公司制度的研究，具有重要的理论意义与现实意义。

第一节　企业的特征与企业制度的演进

一、企业的基本特征

企业（enterprise）是在社会分工和商品经济条件下，集合生产要素（土地、劳动力、资本和技术），并在利润机制驱动和承担风险的条件下，为社会提供产品和服务的基本经济单位。企业不是一般的生产单位，而是一种生产商品的营利性机构。为取得利润，企业必须有一定的营业效率，而营业效率又来自于企业制度安排和经营管理的效率。制度安排的效率主要来自产权制度的效率；经营管理效率主要来自计划、组织、市场营销的绩效。

企业是一个历史的范畴，是社会生产力和商品经济发展到一定阶段的产物。早期的家庭手工业经济或手工业作坊，都不是企业。到了资本主义社会，随着雇佣劳动制度和手工业工场的发展，企业才成为社会的基本经济单位，成为市场经济中一种典型的生产经营的组织形式。在企业的参与者中，出资者成为“雇主”，其他人员为“雇员”。雇主对雇员拥有权威，并有权获取剩余收入；雇员在一定的限度内服从雇主的权威，并得到固定的工资和薪水。由于企业雇用许多工人，分工协作、共同劳动，从而极大地提高了劳动生产率。

企业作为基本的生产经营单位，具有以下特征：(1) 企业以商品经济和市场经济为基础，是取代家庭经济单位和作坊而出现的一种有更高生产效率的经济单位；(2) 企业直接为社会提供产品和劳务，并通过商品交换满足人们的某种需要；(3) 企业是一种较复杂的经济组织，行使企业应有的经济职能，包括生产经营的组织、管理、营销和分配等；(4) 企业生产经营的目的是为了取得利润，利润是企业经济效益的集中体现；(5) 企业是独立核算的经济实体，要自主经营、自负盈亏、自我约束和自我发展；(6) 企业是纳税单位，企业照章纳税是企业与国家之间唯一直接的经济关系。

二、企业制度的历史演进

所谓企业制度，是以企业产权制度为基础和核心的企业组织和管理的制度，包括企业筹资设立的资本组织形式、企业的法律地位、管理制度和分配制度等。其中，企业的资本组合形式，或者说企业的法律地位是企业制度的核心。

过去，我国习惯于根据企业的所有制形式，把企业类型分为国有企业、集体企业、个体企业、私营企业和外商投资企业。这种划分方法具有很大的局限性，它只适用于投资主体是单一所有制的情况。现代市场经济和社会化大生产的发展，客观上要求企业进行合资经营，实现资本的社会化。因此，从世界各国的企业法来看，几乎都是根据企业的资本组合方式划分企业类型的，主要包括个人独资企业、合伙制企业、公司制企业和合作制企业。

还值得指出的是，这种划分方法也大致反映了企业制度的历史演进过程。企业的产权制度，也就是企业资本的组织形式和各种权能的制度安排，决定着企业的组织形式、管理体制和分配关系。从法律角度看，企业制度也就是企业经济形态的法律规范。从世界各国有关企业制度的法律法规看，对企业制度类型的划分基本上都是依据企业产权制度确定的。下面对各种企业制度的基本特征做一简要介绍。

（一）个人独资企业——私人业主制

个人独资企业又称私人业主制，其主要特征是企业的投资主体是单一的自然人。个人独资企业是人类历史上最早出现的、最简单的一种企业形式。私人业主是企业的唯一投资者，享有生产决策和经营管理的全部权力，并对企业债务负有无限责任。所谓无限责任，是指投资者要以自己的全部财产对公司债务承担责任，而不仅仅以其出资额为限；也就是说，投资者的全部财产都是有风险的。这种企业制度从中世纪到资本主义初期，一直是主要的企业形式。

在偷懒行为和管理人员“道德风险”问题十分严重的情况下，私人业主制的集权模式是最有效的制度安排，因为它可以提高监督的效率，又可以减少代理的成本和风险，因而可以说，它是解决企业组织效率的一个“解”。但这一命题是以下列假设作为前提的：(1) 协作群生产的规模较小，单个人完全能够进行有效管理；(2) 偷懒的行为和动机可以比较容易地受到监督和计量；(3) 监督努力的报酬是确定的，或者至少能通过增加产出而有利于剩余的分配；(4) 监工是风险的中性者。

私人业主制的致命弱点是投资者单一，财力有限，企业规模小，投资风险大，不能适应社会化大生产的要求，在市场竞争中常常处于不利地位。在现代市场经济条件下，个人独资企业数量依然庞大，即使在发达国家，也要占到企业总数的 70%以上，但其营业额只占全社会总营业额的 10%左右。

（二）合伙制企业

合伙制企业是由两个以上的少数人联合投资，合伙人对企业债务负无限连带责任的企业。其主要特点是：(1) 合伙人对企业负有出资责任，并依据投资份额，享有经营决策和利润分配的权利；(2) 合伙人对企业债务承担无限连带责任，即每一个合伙人都负有清偿企业全部债务的责任，或者说，债权人有向任何一个合伙人追索全部债务的权利；(3) 合伙人之间的契约关系是建立在人际关系的基础上的，当合伙人及其关系发生变更时，合伙制企业也将终止；(4) 合伙制企业实行资产所有权与经营权统一，合伙人共同对企业活动作出决策，共同对企业承担民事责任，企业的重大决策由合伙人共同做出，并由每个人签字，日常经营管理一般由合伙人共同选聘的代理人负责。

合伙制企业克服了私人企业的资本限制，扩大了企业规模，促进了生产的发展。但合伙制也有明显的局限性。首先，如果每个合伙人的监督努力都达到最大，合伙制将是增进协作群生产力的理想制度。但由于每一个合伙人的努力都会给其他合伙人带来更多的剩余份额，因而他们也会萌生偷懒行为。而每个合伙人的行为不易观察，或者说，监督其他合伙人的行为要花费较大的费用，这就在合伙人之间出现了道德风险的问题。特别是当合伙人的数量增加时，这一问题就更加严重、更加复杂。其次，由于合伙人要对企业债务负无限连带责任，这就决定了合伙人的联合是以人际关系为基础的，它可以称为“人合公司”，这同股份公司的以资本联合为基础是不同的。特别是当某个合伙人出现变故时，如迁徙或病故，都可能导致合伙关系的解除。这些局限性必然会限制合伙制企业的规模，并使企业的存续期限不稳定。此外，合伙制企业要求所有权与经营权合一，使得生产经营活动不够灵活。例如，合伙制中没有一个单一的合同代理人，而是几个代理人分别代表签约，使合伙制企业存在着比较严重的交易困难。19 世纪 30 年代，在英国，对合伙制法律的不满与日俱增，其中一个原因就是诉讼上的困难：无论是第三者诉讼合伙人还是合伙人之间互相诉讼，都面临着同样的合同纠纷困难，因为合同人不是单一的。

因此，在现代市场经济中很少采用合伙制。但在一些主持人和企业的信誉极为重要的行业，如律师事务所、会计师事务所、广告事务所、私人诊所和股票经纪商等，一般要求必须实行合伙制。

（三）公司制企业

公司制企业包括股份有限公司和有限责任公司，它们都是由多个投资者共同投资兴办的企业，投资者以其出资额对企业债务负有限责任，企业以其全部资产对债务承担责任。股份制企业与合伙制企业的不同点是：（1）股份公司是企业法人，实行出资者所有权与法人财产权相分离。出资者即股东，按投入企业的资本额享有权益，包括资产收益、重大决策和选择管理者等权利；企业是享有民事权利、承担民事责任的法人实体，对出资者承担资产保值增值的责任。根据《罗马法》的定义，“法人是法律于自然人之外承认的权利义务主体”，可分为社团法人和财团法人。我国民法通则规定，法人“是具有民事权利能力和民事行为能力，依法独立享有民事权利和承担民事义务的组织”。公司法人制度的确立，是公司制与合伙制的根本区别。（2）股份公司的股份原则上是可以自由转让的，这就确立了公司制是“资合公司”的原则，避免了排挤有才干的企业家管理生产的现象。（3）股票持有者或股东的责任是有限的，这就锁定了投资者的风险。

（四）合作制企业

合作制企业是合作者共同投资、共同劳动和经营、以劳动分红为主的企业形式。其基本特征是：（1）它是劳动者的资本联合与劳动合作的结合体，合作者身兼投资者与劳动者双重身份，外部人一般不能入股；（2）劳动与股份共同参与分红，但以劳动分红为主，最初的消费者合作社都是按交易额分配的；（3）合作制实行入股自愿、退股自由，这与规范的股份制企业不同。这种企业形成于 18 世纪初期，但在资本主义社会一直未能占据重要的地位。我国解放初期在农村和城市商业、手工业中也曾普遍实行过合作经济，但很快就过渡为集体经济和国有经济。近年来我国出现的新型的股份合作制，实质上是一种创新的合作制经济。关于合作制经济的问题，将在最后一章中再做详细论述。

第二节　现代公司制度的发展历程

一、原始的公司制度

股份公司制度的萌芽，可以追溯到古罗马时代。当时自由民凑钱集资创办实业，就实行了按出资份额分配收益的原则。政府也利用股份形式筹集财力和物力，以满足行政和战争的需要。在中世纪，还出现了同血族亲属共同继承、共同经营、共负盈亏的家族式企业，所得利益按出资份额分配。后来，这种“家族营业集团”逐渐减弱家族色彩，加强其商人共同经营的性质，逐步发展成为无限责任公司。同时，一些“普通合伙”组织扩大规模，趋于稳定，也慢慢变成无限公司。这些组织都可以看做是股份制经济的萌芽。此外，中世纪的地中海沿岸，还盛行一种名为“康门达”的商事组织。它由资本家出资，由航海者贩售物资于海外。盈利时按出资额分配，亏损时航海者负无限责任，资本家负有限责任。这是一种二元制的“隐名合伙”，后来经法律确认为两合公司（法国 1673 年的《商事敕令》）。但是，在资本原始积累之前的这些合资企业，同近代规范的股份制有着本质的差别。一是当时还没有明确的法律规范；二是在组织上具有明显的合伙性；三是企业规模小，内部组织结构也不完善。

现代的股份制经济产生于 15 世纪至 16 世纪的资本主义原始积累时期。直接导致股份公司产生的，应是英、荷等国经过国王或议会特许成立的一批具有垄断权、从事国外贸易的海外公司。1470 年，英国政府特许成立了垄断北海贸易的“冒险公司”，起初为合伙，后发展为合股公司。1553 年英国成立的莫斯科公司（也称俄罗斯公司），最初由 6 人出资入股，总股份 240 股，每股 25 英镑，股本总额为6 000英镑。公司每年到俄国内地进行一次贸易活动，归国后就退股分利。到 1604 年，该公司已发展到有 160 名股东，由 15 位董事管理业务。后来，英国还成立了东陆公司、近东公司、土耳其公司等。1600 年，伊丽莎白女王特许成立了著名的东印度公司（1613 年改为股份有限公司），它第一次募集资金 3 万英镑，101 股，第二次募集资金近 7 万英镑。它被认为是最早的股份有限公司之一。继英国之后，荷兰于 1602 年建立了东印度联合公司，1613 年在阿姆斯特丹成立了世界上第一个股票交易所。法国、瑞士、丹麦等国也组建了一批股份公司。英国的詹姆士一世于17世纪初确认了股份公司的法人地位，使股份公司与合伙制企业彻底区分开来，这是股份制发展过程中的一个里程碑。股份制首先在货运业、采矿业、银行业、纺织业中广泛被采用。

股份经济产生的社会经济条件主要是：(1) 随着资本原始积累的发展，个人资本不断膨胀，市场竞争越来越激烈，这就要求寻找新的筹资方式，以扩大生产规模，开拓新的生产领域；(2) 当时海上运输、修筑铁路和公路、开凿运河、组建银行、开采大型矿井等事业迅猛发展，它们都需要巨额资金，个人难以承受，所以股份制首先在这些部门被采用；(3) 资本主义信用特别是银行的发展，对股份制起到了极大的促进作用，因为股票的很大一部分要通过银行发行，而且银行常常是股票的主要购买者；(4) 18世纪出现的技术革新和产业革命，也对股份制起了推动作用，机器制造等新兴产业需要巨额资金，所以一开始就采取了股份制形式；(5) 当时各国政府不断颁布有关股份制度的法规，使股份制越来越规范，推动了股份制的发展。

但这时的股份公司还很不成熟，存在着许多问题。例如，这些股份公司大都由王室或政府特许批准，拥有许多封建特权，并凭借其垄断地位获取高额利润；公司的法人地位和内部组织结构还很不完善；最初的股份公司主要从事海外贸易、运输业、采矿业等，现代工业还没有兴起。

二、近代的公司制度

近代股份制经济的产生与发展，离不开18世纪初英国“南海事件”的影响。1711年，英国首相罗伯特·哈利接受投机家布朗特和巴特森的建议，特许他们组建南海公司，条件是公司通过发行股票接受政府的全部公债（约3 100万英镑），政府每年付5%的利息，借以整理国债。南海公司承接公债的消息使得该股票飞涨，由126英镑飙升到2 000多英镑。南海公司股票飙升的示范效应，引发了英国兴办公司的热潮，各种莫名其妙的公司如雨后春笋般出现，如用铅炼金、发明永动机、打捞沉船等。人们见股票就买，不问其他，政府不得不颁布“禁止泡沫公司的条例”。此后股市大乱，股价狂跌，许多人倾家荡产，出现了“倒闭风”和“自杀风”，许多官员也因贪污受贿而进了牢房。

南海事件后，官办公司开始走向衰败，民间自发产生的合股公司应运而生。合股公司是将两个合法的企业组织形式——合伙制和信托制——结合而成的，实际上类似于一种股份两合公司。这类公司刚刚产生，就遭到皇家的打击和摧残，但它却顽强地生存和发展着。直到1844年，英国政府才承认其法人地位；1856

年颁布的《联合股份公司法》，又确认其可实行有限责任原则。这是股份制经济发展中的又一个里程碑法案，当时可能还无人能料到这种公司会在将来成为主导工商业的企业制度。德国于1892年颁布了《有限责任公司法》，使兼有无限公司与股份有限公司二者优点的股份两合公司合法化，它立即受到广大投资者、特别是拥有雄厚实力的资本家的欢迎，一度成为公司制企业的主要形式。至此，无限责任公司、两合公司、股份有限公司、股份两合公司和有限责任公司等主要形式的公司都已出现。

18世纪初至20世纪初，股份制经济得到了飞速的发展。具体表现为：（1）有关股份制的法规已基本完备。由于民间合股公司取得了法人地位和实行有限责任原则，打破了皇室特许公司的垄断经营，使资本所有权与经营权得以分离，也解决了合伙制中合伙人承担无限连带责任的风险。（2）股份制迅速由贸易、运输业向新兴工商业和金融业扩展。第一次和第二次产业革命，使工场手工业快速向机器大工业过渡，企业规模扩大，生产社会化程度提高，促使股份制得到广泛发展。由于银行业要求资金雄厚，也纷纷采取了股份制，银行业在促进股份制的同时，首先使自己股份化了。（3）股票市场日臻完善和规范，成为资本的筹集与流动、资源有效配置、资本集中与重组的有力杠杆。（4）股份公司作为最完善、最先进的企业制度，在发达国家中已居于统治地位。

三、现代公司制度的确立与发展

20世纪30年代，爆发了前所未有的经济危机，资本主义国家的经济下降近一半，倒退了30年。危机冲击了股票市场，美国道琼斯工业股票价格指数下跌89%，上市股票价值总额从897亿美元下降到156亿美元。面对严峻的考验，各国在加强政府调节的同时，对股份制和证券市场也做了整顿和规范，使有关公司制度和证券市场的法规体系不断发展完善。这不仅使得股份制经济渡过了难关，也使现代公司制度日趋完善，并得到持续的发展与创新，其加速发展的势头一直延续至今。

现代的股份制经济有以下特点：（1）立法更加完备。美国国会在1933—1940年间，先后制定了《证券法》、《证券交易法》、《信托条款法》、《投资银行法》等一系列法律。国家还通过宏观经济政策调节企业行为和证券市场。（2）股份公司之间的兼并浪潮不断涌现，出现了许多的巨型公司。特别是战后以来，已发生了多次的兼并浪潮，涉及的资本金额越来越大，企业规模不断扩大，垄断性也不断加强。（3）股权日益分散化，公司治理结构引人关注。随着企业规模的扩大和证券市场的发展，股份公司的股权结构日益向多元化、分散化发展，特别是美国的许多大公司，第一大股东的持股份额不过在5%左右。股权分散化的结果，使得公司的所有权与控制权分离，出现了所谓的“经理革命”。此时，人们开始注意对公司经理人员的激励与约束机制的研究。(4) 证券市场不断完善，发展迅猛，资本向虚拟化、全球化方向发展。由于计算机技术的应用，证券交易愈加简捷、安全、方便，证券交易额飞速增长，股指不断创出新高。金融衍生物不断出现，特别是股价指数期货使得证券市场发生了质的飞跃。事实证明，股份制是迄今为止最先进的企业制度，也是资本筹集和资产重组的最佳形式。

第三节　现代公司的分类及具体形式

一、现代公司制企业的分类

目前世界各国的公司制企业的形式，主要有五种，即无限责任公司、有限责任公司、两合公司、股份两合公司和股份有限公司。不过，各个国家和地区公司法所采取的态度不同。例如，日本允许设立无限责任公司、两合公司和股份有限公司，而我国只允许设立有限责任公司和股份有限公司。

公司的分类，一般以股东对公司债务所负责任为依据。股东责任包括三方面内容：(1) 无限责任与有限责任。无限责任要求出资者不以其出资额或拥有的特定财产数额为限，对公司债务承担清偿责任；有限责任则只以其出资额或拥有的特定财产额为限。(2) 连带责任与不连带责任。连带责任是指同一团体的各个成员对该团体所负债务承担全部清偿责任，而不以各自应分担的份额为限；当一个成员替其他成员履行清偿责任后，便取得内部求偿权，可以请求其他成员向他支付他们应分担的债务份额。无连带责任则指各成员对团体债务仅按各自应分担的份额承担清偿责任。(3) 直接责任和间接责任。直接责任指团体成员对该团体所负债务承担直接向债权人清偿的责任；间接责任是指成员仅向该团体承担责任，再由该团体向债权人承担清偿责任。这三种责任分别侧重反映着投资者与债权人之间，成员与成员之间，成员、团体与债权人之间的关系。

公司种类还可以有其他划分方法。如按公司信用基础划分，可分为资合公司、人合公司、人合兼资合公司；按公司资本发行和转让范围，可分为封闭式公司（或非上市公司）和开放式公司（或上市公司）；按公司对其他公司的控制和依附关系，可分为母公司（或控股公司）或子公司（或被控股公司）；按公司出资的所有权性质，可分为国有控股公司、公营公司、民营公司和外商投资公司；等等。

二、公司的具体形式

（一）无限责任公司

无限责任公司简称无限公司，是指由两个以上的少数股东组成的、对公司债务负无限连带清偿责任的公司。其主要特征是：股东对公司债务负无限连带责任；股东人数少，并以个人的信任和信用为基础；股东共同管理公司事务，所有权与经营权统一；无需公开公司经营账目，公司可以任意增加或减少资本。由于股东对公司债务承担无限连带责任，使得投资者承受很大风险。因此，股东之间的相互了解和信任就非常重要，它们合资经营的首要基础是人际关系，其次才是资本联合。所以，这种公司又叫做“人合公司”，以便与“资合公司”相区别。

（二）有限责任公司

有限责任公司又称有限公司，指由两个以上、一定数额以下的股东共同出资（我国规定股东人数为 2 人～50 人），每个股东以其出资额为限对公司承担责任、公司以其全部资产对其债务承担责任的企业法人。股东按其出资份额享有权利，承担义务。公司的最低注册资本额度比较低，财务也不必对外公开。这是我国股份制企业的两种基本形式之一。

（三）两合公司与股份两合公司

两合公司指由少数负无限责任的股东和少数负有限责任的股东共同组成的公司。负无限责任的股东要对公司债务负无限连带清偿责任，并代表其他股东管理公司业务，他们处于公司的核心层。两合公司的优点是公司既有很高的信誉（因为有的股东要负无限责任），又可以比较广泛地筹资（因为有的股东可负有限责任）。其缺点是两部分股东之间的责任关系与利益关系不好处理，时常发生矛盾。现在，许多国家和地区的公司法都已将两合公司的条款删除，即使公司法还允许设立两合公司，实际上也名存实亡，几乎见不到这样的公司了。

历史上还曾出现过股份两合公司，这是两合公司的一个变种。其特点是资本要等额划分为股份，承担有限责任的股份还可以采取股票的形式向社会发行。这样，公司就可以更加广泛地向社会筹集资金。股份两合公司曾经是股份公司最主要的形式之一，它突破了皇室和国会特许公司的种种限制，提高了公司的资信程度和筹资规模。但随着股份公司制度的不断改进和完善，股份两合公司存在的意义已不大，最终让位于股份有限公司。

（四）股份有限公司

股份有限公司指全部注册资本划分为等额股份，股东以其所持股份为限对公司承担责任，公司以其全部资产对公司债务承担责任的企业法人。其主要特征是：资本分为等额股份，股份是资本等额划分的最小单位；股东人数只有下限

（我国为5人），没有上限；股份可以采取股票的形式向社会公开发行；实行公司财务公开制度；公司是自主经营、自负盈亏的法人实体。

股份有限公司是唯一可以发行股票的公司，是股份制企业的典型形式，人们常说的股份公司主要是指这种类型的公司。股份有限公司的股票在证券交易所里挂牌交易，称为“上市”，该公司也就叫上市公司。上市公司实际上是一种“公众公司”，社会上的所有投资者都可以购买它的股票而成为其股东。上市公司也必须实行财务公开制度和信息披露制度，以使社会可以及时了解公司的经营状况。同时，各国的公司法也要对上市公司做出更加严格的规定，以保护广大投资者的利益。

第四节　现代公司制度的性质与历史作用

一、股份公司的本质是社会资本

按照马克思自己拟定的研究资本主义经济制度的政治经济学著作的“六册计划”，将在《资本论》的“续篇”中用专门的一篇，即第一册《资本》第四篇《股份资本》，来研究股份制经济问题。这个计划虽未能实现，但在现行的《资本论》中，特别是在其第3卷第27章中，留下了关于股份公司的许多精彩论述。这些论述的核心问题，是提出了股份公司的本质是社会资本，即联合起来的个人资本，并围绕这一问题做出了多方面的阐述。

1.资本主义股份公司是在信用事业广泛发展的基础上产生的。股份公司是合资经营的企业，需要向社会广泛地发行股份以募集资金。股票作为一种有价证券，是在债券、不动产抵押券、汇票等信用工具的基础上产生的，而且最初的股票也是通过银行发行的。所以，没有信用事业的广泛发展，就不会出现股票，就没有股份制经济。正如马克思在《资本论》第3卷中指出的：“信用制度是资本主义的私人企业逐渐转化为资本主义的股份公司的主要基础”①。

2.股份制促进了资本集中，推动了生产的社会化。马克思在《资本论》第1卷中指出，股份公司作为资本集中的一种形式，促进了耗资巨大的资本主义企业的出现和大工程的兴建。他说：“假如必须等待积累去使某些单个资本增长到能够修建铁路的程度，那末恐怕直到今天世界上还没有铁路。但是，集中通过股份公司转瞬之间就把这件事完成了。”② 在第3卷，马克思进一步指出，由于股份

① 马克思：《资本论》，第3卷，498页，北京，人民出版社，1975。

② 马克思：《资本论》，第1卷，688页，北京，人民出版社，1975。

公司的成立使“生产规模惊人地扩大了，个别资本不可能建立的企业出现了。同时，这种以前由政府经营的企业，成了公司的企业。”①

3. 股份制采取了社会资本的形式，是对私人资本的扬弃。马克思指出，股份资本是“建立在社会生产方式的基础上并以生产资料和劳动力的社会集中为前提的资本”。在这里，“那种本身建立在社会生产方式的基础上并以生产资料和劳动力的社会集中为前提的资本，在这里直接取得了社会资本（即那些直接联合起来的个人的资本）的形式，而与私人资本相对立，并且它的企业也表现为社会企业，而与私人企业相对立。这是作为私人财产的资本在资本主义生产方式本身范围内的扬弃。”② 这一论述高度概括了股份制经济的性质，说明股份资本是一种新型的资本组织形式，是联合经营的资本即社会资本，与此同时，私人企业也转变成社会化的企业。

4. 股份制实现了资本所有权与经营权的分离。马克思说，“与信用事业一起发展的股份企业，一般地说也有一种趋势，就是使这种管理劳动作为一种职能越来越同自有资本或借入资本的所有权相分离”③。他还指出，“实际执行职能的资本家转化为单纯的经理，即别人的资本的管理人，而资本所有者则转化为单纯的所有者，即单纯的货币资本家。”④

5. 股份资本和信用制度的发展还会出现一些腐朽现象，表现出它的局限性。首先，股份公司的发展也“再生产出了一种新的金融贵族，一种新的寄生虫，——发起人、创业人和徒有其名的董事；并在创立公司、发行股票和进行股票交易方面再生产出了一整套投机和欺诈活动。这是一种没有私有财产控制的私人生产”⑤。其次，股票交易的投机性。“因为财产在这里是以股票的形式存在的，所以它的运动和转移就纯粹变成了交易所赌博的结果；在这种赌博中，小鱼为鲨鱼所吞掉，羊为交易所的狼所吞掉。”最后，资本主义制度下的股份制经济的局限性还在于：“在股份制度内，已经存在着社会生产资料借以表现为个人财产的旧形式的对立面；但是，这种向股份形式的转化本身，还是局限在资本主义界限之内；因此，这种转化并没有克服财富作为社会财富的性质和作为私人财富的性质之间的对立，而只是在新的形态上发展了这种对立。”⑥

---

① 马克思：《资本论》，第3卷，493页。

② 同上书，493页。

③ 同上书，436页。

④ 同上书，493页。

⑤ 同上书，496页。

⑥ 同上书，497页。

6. 股份公司是通向新的生产形式——社会主义的公有制——的过渡点。马克思说："资本主义生产极度发展的这个结果，是资本再转化为生产者的财产所必需的过渡点，不过这种财产不再是各个互相分离的生产者的私有财产，而是联合起来的生产者的财产，即直接的社会财产。另一方面，这是所有那些直到今天还和资本所有权结合在一起的再生产过程中的职能转化为联合起来的生产者的单纯职能，转化为社会职能的过渡点。"① "这是资本主义生产方式在资本主义生产方式本身范围内的扬弃，因而是一个自行扬弃的矛盾，这个矛盾首先表现为通向一种新的生产形式的单纯过渡点。"② 后来，马克思在给恩格斯的信中，谈到《资本论》"续篇"中将要写的《股份资本》篇时，认为股份资本是"导向共产主义的""最完善的形式"。

7. 恩格斯对股份公司的补充论述。恩格斯在编辑《资本论》第3卷时，对股份公司的性质、作用等问题做了总的补充。他在第27章中插写的一段话中指出：一些新工业企业形式（如卡特尔、托拉斯）代表着股份公司的二次方、三次方。这时，自由竞争已经日暮途穷，竞争已经为垄断所代替，在每个国家里，一定部门的大工业家联合成一个垄断组织。只要生产的发展程度允许，就把该工业部门的全部生产，集中成一个大股份公司，实行统一领导。股份公司和垄断组织的发展，加深了资本主义的矛盾和经济危机，"并且已经最令人鼓舞地为将来由整个社会即全民族来实行剥夺做好了准备"③。

这些论述表明，股份制本质上是与私人资本相对立的"社会资本"，是对资本主义生产方式的扬弃。但这里所说的社会资本，并不是归社会全体成员共同所有的共有资本，而是联合起来的个人资本。这种社会资本的发展趋势，必将引起社会生产形式的变革。因此，我们不能简单地将股份制与私有制等同起来。因为：(1) 在资本主义条件下，股份制是对私有制的"扬弃"；(2) 股份制是一种联合的资本，实际上是包容各种经济形式的混合所有制。

二、股份制是现代企业的资本组织形式

江泽民在党的十五大报告中指出：要努力寻找能够极大促进生产力发展的公有制实现形式。股份制是现代企业的一种资本组织形式，有利于所有权和经营权的分离，有利于提高企业和资本的运作效率，资本主义可以用，社会主义也可以

① 马克思：《资本论》，第3卷，494页。

② 同上书，495～496页。

③ 同上书，495页。

用。不能笼统地说股份制是公有还是私有，关键看控股权掌握在谁手中。国家和集体控股，具有明显的公有性，有利于扩大公有资本的支配范围，增强公有制的主体作用。

这是对公有制理论和股份制的经济性质所做的精辟论断。如上所述，马克思虽然是针对资本主义制度下的股份资本进行研究的，但他已经说明股份制的本质是一种联合起来的"社会资本"。将这一论述运用到以公有制为主体的我国社会主义初级阶段的现实生活，必然得出股份制也是公有制可以采取的一种资本组织形式的结论。实际上，股份制的性质应是一种混合所有制，其中的股份可以是公有的，也可以是私有的，还可以是二者兼有。股份制本身不存在着"是公是私"、"姓社姓资"的问题，关键要看谁掌握着控股权。中央明确规定，要对国有大中型企业进行规范的公司制改革，这为国有企业建立现代企业制度的改革指明了方向。

有些人将国有企业的股份制改革同英国国有企业的"私有化"相类比，认为无论如何操作，股份制改革最终是将一些国有企业的整体或部分产权改变为私人的股份。但是，只要这些国有资产是按照合理的市场价格出售的，就不会造成国有资产的流失，这里改变的只是国有资产的存在形式。而且，国家还可以将这部分出售国有资产得到的资金，再投入国有经济应该加强的领域。所以，从个别企业来说股份制改革存在着"私有化"过程，而从国有资产的总体来说并没有实行私有化。

需要说明的是，钱德勒所讲的"现代企业"与我国在国有企业改革中所提出的"现代企业制度"，两者的含义是不尽相同的。二者的共同之处是都强调了资本所有权与经营权的分离，但二者也有不同之处。我国所说的现代企业制度，主要是从企业的资本组织制度出发的，强调要由国有独资的形式改革为股本"多元化"的公司制；而钱德勒所讲的现代企业，主要是从企业的管理体制出发的，强调现代的大型企业应实行"多部门"的企业管理模式。按照钱德勒的定义，一般的中小型的股份公司还称不上现代企业，只有少数大型公司特别是全球化经营的跨国公司，才是典型的现代企业。显然，这与我国提出的国有企业改革所要建立的"现代企业制度"的含义是不相同的。我国提出的现代企业制度的含义，主要是指公司制，包括股份有限公司和有限责任公司。此外，还可以包括股份合作制等适应现代市场经济要求的企业制度。

三、现代公司制度的特征与历史作用

（一）现代公司制度的特征

股份制作为典型的现代企业制度，同其他企业制度相比，具有如下特征：

1. 股份公司具有企业法人资格，使股权的分散化与经营权的集中化统一起来，从制度上保证企业运作效率的提高。公司可以以自己的法人名义从事各种经济活动，享受民事权益，承担民事义务，这与合伙制企业有根本的区别。

2. 股份制实行有限责任原则，锁住了投资者的风险，这是股份制得以广泛进行社会集资的先决条件。股份制企业以公司的资产对公司债务负清偿责任，股东仅以自己的出资额为限对公司承担责任，这使得股东的投资具有了独立性，与个人的其他资产分离开来。这与个人独资企业、合伙制企业的无限责任明显不同，股份公司的信誉不是靠其无限责任来维护的，而主要是靠其雄厚的资产实力来维持的。

3. 公司实行出资者所有权与法人财产权相分离。这种两权分离实际上分为两个层次：一是股东会与董事会职权的分离；二是董事会与总经理之间的职权分离。公司的股东享有重大事项决策权、高层管理人员任免权和收益权；董事会是公司常设的权力机构，负责执行董事会的决议，公司的日常经营管理活动则由总经理负责执行。

4. 股份采取了股票形式，股票一般不可以退回，但可以交易。股票是一种虚拟资本，即资本的“纸的复本”，它可以使资本价值形态所有权与实物形态控制权发生分离，使股权的分散化与生产的集中化统一起来。同时，股票的自由流动可以进一步分解投资者的风险，也有利于产权重新组合和产业结构的调整。

5. 股份公司的运作要求规范化和法制化。股份公司的本质是一种社会资本，为了保护广大投资者利益，制止欺诈行为，就必须加强对股份制的立法管理。目前，从公司的股票发行、公司设立，到公司的财务管理、股票交易、公司的终止，都有严格的法律条规加以约束。

6. 股份制实行公平、公正和公开的“三公”原则，体现投资者之间和股东之间的平等原则。一方面，股票的发行与交易要实行“公平、公正、公开”的原则，使社会投资者拥有平等的认购股票的权利；另一方面，股份公司的运作过程也要体现“三公”原则，如股份公司的创立、股东大会的召集和组织、公司的信息披露等，都应最大限度地体现股权平等的原则。

7. 股份公司实行财务公开制度，有利于社会对公司管理人员的监督。各国的《公司法》都明确规定，通过社会募集股份而成立的股份公司，必须定期公布其财务和经营状况，包括公司的年报和中期报告，并要及时披露其重要的信息。所以，人们称《公司法》为“蓝天法”，称股份公司为“玻璃房子”。这有利于股东及全社会对公司经营人员的监督，但不利于保护公司的财务秘密。

（二）股份制对经济发展的历史作用

股份制对经济发展的作用，可以从生产力与生产关系两个方面进行考察。从生产力的角度考察，股份制经济极大地促进了资本集中和社会生产力的发展。主要表现在如下几个方面：

1. 股份制是社会集资的最有效形式，促进了生产规模的扩大和科技水平的提高。现代市场经济的竞争，最重要的就是筹资功能的竞争。因为没有资金，技术创新、扩大市场占有率都是不可能的。企业筹集资金的方式主要有向银行贷款、发行债券和股票等。银行贷款不仅要归还，而且贷款数量和期限都有限；发行债券手续繁杂、成本较高，筹集的资金最终都是要归还的。只有股票的发行，企业在终止前不必将筹集的资金归还投资者，所以它才是真正意义上的社会集资。有些统计资料表明，在发达国家的资本市场中，股份融资只占15%左右，有些人由此认为股份筹资不是主要的集资方式。这是一种误解。因为股份集资不必归还，而其他融资方式还要还本付息，因此，从长期的动态的角度来看，股份融资的比重就很高了。例如，现实的大公司的资产负债率一般都在50%上下，这就说明了股份融资的重要性。由于这一问题比较复杂，并超出了本书的研究内容，这里就不展开论述了。

2. 股份制能加速资本集中，促进产业结构调整。股份制作为企业扩张、兼并和改组的有力工具，能够通过股票市场，使社会资本迅速地集中起来，成为大资本打败小资本的有力武器。同时，股份制还可以使资金迅速地向有前途的产业部门和效益高的企业汇集，使产业结构愈加合理、不断升级。

3. 股份制促使资本所有权与法人财产权分离，创立了一种新型的企业管理体制，包括股东大会、董事会、监事会等，突破了私人企业和家族式企业的种种局限。随着股份公司规模的不断扩大，企业的管理越来越复杂，促进了以专业化管理为职责的企业家阶层的形成。这使得社会分工不断深化，适应了社会化生产的要求，提高了资本的运作效率。

4. 股份制同金融业互相促进、共同发展，成为推动经济发展的两个车轮。金融是现代市场的龙头，也是股份制存在和发展的基础；同时，股份制也促进了金融市场包括信贷、债券和股票市场的发展和完善，促进了资本市场的不断创新。而且，银行业也是最先实行股份制的行业。

在充分肯定股份制的积极作用的同时，也应看到它的一些弊端和局限，包括欺诈行为、幕后交易、过度投机等，这些都应通过完善法规加以解决。

从生产关系和经济体制的角度分析，股份制又是一种企业制度的创新。它是与个人资本相对立的“社会资本”，使生产的社会化得到巨大的发展。正如马克思所说："资本主义的股份企业，也和合作工厂一样，应当被看作是由资本主义生产方式转化为联合的生产方式的过渡形式，只不过在前者那里，对立是消极地扬弃的，而在后者那里，对立是积极地扬弃的。"① 因此，股份制成为资本主义私有制转向社会主义公有制的"过渡点"。

显然，把股份制与资本主义私有制简单地等同起来，笼统地加以批判和排斥是不对的。股份制要求资本的社会化，要求资本所有权与经营权相分离，这是同社会化大生产相适应的，它是现代企业制度的典型形式。我国国有企业股份制改革的实践说明，这一改革的方向是正确的。(1) 我国国有企业的股份制改革，实际上是把多种经济成分的社会并存浓缩为企业内部并存，这不等于私有化，相反，这有利于加强国有经济的控制力；(2) 股份制改革有利于国有企业政企职能分离，提高国有资产的运营效率。

① 马克思：《资本论》，第3卷，498页。

第二章

现代企业制度与现代企业理论

现代企业的概念，是美国经济学家钱德勒最先提出来的，为企业制度演进理论做出了重要的贡献。我国在改革开放中提出，国有企业改革的方向是建立现代企业制度，由此促进了我国对公司制度的研讨。同时，从 70 年代开始兴起的现代的企业理论，也越来越引起人们的注意，它对于我国国有企业的改革具有重要的理论意义和现实意义。

第一节　现代企业与现代企业制度的含义

一、钱德勒对“现代企业”的描述

美国经济学家小艾尔弗雷德·钱德勒，以研究企业制度发展史而著称。他通过对食品、烟草、化工、橡胶、石油、机器制造和肉类加工等行业大量史料的研究，论证了现代大型联合工商企业的诞生乃是市场和技术发展的必然结果。他在《看得见的手——美国企业的管理革命》一书中指出，凡是进行大批量生产和大量分销相结合的工业部门，必然出现现代的大型工商企业，因为管理协调的“看得见的手”比市场协调的“看不见的手”更能促进经济的发展。他还把“现代企业”的基本特征概括为：“由一组支薪的中、高层管理人员所管理的多单位企业即可适当地称之为现代企业。”① 现代企业（modern enterprise）有两个特点：即包含许多不同的营业单位，且由各层级支薪的行政人员管理。现代工商企业的基本层级结构如图 2—1 所示。

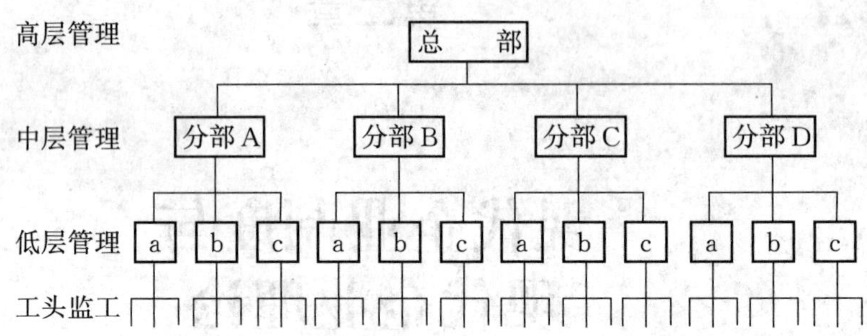

图 2—1 现代工商企业基本层级结构

现代企业包含着许多不同的营业单位，每个单位都有自身健全的管理机构，它们虽然不是独立的企业法人，但实行独立核算，都是按照独立企业形式运转的。这些独立的营业单位，通常经营于不同的地点，或者进行不同类型的经济活动，生产经营不同类型的产品和服务。这种多单位结构，最终发展成公司的事业部（division）体制。而总公司的总部一般只设总经理办公室、财务部、规划咨询部，负责整个公司的总策划、总协调、资金调度、技术开发和法律咨询等。由此，分权的多事业部型的公司管理结构代替了集权的功能式单厂管理结构，奠定了现代公司的基本模式。

钱德勒认为，最早出现现代企业的行业是铁路。美国最早的铁路是马拉车，铁轨是单轨，铁路运输主要是弥补水运的不足。后来，蒸汽机机头代替了马车，铁路运输迅速发展。到了 19 世纪 40 年代，铁路技术得到迅速提高，路基平整、隧道开凿以及桥梁建造均有大的发展，T 型铁轨也大量使用，车头、车厢、运货车也初步定型。铁路运输逐步代替了水陆运输，成为主要的运输工具。技术的创新带动了制度创新，原本可以分开经营的地方小铁路，逐步合并成为统一经营、有多个独立单位的大的铁路公司。铁路、通讯等基础设施的发展，为大量生产和大量营销的企业的出现提供了条件，企业的信息网络和营销半径不断地扩张，生

---

① ［美］小艾尔弗雷德·钱德勒：《看得见的手——美国企业的管理革命》，3 页，北京，商务印书馆，1997。

产规模以空前的速度扩张。19世纪末，大量生产与大量分销的结合——现代工业公司终于应运而生，从原料和半成品的供应者，直到零售商店和最终消费者，它们之间的市场交易逐步地被企业内部化了。大企业用行政管理手段协调着各种资源的使用，市场机制被替代了，交易成本和信息成本降低了。

二、现代企业制度的含义与特征

（一）现代企业制度概念的提出

在党的十四届三中全会通过的《关于建立社会主义市场经济体制若干问题的决定》中，最先提出我国国有企业改革的方向是建立现代企业制度，现代企业制度的基本特征是产权明晰、权责明确、政企分开、管理科学。并明确提出，国有企业进行改革的方向，就是现代公司制度。从此，在我国理论界和政府经济管理部门，展开了对现代企业制度的大讨论，通过讨论进一步加深了对股份制经济的认识。

所谓“现代企业制度”，是在企业制度前加上一个时间限定词“现代”而组成的新概念，人们对它的含义还有不同的理解。有人认为，与现代市场经济相适应的企业制度，都可以叫做现代企业制度；也有人认为，在市场经济中最先进的企业制度才能叫做现代企业制度。我认为，现代企业制度不应是一个固定的概念，而应是一个相对的、动态的概念，在不同的历史时期应有不同的内容。一般而言，现代企业制度是指在现代市场经济中占有主导地位的、最具发展前途的企业制度。

在现代市场经济国家中，企业制度的形式多种多样，但归根结底可概括为私人业主制、合伙制、公司制和合作制四种企业制度。在这四种企业制度中，只有公司制企业在现代市场经济中占有主导的和支配的地位，才是最先进、最具发展前途的现代企业制度。例如，1977年，美国共有1 500多万家企业，其中公司制企业224万家，只占企业总数的14.7%，但其销售额却占社会总额的65%以上。目前，世界的工业企业前500强中，全都采取了公司制。可见，现代企业制度的典型形式就是公司制或股份制。正如党的十四届三中全会指出的：“国有企业实行公司制，是建立现代企业制度的有益探索”。

（二）现代企业制度的基本特征

党的十四届三中全会的《决定》指出：现代企业制度的基本特征是“产权清晰、权责明确、政企分开、管理科学”。具体地说，现代企业制度的特征包括以下几个方面：

1. 产权关系清晰，企业资产的所有权属于出资者，企业拥有全部法人财产权，成为享有民事权利、承担民事责任的法人实体。这里所强调的是资本所有权与法人产权的分离，而在私人独资企业和合伙制企业中，所有权与经营权是合一的。同时，股份公司也是一个法人企业，具有法人地位。

2. 企业以其全部法人财产，依法自主经营，自负盈亏，照章纳税，对出资者承担资产保值增值的责任。企业本身所拥有的法人财产权，反映在对资产负债表的左边“资产”项目的控制权，即对法人财产拥有占有、使用、依法处置和获益的权利。企业法人产权的确立，保证企业可以根据市场环境的变动，及时做出相应的反应和决策。

3. 出资者按投入企业的资本额，享有所有者的权益，即资产受益、重大决策和选择管理者的权利。企业破产时，出资者只以投入企业的资本额对企业债务负有限责任。在资本所有权与控制权分离之后，出资者不再直接参与企业的经营管理活动，但是企业的所有重大决策必须由股东大会表决通过。因此，出资者仍是企业的最终所有者，对企业享有终极所有权。

4. 企业按照市场需求组织生产经营，以提高劳动生产率和经济效益为目的，政府不直接干预企业的生产经营活动。企业在市场竞争中优胜劣汰，长期亏损、资不抵债的应依法破产。国有企业改革的关键，就是要实现政企分离，由政府对企业直接管理转变为间接管理。

5. 建立科学的企业领导体制和组织管理制度，调节所有者、经营者和职工之间的关系，形成激励和约束相结合的经营机制。建立科学的管理制度，就要建立起权责明确的企业科层管理制度，并将每个管理者和职工的业绩同他们的收入紧密结合起来。特别是对企业的管理人才和科技人才，要建立起行之有效的激励与约束机制。

第二节　现代企业理论的创立

一、古典的或传统的企业理论

这里所说的古典的或传统的企业理论，主要是指在科斯（Coase）于 1937 年发表《企业的性质》一文之前，古典经济学家、新古典经济学家对企业性质的论述。应当指出，马克思关于资本主义企业的性质做了许多科学的论述，特别是有关劳动力商品、剩余价值源泉的理论，深刻揭示了资本主义生产方式的特征与性质，成为马克思主义经济学的核心内容。这里只是从历史发展的角度，也将其归入传统的企业理论之中。

古典经济学家亚当·斯密的整个经济理论，是从分析分工开始的，他把分工作为提高劳动生产率，从而增加国民财富的一条最重要的途径。关于分工，他的第一句话就是："劳动生产力上最大的增进，以及运用劳动时所表现的更大的熟练、技巧和判断力，似乎都是分工的结果。"① 这个观点明显地反映了手工业时代的特点。斯密列举了著名的制针手工业工场的例子，由于实行了分工，劳动生产率提高了4 800倍。分工提高劳动生产率的原因有：（1）分工使劳动专业化，提高了工人的熟练程度；（2）从一种工作转到另一种工作，通常要损失不少时间，而实行分工以后，就可以免除这种损失；(3) 分工使专门从事某项操作的工人比较容易改进工具和发明机器。因此，斯密认为：国民财富及其增值，需由分工的发展来决定，因而经济理论的研究就应以分工为出发点。

为了说明分工的效益，斯密在谈到制针手工业工场之后，又举出了制造毛织外套的著名例子。他说："考察一下文明而繁荣的国家的最普通技工或日工的日用物品罢！你就会看到，用他的劳动的一部分（虽然只是一小部分）来生产这种日用品的人的数目，是难以数计的。例如，日工所穿的粗劣呢绒上衣，就是许多劳动者联合劳动的产物。为完成这种朴素的产物，势须有牧羊者、拣羊毛者、梳羊毛者、染工、粗梳工、纺工、织工、漂白工、裁缝工，以及其他许多人，联合起来工作。"② 在这里，斯密进一步颂扬了分工，但他也犯了一个错误，即把工场内部的分工同社会分工混为一谈。实际上，这两种不同的分工及其引起的交换，正是现代的企业理论所要重点研究的。

在这里，斯密虽然没有直接说明企业的性质，但实际上已经对组建企业的原因做出了很有说服力的说明，这就是通过分工提高劳动生产率、降低成本，以战胜旧的劳动组织方式。斯密还指出，市场交易可以促进分工，从而促进经济增长。但是，斯密却没有看到，市场交易也是需要成本的。

马克思在批判地继承古典政治经济学的基础上，发现了剩余价值的秘密，同时对企业理论做出了极为卓越的贡献。

1. 马克思提出，劳动力转化为商品，是货币转化为资本的前提，并深刻分析了组建资本主义企业的社会原因。由于资本家控制了全部社会资本，雇佣工人一无所有，只能靠出卖自己的劳动力为生，这正是资本主义企业存在的社会前提。劳动力的买卖表面上充满着自由、平等，但进入生产过程后就会看到，"我们的剧中人的面貌已经起了某些变化。原来的货币所有者成了资本家，昂首前

① ［英］亚当·斯密：《国民财富的性质和原因的研究》，上卷，5页，北京，商务印书馆，1972。

② 同上书，11页。

行；劳动力所有者成了他的工人，尾随于后。一个笑容满面，雄心勃勃；一个战战兢兢，畏缩不前，象在市场上出卖了自己的皮一样，只有一个前途——让人家来鞣。”①

2. 资本主义生产过程是劳动过程与价值增值过程的统一，资本的运动是谋取利润的无休止的运动，资本家组织生产的目的是要不断地从雇佣劳动者身上榨取更多的剩余价值。马克思说：“这种绝对的致富欲，这种价值追逐狂，是资本家和货币贮藏者所共有的，不过货币贮藏者是发狂的资本家，资本家是理智的货币贮藏者。货币贮藏者竭力把货币从流通中拯救出来，以谋求价值的无休止的增殖，而精明的资本家不断地把货币重新投入流通，却达到了这一目的。”②

3. 关于资本主义生产中的两权分离、管理两重性的论述。随着资本集中、信用事业和股份公司的发展，经理作为一个阶层出现了。马克思说：“资本主义生产本身已经使那种完全同资本所有权分离的指挥劳动比比皆是。因此，这种指挥劳动就无须资本家亲自担任了。”③ 由于马克思对企业产权问题的出色分析，西方产权经济学家尊敬地称马克思为产权经济学的第一人。

新古典经济学虽然对企业的研究有了许多新的突破，如边际分析方法、生产函数理论、生产成本理论等，但是，新古典经济学从来未能说明企业出现的原因，也没有研究企业内部的组织结构，因此，这只是生产理论，而不是企业理论。特别是新古典理论的“完全理性”、“完全信息”和“资产通用性”的假设，更是堵塞了分析交易成本的通道，也就得不出“企业”的真实含义。科斯正是看到了这一缺陷，试图从交易费用出发，重新构造新的企业理论。

二、现代企业理论的创立

在传统的新古典经济学中，无论是“局部均衡”理论，还是“一般均衡”理论，都是研究市场交易的理论，其主体是价格在平衡供求关系中的作用。为了这一目的，企业都被简化为一个假定，即“使利润最大化”，正如假定消费者效用最大化一样。在这种传统的研究模式下，企业本身就成了一个“黑匣子”。为了研究价格机制的作用，对企业做这种简化是十分必要的，也比较符合市场经济的现实。但是，如果仔细观察一下现实的企业经济活动，在实行两权分离存在“道德风险”的情况下，企业的行为目标并非完全符合利润最大化的假设。同时，我

---

① 马克思：《资本论》，第1卷，200页。

② 同上书，175页。

③ 《资本论》，第3卷，435页。

们还会发现，市场交易与价格调节只是人类经济组织的一种形式。即使在发达的市场经济中，社会资源配置的相当大部分是在企业内完成，而不是在市场上完成的。因此，打开“企业”这个黑匣子，对我们认识多种形态的经济组织形式具有重要意义，这也正是“企业理论”的任务。需要指出的是，现代的企业理论是以私有制的自由市场经济为基础的，其中一些结论并不一定适合社会主义市场经济。

对现代企业理论具有重要的和直接的影响的第一篇论文，是科斯在30年代发表的《企业的性质》一文，文中提出了交易费用理论，认为与市场通过非人格化的价格机制来调节资源配置不同，企业依靠权威在其内部进行调节，企业的本质是“价格机制的替代物”。科斯提出，企业的边界在于，企业内部权威组织的管理费用等于同样的交易在市场上完成的费用。科斯的理论由此被称为“交易费用学派”。

阿尔奇安（Alchian）和德姆塞茨（Demsets）1972年发表的关于“协作群生产”的论文，也有很大影响。尽管这两位学者深受科斯的影响，但他们认为，在买卖物品的契约与雇佣劳动的契约之间并无区别，通过市场的交易与在企业内部的交易也无二致。他们通过分析提出，企业是一个班组，进行着联合生产，由于最终产出物是一种共同努力的结果，每个成员的个人贡献不可能精确分解和测算，因此就不可能按照每个人的正式贡献去制定报酬。这就导致“偷懒”动机的产生，团队成员缺乏工作的积极性，所以要求有人监督。而为了使监督人有积极性，使监督有效率，必须将企业的剩余索取交给他。这个取得企业剩余收入的人就是企业家，由此形成的生产方式便是资本主义的生产方式。另外，监督者还应是企业的所有者，因为由非所有者来监督投入品的使用一般会使成本过高。阿尔奇安和德姆塞茨关于监督作用的观点对后来人们的研究有很大的影响。

谈到阿尔奇安和德姆塞茨，就不能不提及他们所代表的权威的“产权”学派的观点。该学派在70年代曾经非常流行。他们强调产权定义的明确性，并把财产所有权等同于对财产剩余回收的权利，即剩余索取权，同时又把人的积极性同获得剩余索取权联系起来。由此可以看出“产权”学派的基本观点，即认为财产私有制度是经济效率的必要前提。

除了交易费用学派，阿罗（Arrow）的《组织的界限》一书，对企业理论的影响也较大。阿罗认为，“市场失灵”使得企业有存在的必要。市场失灵的原因很多，阿罗特别强调不完全信息带来的外部性，认为企业组织内部的信息系统可以优于市场上的信息系统，但他并未就此给出令人满意的解释。

现代企业理论是在以上几位经济学家的思想影响下发展起来的。这里的转折点，是微观经济学的基础研究在70年代由于引入不完全信息而产生的革命。这一革命的结果，产生了全新的微观经济学分支，它们被称为信息经济学、激励理论、契约理论，或委托代理人理论。这些都推动了企业理论的发展，但其理论分析也都较为抽象。

现代微观经济学对企业的看法是以自由“契约”为基础的。这种思想可以简述如下：现代的生产要求人们分工从事专业化的职业，这种专业化必然导致每个人掌握不同的信息。由于人们之间存在着利益冲突，为了协调经济活动，取得高效率，经济组织形式的选取至关重要。在自由竞争的市场环境下，人们经济活动的组织不是靠政府的行政命令，而是在买卖双方平等的基础上，以自愿的契约形式完成的。企业的基础是多方面的契约，而决定契约形式的核心是信息的分配。现代企业理论的基本前提和假定是：在市场上所观察到的契约形式，无论是明显的，还是隐含的，都可以看做是在给定信息制约的条件下，使专业化了的生产要素间的交易费用极小化的某种反映。因此，如果某种交易在市场上完成的费用大于在企业内完成的费用，交易就会在企业内完成。也就是说，企业与市场是两种不同的、可以自由选择的经济组织形式。

综上所述，企业理论可分为四个部分：(1) 企业的本质和界限。分别研究企业的定义是什么，企业所有权的含义是什么，企业与市场的界限在哪里，企业合并的因素是什么，企业为什么不能无限地扩大等等。(2) 企业内部的等级制度。研究等级制度的利弊在哪里，在企业内部如何有效地利用信息和激发雇员的积极性，如何设计竞赛和晋升规则及发放奖金等等。(3) 企业的资本结构。研究在企业全部资本构成中股票和债券的比例如何确定，它对经营者有什么影响，破产的经济含义与机制是什么，为什么破产有清算和重组的区别等等。(4) 企业所有权与控制权的分离。研究在两权分离的情况下，市场如何制约经营者，经理行为如何变化，所有者的权益如何得到保护等等。

这里首先对交易费用理论进行分析。①

三、交易费用理论与企业的性质

诺贝尔经济学奖获得者科斯1937年发表的经典论文《企业的性质》，试图回答这样一个问题：既然自由价格机制已经被公认为最有效率的协调和指导资源配置的工具，为什么还有企业的存在？或者说，组建企业的有利之处是什么？科斯

① 参见钱颖一：《企业理论》，载《现代经济学前沿专题》，第1集，4～6页，北京，商务印书馆，1996。

认为："其主要理由似乎在于使用价格机制是需要支付成本的。产生这种成本的最明显原因在于要发现相对价格是什么……在市场中发生的每一笔交易的协商和签订合同的费用也必须考虑进去。"既然如此，就可以通过形成一个组织并让某种权力（企业家）来支配资源，部分市场费用就可以节省。因此，"可以说企业最显著的特征是：它是价格机制的替代物"。企业和市场是两种可以相互替代的"协调生产的不同方式"[①]。

可见，交易费用的发现是科斯企业理论的核心。所谓交易费用，是指市场在协调交易时所发生的各项费用，包括搜寻信息的费用、协商和签订协议的费用、监督合同执行的费用等。交易费用因社会制度不同而不同。一般来说，产权关系越清晰，法律制度越健全，交易费用就越低。不过，假定市场没有交易费用，就如同假定自然界没有摩擦力一样，是不现实的。无论如何，交易费用总是对社会资源的一种无谓的浪费。

后来，科斯的继承人O. 威廉姆森对交易费用的决定因素做了区分和归纳。第一组要素是中间产品市场的环境特点，也称为"交易要素"，这里主要是指市场的不确定性和潜在的交易对手数量。第二组要素是关于人类所具有的有限理性和投机取巧的两种人性特点，这些性格使交易双方常常在利益的讨价还价中争执不下，以致使谈判难以进行。

具体而言，这里共谈到四个因素：(1) 市场的不确定性，包括市场环境、价格、质量、合作伙伴、投资风险的不确定性等，构成买卖双方进行谈判和达成合同协定的障碍。由于任何一方的违约行为都会减少另一方的利益，因而双方都想尽可能全面地了解合同所需的一切细节，这既增加了达成合同的成本，也降低了适应市场条件变化的灵活性。(2)"小数谈判问题"是指对某个厂商来说，潜在的交易对手数目的减少也可能增加市场的交易费用。如果交易者对于交易对手的选择受到约束，交易人数的减少会增加交易的"搜寻"和"等待"成本，会降低合同谈判成功的概率，从而增加交易完成的费用支出。(3) 有限理性，是指人类的行为常常处于欲望的合理性与有限制条件之间；也就是说，人们在收集、贮藏和加工处理那些为更准确地达到目标所需的大量信息方面，其能力受到相当严重的限制，使得人们的决策会出现一定的偏差。(4) 投机取巧或机会主义是一种常见的经济行为，是指某些人在交易中常常缺乏正直和诚实，总想通过蒙骗达到自己的目的，这使得交易过程更加复杂。[②]

---

① R. Coase, "The Nature of the Firm", *Economica*, Nov, 1937.

② 参见张军：《现代产权经济学》，11～13页，上海，上海三联书店，1994。

企业的出现是要用行政命令代替市场交易。当然，用企业方式协调分工也是需要管理费用的，所以，企业的出现一定是因为企业的方式具有节约交易费用的作用。但是，企业也不会无限地扩大。科斯回答说："即使撇开收益递减问题，在企业内部组织交易的成本似乎也可能大于在公开市场上完成交易的成本。""随着被组织的交易的空间分布，交易差异性以及相对价格变化可能性的增加，组织成本和失误带来的亏损似乎也会增加。当更多的交易由一个企业家来组织时，交易似乎将倾向于既有不同的种类也有不同的位置，这为企业扩大时效率下降提供了一个附加原因。"① 所以，企业不是越大越好，企业扩大后，其内部组织的成本也可能超过市场交易成本，企业规模的边界是其内部组织成本等同于市场交易成本。

四、"科斯定理"及其对企业理论的影响

科斯在 1960 年发表的另一篇论文《社会成本问题》比《企业的性质》的影响更大。据有人统计，它是近年来经济学文献中被引用最多的一份文献。科斯获得诺贝尔经济学奖与此文关系甚大，"科斯定理"由此在经济学界广泛流传开来。

科斯定理主要是为解决经济学中重要的"外部经济影响"或"外在性"问题而提出来的。"外在性"问题主要是指企业在生产中由于污染环境而对其他企业造成的消极影响，例如河流上游的化工厂会给下游的养鱼场带来损失。20 世纪 20 年代，英国剑桥大学的庇古教授最先提出，只有在外部经济影响不存在的条件下，市场经济才能使资源配置达到最优状态。如果存在外部影响，就会造成社会成本与私人成本、社会收益与私人收益的不一致。在这种情况下，就要求国家通过税收和津贴政策加以干预，使市场经济能接近最优状态。而科斯认为，当存在外部影响时，不必由国家干预，只要产权明晰化，无论产权归谁，市场机制总能导致帕累托最优状态。

例如，某工厂因排放烟尘，使附近 5 户居民不能晾衣服，每户损失 75 元，共计 375 元。解决问题的办法有两个：一是花 150 元为工厂安装除尘器；二是每户花 50 元安装烘干机，共 250 元。如果产权在居民一方，工厂要么赔偿 375 元，要么花 250 元为居民安装烘干机，要么花 150 元自己安除尘器；如果产权在工厂一方，居民要么各家花 50 元安烘干机，要么大家共同出资 150 元为工厂安除尘器。按科斯定理，只要交易费用为零，无论把产权交给工厂还是居民，经过协商，都会采取最经济的办法，即花 150 元安除尘器。但是，如果交易费用不为

---

① R. Coase, "The Nature of the Firm", *Economica*, Nov, 1937.

零，假定交易费用为 50 元，则最低的成本就变成 200 元；如果交易费用为 110 元，对于居民来说，就不如自己安装烘干机合算了。

科斯定理在西方经济学中产生了很大的影响，它开辟了用西方经济学方法研究西方法律学的领域，也成为西方的产权理论和新制度学派的一个奠基石。同时，科斯定理对企业理论的影响也是十分深远的，它深刻提出了企业产权问题的重要性，为理解企业产权制度安排提出了新思路。张五常认为，科斯定理的更重要的贡献，是将该定理引申到有交易费用的情况。因为，如果考虑到市场交易费用，那么，只有当重新安排引起的产值增加超过交易费用时，这种结构调整才能进行。在这种情况下，合法权利的初始界定就影响到经济体制运转的效率。所以，一个效率高的制度安排，应是使产权尽量明晰，交易费用尽量降低。

不过，也有不少学者对科斯定理提出了异议，认为：(1) 科斯定理的假设条件过于苛刻，交易费用不可能等于零。(2) 即便交易费用为零，还可能出现“策略性”行为。例如，当工厂拥有产权并得知安装除尘器比居民买烘干机便宜 100 元时，就会迫使居民为工厂掏“红包”，这也会影响配置状态。(3) 科斯定理忽视了收入分配的效应。例如，如果上例中的产权归居民，则工厂要花钱；如果产权归工厂，则居民要掏腰包，而分配的改变所造成的影响是不能低估的。

第三节　现代企业理论的新发展

一、企业被看做是市场交易的“内在化”

人们的生活离不开市场；没有市场，人们会感到生活的种种不便。但人们生活中的大部分时间又是在一个非市场组织里度过的。人们工作和生活的组织，有企业、政府或行政机关，以及非营利组织。以前，经济学家对社会组织缺乏研究，认为政府或组织就是对市场机制的否定。而近些年来，越来越多的经济学家开始注意到研究组织内部的协调以及成本和收益问题的重要性。一种观点确认：组织和市场一样，都是指导经济决策的可以选择的制度。我们这里仅对企业组织进行研究。

科斯最早提出企业是价格机制的替代。而有趣的是，同样沿用科斯交易费用原理的一些产权经济学家，分析问题的方式却有所不同。例如，威廉姆森等人从合同的订立、实施和保障是有费用的这一点出发，强调了市场交易的内在缺陷。企业的出现就是要以市场交易的“内在化”来克服这些市场缺陷。这样，企业组织就被看成是内部一体化的市场组织的替代物。但是，香港大学经济学家张五常教授则认为：企业的出现并不意味着市场失灵，不能说厂商制度取代了价格制度，只能说是一种市场取代了另一种市场，其实质是一种合同取代了另一种合同。市场的交易对象是产品，而“企业交易”的对象是生产要素。要素的所有者可以自己组织生产，也可以将一部分产权转让或出租出去，委托给某个代理者去组织生产，这种代理者就是企业。区别仅仅在于，由于市场交易费用的存在，现在的要素市场和产品市场发生了分离。合同的选择从产品的市场转到了要素市场，价格信号由产品价格变成了生产要素即投入品价格。尽管他们的观点不同，但共同的结论是：市场和企业组织同样是可以互相替代的进行经济决策的机制。

但是，市场和企业的配置资源的方式是不同的。市场靠横向的自由选择机制来配置资源，企业则是靠纵向的行政权利指导和分配资源的。仅就信息渠道的多寡而言，组织是有优势的，这可从图 2—2 看出。

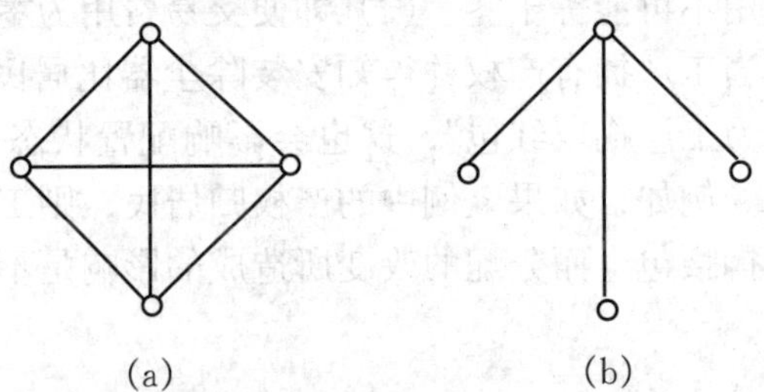

图 2—2　市场和企业配置资源的不同方式

根据图 2—2 (a)，市场交易的情况是，四个交易者之间至少有 6 条信息渠道；而根据图 2—2 (b)，进行同样交易的信息最多只有 3 条，信息的成本大大减少了。尤其当市场的不确定性增大和信息的取得变得困难时，组织的比较优势就格外突出。所以，从这个意义上说，科斯关于企业的出现节约了交易费用的观点无疑是正确的。①

二、企业的本质和界限理论的新进展②

自 20 世纪 80 年代以来，对企业的本质和界限的理论研究又有了新的进展，其主要观点可概括如下：

(一)“财产控制权”观点

这一观点是由交易费用学说演变而来的，起着承上启下作用的是威廉姆森的

① 参见张军：《现代产权经济学》，16～18 页。

② 参见钱颖一：《企业理论》。

工作。威廉姆森在寻找市场交易费用时做了下述分析：假设买卖双方事前处于完全竞争的环境中，如果卖方的生产需要某种专项投资，那么买卖双方在事后就被“拴”在一起。所谓专项投资，指的是投资不可再用于其他地方，比如大坝，它是不可挪作他用的专门化资产。如果协约是完全的，在产权明确的条件下，协约可以是最优的。但是，契约很可能是不完全的，这是由于人们事前不能准确预见未来的技术革新，制定详细的合同费用太高，有些指标无法描述清楚等等。在契约不完全的情况下，买卖双方的利益冲突不可能在事先解决，有些事必须拖到事后再说。但事后双方又不处在完全竞争的环境中了，比如卖方已经做了大量专项投资，就使得买方在事后提高了讨价还价的能力；而如果卖方能事先预见到这种情况，就会减少投资或根本不投资。威廉姆森最后的结论是：投资的减少是由于契约的不完全性造成的市场交易费用。为了减少这种交易费用，买卖双方应当合成一个企业。

格罗斯曼（Grossman）和哈特（Hart）发展了威廉姆森的上述思想。他们除了指明市场交易可能带来的费用（即合并带来的效益）外，还分析了企业合并可能带来的费用。因此，他们的理论是关于企业合并的完整理论。在他们的模型中，一方面，由于契约的不完全性，按照威廉姆森的想法，事后的机会主义行为会引起事前投资的扭曲，这是企业分离的费用；另一方面，若企业甲吞并了企业乙，即甲的所有者对乙的财产有剩余索取权，乙就由原来的所有者变为甲的一个部门经理，他的积极性就不如从前，这就是合并带来的费用。权衡了合并的得失，才能决定企业的分立与合并。值得注意的是，这个结论与“科斯定理”——产权分配与效率无关——相矛盾，这是由于假定了不完全契约的缘故。

（二）“议价费用”和“影响费用”

罗伯茨（Roberts）和米尔格罗姆（Milgrom）对交易费用学派持批评态度。他们的想法更多地受到阿罗的影响，着重分析“市场失灵”对组建企业的影响。他们认为，市场的交易费用，归根结底不是由契约的不完全性造成的，而是由签订契约的费用造成的。签订契约的费用来自于“市场失灵”：（1）买卖双方在讨价还价中可能出现多个均衡点，市场无法选择最优；（2）信息度量费用；（3）不完全信息，双方都尽量隐瞒自己真实的价值判断。这就决定了市场的“议价费用”。

接着，他们又分析了企业作为一个中央集权机构的组织费用。具体包括三方面：（1）经营者的权力增大后，他无法克制自己不去干预那些不应干预的事。（2）中央机构的决策人员并非生活在真空中，他们需要依靠下级提供信息和建议才能作出决策。这样，下级就会自觉、不自觉地努力使向上传递的信息对自己有利，从而影响上级的决策。这也就是所谓的“影响费用”。(3) 腐败造成的费用。权力使人腐败是众所周知的。在这三种费用中，以第二种费用最为重要，这是任一权力机构本身产生的费用。下级的许多人把相当多的精力花费在“影响”上级决策上，这是一种浪费，而且对企业产生了不利的影响。可见，这一分析同“公共选择理论”中的“追求租金”的分析是一致的。

(三)“声誉”的观点

这种观点强调在契约不完全条件下买卖双方的调整过程。在此情况下，如果交易只是一次，显然很难是高效率的。比如，如果买方先交钱，卖方可能不交货；反之，如果卖方先交货，买方可能不交钱。但是，如果买卖双方的交易是重复进行的，这种情况也许就不会发生，因为“声誉”的损害有损今后的利益。可见，“声誉”有减少市场交易费用的作用。

克雷普斯（Kreps）把上述想法进一步发展为一种企业形成的理论。他认为，“声誉”的建立不需要双方保持长久的交易关系，只要有一方是长久存在的，而其他人又可以观察到它的商业行为，就足以使“声誉”发挥作用。这时，任何人都可以与“长寿”的一方签订契约，表示接受“长寿”一方的权威指令，而不必担心它会滥用权威，因为“声誉”是“长寿”一方的无形资产。这个“长寿”的一方就被定义为“企业”。所以，企业的核心就是“声誉”。

克雷普斯将“声誉”称为“企业文化”。任何一个企业都会努力在社会上建立自己的文化。特别值得注意的是，只有那些对资产拥有剩余控制权的实体，才有可能建立起“声誉”；不具备这种剩余控制权的组织不可能建立“声誉”，因为外部人无法确信这种组织能够左右自己的行为。在契约不完全的条件下，声誉对拥有剩余控制权的实体来说是一种无形资产。

总而言之，80 年代三种关于企业的观点的共同之处是：契约是不可能完全的；在不完全契约条件下，剩余控制权的配置方式影响交易费用；企业不同于市场是因为权威的存在；在权威下市场式的议价消失，取而代之的是上下级的代理关系；这种代理关系不可避免地产生费用。最后，企业的形态是使这些费用最小化的结果。但是，尽管在 80 年代后西方出现了“财产控制权”的观点、“议价费用”和“影响费用”的观点、“声誉”的观点，力图说明企业的产源与性质，但都不及交易费用理论的影响大。同时，这些理论越来越脱离对人们的财产关系与经济地位的分析，将企业的出现完全理解为市场交易机制的技术性原因，这相对于马克思关于所有制和经济关系的分析来说，不仅显得肤浅，也是一种倒退。

三、“协作群生产”假说与企业等级制

（一）“协作群生产”假说

企业作为市场机制的替代，可以通过专业分工与合作来节省交易费用。但是，分工和合作需要建立一整套协调群体行为的规则。因为各种投入要素的所有者赖以合作的经济组织要能够发挥其比较优势，必须能克服或解决两大难题：一是计量投入的各种资源，二是计算其报酬，并使报酬符合投入资源的贡献。这两个问题归根到底，是要能够设计出一种计量机制，以便进行有效的激励和处罚，这正是企业效率的源泉。但是，西方产权经济学家阿尔奇安和德姆塞茨在 1972 年提出了“协作群生产”或“团队生产”（team production）的假说，即协作群体在生产过程中，不可避免地出现偷懒和搭便车的动机和行为。因此，除非能够有效地监督和计量每个人的行为和努力程度，否则必然出现“道德风险”问题。

解决问题的办法，就是从产权制度安排上形成一种可监督的结构，尤其是使某些人的职能专业化，即专门从事监督其他要素所有者的工作绩效，包括精力、热情、工作态度、产值贡献等等。还要指出，如果以监督为职业的管理人员只是协作群的成员，那么监督的效果就会大打折扣，因为他一样会有偷懒的动机。出于这一考虑，制度安排必须克服监工与被监视成员在利益和动机上的协同，设法使监工的偷懒动机变得无利可图。因此，除了监督劳动的专业化、职业化外，还要赋予管理人员以剩余索取权，这是有效监督的源泉。

从企业制度的演化过程看，早期资本主义古典企业的产权就是这样安排的：（1）获得剩余收入的人是协作群成员的监管人员；（2）有关企业生产的决策，包括各种投入要素的选择和鉴别、生产什么、怎样生产等，都由持有剩余索取权的人做出；（3）拥有剩余索取权的人是企业主或雇主。当然，这种古典企业的产权结构表现为单一所有，企业主既是出资者，也是管理者，财产的所有权与经营权是合一的。但它所揭示的监督劳动与剩余索取权相联系的原理，是适用于以后的各种企业制度的。

（二）企业内部的等级制度与激励机制

现代的大型企业内部，实行的是一种金字塔式的等级制度。研究等级制度，大致有两种假设：一是以等级制中所有成员具有共同目标为前提，一般称为“协作理论”；二是假定等级制中成员的目标函数不一致，同时，由于分工造成每个人拥有别人不知道的信息，研究的目的就是怎样使得所有成员都为企业的整体目标而尽力，这就是“激励理论”。

新古典经济学通常假定劳动给人带来负效用，所以，企业管理人员的重要职责是监督下级的工作。威廉姆森认为，企业越大，等级越多，上级对下级的监督

就越困难，所以企业不能无限制地扩大。同时，监督又是同奖励结合在一起的。没有有效的奖惩结构，监督的作用就会减弱。

譬如，企业是一个多层次的管理体制，处于最高层的只有一个人，他是企业的所有者，会努力工作而不需要监督。在最高层以下的所有人，都会把工作看成是负效应，都会有偷懒动机。如果惩罚可以是无限的，比如一旦发现怠工就枪毙，那就不会有人偷懒。但在现实生活中，这种威胁是不可信的。因此，应该假定惩罚是有限的，例如怠工最多是开除。在这种条件下，在各个均衡点上，尽管每个人的努力程度是一样的，但职位越高的人应获得越高的收入，因为较高等级的人员怠工会带来更大的损失。

评比、竞赛是企业内部经常采用的激励方法。这种激励方式同计件奖金制不同。在这里，奖金的发放不是按“基数”度量的，而是按“序数”决定的。除了评比之外，提职晋升也是一种奖励方式，因为晋升的名额是有限的，提升的根据仍是“序数”，而不是“基数”。这种按次序评奖的方法，在实际生活中是非常有效的，它对信息的要求低，成本也不高。但它有一个致命的弱点，这就是在“合谋”的情况下它将失去效用。

“合谋”是指企业职工之间或管理者与被管理者之间联合起来，共同对付上级领导的行为。比如，一个3人小组，一个是管理者，两个是工人。这个小组只能给一个人发奖金。如果两个工人之间没有交流的机会，他们都会努力工作；但如果他们事先约定都偷懒，其中一个人比另一个人多干一点，然后把所得的奖金分给另一个人，这样，两人都得利，而受损的是企业。“合谋”的现象到处可见，甚至学生与教授之间也可以合伙对付学校的考核。

此外，在企业多人组织中的另一个问题是“协调”。由于现代企业往往采取“矩阵式管理”，例如，一个子公司中的营销负责人至少有两个上级，一个是子公司的经理，另一个是总公司负责营销的副总裁。在中国，更有“条块分割”、“婆婆太多”之说。这种“一个代理人，多个委托人”的问题，就是“协调”问题，它也降低了管理的效率。

关于企业融资结构的理论和企业产权理论的新观点，我们将在后面的章节中作专门的分析。

第三章

现代公司制度的产权基础

现代公司制度与其他企业制度的根本区别，在于其特有的产权制度。产权制度不仅是一切市场经济活动的前提，更是现代公司制度运行与国有企业改革的核心问题。公司制度实行的是出资者所有权与企业法人财产权的分离，是不同于私人企业的新型产权关系，它是解决股权分散化与生产经营集权化的产权基础。研究现代公司制度的产权制度，也为国有企业管理体制改革提供了重要的参考。

第一节 现代市场经济中的产权制度

一、财产的本质和起源

说到产权制度，首先涉及财产的概念和本质。什么是财产？财产就是归人们所占有、所支配的物，如自耕农的土地，手工业者的工具，资本家的资本，等等。财产表现为一种物，但其实质却是一种经济关系，是社会经济生活中客观存在的人对物的排他性的占有关系。马克思说：“财产最初无非意味着这样一种关系：人把他的生产的自然条件看作是属于他的、看作是自己的、看作是与他自身的存在一起产生的前提"[①]。

排他性占有的产生，从根本上说，在于自然资源的稀缺性，即资源供给的有限性和人类需求的无限性之间的矛盾。为了解决这一矛盾，人们就要通过社会契约或暴力，建立起一种排他性的占有关系，财产的范畴也就由此出现了。可见，稀缺性是一种物转化为财产的先决条件，非稀缺性的资源，如空气、阳光，是不会成为财产的。

稀缺性是排他性占有产生的一般条件，但不是唯一的条件，除此之外，还有社会的和经济的制度原因。首先，占有关系是一个历史的范畴，它随着社会经济增长和市场制度的发展而变化。最初是原始公社的公共占有制，后来才出现了私人占有和私人财产，而且私人财产的内容和占有形式也在不断变化。其次，占有关系总是需要社会组织和社会制度加以保护的，无论是靠家庭或氏族的武力，还是靠国家政权及法律制度。这说明，财产关系的确立是需要社会成本或制度成本的，而且这种成本应小于它所带来的收益。如果这一成本超过了确立财产关系带来的收益，这种财产制度就是无效率的，人们就会自动放弃建立财产关系的愿望和行动，或者设法建立新的有效的财产制度。

二、财产与财产权的概念

目前世界上有两大法律体系，即普通法系和大陆法系，它们对财产和财产权的解释是有明显差别的。在普通法系中，"财产"等同于"财产权"。普通法之父布莱克斯通在《英国法律评论》中指出：财产是"某人凭借着一种完全排他的、对外在物的请求或行使的权利"。而"财产、生命和自由，这是英国人所固有的绝对权利。"[②] 可见，这里所说的财产就是财产权。

进入20世纪以来，普通法中的财产概念有了新的发展。一是随着无体财产如知识产权、商业信誉的日益扩展，财产概念的内容大大拓宽了，"非实体的权利已经变成了财产，财产不再被视为物，或在某种意义上的客体，它已经变成了单纯法律关系的权利、特权和义务的豁免。"[③] 二是财产实际上是受法律保护的有价值的利益，是"一整套的权利"，并且是有限的而不是绝对的权利。但对于财产本质的认识仍然没有改变，它仍被定义为是权利而不是物。

在大陆法系中也使用了财产的概念，不过常常把它与财产权（这里指狭义的

---

① 《马克思恩格斯全集》，中文1版，第46卷上，491页，北京，人民出版社，1979。

② 参见王利明：《国家所有权研究》，4页，北京，中国人民大学出版社，1991。

③ 同上书，21页。

财产权即财产的所有权）区别开来。大陆法中的“财产”一词通常有三种含义：（1）财产是指有货币价值的权利客体，强调财产是有体物；（2）财产是指人们对物享有的所有权，强调财产以权利归属为前提，而一个仅仅被事实上占有尚未形成权利的物并不是财产；（3）财产还可以用来指物和权利的总和，在这个意义上，财产与财产权的概念又似乎未能完全分开。

比较一下两大法系使用的财产和财产权的概念，可以看出，二者各有千秋，普通法显得较为灵活，而大陆法更为严谨。一方面，大陆法关于财产和财产权的概念，难以适应当代社会无体财产发展的需要，它所能覆盖的范围显得越来越狭窄。正如弗里德曼所说：“无体财产，例如专利权、出版权、股权或选择权的经济意义本身，也显示出法典国家关于所有权的定义是贫乏的教条。”[①] 而依照经验主义建立起来的普通法的财产概念，却可以适应无体财产发展的需要。但另一方面，普通法的财产概念又显得不够严谨，它有时不仅难以确定财产的最终归属和利益的源泉，而且容易忽视某些无体财产应当用特殊方法加以保护的特点，也难以对财产做出科学的分类，如物权与债权的区分。[②]

总之，普通法系中的财产概念和大陆法系中的财产及所有权的概念，应是同时并存、互相补充的，而不应是互相取代、互相排斥的。这对于我们理解和处理现实经济生活中各种复杂的财产关系是十分必要的。

三、法学与经济学中的财产权概念

由于人们对财产的认识不够统一，因而对财产权的理解也有很大差异。一般地说，法典国家通常将财产权（property rights）定义为权利主体因直接控制、利用和支配一定财产而享有的具有经济利益的权利。著名的《罗马法》将财产权分为三类：（1）物权；（2）继承权；（3）债权。物权是对有体物所享有的权利，分为自物权和他物权。自物权是指权利主体对自己所有物的权利，即财产的所有权；他物权是指权利主体对他人所有物的权利，包括的范围十分广泛，如使用权、经营权、抵押权、地役权、建筑权等。继承权和债权是由自物权派生出来的、并以财产所有权为基础的财产权，它们属于无体财产的范畴。请见下图：

- 财产权
  - 物权
    - 自物权——所有权
    - 他物权——使用权、经营权、抵押权、地役权等
  - 债权
  - 继承权

① ［美］弗里德曼：《在变动着的社会中的法律》，载《外国政法学术动态》，1963（4），42页。

② 参见王利明：《国家所有权研究》，20～23页。

由于自物权即财产的所有权（ownership）是财产权中最重要、最核心的部分，并决定着其他的财产权，因此，所有权可称为狭义的财产权，在这个意义上，所有权可以等于财产权。从各国的民法看，在给所有权下定义时，采取了两种不同的方式：（1）列举法，即具体列举出所有权的权能或作用，给所有权下定义。如法国《拿破仑民法典》第 544 条规定："所有权是对于物有绝对无限制地使用、收益及处分的权利，但法令所禁止使用的不在此限。"我国民法也采用列举法，规定"财产所有权是指所有人依法对自己的财产享有占有、使用、收益和处分的权利"。（2）抽象概括法，即不是具体列举所有权的权能，只是规定所有权的抽象作用。如《德国民法典》第 903 条规定：所有权指"物之所有人，在不违反法律或第三人权利之范围内，得自由处分其物，并得排除他人对物之一切干涉。"

所有权具有以下特征：（1）所有权表面上是人与物的关系，实质上是所有人与非所有人之间的一种经济关系；（2）所有权包括占有、使用、收益和处分等各项完整的权能，所以又称为"完全物权"，其中，处分权决定着财产的归属，是所有权的核心，也是所有权与他物权的本质区别；（3）所有权的对象原则上应为有体物，我国民法特意使用了"财产所有权"一词，这里的"财产"就是有体物，而把著作权、发明权、专利权和商标权等通通归入知识产权；（4）所有权是独占的支配权，是一种排他性权利，实行"一物一主"的原则。①

应当指出，战后西方产权经济学对产权（即财产权，是经济学的习惯用语）的研究取得了丰硕的成果，这对于经济学和法学的发展具有巨大的推动作用。因此，在研究国有经济的产权基础时，也必须积极吸收产权经济学的研究成果。从目前的资料看，产权经济学对于产权概念的解释尚不统一，甚至有些混乱，但不应因此而否定其中的合理成分。产权理论的代表人物 A. 阿尔奇安对产权的定义是："产权是一种通过社会强制而实现的对某种经济物品的多种用途进行选择的权力。属于个人的产权即为私有产权，它可以转让——以换取对其他物品同样的权利。"② 另一位代表人物德姆塞茨的定义则是："所谓产权，它指使自己或他人受益或受损的同样的权利。""产权是社会的工具，其意义来自这样一个事实：在一个人与他人做交易时，产权有助于他形成那些他可以合理持有的预期。"③

从以上论述可以看出，产权理论中的产权概念与普通法系中的财产或财产权的概念很相近，而与大陆法系中的财产或所有权的概念差别较大。但这仅仅是就

---

① 参见佟柔主编：《中国民法》，229～230 页，北京，法律出版社，1990。

② 《新帕尔格雷夫经济学大辞典》，中文版，第 3 卷，1101 页，北京，经济科学出版社，1992。

③ ［美］哈罗德·德姆塞茨：《关于产权的理论》，《社会经济体制比较》，1990（6）。

产权概念本身而言的，如果联系到产权理论的整体内容，就会发现它对产权范畴的一些新的贡献。（1）它强调产权是“一组”权利，所以它经常以复数形式出现，具体包括财产的使用权、收益权、转让权等，当这些权利集于一身时，就是完全的产权或相当于所有权；（2）它强调产权是可以分解的，不仅可以分解为使用权、收益权、转让权，而且这些权能还可以继续分解下去，在现实经济生活中，产权经常是以其分解的形式出现的；（3）它强调产权是可分割、可分离和可交易的，实际经济活动中的各种交换，其实质都是产权的交易；（4）它强调产权界定的明晰与产权交易费用的节省，是解决经济外在性和资源配置问题的前提条件，也是制度变迁的关键所在。

四、所有权与所有制

所有权与所有制是两个密切相关的不同范畴。所有制是指生产资料归谁所有的经济制度，是个经济范畴；而所有权是指财产归谁所有的法律制度，是个法律范畴。所有制体现人们在生产资料方面形成的经济关系，它是生产关系的基础与核心；生产资料的所有权则是所有制的法律形态。对于所有制来说，有决定意义的是排他性的占有；而“只是由于社会赋予实际占有以法律的规定，实际占有才具有合法占有的性质，才具有私有财产的性质。”①

就历史顺序而言，所有制先于所有权而存在。因为所有制即生产资料的占有关系是社会生产的前提，“一切生产都是个人在一定社会形式中并借这种社会形式而进行的对自然的占有。”但这种占有并非一开始就采取了法权形式，在原始社会中，“只是占有，而没有所有权”②。只是在国家出现之后，才使得生产资料的占有关系法权化。

一般说来，所有制是所有权的经济基础，一定的所有制决定一定的所有权。马克思认为，民法不过是所有制发展的一定阶段，即生产发展的一定阶段的表现。他指出：“在每个历史时代中所有权是以各种不同的方式、在完全不同的社会关系下面发展起来的。因此，给资产阶级的所有权下定义不外是把资产阶级生产的全部社会关系描述一番。”③ 当然，所有权反过来又积极作用于所有制，具有维护、巩固和发展所有制的重要功能。

还应当看到，所有权并不是所有制的简单模拟。这是因为，所有权不仅是生

---

① 《马克思恩格斯全集》，中文1版，第1卷，382页，北京，人民出版社，1956。

② 《马克思恩格斯选集》，2版，第2卷，5、19页，北京，人民出版社，1995。

③ 《马克思恩格斯选集》2版，第1卷，177页，北京，人民出版社，1995。

产资料所有制的表现，同时也是其他财产关系的法律表现。同时，所有制在马克思主义经济学中已成为具有特殊经济含义的经济范畴，它不仅反映生产资料的占有关系，还包括人们在整个生产过程中的全部生产关系、分配关系和交换关系。

五、产权制度在市场经济中的功能

产权制度是指包括产权立法、产权的界定和维护、产权纠纷的处理在内的社会制度；广义的产权制度还包括社会的所有制结构。产权制度作为社会市场制度的核心和基础，对于规范经济主体的行为和维护经济秩序，特别是对于市场经济体制的建立有着极为重要的意义。

1. 产权制度具有巩固和发展社会经济制度的功能。生产资料所有制是社会经济制度的基础，它决定国家的上层建筑；同时，无论是公有制还是私有制，都需要国家的法权制度的保护。特别是在社会制度变迁的过程中，产权制度的改革往往会起到关键性的作用。

2. 产权制度可以减少财产关系的不确定性，促进商品经济的发展。市场经济中的各种交换关系，实质上是商品和财产的产权交换。但由于财产关系的复杂性、多样性和多变性，给人们的选择、决策和交换带来了许多不便，浪费了大量的交易时间和交易费用。而通过对产权关系的严格界定，就可以减少这些不确定因素，规范市场主体行为，促进市场交换和市场制度的发展。

3. 产权制度有助于使外部经济效果内部化，提高市场的资源配置效率。外部经济效果又称外在性，是市场失灵的领域之一。按照西方产权理论的研究成果，通过对外在性问题设置产权，并促进产权的自由交易，就可以将其转化为内部性问题，通过市场机制加以解决，从而提高资源的配置效率。

4. 产权制度具有分配功能，可以激励和约束财产主体行为，提高微观经济活动的效益。产权的核心问题就是要明确市场主体的权能、利益和义务，这对于组织社会生产和提高经济效益是非常重要的。如果产权界定不明晰、财产收益归属不清楚、投资风险无人承担，财产就会被滥用或瓜分，就谈不上提高资产的运营效率。

第二节　产权的经济类型与具体形式

一、财产的私有、共有与公有

从法权体系来说，财产或物的分类方法很多，例如可以将财产分为有体物与无体物、可有物与不可有物、动产与不动产、可分物与不可分物、单一物与组合物、主物与从物、原物与孳息、有主物与无主物等。如果依经济性质进行划分，可以将财产分为私人财产、共有财产与公有财产。在分析国有经济的产权基础之前，有必要对这三种财产形式做一简要的介绍。

（一）关于私人财产与私有产权

尽管大陆法系与普通法系对财产的概念有不同的解释，但基于共同的价值观念的偏见，它们都把财产的私有制看做是最完美的财产制度。因此，前面所述及的它们对于财产与财产权的研究和规定，实际上主要是针对私人财产的。我们在运用马克思主义的产权理论进行分析时，其对象也主要是私人财产，基本未涉及其他财产形式。为了避免重复，这里只对上述分析做一小结。

1. 私人财产的实质是对经济物品的排他性的占有，这种占有关系产生于原始社会末期，在国家出现后才取得法权形式即私有产权。

2. 私有产权的内容包括自物权、他物权、继承权、债权和知识产权。其中，自物权即财产所有权，是财产权的核心与基础，它具有绝对性、排他性和永继性。所有权结构包括占有权、使用权、支配权和收益权。

3. 私有产权是一组可以不断分解和转让的权利束。财产权经常以分解的形式出现，产权的转让与交易是商品交换的内核。

4. 私有产权的有效性依赖于一种强制的社会力量的保护，这种社会力量包括国家政权、法律制度、社会价值观念和行为准则。其中，国家行政力量对私有产权既有保护的作用，也带有制约和干扰的作用。

5. 私有产权在现实生活中总是要受到一定的限制的，这些限制主要是为了维护社会的利益和保护他人的正当权益。

以上对于私有产权的这些规定，也可以说是产权的最一般、最基本的内涵，它也应当适用于国有经济中的产权关系。但是，由于国有经济产权主体即国家的特殊地位，使得国有产权有了一些新的特征。这些问题我们将在下面专门论述。

（二）关于财产的共有关系

财产共有关系是指数人共享一物的所有权。我国《民法通则》第 78 条规定："财产可以由两个以上的公民、法人共有"。共有的主体成为共有人，其客体称为共有财产或共有物。财产的共有关系，具体可分为共同共有和按份共有两种形式。共同共有指共有人根据某种共同关系，对某项财产不分份额地共同享有权利并承担义务，如夫妻共有财产、家庭共有财产，而夫妻关系或家庭关系是这种共同共有关系的基础；按份共有指共有人按照预先确定的份额，分别对共有财产享有占有、使用、收益和处分的权利，如合伙制、股份制企业的资本就是按份共有的财产。

财产的共有关系的法律特征如下：(1) 共有主体是非单一的，多个共有主体对共有物只能共同享有一个完整的所有权。(2) 共有物在共有关系存续期间不能分割，每个共有人的权利及于整个共有财产，因此共有并不是分别所有。(3) 共有人对共有物共同地或者按照各自的份额享有权利并承担义务，每个共有人的权益不受其他共有人的侵犯，在行使对共有财产的权利时，要由共有人集体协商。(4) 共有关系是多个权利主体基于共同的生产和生活的目的，将其财产联合在一起而产生的财产形式，它是财产所有权的联合，而不是一种特殊的所有权形式。所以，共有关系实际上是一种“混合所有制”，其经济性质由共有人各自的经济性质的集合来确定，既可以完全是私有产权的集合，也可以完全是公有产权的集合，还可以是两种产权的兼容。

(三) 关于财产的公有关系

这里所说的公有包含两重含义，一是指对财产公共所有的产权形式，二是指劳动者共同占有生产资料的所有制形式。财产的公有与共有的外表十分相似，所以，人们也时常将二者混同起来。其实，二者有着本质的区别：(1) 公有财产的主体是单一的，是集合概念的“全民”或“集体”；而共有财产的主体是非单一的，包括多个共有人。(2) 公有财产已脱离个人而存在，它既不能实际分割为个人所有，也不能由个人按照一定份额享有财产权利；而共有财产并没有与共有人脱离关系，它以共有人的个人所有为基础，产权必须划分到每个共有人的名下。(3) 单个公民加入或退出公有组织，并不影响公有财产的完整性；而对于共有财产来说，这种情况将影响其财产的完整。(4) 由于公共所有是对私有产权的根本否定，公有关系不能兼容共有关系；而共有关系本身就是“混合所有制”，它可以兼容各种性质的财产，包括私人财产与公有财产。

国家所有与公有是什么关系呢？人们时常把二者混同起来，把国家所有当做是公共所有，并把二者相互替代使用。也有些国家的法律将国有资产划分为国家公产与国家私产两类。国家公产指供全体公民共同享用之物，如河川、道路、公园等，国家并不是这些财产的所有者，没有处置权，只有“保管权”。国有私产包括国有企业、政府财产等，国家对此拥有所有权，可以将其出售和转让。也就是说，他们认为，国家公产实质上就是社会公有。

实际上，国家所有与公共所有是两个不同层次的概念。公共所有是与私人所有相对立的概念，是指财产的经济性质；而国家所有是指财产占有的具体形式，二者是内容与形式的关系。公共所有可以采取国家所有、集体所有的形式；而国家所有的形式并不一定就是公共所有，其经济性质应由国家的性质决定。例如，封建制度下的国家所有，实际上是封建君主所有，资本主义的国家所有实际上是“集体的资本家”所有，只有社会主义国家所有才是真正的全社会的公共所有。

恩格斯在《反杜林论》中，就曾对那种把国有化与社会主义公有制等同起来的冒牌的社会主义进行了批判。他指出：“如果烟草国营是社会主义的，那么拿破仑和梅特涅也应该算入社会主义创始人之列了。”“无论转化为股份公司，还是转化为国家财产，都没有消除生产力的资本属性。…… 现代国家，不管它的形式如何，本质上都是资本主义的机器，资本家的国家，理想的总资本家。它越是把更多的生产力据为己有，就越是成为真正的总资本家，越是剥削更多的公民。工人仍然是雇佣劳动者，无产者。”①

二、产权在现实经济活动中的具体形式

（一）私有产权或个人产权

如上所述，属于个人的产权即为私有产权，它可以转让——以换取对其他物品同样的权利。私有产权是最为常见的，也是基本的产权形式，它是给予人们对私人财产有矛盾的各种用途进行选择的一种排他的权利。在假设的私有产权完备的条件下，个人利用自己的财产采取的任何行动，都不可能影响任何其他人的私有财产的实际归属，也不会出现违规行为。相反，如果在行使私有产权时对其他人的利益产生了影响，或是属于法律所禁止的，例如擅自在自己的土地上种毒品，则私有产权就要遭到否定。在现实生活中，人们通常将属于个人及一个家庭的财产所有权界定为私有产权。

（二）集体产权或集团产权

集体产权是指对某种资源的使用权利是由一个集体共同做出的，由集体的决策机构以民主程序对权利的行使做出规定和约束。集体所有制企业、公司制企业和合作制企业，其出资者对企业拥有的专用性生产资源所行使的权力，就是典型的集体产权。出资者可以通过“一人一票”或“一股一票”的原则决定这些资源的用途。一般而论，集体的规模越大，分享集体收益的人就越多，为实现集体利益而进行活动的个人分享的份额就越小。所以，如果在严格的经济人或理性人假定的前提下，不会有人为集体的共同利益采取行动，这里会存在严重的“搭便车”行为。

（三）共有产权或社团产权

共有产权是为了谋求组织成员平均利益最大化而设立的产权，兄弟会、各种

① 《马克思恩格斯选集》，2版，第3卷，628、629页，北京，人民出版社，1995。

俱乐部或乡村俱乐部，都是共有组织的实例。共有产权是一种人们很少对其进行分析的产权形式，它与私有产权或集体产权不同，不具备产权利益的匿名可转让性。一个共有组织的成员，只有在取得其他各成员的同意后，才能将共有组织的权益转让给他人。共有资源对于其成员来说，常常可以非排他性地使用；而对其他人来说，则具有明显的排他性。共有资源的使用可以是免费的，也可以优惠性地收费。

（四）政府产权或国家产权

政府产权，从理论上说，是对由政府或国家所占有的那部分资源的使用权利。对这些资源，国家按社会可接受的政治程序，决定由谁来具体支配和使用。严格地说，政府产权与国家产权也有所差别：国家产权的主体是全体人民，其客体是归国家所有的领海、领空、国土资源和国有资产等；狭义的政府产权指政府所拥有的一些资源，如政府的办公楼、政府的用地等。在现实中，由于国有资产也是由政府管理的，所以二者的区别常常被忽略。政府的或国有的财产的经济性质，取决于政府的性质。但总体而言，国有资产普遍存在着效益不高、流失严重的问题。

第三节　现代公司制度中的产权制度

一、“两权分离”是公司制度的基本特征

（一）马克思对股份公司“两权分离”的论述

当英国于1856年颁布联合股份公司法案时，没有人料到这种公司会在将来成为主导产业和商业活动的制度。相反，许多学者认为，股份公司存在着一个致命的缺陷：股权分散为经理们偷懒或追逐自己的个人目标大开方便之门。斯密就曾对经理的“疏忽和挥霍”感到担心。但股份公司在20世纪的发展，彻底反驳了斯密的观点，联合股份公司一跃成为现代工业的象征，而且股权的分散程度在不断提高。

现代股份公司的股权分散，决定了其产权制度的安排必然是资本所有权与法人产权的分离。在最初的私人企业中，由于生产规模小和管理简单，出资者同时也是经营者。随着企业规模的扩大，特别是股份公司法人制度的确立和股权的分散化，资本的所有权与经营权就发生了越来越深刻的分离，并出现了特殊的以管理为职业的经理阶层。

马克思在《资本论》中指出，企业经理阶层的出现，是由资本主义管理二重

性和资本主义管理专制形式演变而来的。经理是作为工业司令官的资本家领导下的军官，在劳动过程中以资本的名义进行指挥、监督和管理。经理的出现，意味着资本所有权与资本职能的分离，与资本使用权的分离。“资本主义生产本身已经使那种完全同资本所有权分离的指挥劳动比比皆是。因此，这种指挥劳动就无须资本家亲自担任了。”[①] 马克思还指出，管理具有二重性，即监督劳动和指挥劳动，在阶级对立越严重的生产方式中，强制性的监督劳动的作用也越大。经理阶层作为社会生产力的具体组织者和管理者，并不是资本主义所特有的，而是一切社会化大生产所共有的。

（二）西方经济学家对“两权分离”的论述

西方经济学家对股份公司的分析，习惯于使用所有权与控制权的分离。这里的“控制权”就其权限来说，要大大高于通常所说的经营权。早在1923年，著名制度经济学家凡勃伦在《无主所有制》一书中，就评述了这种趋势及其特点。伯勒和米斯（A.Berle and G.Means）在30年代对美国经济的统计资料的研究也证明，联合股份公司的重要性日益提高，股份公司的规模迅速增大。1930年，美国最大的200家公司（银行除外）实际控制了全部公司财富的49.2%，商业财富的38%，国民财富的22%。随着这些公司的股权日益分散化，所有权与控制权分离更加明显。

60年代，经济学家加尔布雷斯（Galbraith）对现代大公司的产权分析达到了新的高度。他把这些大公司里的经理精英们称为统治产业的“技术结构”。可以说，现在公司的技术结构取代了古老的贵族和近代的维多利亚时代的资本家，成了真正的统治阶级。人们越来越认识到，大公司就像一个集权主义的国家，其经济实力和权力实际上都操纵在公司官僚机构的少数人手里。

现实的情况也同样说明，所有权关系已经被淡化，控制权在不断加强。美国花旗银行曾经公布过一份名单，在56家大公司里，每家公司的股票持有人都在5万人以上，有27家公司的股东超过10万人。这种极其分散的所有权，使得一般意义上的管理不可能有效。即使按照掌握大量发行股票的5%～6%就能控制公司的标准，也嫌太多，因为他们的人数大概在100人以上。而且，绝大多数的股票持有者对公司的管理不感兴趣，他们所关心的只是股票的行情。公司股东的这种消极性质，使公司的管理权落到了一个职业经理阶层的手中。[②]

以上分析说明，在公司制度的演进过程中，资本的两权分离经历了两个重要

---

① 马克思：《资本论》，第3卷，435页。

② 参见张军：《现代产权经济学》，169页。

阶段。第一阶段是资本所有权与法人产权（经营权）的分离。在公司制度的初期，股份公司大都是家族控股式的企业，大股东直接选择或亲自出任董事长和财务主管，股东会的权力很大；经理人员则持股很少，是职业的管理人员，完全受董事会的控制。第二阶段是公司法人产权同经理控制权的分离。这时董事会的权力被弱化，而经理人员的控制权在不断加强，并随着经理阶层地位的崛起而出现了所谓的“经理革命”。导致这种现象出现的主要原因，是股权的多元化和分散化，以及公司规模的扩大和生产经营活动的复杂化。公司的法人产权同控制权不同，公司法人产权控制在董事会手中，它是相对于资本所有权而言的；而公司的控制权掌握在经理人员手中，它是建立在公司法人产权基础之上的。

下面我们重点分析公司的出资者所有权、法人财产权和经理阶层的控制权。

二、现代公司制度中的出资者所有权

现代公司制度的财产关系是共有关系，全体股东是公司的共同所有者。这是因为，公司的协作生产力主要依赖于股东共同投资形成的、替代性很低的“专用资源”，这些资源只能用来为由全体股东构成的所有者集团的利益服务，而不是为任何单个所有者的利益服务。因此，可以说，一个公司就是由限制性契约所维系的企业专用资源和通用资源组合而成的、生产某种不可分割的产品价值的一个集团。股东与公司的成败休戚相关，他们是公司共同的“所有者”、“雇主”或“老板”。

同时，由于股权的分散化，公司必然实行出资者所有权与法人财产权相分离的原则，股东只享有重大事项决策权和收益权，公司的日常经营管理活动则完全由董事会和经理负责。这就使得出资者对公司的所有权出现分离，即公司专用资源的控制权与这些资源的市场价值实现结果的自愿分离。股东虽然不能行使专用资源使用的决策权，但可以自由地买卖所持有的公司股票，承担股票交易的结果。必须指出的是，股票的自由转让是以股东对公司承担的有限责任为前提的，它使得股票的交易不会影响其他股东的利益。

对于股东的权利或者出资者所有权的性质，理论界有不同的看法。有人认为，股东权实际上是一种“新债权”，股东购买股票主要是为了获取股利，而对公司的管理不感兴趣，这在亚当·斯密和马克思的著作中已有论及。马克思指出：“实际执行职能的资本家转化为单纯的经理，即别人的资本的管理人，而资本所有者则转化为单纯的所有者，即单纯的货币资本家。”[①] 但这种观点也值得商榷，

① 马克思：《资本论》，第3卷，493页。

因为股东大会毕竟是公司的最高权力机构，公司的重大决策包括高级管理人员的任免，都由股东大会表决决定，因而，股东权实际上仍是对公司的所有权。

三、现代公司制度中的法人财产权

现代公司制度中的“法人财产权”，是我国在国有企业公司制改革中提出的一个新概念。党的十四届三中全会的《决定》指出：现代企业制度的基本特征是产权关系明晰，企业中的国有资产所有权属于国家，企业拥有包括国家在内的出资者投资形成的全部法人财产权，成为享有民事权利、承担民事责任的法人实体。

法人财产权的概念，是针对股份制企业出资者所有权同企业经营决策权分离的状况提出来的。它的含义既不同于传统上说的“经营权”，也不同于产权经济学所讲的“控制权”，这是一种新的提法，是一个理论的创新。股份公司作为现代企业制度的“最伟大的革命”，能将分散的私人资本迅速集聚成巨额资本，使生产规模“惊人地扩大了”，使所有权与经营权发生了深刻的分离。但是，美国的股权高度分散的状况是否具有普遍性，经理人员的职权是否都达到了“经理革命”的程度，我国理论界有不同的看法。因此，中央文件没有采用西方的“控制权”说，而是另辟蹊径，提出了“法人财产权”说。然而，回避了原有的矛盾，又出现了新的矛盾。法人财产权的内涵是什么呢？目前理论界对此争论较大，大致有以下四种观点：

第一种观点是“经营权”说，即将法人财产权解释为经营权。马克思在分析股份制的财产结构时指出：股份公司采取了“社会资本”的形式，“实际执行职能的资本家转化为单纯的经理，即别人的资本的管理人，而资本所有者则转化为单纯的所有者，即单纯的货币资本家”；“资本所有权这样一来现在就同现实再生产过程中的职能完全分离”。[①] 这些论述是符合当时股份制的发展实际的，但在所有权与经营权日益分离，乃至出现“经理革命”之后，再将法人财产权解释为单纯的经营权，就显得过于狭窄了。弥补的办法是将经营权的内涵扩大，例如在我国《全民所有制工业企业转换经营机制条例》中，企业的经营权就已经包含了对财产的依法处置权，这实际上就是向所有权靠近了一步。

第二种观点是“所有权”说，即将法人财产权解释为法人所有权。这里所说的法人所有权，是指通过出资者权能转移而产生的所有权利，其作用并不是确定财产在法律上的最终归属，而是为了使法人作为主体，能够在交易中以自己的名

① 马克思：《资本论》，第3卷，493、494页。

义独立享有权利并承担义务和责任，即确定财产在市场交易中的现实归属问题，如购买、销售、债务、税收、利润等。有人把法人所有权说成是一种新型的所有权，它产生的基础是资本的价值形态（股票）所有权同实物形态（企业资产）所有权的长期分离，即出现了所有权的双重存在。此外，还有的学者使用了信托所有权、经济所有权、相对所有权来解释法人所有权。但是，无论怎样解释，无论怎样对法人所有权加以限定，它们都与所有权的"一物不属二主"的原则相矛盾，因而难以为人们所接受。

第三种观点是"控制权"说，即将法人财产权解释为控制权。产权经济学家阿尔奇安认为：股份公司"使有些人专门从事管理决策，这些实际控制的能人不必承担全部价值实现结果的风险"，从而使经营决策权与承担市场风险责任相分离，前者称为"控制权"，后者称为"所有权"①。控制权观点已在经济学中广泛使用，它既可以回避上述两种观点中的矛盾，又可以贴近现实。但由于对控制权的内涵尚无权威性的解释，没有法律上的明确规定，因而又会造成新的争论。

第四种观点是财产权说，这是在党的十四届三中全会中首先使用的。财产权是指权利主体对一定财产所享有的具有经济利益的权利。如前所述，《罗马法》将财产权分为三类：物权、债券、继承权。其中物权又分为自物权（即所有权）和他物权（如使用权、经营权、采矿权、地役权、抵押权等）。财产权说的长处是，比经营权说的权利范围扩大了，同时又避免了所有权说的矛盾。缺点是权利范围过于宽泛，法人财产权到底是自物权还是他物权？还是没能说清楚，因而这一提法出现后仍未停止过争论。

以上分析说明，目前对法人财产权的认识还远远没有统一。但透过概念之争就会发现，虽然各种观点对企业法人所拥有的权利做出了不同的抽象概括，但在解释法人权利的具体内容时却比较接近。这是因为，大家都有一个共同的出发点，这就是如何更科学、更准确地概括日益扩大的企业法人的权利这一事实。从这一基本点出发，我们可以对法人财产权给出一个描述性的定义：它是以公司制企业中董事会和经理为代表的公司法人对本公司资产所实际拥有的占有、使用和依法处置的权利，它可以通过《公司法》的具体条款来体现。同时，公司经理人员的职权范围，与公司的股权结构密切相关，对不同的公司应作具体分析，不应笼统地作结论。例如，我国的国家控股公司、东南亚一些国家的家族控股公司、日本的法人相互持股的公司，其经理人员的职权就有很大的差别。至于美国模式能否成为一种世界趋势，它需要多长时间才能风靡全球，则还有待观察。

---

① 《新帕尔格雷夫经济学大辞典》，中文版，第3卷，1102页。

四、现代公司制度中的控制权

在资本主义初期，企业规模不大，管理较为简单，因而经理在公司产权结构中所处的地位不太重要。正如马克思所说，经理是别人资本的管理人，是特种雇佣劳动者；经理的薪金是某种熟练劳动者的工资，这种劳动价格也受劳动力市场的调节。董事、监事在经理之上，但在实际管理之外，对于他们来说，管理和监督只不过是掠夺股东、发财致富的一个借口而已。总之，当时的经理人员处在股东会和董事会的严格控制之下，他们所掌握的只是一般的经营权。

随着科技发展和生产规模的扩大，管理在企业经营中的地位越来越重要。19世纪末，马歇尔提出，企业家的经营管理才能是生产的第四个要素，是利润的来源。20世纪60年代，舒尔茨提出人力资本的理论，进一步肯定了企业家的作用。同时，一些经济学家还根据经理人员的权利日益扩大的事实，提出了“经理革命”、“经理资本主义”的观点。他们认为，工业生产技术的日益复杂化，要求特别的管理技能，越来越脱离生产的股东不得不将管理责任委托给拥有专门管理技能的人。这样，企业实际上由一个精明的、熟悉内情和懂行的薪水集团——经理阶层所控制，数以万计的股东则构成了越来越无联系、无组织和淡漠的委托集团，结果出现了资本所有权与控制权的分离。但也有不少反对者认为，存在资本所有权与控制权的分离已被夸大和误解，管理自由的存在无论如何从未达到过这样的程度，经理们对一小群主要股东的要求依然是服从的。特别是集中的股东集团，如银行、投资公司的出现，更加支持了这种观点。对这一问题的讨论还会继续下去。

在股权分散与经理人员掌握控制权的前提下，如何激励经理的主动性、约束其行为，就成为极重要的问题。这一点将在第七章中探讨，这里只作简要说明。对经理人员的激励，主要是设计经理报酬的构成，使之与经理的贡献紧密相连。经理的报酬一般由固定工资、奖金、股票和股票期权四部分构成。每一种形式的报酬都各有优点，又各有缺点。固定工资的激励作用不大，但保证了经理人员无后顾之忧；奖金与当年的业绩相关，有激励作用，但又可能引发短期行为；股票和股票期权的设计最能反映公司真实业绩，有长期激励作用，但经理的风险过大。所以，应有一个合理的报酬组合。此外，经理人员的工资总水平的确定也有难度。例如，李·亚科卡（Lee Iacocca）挽救了濒临破产的美国第三大汽车厂商克莱斯勒公司，他在1986年的全年收入约2 000万美元，其中只有几十万美元是他的工资，其余部分来自于奖金和该公司的股票。对此，有人认为不合理，经理有这么高的收入不可思议；但也有人认为，他的收入不是高了，而是太少了。至于对经理的约束，主要靠产权制度，以及竞争性的经理市场、产品市场、资本市场进行制约。

第四节　现代公司产权结构的演进

一、现代企业组织设计的三原则

西方著名产权经济学家威廉姆森在1981年发表的重要论文《现代公司：起源、演进、特征》中指出，企业既然是市场机制的替代，因而应将“现代公司主要理解成许许多多具有节约交易费用目的和效应的组织创新的结果”①。依照这一理论，他描述了现代公司起源和进化的“组织设计三原则”。

1. 产权专用性原则。资产越是用于专门的用途，甚至专门化到一种惟一的用途，就越不可能转移到另一种用途。由于资产的转移可能丧失生产力，因而交易双方都会在谈判和签订合同时强调和确保合同的安全履行，并为此支付更多的监督和履行费用。结论是，资产专用性越高，就越要求用内部组织取代市场。

2. 外部性原则。这一原则通常与由于“搭便车”行为造成的不履行合同以及降低产品质量的问题有关。在履行合同的过程中，常见的现象是当事人可能追逐自己的私利。但是，监督和制止这种打小算盘的欺骗行为，是要付出高昂代价的。交易的外在性，通常出现在生产者和原材料销售者之间的购销合同的履行中。因此，出于节约交易费用的目的，生产者与购销者势必会联合起来，以一体化的组织替代市场合同的交易。这种一体化通常称为“向前一体化”。

3. 等级分解原则。这一原则旨在使组织的内部结构安排能够克服当事人的机会主义动机或打小算盘的行为。从组织的决策方式看，有必要将需要决策的问题分解成为可管理的各个单位，以便于操作和防止“道德风险”。等级分解的最主要内容，是将日常经营活动与发展策略规划分离，后来就进一步演化为所有权与经营权的分离。各个部门或个人之间的利益和动机必须符合“激励相容”原则，以充分调动各方面的积极性。

依据以上三个原则，现代公司的组织制度逐渐由私人企业的简单科层组织向更有效率的、较为发达的科层组织演进。时至今日，现代公司的产权结构形式主要有U型、M型和H型三种结构。

二、功能垂直型的U型结构

U型结构是英文unitary的缩写，其基本含义是“单一的”、以权力集中于企

---

①　参见张军：《现代产权经济学》，156页。

业高层为特征的功能垂直型结构。典型的U型结构可用图3—1表示。

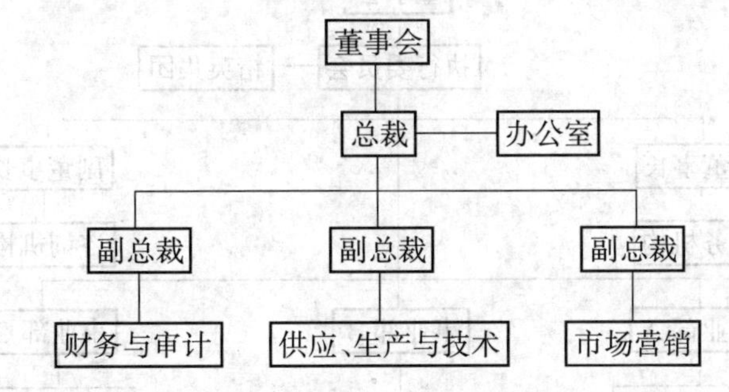

图3—1　U型结构

在U型结构的公司中，企业的生产经营活动按照功能被分成若干垂直管理的系统，每个系统又直接由企业最高机关和领导指挥，实行高度集权的决策管理和财务管理。企业内部的各个工厂及部门，不是自负盈亏的经济实体，只负责一定的经济核算，只有整个企业才是独立的利润核算单位。企业的资金运用、投资决策、营销策略、技术开发等，都是由总部控制的。

U型结构的优点是：权力集中统一，各部门之间协调性较好，总部直接控制和调动资源，能够将有限的资源集中用于效益较好的一些项目。这种企业结构在19世纪末至20世纪初期相当普遍，许多著名的大公司，如杜邦、通用汽车、通用电气公司等，都采用了U型结构。

但是，这种结构也有一定的缺陷，主要表现在两个方面：（1）对流程的管理协调，只是根据对短期需求波动的粗略估算；需求的任何急剧变化，都会在每个阶段上造成存货的过剩或短缺。（2）本来应负责长远资源配置的高级经理，由于处理日常经营的负担越来越重，缺乏精力考虑长远的战略发展。而且，由于行政机关越来越庞大，各部门的协调越来越困难，造成企业运转不灵，造成信息和管理成本上升，难以有效地进行产品创新和市场开发。① 因此，这种企业结构的主导地位逐步让位于M型结构。

三、事业部分权的M型结构

M型结构是英文multidivisional的缩写，其基本含义是“多个的，混合型”的，总部与各事业部分权为特征的企业结构。其典型模式可用图3—2表示。

---

① 参见［美］小艾尔弗雷德·钱德勒：《看得见的手》，533页。

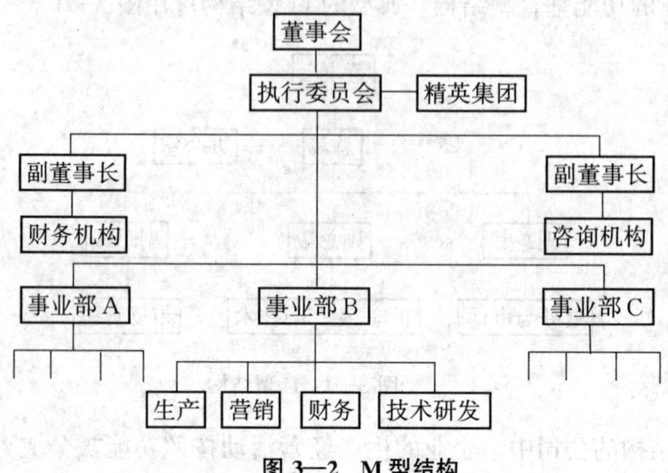

图 3—2　M 型结构

M 型企业结构的最大特点，是试图将市场机制引入企业，将按计划机制分配资源与按价格机制分配资源这两种资源配置方式的优点结合起来。企业的业务根据产品、服务、客户类型或地区的不同，划分为若干个事业部，公司总部授予事业部以很大的经营自主权；各个事业部下设立自己的职能部门，能够像独立的企业那样根据市场情况自主经营、自负盈亏，企业总部则从繁重的日常经营管理活动中解脱出来，集中精力策划企业长期战略发展战略。简而言之，一个 M 型公司相当于多个 U 型公司。

钱德勒将 M 型公司的起点确定在 20 世纪 40 年代。威廉姆森将这类公司的特点概括为以下几点：(1) 经营决策由基本独立的分部各自做出。(2) 直接附属于总部的所谓"精英集团"，通过提供参谋和审计等方式，协助总部对分部进行控制。(3) 总部负责战略决策或长期发展规划和目标，只注意总体的绩效，不直接过问各分部的绩效。(4) 由于 M 型结构有着很好的协同性，因而更有利于追求总的利润最大化。

1975 年，威廉姆森还提出了 M 型假说：M 型大企业的组织和运营，在目标的追求和最低成本行为方面，比 U 型的组织结构更接近于新古典经济学关于企业利润最大化目标的假定，因而，这种公司结构能更好地符合所有者的偏好，而不再更多地朝着有利于职业经理的复杂目标靠拢。此后，对这一假说的讨论众说纷纭，莫衷一是。很多人还做了许多实证性的检验工作，结论也不尽相同。

四、控股公司式的 H 型结构

H 型结构是英文 holding 的缩写，基本含义是"控股的"公司结构，也是公司内部分权的一种组织形式。H 型结构与 M 型结构的不同之处是：在 M 型结构中，各个事业部虽然拥有很大的权力，但不具有法人资格；而在 H 型结构中，已经不是一个独立的公司法人，而是多个企业法人的组合，其中总公司处于控股地位，是权力的中心，各个子公司或分公司具有法人地位，拥有比事业部更大的权力。总公司对子公司的投资承担有限责任，风险得到限制。子公司可分布在完全不同的行业，有利于分散总公司的财务风险。但是，总公司对子公司的决策影响必须经子公司的股东会或董事会的讨论通过，投入和调出资源均受到一定的限制，监督和控制也比较间接。由于子公司的独立性过强，缺乏有效的总体战略的联系和协调，因此，控股制度使得资源的整体性和战略性运作遇到困难。

H 型结构在第二次世界大战前在美国一直不是很普遍。虽然战后美国出现的大量混合联合公司，大都采用 H 型结构，但由于缺乏战略优势和凝聚力，往往难以适应竞争，一些大公司不得不撤出一些行业，对子公司实行新的重组。然而，H 型结构在欧洲被广泛采用，德国还专门出台了关于控股公司的法规——康采恩法，对控股公司制度的发展起了积极的促进作用。

第二篇

现代公司制企业的运作

第四章

股份公司的设立与登记

公司设立是指公司设立人组建公司并使之取得企业法人资格的一系列法律行为。从事公司设立活动的人称为设立发起人。公司的设立人和发起人的主要职责是起草公司章程，完成申请设立手续，认缴一定的股份，对公司承担设立责任。设立人和发起人可以是自然人、法人或国家。股份有限公司的设立，有发起设立和募集设立两种形式。本章分别介绍了有限责任公司和股份有限公司的设立程序，它们既有共同性，也有不同之处。最后还介绍了公司设立登记的意义与程序。

第一节　有限责任公司的设立

一、公司制企业设立概述

（一）公司设立的含义与认可方式

公司设立是指公司设立人组建公司并使之取得企业法人资格的一系列法律行为。公司设立的法律意义有：（1）公司设立的目的在于实现设立人所预期的法律后果，即成立公司，使之取得法人资格，并领取营业执照。严格地讲，公司的设立与公司的组建、开办、建立等是不相同的，因为其他概念是非法律用语，多属经济用语，表明生产力的形成过程。(2）公司设立行为应该是合法行为，不仅设立行为的形式和内容都应符合法律要求，还应得到一定的法律形式的认可，如最终设立登记、取得营业执照等。从历史上看，公司设立的法律认可形式主要有特许方式、审核方式、准则方式和严格准则方式。

强调公司设立的法律意义十分重要，它既使公司受到公司法的约束，维护广大投资者的利益，同时又是对公司的法律保护，如防止第三者侵害公司名誉，保护企业法人地位和法人财产权等。

从公司制发展的历史看，公司设立行为的法律认可形式是不断发展和改进的。基本可概括为以下四种主要形式：(1）特许方式。指设立公司要经过皇室或政府的特别许可。17世纪的英国、荷兰等国就是如此。这种认可方式过于严格，政治权力对企业的干预过多，阻碍了公司制的发展。(2）核准方式。即公司必须经政府授权的行政机关审核批准方可设立。这种方式在18世纪的法、德等国最先实行，它比特许方式有了很大改进，但仍显烦琐。(3）准则方式。即通过法律规定公司设立的条件，凡符合条件者无需政府授权部门批准，只要到公司登记机关注册登记即可。准则方式较特许、核准方式简便易行，促进了公司制的发展，但也出现了滥设公司、欺诈行为过多的问题，因而又出现了严格准则制。(4）严格准则制。即严格规范设立条件和加强设立监督的准则方式。一方面，加强设立条件的限制及设立人的责任；另一方面，加强对设立行为的法律和行政的外部监督。目前，多数国家采取这种法律认可方式。

我国在公司制试点开始时，采取的是特许方式，如北京天桥、上海飞乐；后来采取核准方式，股份制试点由企业主管部门和地方体改委批准；在1994年《公司法》实施后，有限责任公司的设立可采取严格准则方式，但股份有限公司仍采取核准方式。原《公司法》第77条规定："股份有限公司的设立，必须经过国务院授权的部门或省级人民政府批准。"随着我国市场经济的不断发展，为鼓励创业，促进发展和扩大就业，国家进一步放松了对股份公司的准入限制。2005年通过的新《公司法》规定，对于股份公司同样实行严格准则的原则，并降低了有限公司和股份公司的注册资本最低限额。

（二）公司的设立发起人和设立方式

从事公司设立活动的人称为设立发起人。对于有限责任公司来说，它的设立发起人就是全体股东；对于股份有限公司来说，如果采取发起方式，发起人也是全体股东，如果采取募集方式，发起人只是公司的创立人。公司的设立人和发起人的主要职责是起草公司章程，完成申请设立手续，认缴一定的股份，对公司承担设立责任。设立人和发起人可以是自然人、法人或国家（或国家授权部门）。

股份有限公司的设立，有发起设立和募集设立两种形式。发起设立是指设立人全部认足股本额而设立公司；募集设立指设立人（发起人）要认购拟发行股份的一定部分，但不能认购全部股本，同时必须向社会公开募集股份而设立公司。我国原来规定的定向募集方式已被取消。

有限责任公司由其自身特点决定，必须采取发起设立方式，公司设立人即全体股东，必须全部认足资本。股份有限公司则可采用两种设立方式：发起设立方式程序较为简单，但所筹集的资金有限；社会募集方式可筹集大量社会资金，但设立程序较为复杂。

二、有限责任公司的设立条件和公司章程

（一）有限责任公司的设立条件

按我国原《公司法》规定，有限责任公司设立应采取发起方式，但国有独资公司可由国家单独出资设立。新《公司法》实际上仍然坚持这一原则，但在设立条件方面有了许多的更为宽泛的规定。新《公司法》第 23 条对有限责任公司的设立条件的规定主要有：

（1）股东符合法定人数，即由 50 个以下的股东出资设立。一般为 2～50 人，包括自然人与法人。国有独资公司可由国家单独出资设立，一人公司也可由一个自然人设立，但对它们公司都有特殊的规定。

（2）股东出资额达到法定最低限额，有限责任公司注册资本的最低限额为人民币 3 万元，其中一人公司最低限额为人民币 10 万元。

（3）股东共同制定公司章程，共同签字、盖章。

（4）有公司名称，建立符合有限责任公司要求的组织机构。

（5）有公司住所，固定的生产经营场所和必要的生产经营条件。

在我国新《公司法》中增加了“一人公司”，是指只有一个自然人股东或者一个法人股东的有限责任公司，其最低注册资本为 10 万元。公司章程就由投资的个人自己制定。应当在公司登记中注明自然人独资或者法人独资，并在公司营业执照中载明。由于是一人公司，不设股东会，不过可设监事会。为了更好地保护交易相对人的利益，降低交易风险，防范一人公司可能出现的问题，新《公司法》对一人有限责任公司做了特别的限制性规定，即一个自然人只能投资设立 1 个一人有限责任公司；股东应当一次足额缴纳公司章程规定的出资额；公司应当在每一会计年度终了时编制财务会计报告，并经会计师事务所审计；股东不能证明公司财产独立于股东自己的财产的，应当对公司债务承担连带责任等。

（二）有限责任公司的公司章程

公司章程是股份公司最基本的文件，是公司运作的最根本的行为规范。公司的全体股东和经营管理者，都应遵守公司章程。同时，公司章程必须符合《公司法》和有关的法规，如果公司章程中有违背法律、法规的条例，股东可以提出意见并要求按程序进行修改。有限责任公司的公司章程要由全体股东共同制定，并经所有股东签名、盖章方能生效。这与股份有限公司不同，股份有限公司是由发起人起草，由股东大会表决通过。

有限责任公司的公司章程应当载明下列事项（公司法 25 条）：

（1）公司的名称和住所；

（2）公司经营范围；

（3）公司注册资本；

（4）股东的姓名或者名称；

（5）股东的出资方式、出资额和出资时间；

（6）公司的机构及其产生办法、职权、议事规则；

（7）公司的法定代表人；

（8）股东会会议认为需要规定的其他事项。

股东应当在公司章程上签名、盖章。

三、有限责任公司的注册资本和出资方式

（一）有限责任公司的注册资本

注册资本是公司设立时在登记机关（我国是工商管理部门）登记的资本总额。有限责任公司的注册资本，是全体股东实际认缴的出资额，即公司的注册资本等于实际资本。股份有限公司的注册资本是公司在登记机关登记的实收股本总额，等于每股面值与发行股份数额的乘积。因股票一般采取溢价发行，所以注册资本不一定等于实际认缴的资本，它只是名义资本。

原《公司法》对有限责任公司的最低注册资本进行分类规定：以生产经营为主的公司人民币 50 万元；以商品批发为主的公司人民币 50 万元；以商业零售为主的公司人民币 30 万元；科技开发、咨询、服务性公司人民币 10 万元。

新《公司法》规定，有限责任公司的注册资本不得少于 3 万元，一人公司最低限额为人民币 10 万元。原《公司法》的公司最低注册资本额规定数额过高，不利于民间资本进入市场；要求注册资本一次性全部缴足，容易造成资金的闲置。为此，新《公司法》对上述规定作了三方面修改：（1）取消了按照公司经营内容区分最低注册资本额的规定；（2）将有限责任公司的最低注册资本额统一降

至人民币 3 万元；（3）允许公司按照规定的比例在两年内分期缴清出资。公司法规定股东首次出资额不得低于 20%，其余部分在两年内缴足，而投资公司可以在 5 年内缴足。特定行业的有限责任公司注册资本最低限额需高于前款所定限额的，由法律、行政法规另行规定。

（二）股东的出资方式

股东可以用货币出资，也可以用实物、工业产权、非专利技术、土地使用权作价出资。对作为出资的实物、工业产权、非专利技术或者土地使用权，必须进行评估作价，核实财产，不得高估或者低估作价。土地使用权的评估作价，依照法律、行政法规的规定办理。

“工业产权”一词来源于法文 propriete industrielle，它是指民事主体在产业领域里利用创造发明、商标等知识产品所享有的专有权利，包括专利权、商标专用权，以及服务标记、厂商名称、原产地名称等专用权和禁止不正当竞争的权利。现代各国法律都把工业产权和著作权并列，称为知识产权，因为它们都是基于创造性的劳动而产生，其成果都是一种前所未有的智力成果，其权利的核心内容是独占的、禁止他人随意仿制和利用的专有实施权，是需要法律给予强制保护的合法权益。

我国是实行土地公有制的国家，农村土地属于村民集体所有，城镇的土地属于国家所有。除国家因工业和交通建设可以依法向农民征用土地外，其他任何人和单位都不可以进行土地所有权的买卖。因此，我国的土地市场实际上只能进行土地使用权转让的交易。对土地使用权的评估和交易，国家有特殊的法律、法规加以规范。

原《公司法》规定，以工业产权、非专利技术作价出资的金额，不得超过有限责任公司注册资本的 20%，国家对采用高新技术成果有特别规定的除外。《公司法》做出这一规定的理由是，作为知识产权的工业产权，要受到时间和地域的限制。从时间限制上说，知识产权一旦超过法律规定的有效期限，权利将自行消灭，知识产品即成为整个社会的共同财富，为全人类所共同使用。知识产权还受到地域的限制，它仅仅在授权国的国境内发生法律效力，出境则无效。而有形财产不会受时间和地域的限制。此外，由于知识产品的不断创新，会造成原有知识产权的迅速贬值。为了确保公司的资本充实可靠，原《公司法》规定，出资者出资的无形财产不得超过一定比例。

而按新《公司法》的规定，则取消了以工业产权、非专利技术作价出资的金额不得超过股份有限公司注册资本的 20% 的限制，而是只规定股东的货币出资金额不得低于注册资本的 30%，即意味着无形资产可占注册资本的 70%。新规定体现出对知识产权的尊重和认可，降低了公司设立不必要的物质投入，有利于促进科学技术的转化和鼓励技术创新，是另一种降低公司设立门槛的方式，能更好地刺激国内外投资者的积极性。

（三）股东的出资责任

股东应当足额缴纳公司章程中规定的各自所认缴的出资额。股东以货币出资的，应当将货币出资足额存入准备设立的有限责任公司在银行开设的临时账户；以实物、工业产权、非专利技术或者土地使用权出资的，应当依法办理其财产权的转移手续。股东不按照规定缴纳所认缴的出资，应当向已足额缴纳出资的股东承担违约责任。

股东全部缴纳出资后，必须经法定的验资机构验资并出具证明。经过验资之后，应由全体股东指定的代表或者共同委托的代理人向公司登记机关申请设立登记，以取得营业执照。

若在公司成立后，发现作为出资的实物、工业产权、非专利技术、土地使用权的实际价格显著低于公司章程所定价额的，应当由交付该出资的股东补交其差额。

四、国有独资公司的设立

国有独资公司，是由国家单独投资，按照公司组织形式依法设立的企业法人。我国新《公司法》第65条规定：它“是指国家单独出资、由国务院或者地方人民政府授权本级人民政府国有资产监督管理机构履行出资人职责的有限责任公司。”国务院确定的生产特殊产品的公司或者属于特定行业的公司，应当采取国有独资公司的形式。

按此定义，国有独资公司应有以下特征：（1）从所有权性质看，公司由国家单独投资设立，所以它是国家独资公司，是纯粹的国有企业；（2）从股权结构看，其股权结构相当于“一人公司”，类似于独资企业，这同其他公众公司的产权结构不同。

国有独资公司的设立是有特殊规定的，不是任何国有企业都可以改建为国有独资公司的。在我国股份制改造的过程中，曾有些国有企业一夜之间就改为国家独资公司，而实际上管理体制没有任何改变，结果成为典型的“翻牌公司”。按《公司法》规定，“国务院确定的生产特殊产品的公司或者属于特定行业的公司，应当采取国有独资公司的形式。”这就把国有独资公司的审批权集中到了国务院，制止了“翻牌公司”的出现。同时，按《公司法》规定改建为国有独资公司的国有企业，应当严格按照《公司法》的规定运作，转换经营机制，实行两权分离，提高经济效益。

国有独资公司的公司章程由国家授权投资的机构或者国家授权的部门依照《公司法》制定，或者由董事会制定，报国家授权投资的机构或者国家授权的部门批准。

国有独资公司不设股东会，由国家授权的机构或者授权部门，授权公司董事会行使股东会的部分职权，决定公司的重大事项。但公司的合并、分立、解散、增减资本和发行公司债券，必须由国家授权投资的机构和国家授权的部门决定。

第二节　股份有限公司的设立

一、股份有限公司的设立条件和设立方式

（一）股份有限公司设立的基本条件

我国原《公司法》规定："股份有限公司，其全部资本分为等额股份，股东以其所持股份对公司承担责任，公司以其全部资产对公司的债务承担责任。"这一概念同各国通行的股份有限公司的概念是一致的。股份有限公司的基本含义，决定了它的一些特征：（1）公司的股东人数较多，一般为 5 人～7 人以上；（2）资本划分为等额的股份；（3）实行有限责任原则；（4）公司的股份可以向社会招募，股份可采取股票的形式。

股份有限公司的上述特点，决定了它的设立比有限责任公司更为复杂。根据我国新《公司法》的规定，股份有限公司的设立条件包括：

（1）发起人符合法定人数，应当有 2 人以上 200 人以下为发起人，其中须有半数以上的发起人在中国境内有住所。

（2）发起人认缴和社会公开募集的股本达到法定资本最低限额，原《公司法》为1 000万元，新《公司法》规定最低注册资本为 500 万元，法律、行政法规对股份有限公司注册资本的最低限额有较高规定的，从其规定。

（3）股份发行、筹办事项要符合法律规定。

（4）发起人制定公司章程，采用募集方式设立的经创立大会通过。

（5）有公司名称，建立符合股份有限公司要求的组织机构，如股东会、董事会、监事会。

（6）有公司住所、固定的生产经营场所和必要的生产经营条件。

股份有限公司同有限责任公司的设立条件主要有三点不同：一是设立人的人

数限制不同，有限责任公司的人数有 1 人的下限和 50 人的上限限制，而股份有限公司只有 5 人的最低限制；二是注册资本的最低限额不同，有限责任公司一般的最低限额为 10 万元～50 万元，而股份有限公司的最低限额要在1 000万元以上；三是股份有限公司的股份可以向社会募集。

（二）股份有限公司的设立方式

按新《公司法》第 78 条规定："股份有限公司的设立，可以采取发起设立或者募集设立的方式。发起设立，是指由发起人认购公司应发行的全部股份而设立的公司。募集设立，是指由发起人认购公司应发行的一部分，其余部分向社会公开募集而设立的公司。"

采取发起设立方式设立的，注册资本为在公司登记机关登记的全体发起人认购的股本总额。公司全体发起人的首次出资额不得低于注册资本的 20%，其余部分由发起人自公司成立之日起 2 年内缴足；其中，投资公司可以在 5 年内缴足。在缴足前，不得向他人募集股份。股份有限公司采取募集方式设立的，注册资本为在公司登记机关登记的实收股本总额。

就某个股份有限公司而言，是采取发起方式还是采取募集方式，可以由发起人根据情况自由选择。一般说来，当设立规模较大的公司时，必须向社会广泛募集资金，迅速扩大企业的经济实力。但通过社会募集而设立公司，手续比较复杂，而且所设立的是公共公司，必须实行财务公开化，公司不能很好地保护自己的财务秘密。采取发起方式设立公司，手续简单，财务可以保密，但筹集的资金有限。

二、股份有限公司的发起人和公司章程

（一）股份有限公司的发起人

股份有限公司设立时的发起人，其主要职责是起草公司章程，完成申请设立手续，认缴一定的股份，对公司承担设立责任，承担公司筹办事务。各国公司法对发起人的人数和资格都有一些规定。在人数上，多数国家规定不得少于 7 人，也有的规定为 5 人或 3 人以上。对发起人的资格限制大概有：（1）发起人必须有行为能力；（2）自然人和法人均可为发起人；（3）外国人或外国公司可以作为发起人。但一般都有一些附加规定。如意大利公司法规定，只有当某外国人拥有本国公司股份的 35% 以上，并经有关部门批准，才能充当本国公司发起人。也有些国家的公司法对发起人的资格限制很宽，如美国特拉华州普通公司法规定：任何个人、合伙组织、社团或公司，不管是单独组建还是联合组建，也不管其住所、户籍和组建公司在哪里，均可按本法规向州务卿呈报两份公司章程而组建公司。

我国原《股份有限公司规范意见》对公司发起人限制过多，规定："发起人应是在中华人民共和国境内设立的法人（不含私营企业、外商独资企业）"，"中外合资经营企业做发起人时，不能超过发起人人数的1/3。自然人不得充当发起人。"后来，《公司法》对此做了重大改进，对公司发起人没有过多的要求。如该法律第75条规定："设立股份有限公司，应当有5人以上为发起人，其中须有过半数的发起人在中国境内有住所。国有企业改建为股份有限公司的，发起人可以少于5人，但应当采取募集设立方式。"这就与国际通行的法规非常接近了。我国新《公司法》规定，"设立股份有限公司，应当有2人以上200人以下为发起人，其中须有半数以上的发起人在中国境内有住所。"

发起人应承担以下责任：(1) 按照《公司法》章程的规定书面认足公司章程规定其认购的股份（不得少于公司股份总数的35%，但法律、行政法规另有规定的，从其规定），一次缴纳的，应即缴纳全部出资；分期缴纳的，应即缴纳首期出资。以非货币财产出资的，应当依法办理其财产权的转移手续。(2) 制定公司章程，并经股东大会通过。(3) 发起人首次缴纳出资后，应当选举董事会和监事会，由董事会向公司登记机关报送公司章程，由依法设定的验资机构出具的验资证明以及法律、行政法规规定的其他文件，申请设立登记。(4) 如采取募集设立方式、发起人必须向国务院证券管理部门递交募股申请，并承担募股的其他事项。(5) 当发行股份的股款缴足并经验资后，应在规定的时间内主持召开创立大会。

除上述职责外，各国《公司法》还规定发起人要承担一定的法律责任。具体包括（见我国新《公司法》第95条）：

(1) 连带负责设立费用的责任。指公司不能成立时，对因设立行为所产生的债务和费用，负连带责任。

(2) 连带负责返还股款及利息的责任。公司如不能成立时，对认股人已经缴纳的股款，发起人负有返还股款及其利息的责任。

(3) 在公司设立过程中，由于发起人的过失致使公司利益受到损害的，应当对公司承当赔偿责任。

发起人在创办公司的过程中，在承担公司筹办责任的同时，也可以取得一定的报酬或利润。但这不应是"秘密的利润"，而应当是公开的利润，应作公开的说明。这一点，在我国的《公司法》中没有明确说明。实际上，由于发起人可以用较低的价格认购原始股，在公司向社会募集股份后，随着股票价格的上涨，发起人也可以取得巨额的创业利润。

（二）股份有限公司的公司章程

根据我国新《公司法》第82条的规定，股份有限公司章程应当载明下列事项：

（1）公司名称和住所；

（2）公司经营范围；

（3）公司设立方式；

（4）公司股份总数、每股金额和注册资本；

（5）发起人的姓名或者名称、认购的股份数、出资方式和出资时间；

（6）董事会的组成、职权和议事规则；

（7）公司法定代表人；

（8）监事会的组成、职权和议事规则；

（9）公司利润分配办法；

（10）公司的解散事由与清算办法；

（11）公司的通知和公告办法；

（12）股东大会会议认为需要规定的其他事项。

三、股份有限公司的设立程序

（一）发起设立程序

股份有限公司的设立程序，因各国的法律制度和各个公司采取的设立方式不同而有所不同。在公司设立的法律制度上，在采取核准制的国家，公司设立必须经过国家行政专管机关的核准程序；在采取准则制的国家，公司设立就不必经过行政机关的审核。在公司设立方式上，采取发起方式比较简单，采取募集方式则比较复杂。

我国实行的是核准制。按我国《公司法》的规定，股份有限公司如采取发起设立方式，其程序主要包括：（1）申报批准。《公司法》第77条规定，股份有限公司的设立，必须经国务院授权的部门或者省级人民政府批准。（2）制定公司章程。《公司法》第73条规定，发起人应当制定公司章程。（3）认购股份和缴纳股款。《公司法》第82条规定，采取发起方式设立的公司，发起人以书面认足公司章程规定的股份后，应即缴纳股款；以实物、工业产权、非专利技术或者土地使用权抵作股款的，应当依法办理其财产权的转移手续。（4）选举董事会和监事会。在发起人交付全部股款后，应当选举董事会和监事会。出资者按照出资比例行使表决权。（5）设立登记。董事会成立后，由董事会向公司登记机关报送设立公司的批准文件、公司章程、验资证明等文件，申报设立登记。

（二）募集设立程序

股份有限公司采取募集设立方式时，其程序与发起方式基本相同，所不同的是还要经过向社会公开招募股份及与之相关的一些步骤。具体的程序包括：募股申请与审批，公开招募与认购股份，缴纳股款，等等。这些内容将在“股份的发行”部分加以详细介绍。

（三）国有企业改建股份公司的程序

股份有限公司的设立，既可以是各投资主体投资新设，也可以通过对原企业（包括国有企业、集体企业和个人独资企业）进行股份制改造而建立。按照新《公司法》第 9 条规定：“有限责任公司变更为股份有限公司，应当符合本法规定的股份有限公司的条件。股份有限公司变更为有限责任公司，应当符合本法规定的有限责任公司的条件。有限责任公司变更为股份有限公司的，或者股份有限公司变更为有限责任公司的，公司变更前的债权、债务由变更后的公司承继。”

国有企业改建股份有限公司在履行上述程序后，即可按照设立股份有限公司的其他一般规定，采取发起方式或者募集方式进行公司设立。

四、股份有限公司的创立大会

关于公司的创立大会，我国新《公司法》第 90 条规定，发行股份的股款缴足后，必须经依法设立的验资机构验资并出具证明。发起人应当自股款缴足之日起 30 日内主持召开公司创立大会。创立大会由发起人、认股人组成。发行的股份超过招股说明书规定的截止期限尚未募足的，或者发行股份的股款缴足后，发起人在 30 日内未召开创立大会的，认股人可以按照所缴股款并加算银行同期存款利息，要求发起人返还。

发起人应当在创立大会召开 15 日前将会议日期通知各认股人或者予以公告。创立大会应有代表股份总数 1/2 以上的认股人出席，方可举行。

创立大会行使下列职权：（1）审议发起人关于公司筹办情况的报告；（2）通过公司章程；（3）选举董事会成员；（4）选举监事会成员；（5）对公司设立费用进行审核；（6）对发起人用于抵作股款的财产的作价进行审核；（7）发生不可抗力或者经营条件发生重大变化直接影响公司设立的，可以做出不设立的决定。创立大会对上述所列事项作出决议，必须经出席会议的认股人所持表决权的半数以上通过。

董事会应当于创立大会结束后 30 日内，向公司登记机关报送下列文件，申请设立登记：（1）公司登记申请书；（2）创立大会的会议记录；（3）公司章程；（4）验资证明；（5）法定代表人、董事、监事的任职文件及其身份证明；（6）发起人的法人资格证明或者自然人身份证明；（7）公司住所证明。另外，以募集方式设立股份有限公司公开发行股票的，还应当向公司登记机关报送国务院证券监督管理机构的核准文件。

公司登记机关自接到股份有限公司设立申请之日起 30 日内做出是否予以登记的决定。对符合法律规定条件的，予以登记，发给公司营业执照；对不符合条件的，不予登记。公司营业执照签发日期为公司成立日期。公司成立后应当进行公告。采取募集方式设立股份有限公司的，应当将募集股份情况报国务院证券管理部门备案。

第三节　公司制企业的设立登记

一、公司设立登记的概念和意义

设立公司的程序，自申请发起开始，到设立登记结束。公司设立登记是指将公司设立的主要文件呈报登记机关审核，并领取营业执照的活动。我国于 1988 年 6 月由国务院颁布了《中华人民共和国企业法人登记管理条例》，于 1994 年 6 月又参照《公司法》发布了《中华人民共和国公司登记管理条例》。

各国对公司设立登记所采取的立场不同，有的采取设立要件主义，即将公司设立登记作为公司设立的要件，如英国、中国的《公司法》；也有的采取对抗要件主义，即公司的登记不为公司设立的要件，仅为公司设立后对抗第三人的要件，如比利时的《公司法》。

我国公司设立登记的法律意义表现在：（1）公司经公司登记机关依法核准登记，领取《企业法人营业执照》，方取得公司法人资格；（2）未经公司登记机关批准登记的，不得以公司名义从事经营活动；（3）《公司法》第 135 条规定，股份有限公司只有在登记成立后，才能向股东正式交付股票；（4）公司登记适用于有限责任公司和股份有限公司的设立、变更和终止行为。

二、公司设立登记的机关及登记管辖

公司登记的《条例》规定，我国的工商行政管理机关是公司登记机关，下级公司登记机关在上级公司登记机关领导下开展工作。国家工商行政管理局主管全国的公司登记工作。各级登记机关的登记管辖范围是：

1. 国家工商行政管理局负责下列公司的登记：国务院授权部门批准设立的股份有限公司，国务院授权投资的公司，国务院授权投资的机构，或者部门单独

投资或共同投资设立的有限责任公司，外商投资的有限责任公司，依照法律规定或国务院规定应由国家工商行政管理局登记的其他公司。

2. 省、自治区、直辖市工商行政管理局负责本辖区内下列公司的登记：省、自治区、直辖市人民政府批准设立的股份有限公司和授权投资的公司，国务院授权投资机构或者部门与其他出资人共同投资设立的有限责任公司，省、自治区、直辖市人民政府授权投资的机构或者部门单独投资或共同投资设立的有限责任公司，国家工商行政管理局委托登记的公司。

3. 市、县工商管理局负责本辖区内上述之外的其他公司的登记。

三、公司设立登记的内容和程序

(一) 申请名称预先核准

公司登记《条例》规定，设立公司必须在报送审批前办理公司名称预先核准，并以公司登记机关核准的公司名称报送审批。任何公司都必须有名称，它是该公司区别于其他公司的标志，并在一定程度上表明公司的性质和特征。公司名称必须用汉语文字表示，使人可以称呼，而不能像商标那样，用符号、外文、数字、图形或者汉语拼音表示。

公司名称一般由三部分构成：一是公司登记所在的行政管辖地区，如中国、北京、北京市海淀；凡是有“中国”、“中华”等字样的公司，须由国家工商管理局负责登记。二是公司的具体名称，它在规定的范围内享有专用权，公司只准登记使用一个名称；公司不得使用对国家、社会或者公共利益有害的名称，也不得使用外国国家（或地区）和国际组织的名称。三是公司的种类，如有限责任公司、股份有限公司、联合公司等，而不能只使用公司二字。

申请公司名称预先核准，应当提交下列文件：(1) 有限责任公司的全体股东或者股份有限公司的全体发起人签署的公司名称预先核准申请书；(2) 股东或者发起人资格证明或者自然人的身份证明；(3) 公司登记机关要求提供的其他文件。公司登记机关应当自收到上述文件之日起 10 日内做出核准或者驳回的决定。预先核准公司名称保留期为 6 个月，在保留期内不得从事经营活动，不得转让。

(二) 公司申请设立登记

1. 申请设立登记有限责任公司。申请设立登记有限责任公司，应当由全体股东指定的代表或者共同委托的代理人向公司登记机关申请设立登记。设立国有独资公司，应当由国家授权投资的机构或者国家授权的部门作为申请人，申请设立登记。法律、行政法规规定设立有限责任公司必须报经审批的，应当自批准之日起 90 日内向公司登记机关申请设立登记。申请设立有限责任公司，应当向公司登记机关提交下列文件：(1) 公司董事长签署的设立登记申请书；(2) 全体股东指定代表或者公共委托代理人的证明；(3) 公司章程；(4) 具有法律资格的验资机构出具的验资证明；(5) 股东的法人资格证明或者自然人身份证明；(6) 载明公司董事、监事、经理的姓名和住所的文件及有关委派、选举和聘任的证明；(7) 公司法定代表人任职文件和身份证明；(8) 企业名称预先核准通知书；(9) 公司住所证明。

法律、行政法规规定设立有限责任公司必须经审批的，还应提交有关批准文件。

2. 申请设立登记股份有限公司。申请设立登记股份有限公司，董事会应当在创立大会结束后 30 日内向公司登记机关申请登记。申请登记时应当向公司登记机关提交下列文件：(1) 公司董事长签署的设立登记申请书；(2) 国务院授权部门或者省、自治区、直辖市人民政府的批准文件，募集设立的股份有限公司还应当提交国务院证券管理部门的批准文件；(3) 创立大会的会议记录；(4) 公司章程；(5) 筹办公司的财务审计报告；(6) 具有法定资格的验资机构出具的验资证明；(7) 发起人的法人资格证明或者自然人身份证明；(8) 载明公司董事、监事、经理的姓名、住所的文件及有关委托、选举或聘用的证明；(9) 公司法定代表人任职文件和身份证明；(10) 企业名称预先核准通知书；(11) 公司住所证明。

公司申请的经营范围中有法律、行政法规规定必须报经审批项目的，应当在申请登记前报有关部门审批，并向公司登记机关提交批准文件。

3. 公司设立登记的程序。公司登记机关收到申请人提交的符合公司登记《条例》规定的全部文件后，发给《公司登记受理通知书》。登记机关自发出受理通知书后 30 日内，做出核准登记或者不予登记的决定。公司登记机关核准登记的，应当自核准登记之日起 15 日内通知申请人，发给、换发或者收缴《企业法人营业执照》。公司登记机关不予登记的，应当自做出决定起 15 日内通知申请人，发给《公司登记驳回通知书》。

第五章

股份有限公司的股份发行与交易

股份公司的资本是指股东对股份公司的出资额，也就是在公司登记机关注册的资本总额，即股本。资本的运作应当符合确定、充实、不变的“三原则”。股份是股份有限公司的资本等额划分的基本单位，股份可分为普通股与优先股两种形式。股票是股份的外在形式。股份的发行是在股票的一级市场进行的，需要由证券公司进行承销。本章还介绍了股票发行价格的确定，股票发行中的“三公”原则；股份公司的资本增加与减少的有关规定；有偿增资与无偿增资，以及股票的除权除息等内容。

第一节　股份有限公司的资本与股份

一、股份有限公司的资本及股本“三原则”

对公司资本的概念有广义和狭义的理解。狭义的资本是指股东对股份公司的出资额，也就是在公司登记机关注册的资本总额即股本；广义的资本指的是全部股东权益（相当于公司的净资产），包括公司的股本、资本公积金、盈余公积金和未分配利润。

狭义的资本概念具有重要的法律意义，它是在公司章程中注明的并向工商管理部门注册登记的资本总额。大多数国家的公司法和会计法规中都使用这种资本概念。例如，我国《公司法》第78条规定："股份有限公司的注册资本为在公司登记机关登记的实收股本总额。"

然而，狭义的资本毕竟只是一种"形式资本"，实际上发挥作用的是全部股东权益。这可以从资产负债表中的等式关系"总资产 = 负债 + 股东权益"中看出，股东权益或净资产都具有资本的职能作用。而且，考核公司的两个极为重要的财务指标，即公司净资产收益率和每股净资产值时，也都是通过净资产即股东权益计算的。

股份有限公司纯系资本的团体，是典型的"资合公司"。公司的股份可以转让，股东可以改变，但公司却能持续恒久地运转，资本所有权的交易活动与资本的经营活动是完全分离的。因此，有必要以法律的形式保证股份公司资本的充实和可靠，保护股东和债务人的权益。这就是大陆法系用以约束公司资本运行的"股本三原则"。

1. 股本确定原则。指公司在设立时必须在公司章程中明确规定股本总额；筹建公司只有在缴足股份后，发起人方可召开创立大会。如果股份未缴足，要么由发起人承担起连带认缴责任，要么宣告设立失败。在公司设立后，公司若要增加注册资本，就必须修改公司章程，且新股发行也要一次发行、一次认足。这是实行资本确定制的大陆法系与实行授权资本制的英美法系的重要区别。在资本授权制的英美法系，虽然公司的资本数额也须在公司章程中载明，但股份是否认足与公司能否成立无关，股东仅认购公司章程规定的部分资本或规定的最低数量时，公司就可以成立营业，其未认足的部分，则授权董事会视营业需要以及市场情况再分次募集。显然，这种制度在公司的设立和集资方面较为方便，免除了因增资而修改公司章程的程序。我国《公司法》采取的是资本确定制，这同我国经济体制改革的进程是相适应的。

2. 股本充实原则。亦称股本维持原则或资本约束原则，指公司在运作过程中负有经常维持与股本总额相当的财产的义务。这一原则是为了防止由于公司净资产的减少而导致公司责任范围的缩小，其作用主要在于保护债权人的利益，同时，也可以防止股东对盈利分配的过高要求，提高公司承担风险的能力和持续发展的潜力，从而保证股东的未来利益。对此，各国公司法都有具体规定。如我国《公司法》规定，股票不得低于票面金额；用工业产权和非专利技术抵做出资的金额不得超过公司注册资本的20%；公司当年的税后利润首先要弥补上年亏损并提取法定盈余公积金后方可分派股利；等等。

3. 股本不变原则。指公司资本总额一经公司章程确定和在政府工商管理部门登记后，就不得随意变动。因为资本若任意减少，就会影响债权人的利益；资本若任意增加，则可能使盈利稀释，影响股东的利益。因此，许多国家的公司法都对公司的增资或者减资做出了严格的限制。例如，我国《公司法》规定，公司如要变动股本总额，必须履行严格的程序，需要股东大会通过决议并经政府主管部门批准。每次股本确定或变动后，一般要维持1年以上时间，方可再次提出变动申请。股本不变原则指的是公司的注册资本，而不是公司实有资本。

二、股份有限公司的股份

（一）股份的含义及特点

股份是股份公司资本等额划分的基本数量单位。其英文是 shares（英国）和 stocks（美国），德文是 Aktie，法文是 Actions，日文是株式，均含有份额的意思。我国《公司法》第129条规定："股份有限公司的资本划分为股份，每一股的金额相等。"可见，股份指股份有限公司把股本总额按相等金额划分成的最小单位，每一股份代表一定金额的股本。股份有两层基本含义：一是具有资本属性，表明股东对公司出资并由此产生的权利和义务；二是具有股本单位的作用，表明股本的最小单位。（广义的股份也可以泛指股东对有限责任公司的出资份额。）将股份有限公司的资本等额划分为股份，具有极为重要的意义，它便于股东认股和股权登记，便于股息分配和增资配股，也便于股份的交易和转让。

股份的基本特点如下：（1）金额性。每一股份代表相等的一定数量的投资金额，是股本等额划分的最小单位。（2）权利平等性。股份持有者即股东，可以按照"同股同权、同股同利"的原则，平等地行使股东所享有的各种权利，包括资产收益权和重大决策权，在投票时实行"一股一票"原则。（3）有限责任性。股东以自己的出资额为限对公司的债务承担责任，公司以自己的财产对公司债务承担责任。（4）证券性。公司可将股份以股票的形式向社会公开发行，股票是一种有价证券。（5）流通性。股东可以按公司法和公司章程的有关规定转让自己的股份，通常可采取股票交易的形式进行流通。

（二）股份的种类

从不同的角度和标准出发，可以对股份种类进行不同的划分。其中最重要的，是根据股东的权益将股份划分为普通股和优先股。在我国，由于国家股和法人股不能流通，所以又可将股份划分为可流通股和不可流通股。下面主要介绍普通股和优先股。

1. 普通股。普通股是优先股的对称，是股份有限公司必须发行的具有普通权利的股份，是公司最常见、最重要、风险最大的一种股份。普通股的收益不事先规定，拥有投票权和优先配股权。

普通股具有以下特点：(1) 重大决策和人事任免权。普通股的股东对公司的经营管理拥有重要事项的决策权，如修改公司章程、确定分红方案、选择管理者等。其具体形式是参加股东大会并拥有投票权、表决权，是“一股一票”。(2) 资产收益权。普通股股东可根据公司经营状况分取公司税后利润，其特点一是按分配顺序它要排在优先股之后，二是股利分配不固定，依公司业绩而定。(3) 优先认股权。即公司在有偿增发新股时，普通股股东享有按所持公司股份的一定比例低价配购新股的权利。在公司实行有偿配股时，股东也可主动放弃或转让配股权。(4) 剩余资产分配权。在公司终止清算时，要先用公司资产去抵偿公司债务，然后将剩余资产按股票面额优先分配给优先股股东，最后再按投资者持股比例全部分配给普通股股东。

2. 优先股。优先股是普通股的对称，是股份公司专为某些想获得优先特权的投资者而设计的一种股票。相对于普通股来说，它拥有优先分得公司利润和剩余财产的权利，但其股利率是事先规定的，而且没有投票权和优先配股权。

同普通股相比，优先股具有以下特征：(1) 投资回报率固定和分红优先。股东在购买优先股时就已事先确定了股息率，从公司利润分配顺序来看，它也在普通股之前。(2) 剩余资产优先分配权。当公司终止和清算时，在普通股之前按优先股面值分取剩余资产。(3) 优先股与普通股相比也有不利之处，如股利率不会随公司业绩的增长而提高，没有投票权和优先配股权等。

3. 可转换优先股。这是由优先股派生出来的一种优先股，即在一定的期限和条件下，投资者拥有将自己的优先股转换为普通股的权利。由于投资者增加了一种选择权，因而可转换优先股的股利率低于一般的优先股。例如，微软公司在1987年同时增发了优先股和可转换优先股两种股票，后来微软公司的股票大幅度上涨，选择了可转换优先股的投资者的收益非常可观。

4. 公司可转换债券。也简称公司转债或可转债，这是可以转换为公司股票的企业债券，因而兼有了股票与债券的性质。发行公司可转换债券，是股份公司再融资的形式之一，目前在国外非常受投资者欢迎。至于公司可转债的设计、发行与交易，将在十章中详细阐述。

（三）股份的发行、转让与回购

1. 股份的发行与转让。股份的发行，是指股份有限公司通过法定方式向社会公众发行股份的行为。在我国，股份有限公司的股票发行要采取发行股票的形式，这一问题将在下一节中讲述。

股份的转让，是指股份所有人依一定程序将股份出让给受让人，使受让人成为公司股东的行为。股份的转让可以是有偿转让，也可以是无偿转让。股份的有偿转让，主要是通过证券交易所的股票交易进行的，同时也可以在交易所外通过柜台交易和协议交易进行。

一般来说，股份有限公司的股份转让应采取自由转让原则，公司章程也不得随意禁止。例如，美国《标准公司法》规定，公司章程可以对股份转让进行限制，但对于在证券交易所上市的公司来说，这种限制是无效的。不过，股份的自由转让原则并非是绝对自由，为保证公司的正常运行，保护股东和债权人的利益，股份的转让要受到法律法规的限制。譬如，我国的《公司法》对股份的转让就作出了如下规定：(1) 股份转让必须在依法设立的证券交易所进行（公司改组时的协议转让除外），我国目前不允许进行场外交易；(2) 记名股票的转让，由公司将受让人的姓名或者名称及住所载于股东名册；(3) 国家授权投资的机构可以依法转让其持有的股份，也可以购买其他股东的股份，具体办法另行规定；(4) 发起人持有本公司股份，自公司成立之日起 3 年内不得转让。此外，公司董事、监事、经理在任职期间亦不能转让自己持有的本公司的股份。

2. 公司对本公司股份的收购。公司收购本公司的股份，也称为股份的回购。股份公司买回自己的股份，就构成了独立于其他股东的“自有股份”。对于股份的回购及自有股份，世界上多数国家的公司法都采取了否定的态度。其理由如下：(1) 这样做混淆了公司与股东两个主体之间的法律关系，使公司法人成了本公司的股东；(2) 这样做会使公司的资本减少，因为公司把发行出去的股份又买了回来，就相当于公司的股份没有发行出去，这样公司的资本就不充实，对公司的债权人的利益会产生影响；(3) 这样做还容易影响股票市场的稳定。如果公司可以买卖自己的股票，便会利用自己的信息优势控制股票价格，操纵市场，造成股市的过度投机。

但是，各国的公司法对公司股份的回购又并非绝对地禁止。如《日本商法典》规定，公司可以在下列情况下收购本公司的股份：(1) 注销股份；(2) 合并或者兼并持有本公司股份的其他公司；(3) 为实现公司宗旨和权利必须采用时。我国《公司法》也有类似的规定。《公司法》第 149 条规定，公司为减少公司资本而注销股份或者与持有本公司股票的其他公司合并时，公司可以收购自己的股票；公司在收购自己的股票后，必须在 10 日内注销该部分股份，依法办理公司变更登记，并予以公告。

三、股份有限公司的股票

(一) 股票的概念、本质与特性

股票是股份公司签发的证明股东按其所持有股份享有权利和义务的书面凭证，是股东对公司的资本所有权的证书。投资者购买某公司一定数量的股票后，

便对该企业拥有相应比例的所有权，并可以凭此取得股利和行使股东权利。股票是一种有价证券，可以变现为现金和当做贷款抵押。

股票与股份有着密切的联系。股票是股东认购公司股份的资本所有权证书和索取股息的凭证，也是股份的外在表现形式，因此，股票与股份是形式与内容的关系。在资本主义社会，"如果没有欺诈，股票是一个股份公司拥有的实际资本的所有权证书和获取每年由此生出的剩余价值的凭证。"①

股票同债券和不动产抵押券等，统称为有价证券。由于它们能够为其所有者定期带来一定的收入，同时还能被人们当做商品买卖，因而很容易造成一种假象，好像它们本身就是资本。其实，正如马克思所分析的，有价证券只是"虚拟资本"，它们本身没有价值，也不是价值符号，并不能在社会再生产过程中发挥资本的职能。以股票为例，出资者购买股票后，资本就转移到公司方面去了，出资者手中的股票不过是一种资本所有权的证书或者是资本的"纸的复本"。因此，在对社会资本进行统计时，从不计算股票的价值。

由于股票只是股份的外在表现形式，因此，它的基本特性也是由股份的特性决定的。包括：(1) 资本的属性。股票是资本的"纸的复本"，是股东向公司投资并有权取得股息的凭证。(2) 权益性。股东按持有股票的份额享有分配公司利润和参与经营决策的权利，实行"同股同利"、"一股一票"的原则。(3) 流通性。股东不可以要求公司退还股金，但股票原则上可以在证券市场上自由交易和流通。(4) 风险性。股票投资存在着风险，这种风险可能来自公司业绩不佳，也可能来自证券市场的波动。

（二）股票的基本格式与类型

我国《公司法》第132条规定，"股票采用纸面形式或者国务院证券管理部门规定的其他形式。"股票应当载明下列主要事项：(1) 公司名称；(2) 公司登记成立的日期；(3) 股票种类、票面金额及代表的股份数；(4) 股票的编号。股票由董事长签名，公司盖章。发起人的股票，应当标明"发起人股票"字样。

股票最初都是采取纸面发行方式，进行股票交易时，通常需要进行复杂的过户手续，严重影响了股票交易的效率。后来，为了使股票交易简化，上市公司将发行的股票交给金融机构托管，股票交易只是在账面上进行。随着计算机技术的发展，人们越来越感到印制纸面股票也已成为多余，于是出现了股票"无纸化"趋势，即股票完全以计算机记账的方式发行，股票已经无"票"可言了，这可以节约大量的股票印制费用。

---

① 宋涛主编：《〈资本论〉辞典》，149页，济南，山东人民出版社，1988。

股票的种类通常可分为记名股票和无记名股票。所谓记名股票，是指在股票上载明股东姓名并将其载入公司股东名册的一种股票。记名股票的买卖和转让，一定要把买入人和受让人的姓名或名称及住所登记到公司股东名册上（即过户）才能生效，股东不得私自转让。我国《公司法》规定，公司向发起人、国家投资机构、法人发行的股票，应当为记名股票，并应当记载该公司、机构或者法人的名称，不得另立户名。对社会公众发行的股票，可以为记名股票，也可以为无记名股票。公司发行记名股票的，应当置备股东名册，记载下列事项：(1) 股东的姓名或者名称及住所；(2) 各股东所持股份数；(3) 各股东所持股票的编号；(4) 各股东取得其股份的日期。所谓无记名股票，是指股票上不记载股东姓名的股票；凡持有股票者，即取得股东资格。此种股票凭股票所附息票领取股利，故可以自由转让。这种股票的转让非常自由、方便，但也存在着不利于管理、容易出现混乱的弊端，故目前许多国家不允许发行这种股票。

我国由于组建资本市场的时间不长，市场发育还不成熟，人民币还不能自由兑换，因此，在境内发行的股票还要分为 A、B 两种股票。A 种股票是指由股份公司发行并在中国沪、深两个交易所上市的，专供中国内地投资者用人民币购买的股票，股票的面额用人民币标明。B 种股票指用人民币标明股票面值并在沪、深两个交易所上市的，专供外国居民和我国港、澳、台地区的投资者用外币买卖的股票，也称人民币特种股票。我国目前允许有外商投资的公司，经中国人民银行批准后方可发行 B 股，在沪市是用美元交易，在深市是用港币交易。A、B 股的划分，是一种“认人不认钱”的做法，这同股票的本性是矛盾的，待人民币可以自由兑换后，它们的区分也就可以取消了。从 2001 年 3 月开始，我国开始允许大陆投资者购买 B 股股票，这是我国证券市场向国际化发展迈出的重要一步。此外，我国还有些上市公司发行了 H 种股票，它是中国内地公司在香港股市中发行的并已上市挂牌交易的股票，它以人民币标明面值，而以港币进行购买和交易。无论是 A 股、B 股，还是 H 股，对一个公司来说，它们都是同一种普通股股票，实行同股同权、同股同利原则。

（三）股票价格的理论分析

1. 马克思对股票价格的分析。如上所述，股票同债券和不动产抵押券等统称为有价证券，它本身没有价值，也不是价值符号，而只是一种资本所有权的证书或者是资本的“纸的复本”。虚拟资本不仅在质上不同于实际资本，在量上也不同于实际资本。股票的市场价格总额取决于股票发行数量与股票市场价格的乘积。由于股票市场价格经常随其供求关系而上下波动，股票价格总额也在不断变动，而在工商企业中实际发挥作用的资本却并未因此而改变。

股票本身没有价值，但由于它是取得股利收入的资本所有权证书，所以它可以买卖，也有价格。股票价格不是股票价值的货币表现，它是股息收入的资本化。也就是说，股票价格应该等于这样一笔货币资本，这笔资本存入银行所得到的利息，应与购买股票所得到的股息收入相当。所以，股票价格与股利成正比，而与银行利息率成反比，即股票价格＝股利/利息率。当然，这只是对股票价格的纯粹的理论分析，而实际上，股票的决定因素是非常复杂的，如市场环境、政府的政策、公司股份的数额、公司的发展前景等等。但马克思对股票价格所做的理论分析仍是非常重要的，它说明了一个基本的道理，即购买股票最根本的目的是要购买公司的利润和未来，那种对股票的恶意的炒作是不会长久的。

2. 戈尔顿增长模型。戈尔顿增长模型是用投资的"贴现"理论来确定股票价格。"贴现"是将未来的资金价值折算为现在的价值，其方法是用一定的"贴现率"去除未来的价值。例如，假定以 P_0 的价格买进某股票，每年的股利分别是 E_1、E_2、E_3、E_4、E_5……而且以后仍可按 P_0 的价格卖出，"贴现率"按银行利率 i 计算，那么

第一年后的股票投资现值为

$$PV=\frac{E_1+P_0}{1+i}$$

第二年后的股票投资现值为

$$PV=\frac{E_1}{1+i}+\frac{E_2+P_0}{(1+i)^2}$$

第三年后的股票投资现值为

$$PV=\frac{E_1}{1+i}+\frac{E_2}{(1+i)^2}+\frac{E_3+P_0}{(1+i)^3}$$

若干年后的股票投资现值为

$$PV=\frac{E_1}{1+i}+\frac{E_2}{(1+i)^2}+\frac{E_3+P_0}{(1+i)^3}+\cdots+\frac{E_t+P_0}{(1+i)^t}$$

由于 $P_0/(1+i)^t$ 趋于无限小，所以可得出下列公式：

$$PV=\sum_{t=1}^{n}\frac{E_t}{(1+i)^t}\quad(n\to\infty)$$

由此可以看出，"贴现"的理念实际上是要计算股票投资的"机会成本"。但这个公式很难用来计算现实的股票价格，所以需要进一步简化。假定该股票每年的股息都按一定的比率 g 增长，再假定股票交易当年的收益为 E_0，即

$$E_t=E_0(1+g)^t$$

则有

$$PV=\sum_{t=1}^{n}\frac{E_0\ (1+g)^t}{(1+i)^t}$$

该公式经过简化，便可以运用。但简化的前提是股利增长率 g 必须小于市场收益率 i，即 $g<i$；否则，如果 $g>i$，则股票的现值便会趋于无穷大，现值即不存在。简化的计算公式是：

$$PV=\frac{E_1}{i-g}$$

$$股票价格=\frac{第一年预期股利}{市场收益率-股利增长率}$$

这就是著名的戈尔顿增长模型，是国外股票市场上确定股票理论价格的主要方法之一。如果假定股票收益的增长率为零，即 $g=0$，则与上述马克思推导的公式相同。

例如，假定五粮液股票第一年每股收益为 1.60 元，银行 1 年期存款利率为 2.25%，再假定五粮液每股收益增长为 0.25%，则该股票的现值应为 1.60/(2.25-0.25)×100=80 元。

第二节　股份有限公司的股份发行

一、股票发行条件与审核程序

(一) 股票发行市场

股票市场指股票买卖的场所。股票市场可划分为股票发行市场和股票流通市场两个部分。股票发行市场又称股票的初级市场或一级市场，是指准备发行的股票从发行者出售给投资者的市场。股票发行市场是连接股票发行者与投资者的桥梁和纽带，为股票发行提供场所和工具。股票的流通市场又称股票的交易市场或二级市场，它是股票投资者进行股票交易的场所，其功能是加强股票的流通性，为投资者提供投资机会，减少投资者风险。

股票的发行市场和流通市场是不可分割的，二者相互依存，又相互制约。股票发行市场是整个股票市场的基础环节，有了股票发行才有股票交易；同时，二级市场又对一级市场起着促进作用，股票的流动性越大，越有利于股票的发行。

这里首先分析股票发行市场。

股票发行的审批制度，目前国际通行的有注册制与核准制两种形式。注册制是指发行人在发行证券之前，依法将公开的各种材料全面、准确地向证券监管机构申报，证券监管机构对申报文件的全面性、真实性和准确性做出形式审查，若无异议，申请自动生效。审核制是指发行人不仅要公开公司的真实情况，而且必须符合法定条件，证券监管机构有权否决不符合法定条件的申请。我国《证券法》第 10 条规定："公开发行证券，必须符合法律、行政法规规定的条件，并依法报经国务院证券监督管理机构或者国务院授权的部门核准或者审批"。由于我国证券市场发展较晚，这种规定是符合我国证券市场的现实状况的。

（二）股票发行条件与申请文件

股票的发行分为首次发行、再次发行和配股发行，这里主要介绍首次发行。首次发行即股份有限公司设立时的股票发行。按照我国《公司法》和《证券法》的规定，首次发行股票应具备以下条件：（1）发起人符合法定人数，即应当有 5 人以上作为发起人；国有企业改建为股份有限公司的，发起人可以少于 5 人；（2）发起人认缴和社会募集的股本最低为1 000万元，上市公司最低注册资本为5 000万元；（3）发起人认购的股份不得少于 35%，向社会发行的股份一般不得少于 25%；（4）发行股票后要召开股东大会，制定公司章程，组建公司机构，进行设立公司的一系列活动；（5）发起人以工业产权、非专利技术作价出资的金额，一般不得超过全部股份的 20%，以实物、土地使用权作价出资的，应当如实进行资产评估；（6）经证券监管机构批准。

首次发行股票应向国务院证券监管机构提交的申请文件有：（1）批准设立公司的文件；（2）公司章程；（3）经营估算书；（4）发起人姓名或名称，发起人认购的股份数、出资种类及验资证明；（5）招股说明书；（6）代收股款银行的名称及地址；（7）承销机构名称及有关的协议；（8）中国证监会要求的其他文件。

中国证监会于 2006 年 5 月 7 日宣布：为规范上市公司证券发行行为，保护投资者的合法权益和社会公共利益，根据《证券法》和《公司法》的规定，在向广大投资者和社会各界广泛征求意见或建议后，正式发布《上市公司证券发行管理办法》.《首次公开发行股票并上市管理办法》，这意味着已经终止一年了的 IPO 即新股发行，其重启工作进入实质性阶段。

整体来说，该《办法》对上市财务指标的要求提高了。比如说过去只是规定了最近三年连续盈利，但新的办法又增加了累计净利润总额超过3 000万元的指标。另外，它对最近三年经营活动净现金流或者是营业收入提出了要求，要求最近三年经营活动产生的净现金流累计超过5 000万元或营业收入累计超过 3 亿元，这是一个非常严格的标准，经营活动的现金流想造假是非常困难的。总体来说，对上市的要求进一步提高了。当然，这个 IPO 办法是主板的上市办法，这为准备在中小企业板上市的企业预留了一个空间。另外，取消辅导期等于是缩短公司上市所需要的时间，可以解决很多拟上市公司因为在 A 股市场上市时间周期太长而去境外上市的问题。原来的融资额是不超过净资产的两倍，现在把它交给市场去判断，该有什么样的发行价格，项目对资金的需求是什么样的，完全由市场和发行人来做判断，有利于大型国企根据自身需要确定融资规模，所以这也是非常有吸引力的。

（三）股票发行的审核程序

我国《证券法》规定，国务院证券监管机构设发行审核委员会，依法审核股票发行申请，决定发行申请核准事项。发行核准审核委员会由国务院证券监管机构的专业人员和聘请的该机构外的有关专家组成，以投票方式对股票发行申请进行表决，提出审核意见。

国务院证券监管机构依照法定条件负责核准股票发行申请。核准程序应当公开，依法接受监督。参与核准股票发行申请的人员，不得与发行申请单位有利害关系；不得接受发行申请单位的馈赠；不得持有所核准的发行申请的股票；不得私下与发行申请股票的单位进行接触。

国务院证券监管机构或者国务院授权的部门应当自受理证券发行申请文件之日起3个月内做出决定；不予核准或者审批的，应当做出说明。证券发行申请经核准或者经审批，发起人应当依照法律、行政法规的规定，在证券发行前，公告公开发行募集文件，并将该文件置备于指定场所供公众查阅。发行人不得在公告公开发行募集文件之前发行证券。

二、股票发行中的承销与承销协议

（一）股票发行中的承销、包销与代销

各国的证券法都规定，任何股份有限公司都不能自己发行股票，而必须由具有承销股票资格的证券承销机构或承销商代理发行。股票的承销机构包括投资公司、信托投资公司、投资银行、证券经营公司等，它们是惟一具有证券发行资格的机构。所有的准备发行股票的公司，都必须委托证券发行机构负责股票的承销。这样，在股票发行中，就会有发行公司、股票承销商和投资者三个主体。

股票承销就是承销机构接受发行公司的委托，承担向投资者发行股票责任的过程。股票承销方式分为包销和代销两种。所谓包销发行，就是承销商承担股票发行的责任。当股份或股票未能全部发行出去时，它负有继续认缴未发行股份的责任；当股票发行失败时，它要承担全部发行费用，负责退还认股资金并支付利息。而在股份或股票顺利发行后，承销商也可赚取一定的发行利润。所谓代销发行，是指由股票发行公司承担全部发行责任，同时也可以取得一定的发行利润，而承销商只是取得相应的发行费用，当承销期结束时，将未售出的股票全部退还给发行人。在有些国家，股票的包销和代销有时也可以按比例同时采用。例如，某公司要发行10亿股股票，其中5亿股采取包销方式，5亿股采取代销方式。

（二）股票发行的承销协议

我国《证券法》规定，证券公司承销证券，应当同发行人签订代销或者包销协议，载明下列事项：（1）当事人的名称、住所及法定代表人姓名；（2）代销、包销证券的种类、数量、金额及发行价格；（3）代销、包销期限及起止日期；（4）代销、包销的付款方式及日期；（5）代销、包销的费用和结算方法；（6）违约责任；（7）国务院证券监管机构规定的其他事项。

证券公司承销证券，应当对公开发行募集文件的真实性、准确性、完整性进行核查；发现含有虚假记载、误导性陈述或者重大遗漏的，不得进行销售活动；已经销售的，必须立即停止销售活动，并采取纠正措施。

向社会公开发行的股票面额总值超过人民币5 000万元的，应当由承销团承销。承销团应当由主承销商和参与承销的证券公司组成。股票的承销日期最长不得超过90日。在承销期内，股票应当保证先行出售给认购人，证券公司不得为本公司事先预留所代销的股票和预先购入并留存所包销的股票。证券公司包销股票的，应当在包销期满后15日内，将包销情况报国务院证券监管机构备案。证券公司采取代销的，应当在期满后15日内，与发行人共同将股票代销的情况报国务院证券监管机构备案。

（三）股票发行价格的确定

股票发行价格，从理论上说，可以平价发行、溢价发行和折价发行。但在现实中，主要是溢价发行，而折价发行多被禁止。股票发行价格的确定，主要有固定价格、市场定价和协议定价三种方式。

1. 固定价格方式。其基本依据是市盈率。发行人和承销商通过协商，参照市场上同行业一般的股票价格水平，并综合参考其他因素，通过确定发行市盈率推出发行价格。然后，承销商向投资人公布发行价格，分销商开始认购。如果认购量低于发行量，则由公司和承销商补足。这种方式简便易行，但其缺点是发行价格难以符合市场供求状况。目前，英国等国家主要采取这种方法。我国在前几年也主要采取这种定价方式，市盈率一般定在15倍左右。

2. 账面定价方式。也叫市场定价法，这是美国和欧洲市场常用的定价方式，其主要依据是市场供求。其程序大致是：发行人通过了有关规定并取得发行资格后，由主承销商组织发行人向投资人或分销商作巡回介绍；主承销商报出一个发行价格范围，由各分销商向主承销商递送不同价位愿意承销的数量；主承销商将这些报价单汇集起来，再根据市场行情确定发行价格，向投资者公布，同时向分销商分配额度。账面定价方式依据市场需求，具有较大的客观性，也促使承销商对股票发行积极参与。缺点是目前报价单只由主承销商掌握，发行人和分销商都不知晓。这一问题正在设法解决，使报价单在一定范围内公开，以增加发行的透明度。

3. 协议定价方式。即根据发行股票的公司所在行业的发展状况和企业在行业中的地位，由证券承销商和发行公司协商确定股票的发行价格。我国目前的股票基本是通过这种方式确定发行价格。我国《证券法》第28条规定："股票发行采取溢价发行的，其发行价格由发行人与承销的证券公司协商确定，报国务院证券监督管理机构核准。"从发行人的角度考虑，发行价格越高越好，可以筹集更多的资金；从承销商的角度考虑，发行价格过高，则发行难度与风险加大。通过协商，可以确定一个比较合理的价格。一般说来，决定价格的因素有公司的净资产、盈利水平、发展潜力、股票发行数量、行业特点以及股市状况等。

（四）股票发行中的"三公"原则

"三公"原则指的是股票发行中要遵循公开、公平、公正的基本原则。所谓公开，是指股票发行的重要环节和重要文件要向社会公开，如公开公布招股说明书，公开抽取中签号等。所谓公平，是指投资者在认购股票时要有平等的权利。同次发行的股票，每股的发行条件和价格应当相同；任何单位或者个人所认购的股份，每股应当支付相同的价格；要同股同权、同股同利。所谓公正，是指在股票发行的整个过程中，需要有一定的制度保证和有效的监督。在股票发行中，要由社会权威机构出具具有法律意义的资产评估、资产界定、财务审计等证书，抽取中签号码要有公证机构予以公证等。实行"三公"原则，可以有效地防止股票发行中的欺诈行为和内幕交易。

在我国的股票发行的改革进程中，经历了发行股票认购证、专项储蓄存款、网上发行、网上与网下发行相结合等方式，目的是不断降低发行成本，更好地体现"三公"原则。

值得注意的是，新《公司法》修改了股份发行的原则，删除了"公开、公平、公正"中的"公开"原则。但这并不是"公开"原则不重要了，而主要是给私募股份提供了合法的地位。修改前的《公司法》和《证券法》中，关于再融资的方式只有配股和公开发行新股两种形式，而将向特定对象增发新股的私募排除在外。新的《公司法》和《证券法》不再限制私募的再融资方式，这是制度的创新和完善。但是，新法并没有提供可供操作的细则，这就是以后的配套法规和规章需要完成的使命。

三、我国股票发行制度的改革

健全的股票发行制度是股份制发展和完善的重要条件，也是证券市场建设的基础环节。我国股票发行制度在短短的10年中几经改革，取得了很大成绩。从审批方式看，由特许方式转变到审核加额度管理方式，再转变到现在的审核方式。从发行方式看，大致经历了五个阶段：（1）限量发行认股证，然后采取抽签的办法确定中签号码。这种方式造成了排队购买认股证和倒卖认股证的问题，很快被废止。（2）无限量发行认股证，消除了排队购买认股证的现象，但使认购成本增加。以最先采取这种方式的青岛啤酒股票为例，其溢价发行价格为6.38元，但由于中签率太低，使发行成本高达6.39元，两者相加，使原始股的实际购买价格达到12.77元，而同时向香港发行的H股股票价格仅为港币3.836元。（3）采取专项定期存款方式。如青岛海尔"存款模式"，在规定时间内无限量发售专项定期存款单，面额500元，1年期，利率10.98%，中签存单可买500股，每股面值1元，发行价7.38元，另加手续费0.6元，中签率18.98%，共吸收存款2.63亿元。又如万国承销的济南轻骑股票，在全国首次以全额保证金定期特种存款方式发行新股，每份记名存单面额3 340元，期限6个月，每份中签可以购买500股，发行价6.68元。中签率为100%，发售成本仅0.34元，创最低纪录。（4）上网发行。其一是股票投资者用自己资金账户上的资金全额认购，资金冻结4个交易日，中签的资金转为股票，其余资金解冻；其二是按投资者所购买的股票金额进行配售，每1万元可享有一个认购号，中签的再用现金购买新股。（5）在网下向机构投资者进行市场竞价认购，如首钢股份、宝钢股份等，就是先向机构投资者询价，然后再以此价格向社会公众发行股份。

中国证监会10日公布了《关于首次公开发行股票试行询价制度若干问题的通知》（以下简称《通知》）及配套文件《股票发行审核标准备忘录第18号——对首次公开发行股票询价对象条件和行为的监管要求》。首次公开发行股票试行询价制度将于2005年1月1日施行。

询价对象是指符合证监会规定条件的证券投资基金管理公司、证券公司、信托投资公司、财务公司、保险机构投资者和合格境外机构投资者（QFII），以及其他经证监会认可的机构投资者。询价分为初步询价和累计投标询价两个阶段。发行人及其保荐机构应通过初步询价确定发行价格区间，通过累计投标询价确定发行价格。发行人及其保荐机构应向不少于20家询价对象进行初步询价，并根据询价对象的报价结果确定发行价格区间及相应的市盈率区间。公开发行股数在4亿股（含4亿股）以上的，参与初步询价的询价对象应不少于50家。向询价对象配售股票的比例为：公开发行数量在4亿股以下的不超过20%；在4亿股以上（含 4 亿股）的不超过 50%。询价对象应承诺将累计投标询价获配的股票锁定 3 个月以上。

我国的股票发行制度的进步是众所周知的，但目前仍有不少问题，如股票发行的核准制度的完善、股票发行价格的确定、一级市场被大机构所控制等等。

今后我国股票的发行制度改革之路仍然任重道远。主要设想是：

1. 在完善核准制度的基础上，积极向注册制演进。1999 年 7 月 1 日实施的《证券法》，明确规定了将实行核准制，这相对于原有的额度制和审批制来说是个进步。但现行的核准制仍有许多问题，如过分强调人为因素，中介机构的作用未得到实质性的加强等。今后，发行制度的改革应继续向注册制的方向演进，强化市场准入的规范性和权威性，强化中介机构的权利与责任，强化信息披露的公开性、真实性和及时性。

2. 股票发行价格的定价机制市场化。目前，新股定价已经在一定程度上与二级市场挂钩，但价格的确定在很大程度上仍取决于发行公司与主承销商协议的结果，广大投资者的作用还很弱。只有让价格真正通过市场竞争确定，使证券市场发挥其价格发现的功能，才能真正体现发行公司、承销商和投资者各方的利益，消除当前证券一级市场稳赚不赔、聚集大量认购资金的怪现象。

3. 强化中介机构的责任与权力。政府的监管部门应当积极创造条件，逐步退出发行审批领域，把各种审批权力交由市场来完成。这样既可以提高配置效率，降低企业筹资成本，也可以克服政府介入所带来的权力腐败。政府淡出市场后，对市场组织和监督将主要由成熟的中介机构来完成，因而它们的作用和责任应不断加强。

4. 加强对股票发行的信息披露的监管。对于首次发行的上市公司来说，提高其信息披露质量的一个重要环节，就是客观准确地预测其盈利水平，这是市场和投资者发现其市场价格的现实基础。现实的情况是，对发行公司的过度“包装”比比皆是，股票发行只是为了“圈钱”，完全不考虑投资者的利益。对这种恶劣的行为一定要坚决查处并杜绝。

第三节　公司的有偿增资与无偿增资

一、股份公司的资本增加与资本减少

（一）资本增加的有关规定

公司资本的增加简称增资，指股份公司在设立后因生产经营状况和市场供求

的变化，依法定程序增加资本总额的行为。资本增加的程序，因各国采取不同的资本立法原则而有所不同。在实行确定资本制的大陆法系的国家中，须在修改公司章程中的资本总额条款之后，方能就资本总额增加部分进行一次性增资；而在实行授权资本制的英美法系国家中，在公司章程所规定的资本总额范围内，可授权公司董事会决定增资，而无需修改公司章程，只是在公司章程所定资本总额发行完毕后，须修改公司章程后再行增加资本。

我国《公司法》采取的是资本确定制，该法第 137 条规定：股份有限公司发行新股，必须具备下列条件：（1）前一次发行的股份已募足，并间隔 1 年以上；（2）公司在最近 3 年内连续盈利，并可向股东支付股利；（3）公司在最近 3 年内财务会计文件无虚假记载；（4）公司预期利润率可达同期银行存款利率。

公司以当年利润分派新股，不受以上第二项的限制。

（二）资本减少的有关规定

资本的减少简称减资，指公司在设立后依法定程序减少公司资本总额的行为。依照资本不变原则，如果公司任意减少资本总额，必然会损害债权人的利益，影响公司的商誉。因此，各国公司法都规定，公司不能随意减资。但是，如果公司闲置资本过多，又一时没有很好的投资项目，也会影响公司的经营业绩，损害股东的利益。所以，各国的公司法均采取灵活的做法，准许公司在符合严格规定的条件下减资。这些限制体现在两个方面：一是减少数额上的限制。如我国《公司法》规定，公司资本总额不能减少到法定的最低注册资本额以下。二是在减资程序上的限制。如我国《公司法》对减资除做出股东大会通过、修改公司章程、办理变更登记之外，还规定公司要编制资产负债表及财产清算单，并在做出减资决议之日起 10 日内通知债权人，并于 30 日内在报纸上公告。债权人自接到通知书之日起 30 日内，未接到通知书的自第一次公告之日起 45 日内，有权要求公司清偿债务或者提供相应的担保。

二、有偿增资与无偿增资

公司的增资可分为有偿增资和无偿增资。所谓有偿增资，是指股份公司的股东和投资者须按照新发股票的票面额或发行价格，用现金购买公司新股，从而使公司注册资本增加的行为过程。具体做法有向社会公募发行新股和股东配股两种方式。（1）向社会公众募集发行新股，可以广泛募集资金，使增资顺利进行。但其难点是发行价格不好确定，新老股东的利益不好权衡。（2）股东配股，即赋予股东优先权以认购新股的方式，股份公司的股东按照持股的一定比率（如每 10 股配 3 股）有偿认购新股，其他投资者没有配股权。实行配股的目的在于保证股东能够按原比例持有公司的股份，是最常见的有偿增资方式。

所谓无偿增资，是指公司股东不必向公司缴纳现金或实物而无偿取得公司新发行的股票，从而使公司注册资本增加的行为过程。无偿增资的形式有股票派息和公积金转增股本两种方式。(1) 股票派息，是用送新股来代替现金派息。其好处是可以增加公司积累，有利于公司的长远发展。其缺点是股东的近期利益得不到实现。(2) 公积金转增股本，它实际上是股东权益的调整，而不是分红。

在现实中，公司可以将有偿增资与无偿增资结合起来，如公司可实行每 10 股送 3 股、配 3 股。还应当指出，许多公司将配股和公积金转增作为分配方案，这是不对的，只有现金派息和股票派息才是真正的分红。但是，公司无论是实行有偿增资还是无偿增资，都可以使股价大幅度下降，这可以给股东带来丰富的想像和增加持股的信心。如果公司在增资后仍能达到原有的每股盈利水平，股价就会出现填权行情，使股东获得更多的收益。

三、除权除息与股价曲线的修复

股份公司在确定当年分红和送配股方案之后，它的股票实际上就已经含有获得红利和实现转配股的权利，简称为含权含息。公司定于某个交易日将公司股利派送给股东和股东实现送配股权利的做法，称为除权除息，这一交易日叫做除权除息日。而上一个交易日则称为股权登记日，即谁在这一天收盘时持有了公司的股票，谁就获得了分红配股的权利。

例如，某公司决定当年的 4 月 1 日为股权登记日，当日股票收盘价格为 15 元，分配方案为每 10 股送红股 5 股。4 月 2 日为除权除息日，除权后的公司股票价格应当下跌，其理论价格应为 15 元/（1+0.5）=10 元。这说明一个道理：公司股票的除权除息过程本身不会增加股票的价值，股东在除权前后手中的股票总价值不会发生变化。

在除权除息后，如果股票价格持续上升，则称为填权填息；如果股价涨到原来的股价水平，就叫做填权填息。反之，如果除权除息后股价出现下跌，则叫做贴权贴息。

除权除息后，股票价格也应随之下调，其计算公式是：

$$P=\frac{P_0+P_1\cdot n_1+P_2\cdot n_2-R}{1+n_1+n_2+n_3+n_4}$$

式中，P 为除权后股票价格；P_0 为除权前股票价格；P_1 为配股的价格；P_2 为社会募集增资的每股价格；R 为每股派息金额；n_1 为每股配股数；n_2 为社会募集增资的股份数额与原股份总额的比例；n_3 为每股的股票派息的送股数；n_4 为每股公积金转增新股的股数。

除权后股票价格下跌造成股价走势图出现断点，股价断点修复的办法是，令 $Q=P/P_0$，将以前的股价乘上 Q 即可。

第四节　证券交易所与股票交易

一、证券交易所与柜台市场

（一）证券交易所

证券交易所是依据国家法律由政府批准设立的证券集中竞价交易的有形场所。凡符合要求的证券，如股票、政府债券和公司债券等，都可以在证券交易所里挂牌交易。证券交易所是独立法人，为证券投资者的证券交易活动提供服务，并具有一定的行业监管职能，但交易所自身并不参与证券买卖。

证交所的组织形式有公司制和会员制两种。以股份有限公司形式组建的证券交易所，要遵循一般公司的运行原则，即以营利为宗旨。世界上最著名的公司制交易所，是伦敦证券交易所。以会员协会形式成立的证券交易所不是营业性企业，也不以营利为目的，这是目前世界上最通行的交易所形式。纽约证券交易所、东京证券交易所及我国的上海、深圳两个交易所，都是会员式交易所。

各国的证券交易所一般都规定，只有其会员才被允许进入交易所进行证券交易。交易所的会员基本分为两类，一是证券经纪商，主要是代理客户进行股票交易；二是证券自营商，主要是自己做证券业务。一些综合型证券商可以兼做经纪业务和自营业务，但二者必须分开。

（二）柜台交易

在证券交易所进行证券交易，通常称为场内交易；在交易所之外进行的证券交易，称为场外交易。由于场外交易主要是在证券商或证券公司的柜台进行的，所以也叫做柜台交易或店头交易。柜台交易不像交易所那样，存在一个成型的、有完善规则的市场。所以，相对于交易所来说，柜台交易是一个无形市场。

一般来说，有场内交易，也就必然有场外交易。这是因为：（1）并非所有的股票都能上市，非上市的股票也要寻找自己交易的场所。（2）在证券交易所交易要交付一定的佣金，柜台交易可以降低交易成本。因此，在一些发达国家，柜台交易也是非常发达的，如美国的柜台交易额就相当于场内交易的 70%左右。但是，柜台交易也有很大的局限性。由于在柜台交易的人数有限，难以形成完善的价格发现机制，股票价格难以符合其真实价值。同时，由于柜台交易不如场内交易那样规范，也容易出现欺诈行为。

目前，我国证券市场正处于发育的初期，证券交易所的许多规则还没有建立健全起来，很多股份有限公司的运作也非常不规范，因而尚不具备开放柜台交易的条件。但可以相信，随着我国股份制改革的深化和证券市场的发展，柜台交易在不久的将来也会建立起来。

二、股票上市的条件和股票交易的程序

（一）股票的上市、暂停上市与停止上市

我国《公司法》第52条规定，股份有限公司申请其股票上市必须符合下列条件：（1）股票经国务院证券管理部门核准已向社会公开发行；（2）公司股本总额不少于人民币3 000万元；（3）公开发行的股份达到公司股份的25%以上；公司股本总额超过4亿元人民币的，公开发行股份的比例为10%以上；（4）公司在最近3年内无重大违法行为，财务会计报告无虚假记载；证券交易所可以规定高于前款规定的上市条件，并报国务院证券监督管理机构批准。

我国《公司法》第56条规定，上市公司有下列情形之一的，由国务院证券管理部门决定暂停其股票上市：（1）公司股本总额、股权分布等发生变化不再具备上市条件，在证券交易所规定的期限内仍不能达到上市条件；（2）公司不按规定公开其财务状况，或者对财务会计报告作虚假记载，并且拒绝纠正；（3）公司最近3年连续亏损，在其后1个年度内未能恢复盈利；（4）公司解散或者被宣告破产；（5）证券交易所上市规则规定的其他情形。

2001年4月23日，上海证券交易所决定驳回PT水仙（600625）延期停止股票交易的申请，从而使PT水仙成为我国证券市场上第一家被“摘牌”的股票，也标志着我国证券市场退出机制的启动。

（二）股票交易的基本程序

股票交易的基本程序包括开户、委托、竞价、清算交割、过户等程序。

1. 开户。由于普通的投资者不能直接进入交易所买卖股票，他们必须委托证券经纪商代理买卖，所以投资者首先要选择一个证券经纪商进行股票交易。为此，投资者应当首先在当地的证券登记公司进行开户申请，在那里办理注册登记手续，以便取得自己的股东账户，这就是“开户”。然后，投资者要选择一家证券公司的营业厅，缴纳一定的风险保证金，获得自己的资金账户，于是就可以进行股票交易了。

2. 委托。投资者在决定买卖某种股票后，先要向证券经纪商下达委托指令，包括证券名称、买卖数量、买卖限价、委托方式等。投资者在进行委托时，有以

下几种方式：

（1）从委托的价格限制来说，可分为限价委托和市价委托。限价委托是最常见的委托方式，买进股票要限制最高价，卖出股票要限制最低价。市价委托是委托人不限制价格水平，只需按市场最有利的价格买进或卖出即可。

（2）从委托方式看，可分为当面委托、电话委托和电报委托。当面委托是最主要的形式，即投资者亲自去证券公司营业厅填写委托书，或直接将指令输入电脑进行委托。

（3）从委托的有效期看，可分为当日有效和多日有效两种。我国实行的是当日有效期限。

（4）从交易保证金比率来看，可分为全额保证金委托和定额保证金委托。我国现行的是全额保证金制度。

3. 竞价。是指在证券交易所里，买卖双方进行竞争、确定股票成交价格的过程。在一般商品市场，是一名售货员面对众多的顾客；而在交易所里，是"双边拍卖"，即有众多的卖者和众多的买者。竞价方式有口头竞价、手势竞价、书面竞价、电脑竞价等方式。竞价时按照价格优先、时间优先和数量优先的原则排队，当价格为买卖双方都接受时即可成交。

4. 清算交割。指证券买卖双方在证券交易所买卖证券成交之后，通过证交所将证券商之间买入、卖出证券的数量和价款分别予以结算轧抵，并将应收、应付证券和价款在事先约定的时间内进行收付了结的过程。此后，证券商还要同投资者进行二次清算交割。清算交割的时间限制各国有所不同，一般为 0～5 天，我国现行的规定为第二天交割，也叫做 $T+1$。

5. 过户。即变更股东名册上的股东姓名的手续，是股票交易的最后一环。我国发行的股票都是记名股票，股东姓名及持股数额都记在股东名册上，所以都需要办理过户手续。在实行股票无纸化之后，过户手续就相当简单了，由证交所结算中心统一负责过户。

三、股票交易的方式

（一）股票的现货交易

指用现实的股票和现金进行交易。在这种交易中，买卖双方进行现实的股票交易，一方支付现金，一方卖出股票。具体的交割时间一般不超过 5 天，最普通的是第二天交割。在交割之前，购买一方不得将未到手的股票再转手，出售股票一方也不得将股票再买回以冲销交易。这种交易方式有利于股市的稳定和有序，市场风险和投机性较小，是各国交易所都普遍采用的最重要的交易方式。我国目前把现货交易作为惟一的交易方式。

（二）股票的信用交易

信用交易又称垫头交易，俗称“买空卖空”。其特点是投机者向证券商首先借入股票或现金，进行对冲式买卖，以赚取股票价格波动的差价，并支付给证券商一定的报酬。这种交易方式的投机性很强，风险性也很大。例如，某人预测股票价格将上涨，他可以先向证券商交付部分价款或保证金，然后向证券商借款买入股票，并质押在证券商那里。过了一定期限后，他再将股票卖出。如果股票真的上涨，他从赚取的利润中支付一定的费用，其余归自己所有。如果股票没有上涨，他也应将股票卖掉，用自己的抵押金来弥补损失。如果某人预计某支股票将要下跌，他可以向证券商借来一定数量的股票并抛出，待股票下跌后再将股票买回，归还给证券商。

股票交易信用交易中的保证金比率（也叫垫头比率）是由证券监管机构规定的，它随着股票交易市场的供求状况而变动。50 年代，美国的保证金率低时为 50%，高时曾达 90%，实际上是基本封杀了信用交易。可见，保证金率也是政府进行市场调控的一种手段。我国目前严格禁止股票的信用交易，但实际上违规行为还是比较多的。近几年经证监会反复查处，这种违规现象已经大大减少了。

（三）股票的期货交易

股票的期货交易是指买卖双方在成交后，现货的交割和结算不是在通常的几日内进行，而是在双方协定的期限内（如 1 个月或 3 个月）进行，交割和结算时所依据的价格仍是协议成立时商定的价格，而不是交割日的当日行情。所以，期货交易可简称为“预期成交，定期交割”。但是，在交割清算时，买卖双方并不是真的要进行股票交易，而是对股票价格的差价进行现金的对冲即可。此外，在股票期货交易的协定到期之前，也可以在证券市场上进行买卖。

股票的期货交易方式来源于商品的期货交易。商品市场上由于受季节、气候等因素的影响，价格常常波动较大。有些生产者为了锁定自己的成本，就出现了远期合同，并逐步发展成为商品期货。进行商品期货交易的目的，一是“套期保值”，二是为了投机。股票的期货交易的方式基本同商品期货相同，但目的主要是为了投机。

在买卖双方签订股票期货交易的合约后，都要按规定缴纳一定比率的保证金，这一比率一般为 5%～10%。买入股票的一方，认为股价要涨，所以叫做“做多”；卖出股票的一方叫做“做空”。由于这种交易方式的投机性较大，所以各国对此都有严格的限制，甚至被列入明令禁止之列。我国目前也是严格禁止这种交易方式。

(四) 股票的期权交易

股票的期权交易方式也叫选择权交易，它没有实物交易。操作过程是：投资者通过签订合同，支付一定费用，买得一种权利，即合同持有者可以在以后规定的期限内，按照已经定好的价格买进或者卖出一定数量的股票。

期权合约的主要内容包括：(1) 合同的期满日期，在此期限内投资者可以随时行使期权，过期失效，合同期通常是 3 个月或 6 个月；(2) 协议价格，即在合同中规定的"行权"价格，在今后规定期限内，合同持有者可随时按协议价格决定买入或卖出该种股票；(3) 期权协议规定的买卖股票的数额，通常为 100 股；(4) 期权合同本身的价格，如每股 2 元，100 股的期权合同为 200 元。

期权合同分为看涨期权和看跌期权。看涨期权又叫买多合同或叫做认购权证，投资人预计股价将会上涨，便可买看涨期权；相反，投资人可以买看跌期权或叫做认沽权证。如果投资人预期正确，那么在合同到期时，就可以按合同来行权，行权价格与股票的现实价格的差额再减去购买合同的费用，就是他的收益。在实际操作中，合同双方都是用现金将差额进行对冲，并不是要做真实的股票买卖。相反，如果股价走势与投资者预期相反，投资者就会自动放弃行权，他的损失被锁定在购买期权合同的价格上。可见，购买期权合同的优点是可以锁定风险，而盈利的幅度却没有封顶；其缺点是要预先支付一定的费用，在行权之前已支付了一定的成本。

股票期权在到期之前还可以自由买卖，这就是期权交易。期权合同的价格取决于三个因素：(1) 受原来购买期权合约的价格影响，即行权价格再加上购买合约的费用，才是真实的购买或卖出股票的成本。例如，一个看涨期权的行权价格是 20 元，购买价格是每股 2 元，那么，当股价升至 22 元时，投资者刚刚够本；同样，如果买的是看跌期权，只有股票跌至 18 元时才不赔不赚。(2) 股市行情的涨落。如果投资者判断行情正确，期权合同价格上涨；反之，期权合同价格下跌，甚至价格为零。(3) 期权合同距离到期日期限的长短。期限越长，价格越高；期限越短，价格越低。

期权合约的具体形式通常叫做"权证"。权证除了可分为认购权证和认沽权证外，还可以分为"欧式权证"和"美式权证"。前者规定只有到存续期的最后 1 天才可以行权，而后者是在存续期间内都可以行权。2005 年 8 月，我国在进行股权分置的改革中，宝钢股份的非流通股东提出了向社会公众股股东"每 10 股送 2.2 股和 1 份认购权证"的"对价"方案，从此开始了我国真正的"权证"交易品种。宝钢权证属于欧式权证，存续期从 2005 年 8 月 18 日至 2006 年 8 月 30 日共 378 天，发行量为 38 770 万份，行权比例为 1:1，行权价格为 4.5 元。此后，武钢股份、深万科、鞍钢新轧、新钢钒等，也先后实行含有权证的“对价”。

2005年11月22日，上海证券交易所发布《关于证券公司创设武钢权证有关事项的通知》。《通知》明确了取得中国证券业协会创新活动试点资格的证券公司可作为“创设人”，按照通知的相关规定创设权证。至此，市场议论已久的权证产品创设机制得以建立。所创设的权证，也叫做“备兑权证”。

根据该通知，创设人创设的权证应与武钢认购权证（武钢JTB1，交易代码580001）或武钢认沽权证（武钢JTP1，交易代码580099）相同，并使用同一交易代码和行权代码。创设认购权证的，创设人应在中国结算上海分公司开设权证创设专用账户和履约担保证券专用账户，并在履约担保证券专用账户全额存放武钢股份股票，用于行权履约担保；创设认沽权证的，创设人应在中国结算上海分公司开设权证创设专用账户和履约担保资金专用账户，并在履约担保资金专用账户全额存放现金，用于行权履约担保。

一般来说，权证的价值或价格由内在价值和时间价值两部分组成。所谓内在价值是指立即行权，权证持有人能够获得的收益。它等于行权价格与正股市场价格的差价，如宝钢股票的价格为4.8元，行权价格为4.5元，那么一份该权证的内在价值就是0.3元。而该权证的时间价值则表现为宝钢股份在存续期内继续上涨的可能所能给投资者带来的价值。由于宝钢权证的设计是欧式权证，对此一般用B-S公式进行定价。虽然B-S公式较为复杂，难以手工求解，但是通过计算机的辅助来求解则非常容易和方便。一般只需要将宝钢股份的现价、波动率、权证的行权价格、投资者面对的无风险利率、红利率及剩余天数等几个参数输入即可。用此公式计算宝钢权证的价格应在0.7元左右，而市场价格曾被炒到2元以上，可见是过度投机了。

（五）股价指数期货

股票价格指数期货是以股票价格指数的“点”作为交易对象的一种期货交易。它起始于美国密苏里州的堪萨斯农产品交易所，以后在芝加哥商品交易所、纽约期货交易所（纽约证券交易所的分支机构）也开始试行。几年后，股价指数期货交易迅速发展，深受欢迎，目前股指期货成交额已经占整个期货交易额的70%以上，被称为“股票交易中的一场革命”。股价指数期货发展的原因主要有：(1）有些投资者认为，挑选一两只好的股票进行投资十分困难，而对股票市场的大势判断相对简明一些；（2）股价指数期货可以“以小搏大”，更具有刺激性；(3）炒作股票的方法，只能是将股价由低拉高后出货才能赚钱，而股指期货的推出，使股票市场具备了“做空”机制，股市涨跌都可以有机会赚钱。此外，从政府的角度看，由于股指期货具有做空机制，因而可以使股票市场减少波动。

股价指数期货的交易方式是：（1）股指期货的合约价格是以“点”计算的，假如美国标准普尔500的指数期货为5 000点，每“点”价格为5美元，一份合约的实际价格就是25 000美元。如果按10%交保证金，“一口单”的价格就是2 500美元。（2）合同期限，一般是以一个季度为限，即每个季度的最后一个交易日为交割日。(3) 合同是以现金交割，由专门的结算机构负责。(4) 保证金制度，一般保证金比率为5%～10%，如果由于股价指数变动，需要增加保证金，客户必须及时补仓，否则将被交易所强行平仓。

第五节　虚拟资本理论及其现实意义

虚拟资本理论是马克思金融理论的重要组成部分，它有着独特的分析视角和科学的分析工具，是其他金融理论所无法比拟和替代的。党的十六大报告提出，要正确处理“虚拟经济和实体经济的关系”。因此，重温马克思的虚拟资本理论，并加以现代经济学的阐释，具有重要理论意义和现实意义。

一、虚拟资本的含义与具体形态

什么是虚拟资本？在我国一个较为权威性的定义，是许涤新主编的《政治经济学辞典》中的表述：“以证券形式存在、并能给持有者带来一定收入的资本，如股份公司的股票、企业或国家发行的债券。”① 其实，这一定义是不够全面的。从马克思在《资本论》第3卷第5篇的论述来看，虚拟资本有两种不同的形态，除了上述的股票、债券等公共有价证券外，另一种形态是由信用制度产生的各种信用票据，包括商业汇票、银行汇票和银行券，而且这是马克思所分析的虚拟资本的重点，是虚拟资本的首要的、基本的形态。同时，这两种虚拟资本的“虚拟性”的根源也是不同的。

虚拟资本的第一形态：由商业信用和银行信用产生的各种信用票据。

1. 商业汇票作为商业货币，通过支付手段的创造而“制造出虚拟资本”。马克思对虚拟资本的分析是从资本主义信用开始的，《资本论》第3卷第25章的标题就是“信用与虚拟资本”。信用本是商品经济的产物，随着资本主义生产方式的发展，信用制度在扩大和普遍化，商业信用的对象也不再是一般的商品，而是商品资本。商业信用的主要工具是商业汇票，它是定期支付的凭据。这种商业汇票还可以到银行去贴现，而银行在贴现时又常常支付的是银行汇票或银行券。这

① 许涤新主编：《政治经济学辞典》，561页，北京，人民出版社，1980。

样，商业汇票也就成为银行汇票和银行券这些“信用货币”的基础。“真正的信用货币不是以货币流通（不管是金属货币还是国家纸币）为基础，而是以汇票流通为基础。”①

汇票的流通与贴现制度，导致了“空头汇票”的大量涌现。空头汇票是指人们在一张流通的汇票到期之前又开出另一张代替它的汇票。马克思引用了《曼彻斯特卫报》的记载：伦敦的A托B向曼彻斯特的C购买货物，运往东印度D那里去，结果是C向B、B向A、A向D分别开出了3张汇票。这样，商业汇票通过单纯信用手段，就制造出虚拟资本。②

2. 银行所发行的银行券和银行汇票，本身就是虚拟资本。银行作为借贷关系的中介人，在吸收存款后资本又通过多种形式向职能资本提供信用，除了现金贷款外，还包括向其他银行开出银行汇票、支票，开立信用账户，以及发行银行券。

银行券是银行发行的一种信用货币，是纸币的早期形式，有1元、10元、100元等固定面额，主要用于商业票据贴现，可直接兑现黄金。19世纪中叶以后，各国规定只有中央银行或指定的银行才可发行银行券。在20世纪30年代以后，资本主义国家逐步推行由发币银行发行不兑现的纸币作为流通手段，银行券也就完成了其使命。但纸币与银行券的本质仍是相同的，它们都可以理解为银行与其持有人之间的一种债务关系。

马克思指出：“银行券无非是向银行家开出的、持票人随时可以兑现的、由银行家用来代替私人汇票的一种汇票。”由于银行券“事实上有国家的信用作为后盾”，它“在不同程度上是合法的支付手段”。因此，“银行家经营的是信用本身，而银行券不过是流通的信用符号”。③ 银行券的一部分是以黄金储备为基础的，如果超出这个基础而多发的银行券，就是纯粹的虚拟资本了。

在19世纪40年代，银行在进行商业汇票贴现时，通常不是用银行券，而是用一个银行向另一个银行开出的以21天为期的银行汇票；如果收款人想要银行券，只好把银行汇票再去贴现。由于银行汇票比商业汇票更容易贴现，因而很受客户的欢迎，一张银行汇票往往会经过20多人的手。对银行来说，这等于取得了“造币的特权。”对于这种特权，可以用这样的例子来说明：如果一个人无偿贷给我100镑，我把它贷给另一个人，并取得4%的年息；而如果某人愿意接受

---

① 马克思：《资本论》，第3卷，451页。

② 参见马克思：《资本论》，第3卷，461页。

③ 马克思：《资本论》，第3卷，454页。

银行汇票，并支付一定的利息，就像银行真的贷给他 100 镑一样。这就是说，银行凭着自己的信用可以不断地制造出一笔笔想象的贷款来。

虚拟资本的第二形态：代表资本所有权的各种公共有价证券。

1. 国债所代表的是“幻想的虚拟的资本”或“纯粹的虚拟资本”。马克思在对虚拟资本的形成原因进行分析时指出：“生息资本的形式造成这样的结果：每一个确定的和有规则的货币收入都表现为资本的利息，而不论这种收入是不是由资本生出。”[①] 因此，一切可以获得预期收入的源泉，无论是单纯的所有权证书还是像地产一样的现实的生产要素，都被纯粹幻想地看成为资本。

至于国债，是国家的借入资本，每年要付给自己的债权人以一定的利息，这里的利息来源于政府的税收。但是，这个资本本身已经由国家花费了，耗费了，它已不再存在。由于这种贷款本来不是作为资本耗费的，不是作为资本投入的，所以，不管国债反复交易多少次，它仍然是纯粹的虚拟资本。

2. 股票与债券的“资本价值也纯粹是幻想的”。股票和债券，是最狭义的有价证券，它们不像国债那样代表纯粹幻想的资本，它们代表着现实资本。即使是这样，这种债券的资本价值也纯粹是幻想的。例如，股份公司是信用制度创造的一种联合资本，股票只是这种资本的所有权证书。马克思指出：“这个资本不能有双重存在：一次是作为所有权证书即股票的资本价值。另一次是作为在这些企业中实际已经投入或将要投入的资本。它只存在于后一种形式，股票只是对这个资本所实现的剩余价值的相应部分的所有权证书。”[②] 可见，股票与企业债券的虚拟性的根源，在于资本形式的双重存在，有价证券只是现实资本的“纸制复本”，其本身的价值只是幻想的。

二、借贷货币资本积累与现实资本积累的一般关系

在发达的信用制度下，货币信用可以理解为银行信用；借贷货币资本的积累可以理解为银行资本的积累。而银行资本的大部分，又是由商业汇票、国债、股票和银行券等虚拟资本构成的。所以，研究银行的货币资本积累与现实资本的积累关系，也就是研究虚拟资本积累对现实资本积累的影响。在现实生活中，银行资本的积累既代表着现实资本的积累，也包括着与生产扩张无关的单纯的借贷货币资本的积累，因而其规模可按照不同于现实积累的方向进行。需要注意的是，有价证券是银行资本的投资领域，但其本身并不是借贷资本。例如，职能资本家

---

① 马克思：《资本论》，第 3 卷，526 页。

② 同上书，529 页。

拿汇票来贴现或申请贷款时，既不要股票，也不要国债券。

马克思指出，在考察信用制度要遇到的困难问题是：第一，货币资本的积累，在什么程度上是资本的现实积累的标志？生息资本的所谓过剩，是否与现实货币的过剩相一致呢？第二，借贷资本不足，又在什么程度上反映出现实资本的不足？这里，实际上涉及借贷货币资本的积累对社会再生产周期性的影响，也就是要从生息资本的角度考察经济危机问题。

（一）借贷货币资本的积累对现实资本积累的影响

1. 国债、股票的积累和现实资本的积累。如前所述，国债资本的积累不过是表明国家债权人阶级的增加，其积累与现实资本的积累毫无关系。股票与国债不同，它是现实资本的“纸制复本”。按照股票是一定名义价值的代表来说，它们的积累也带动生产规模的扩大。但是，股票价格的日常涨落和它们有权代表的现实资本的价值变动完全无关。

2. 商业信用的积累对再生产周期性的影响。商业信用和商业活动是密切相联的，这里的借贷资本和职能资本是同一个东西，即贷出的资本就是商品资本，而不是闲置资本。这就决定了商业信用与现实再生产的关系：只要再生产过程不断进行，从而资本回流确有保证，这种信用就会持续下去和扩大起来；一旦由于资金回流延迟，市场商品过剩，价格下降而出现停滞时，产业资本就会出现过剩，使得有大量的商品资本找不到销路，信用将会收缩。

3. 借贷货币资本积累与现实产业资本周期性运动的关系。银行信用虽然建立在商业信用基础之上，但它所贷放的不是商品资本，而是暂时闲置的货币资本。这样，银行信贷的增加，一般会增加生产过程中的货币，从而扩大生产规模。然而，借贷资本的增加，并不是每次都表示现实的资本积累或再生产过程的扩大。这种情况在危机过后的萧条阶段最为明显。这时的利率低微、借贷资本过剩，正是由于产业资本的萎缩造成的。

这里，马克思将产业周期分为“萧条—好转—高涨—危机”四个阶段，只是在“好转”和“高涨”两个阶段，“充裕的借贷资本才和产业资本的显著扩大结合在一起”。但是，“在产业周期的开端，低利息率和产业资本的收缩结合在一起，而在周期的末尾，则是高利息率和产业资本的过多结合在一起。”“因此，表现在利息率上的借贷资本的运动，和产业资本的运动，总的说来，是按相反的方向进行的。”①

另外一种情况是借贷资本缺乏和现实资本过剩，这是在“危机”阶段的现

① 马克思：《资本论》，第3卷，553页。

象。乍看起来，好像整个危机只表现为信用危机和货币危机，而且，问题集中表现为汇票难以兑现为现金。“但是这种汇票多数是代表现实买卖的，而这种现实买卖的扩大远远超过社会需要的限度这一事实，归根到底是整个危机的基础。”①因此，资本主义经济危机是由生产过剩，而不是由货币资本不足造成的。

（二）货币资本积累的量必然总是大于现实资本积累的量

借贷货币资本的积累不同于现实资本的积累。借贷货币资本的积累，只是部分来源于再生产的量。此外，货币资本的积累还有以下几种特殊来源：由于生产要素价格下降而游离出来的货币；某些商人由于营业中断而游离出来的货币；一些发了财的资本家积累了一定货币；货币资本的积累还会来自地租、工资等。“因此，从这方面看，货币资本的积累所反映的资本积累，必然总是比现实存在的资本积累更大。”②

在发达的资本主义社会，虽然货币会在很大程度上为信用经营和信用货币所代替，但在信用收缩或完全停止的紧迫时期，现实货币将会突然作为唯一的支付手段和真正的价值存在，绝对地和商品相对立。信用紧缩和信用货币的贬值，表明大量商品难以转化为现实货币，商品生产已经超过有支付能力的需求。“这种现象在资本主义生产中是不可避免的，并且是它的妙处之一。在以前的生产方式中没有这种现象，因为在它们借以运动的那种狭隘的基础上，信用和信用货币都还没有得到发展。一旦劳动的社会性质表现为商品的货币存在，从而表现为一个处于现实生产之外的东西，独立的货币危机或作为现实危机尖锐化的货币危机，就是不可避免的。”③

三、马克思虚拟资本理论的现实意义

近一个世纪以来，金融市场不断扩展，金融制度不断创新，金融衍生物层出不穷。与此相适应，现代的货币理论和货币政策的研究，也得到了长足的进步。但是，这并不能否定马克思主义虚拟资本理论的重要理论价值和现实意义，并不能否定它对我国的金融市场发展和金融政策实施具有重要的指导作用。

（一）虚拟资本理论深刻揭示了金融资产所特有的虚拟性质

如前所述，马克思金融理论的重要贡献之一，就是在充分肯定信用制度和股份公司对社会经济发展的巨大推动作用的同时，深刻揭示了金融资产中的大部分

---

① 马克思：《资本论》，第3卷，555页。

② 同上书，572～573页。

③ 同上书，585页。

具有虚拟资本的性质，而在现代西方的金融理论中，这方面研究却显得非常薄弱。

在现代西方的货币理论中，虽然已经科学地分析了银行创造存款的功能，并提出了“货币创造乘数”，但这一理论分析的基础是货币数量论。由于这一理论没有把金属货币与纸币区分开来，不承认货币具有价值尺度的职能，因而它的贡献只是局限于在对货币数量的分析上，它对货币流通规律的表述只是停留在表面的层次上。而且，现代西方的货币理论没有对银行汇票与商业汇票的这些货币替代物进行深入的研究，没有认识到金融制度除了可以“创造存款”外，还具有“创造资本”即创造虚拟资本的功能。这样，他们就不能深刻理解“商业货币”和“信用货币”的本质，也就不能准确描述现实的货币流通规律。

现代货币主义的代表弗里德曼在谈到货币需求函数时，更是简单地将货币与股票、债券、资本品及劳动能力合在一起，统称为“总财富”，认为货币的需求量取决于各种财富的分割与替代。这样，不仅违反了货币流通依存于商品流通的一般规律，错误地将货币的需求描述为由财富的持有方式来决定，还抹杀了货币、现实资本、虚拟资本和劳动能力之间的区别。现代货币理论的这些缺陷，使得其货币政策在实施过程中显现出极大的局限性。

现在，也有少数西方学者认识到了金融资产的这种虚拟性，并将其称为“符号经济”。据美国经济学与管理学大师彼德·德鲁克的统计分析，在20世纪80年代，每年世界贸易额约为2.5万亿美元，而世界金融机构互相借贷的数额和股票交易额分别为75万亿和35万亿美元左右，至少25倍和10倍于世界贸易额。他认为，由资本的运动、外汇率和信用流通所构成的“符号经济”，已经“取代实体经济成为世界经济的飞轮，这是一个最为醒目而又难以理解的变化。”[①] 这里的“符号经济”主要指银行信用和有价证券，与虚拟资本的内涵十分相近。这些统计资料说明，和马克思那个时代相比，虚拟资本的规模已然得到了空前的扩张，它可以几十倍于现实资本，因而研究虚拟资本理论有着明显的现实意义。

（二）虚拟资本理论深刻揭示了经济周期性与金融危机的根源

马克思在研究虚拟资本与现实资本的关系时，重点分析两个问题：虚拟资本的积累与现实资本积累的关系；虚拟资本的扩张与收缩对产业周期性的影响。马克思认为，由于货币资本积累并非完全来源于生产的扩大，它的积累必然总是比现实存在的资本积累更大，就总会在周期的一定阶段出现货币资本的过剩和膨胀。而且，这些货币资本还会通过信用制度得到成倍的扩张，即出现一定规模的

---

① （美）彼德·德鲁克：《管理的前沿》，38页，北京，企业管理出版社，1988。

虚拟资本和经济泡沫。所以，“这个货币资本的相当大的一部分也必然只是虚拟的，也就是说，完全像价值符号一样，只是对价值的权利证书。”“因此，同一数额的现实货币，可以代表数额极不相同的货币资本。”[①] 马克思指出，资本主义经济危机的本质是生产过剩的危机，但虚拟资本的过度膨胀和信用链条的破裂，则是经济危机爆发的直接导火索。

相比之下，现代西方经济学对经济周期性的研究虽然取得了重大的成果，但其内在的理论缺陷也是明显的。凯恩斯开创了居民心理分析的先河，将经济衰退归结为“三个心理因素”所造成的有效需求不足，并提出了“逆风向而动”的宏观调控政策。然而，凯恩斯理论除了缺乏微观基础、缺乏对供给因素的分析等缺陷之外，他也未能将金融投资与实体投资，即货币资本积累与实体资本积累区分开。他所提出的“储蓄＝投资”的产品市场均衡条件，就忽略了金融投资在抬高股市和产生金融衍生物的同时，也会使大量货币从产品市场“渗漏”，造成实体投资不足。例如，20 世纪 90 年代，美国股市连续上涨，道琼斯股价指数平均每年上涨 20％以上，而同时期的 GDP 每年只上涨 2.8％。虚拟资本的过度扩张，在促成了美国经济繁荣的同时，也为后来的经济衰退埋伏下了隐患。

弗里德曼的现代货币理论，提出了“自然率”假说，反对政府干预，将经济的波动完全归结为政府错误的货币政策，并提出了控制货币供给量的“单一货币规则”的货币政策。弗里德曼的理论强调了货币政策的重要性，激发了人们对货币理论的研究，其政策主张也为许多国家政府所采纳。但是，货币主义的理论也有明显的不足：一是货币的流通速度并不是稳定的，而是呈下降的趋势，并且它会与经济周期的变动成正相关的联动；二是金融衍生物不断的创新与发展，造成越来越多的货币向资本市场“渗出”，这使得“单一货币规则”的货币政策难以奏效。例如，美国里根政府曾实行了货币主义政策，但造成了利率高攀、效果不佳，美联储从 1986 年起已取消了对货币供应量的严格控制。

（三）虚拟资本理论深刻揭示了货币流通与利率变动的内在规律

银行信用和证券市场的发展，对商品价格、货币流通和利息率有什么影响，这是一个非常复杂的问题。在 19 世纪中叶，以英格兰银行董事诺曼和奥维尔斯顿为代表的“流通原理派”，坚持货币数量论观点，认为货币的增长会引起商品价格的增长。他们还把这种观点推广到银行券上，要求按银行贵金属储量来严格控制银行券的发行。他们的主张被写进了 1844 年通过的银行法，奥维尔斯顿也是该法案的实际起草人。但严格控制银行券的做法造成货币短缺、利率高抬，加重

① 马克思：《资本论》，第 3 卷，576～577 页。

了经济危机的程度，该项法规不得不很快停止执行。

马克思对“流通原理派”的批判，实际上是与银行界的这些“巨星”、“台柱”们进行论战，因而这些论述具有深刻的理论意义和实践意义。马克思的观点主要是：（1）流通中所需的货币数量，包括作为“信用货币”的银行券数量，应由商品价格总额与货币流通速度等因素所决定，而不应由库存的贵金属数量来决定。（2）“流通原理派”认为，由于严格控制银行券发行造成的高利率由“资本价值”决定的，这是错误的。因为“资本价值”一般就解释为利率，这就等于是说“利率由利率来决定”。实际上利率应由货币的供求关系决定。（3）“流通原理派”还认为，票据贴现可以使资本家获得新资本，这种观点也是错误的。因为，如果以有价证券作抵押进行贷款，那么职能资本家的总资本并没有增加，他们缺少的不是资本而是货币，实际上“这里是货币的贷放，而不是资本的贷放”。①

总之，“流通原理派”将银行信用同货币等同起来，又将货币与资本等同起来，并在此基础之上来谈论银行信用与利率的关系，是不正确的。在现代货币理论中也存在类似的问题，如忽视金属货币与纸币的区别，不承认货币作为价值尺度的职能；把货币流通从属于商品流通的关系曲解为商品流通从属于货币流通；将货币流通与资本流通、实体资本积累与虚拟资本积累混同起来，等等。

（四）虚拟资本理论对我国执行货币政策的启示

我国已经建立起社会主义市场经济体制，由于缺少相应的理论和实践经验，在实行宏观货币政策时主要借鉴了西方的金融理论。但是，我们也不应忽略马克思金融理论中的科学成果，并以此来弥补西方金融理论的缺陷。

例如，随着我国经济体制改革的发展，居民和企业支配的资金越来越多，现今城乡居民储蓄已突破了11万亿元人民币，是改革前的50多倍。这种货币资本积累比实体资本积累的更快增长，是促成我国居民储蓄与金融投资快速发展的现实基础。而在我国金融行业和资本市场迅速发展的过程中，既要看到金融行业发展对经济体制改革和经济发展的巨大促进作用，也应看到金融活动所具有的虚拟性质。特别是要慎重对待金融信托、商品期货、股票期权和股价指数期货等金融衍生物的发展，不要急于求成，要防止和及时化解金融泡沫和金融风险。

长期以来，我国一直把控制贷款规模作为宏观货币政策的主要“法宝”，银行的存贷款利率没有完全市场化。这是与我国国有经济体制中存在“投资预算约束软化”、“投资饥渴症”的问题相适应的。但是，随着我国所有制结构的调整和投资主体的多元化发展，特别是商业银行股份制改革的深化，这种管理模式已经

---

① 参见马克思：《资本论》，第3卷，485页。

难以再维持下去。今后应当以调控货币投放量和调节中央银行的基准利率为货币政策的主要目标，银行存贷款利率应当尽快放开，由商业银行根据市场供求状况自主决定。

我国在确定货币发行量合理规模时，有一个传统的理念，即认为货币发行的增长速度应等于经济增长速度加上通货膨胀率之和，如果超过了这个规模就是货币投放过多了。其实这个“定式”是很不全面的，它起码忽略了三个重要因素：一是货币的流通速度问题，如马克思所述货币流通速度在经济周期的不同阶段会发生或快或慢的变动；二是信用制度对货币数量的影响，由于我国信用制度的滞后，“商业货币”和“信用货币”对货币的替代作用小，因而会降低货币流通速度和加大对货币的需求量；三是证券市场对货币的“渗漏”作用，我国资本市场正在快速发展，目前股票的流通市值已达到 1.5 万亿元左右，滞留在资本市场的资金将近 1 万亿人民币，外汇储备也有5 000多亿美元，也要相应增发数万亿的人民币。因此，只参照经济增长和通货膨胀率来确定货币发行量，就不能很好适应当前金融市场发展的要求。

第六章

现代公司的组织机构设置

公司的组织机构，是指体现公司的组织意志，从事经营和管理职能的机构。按照公司决策权、执行权和监督权三权分立的原则，公司的组织机构一般由权力机构（股东会）、执行机构（董事会）、监督机构（监事会）三部分组成。本章将研究我国公司权力机构设置的具体安排，及其存在的特点和值得探讨的问题。

第一节　现代公司的组织机构设置概述

一、公司的组织机构实行“三权分立”原则

公司的组织机构，是指体现公司的组织意志，从事经营和管理职能的机构。按照公司决策权、执行权和监督权三权分立的原则，公司的组织机构一般由权力机构、执行机构和监督机构三部分组成。这里所说的公司组织机构，同公司的机关或部门不同，后者是公司对内管理公司事务、对外代表公司进行业务活动的机构，如公司的财务部、公关部、技术开发部、人事部等。

公司机构采取三权分立的原则，是由公司的“公众公司”的性质所决定的。由于公司（特别是股份有限公司）有众多的投资者，因此，公司的组织设置必须

遵循如下宗旨：（1）充分反映全体股东的意志，体现民主管理原则；（2）提高资本的经营效益，实行两权分离原则，提高资本的经营效益；（3）最大限度地保护股东的权益，加强对经营者的监督。依照上述宗旨，股份公司在长期的发展过程中，逐步构建起三权分立的组织机构。这种权力机构的设置，同民主的政治制度的三权分立体制，在原则上和制度安排上都有相似之处。

1. 公司的权力机构——股东会。公司的权力机构是决定公司重大事务的决策机构，一般是股东会。《公司法》第37条规定，有限责任公司股东会由全体股东组成，股东会是公司的权力机构。第66条规定，国有独资公司不设股东会，由国家授权投资的机构或者国家授权的部门，授权公司董事会行使股东会的职权。第102条规定，股份有限公司由股东组成股东大会。股东大会是公司的权力机构。

根据《公司法》，公司的一切重大事务，如公司重大经营决策、通过和修改公司章程、选举董事会和监事会成员、审批公司报告、公司的改组和终止清算等等，都要由股东会表决通过。股东会表决时，实行"一股一票"的原则。

2. 公司的执行机构——董事会。公司的执行机构是负责贯彻执行公司权力机构通过的决议，具体管理公司的日常活动的机构，包括董事会和经理。我国《公司法》规定，有限责任公司和股份有限公司必须设立董事会，董事会要对股东会负责。《公司法》还规定，有限责任公司和股份有限公司必须设立经理一职，因此，经理不仅是一种职务，也是一个机构。经理由董事会聘任，负责公司的日常经营管理活动。

3. 公司的监督机构——监事会。公司的监督机构是监事会或监察人，是代表股东对公司执行机构的活动进行监督的机构。有些国家的公司法没有规定必须设立监事会，如美国的标准公司法，这样的公司结构称为"一元结构"，公司法规定必须设立监事会的称为"二元结构"。我国《公司法》规定，有限责任公司一般要设监事会，小的公司可以不设监事会，但要有监事人；股份有限公司则必须设立监事会。

二、正确处理"新三会"与"老三会"的关系

我国的《公司法》针对我国国有企业进行股份制改革的现实情况，对公司的组织机构还作了一些特殊的规定，明确了工会、职工代表大会和中国共产党基层组织在公司中的地位。

新《公司法》第18条规定：公司职工依照《中华人民共和国工会法》组织职工工会，开展工会活动，维护职工的合法权益。公司应当为本公司工会提供必

要的活动条件。公司工会代表职工就职工的劳动报酬、工作时间、福利、保险和劳动安全卫生等事项依法与公司签订集体合同。公司依照宪法和有关法律的规定，通过职工代表大会和其他形式，实行民主管理。公司研究决定改制以及经营方面的重大问题、制定重要的规章制度时，应当听取公司工会的意见，并通过职工代表大会或者其他形式听取职工的意见和建议。

与原《公司法》相比，新《公司法》对工会和职代会的组织依据和权利范围的规定，要明确多了。特别是提出了职代会只是实行民主管理的一种方式，而并不是一些企业必须设立的组织形式，这点应值得注意。

新《公司法》第19条规定：在公司中，根据中国共产党章程的规定，设立中国共产党的组织，开展党的活动。公司应当为党组织的活动提供必要条件。

这样，就出现了如何处理好“新三会”与“老三会”的关系问题。所谓“新三会”是指股东会、董事会和执委会（或经理），这是世界各国的公司制度中都具有的公司治理机关；而“老三会”指的是党委会、工会、职代会，除了工会是国外企业所共有的外，党委会和职代会则是中国特有的组织。新、老“三会”的关系处理不好，不仅会造成机构臃肿，还会造成互相扯皮、影响效率。

党的十五届四中全会《中共中央关于国有企业改革和发展若干重大问题的决定》指出，坚持党的领导，发挥国有企业党组织的政治核心作用，是一项重大原则，任何时候都不能动摇。企业党组织的政治核心作用主要体现在：保证、监督党和国家方针政策的贯彻执行；参与企业重大决策，支持股东会、董事会、监事会和经理（厂长）依法行使职权；全心全意依靠职工群众；领导企业思想政治工作和精神文明工作；加强党组织自身建设。《决定》还指出，要发挥工会和职工代表大会在民主决策、民主管理、民主监督中的作用。

由此可见，“老三会”的职责主要是起政治核心、民主管理和监督的作用，这与“新三会”的职能是明显不同的，因而可以将它们很好地结合起来。《决定》中特别规定：“国有独资和国有控股公司的党委负责人可以通过法定程序进入董事会、监事会，董事会和监事会都要有职工代表参加；董事会、监事会、经理阶层及工会中的党员负责人，可依照党章及有关规定进入党委会；党委书记和董事长可由一人担任，董事长、总经理原则上分设。充分发挥董事会对重大问题统一决策、监事会有效监督的作用。党组织按照党章、工会和职代会按照有关法律法规履行职责。”这样，就可以较好地解决“老三会”与“新三会”，特别是董事会与党委会之间的矛盾，变“分力”为“合力”，理顺劳动关系，依法平等协商，充分发挥职工的积极性，建立起有中国特色的、高效有序的现代企业制度。

第二节　股份有限公司的股东大会

一、股东的资格及权利

（一）股东的含义及资格

股东（shareholder 或 stockholder）是公司股份的持有人，也就是公司资本的出资人、所有者。投资者可以通过直接认购公司发行的股份，也可以通过在证券市场上购买公司股票而成为公司的股东。股东依照公司法和公司章程享受股东权益，并承担相应的义务。

股东的资格在一般情况下没有限制。我国《公司法》规定，自然人、法人、国家都可以依法成为股份有限公司的股东。但也有些特殊的限制需要说明：（1）发起人股东如果是自然人，他必须具有完全的民事行为能力，无行为能力和限制行为能力的未成年人和精神病人不得作为发起人；（2）非法人团体和在民政部门注册的社团法人，不能成为股份有限公司的股东；（3）公司不得持有本公司的股份；（4）外国人和大陆境外华人购买境内公司的股份有特殊的规定，如对 A 股和 B 股持有人所做的特别规定。

（二）股东的权利与义务

对于股东权益的性质，理论上有不同的看法。一是集合体说，认为股东权是集合了物权、债权、知识产权和其他各种权利及义务的集合体；二是社员权说，认为股东之间类似于社员关系，对公司共同所有并承担义务，社员权属于单一的所有权；三是新债权说，认为随着股权的分散化，绝大多数股东购买股份只是为了取得利益分配权。

产权经济学家阿尔奇安（Alchian），通过所有权与控制权，将股东的权利与经营者的权利区分开来。他认为，当企业专用资源决策权与这些资源的市场价值实现结果的自愿分离，附加到股份的可转让性上时，就可以使从事管理活动但不必承担经营风险的经理阶层出现。这样，产权要素所具有的自愿的可分割性和可转让性，可以实现两种有益的专业化：“（1）行使有关资源使用的决策权；（2）承担市场或交换价值实现的结果。前者往往被称为‘控制权’，后者则被称为‘所有权’。”[①] 我国现行文件将股东权解释为“出资者所有权”，这同上述观点基本是一致的。

---

① 《新帕尔格雷夫经济学大辞典》，中文版，第 3 卷，1102 页。

股东的具体权利包括：(1) 出席股东大会并行使表决权；(2) 对公司股份的转让权；(3) 公司利润的分配请求权；(4) 公司终止后对公司剩余财产的分配权；(5) 对公司账目和股东大会决议的审查权；(6) 对公司的质询权。股东的义务包括：遵守公司章程、缴纳股款、对公司债务负有限责任，等等。

二、股份有限公司的股东大会

(一) 股东大会的性质和类型

股东大会 (meeting of shareholders) 是由股份有限公司全体股东组成的、决定公司经营管理重大事项的最高权力机构。股东大会的性质可以从两个方面理解：(1) 它是公司的最高权力机构，公司的一切重大事项都必须由股东大会作出决议方可执行，董事会和监事会要对股东大会负责；(2) 股东大会只是股东或公司意向决策的场所，而不是公司经营管理的机构，它对外不能代表公司签订协议，对内不能管理公司的生产经营活动。

股东大会分为股东年会和股东临时会。股东年会 (annual meeting) 也称股东常会，是按公司法的规定于每一个会计年度终结后召开的股东大会。它每年召开一次，可以对股东大会所享有的各项职权进行表决。

股东临时会 (extraordinary meeting)，即在公司认为必要时临时召集的股东会议。股东临时会因其召集的根据不同，有强制召开和任意召开之分。强制召开是由法律规定必须召开的股东会议，如董事人数不足 2/3，或者公司累计未弥补亏损达股本的 1/3 时。任意召开的股东临时会议通常由董事会、监事会或者有符合法定数量投票权的股东（我国规定为 10%以上）要求召开。股东临时会只能按会议通知的内容进行决议。

(二) 股东大会的职权

根据新《公司法》第 38 条和第 100 条的规定，股东大会行使下列职权：

(1) 决定公司的经营方针和投资计划；

(2) 选举和更换非由职工代表担任的董事、监事，决定有关董事、监事的报酬事项；

(3) 审议批准董事会的报告；

(4) 审议批准监事会或监事的报告；

(5) 审议批准公司的年度财务预算方案、决算方案；

(6) 审议批准公司的利润分配方案和弥补亏损方案；

(7) 对公司增加或者减少注册资本做出决议；

(8) 对发行公司债券做出决议；

(9) 对公司合并、分立、解散、清算或者变更公司形式做出决议；

(11) 修改公司章程；

(12) 公司章程规定的其他职权。

(三) 股东大会的召集

股东大会的召集权属于董事会。董事会在决定召集股东大会时，必须将会议审议的事项于会议召开前 20 日以前、临时股东会应于 15 日以前通知各股东。召开股东年会的通知，必须对会议议程做出详细的说明，使股东能够决定是否出席会议。对于改选董事会和监事会成员、修改公司章程、公司解散或合并等事项，通知应特别加以说明。召开股东临时会的通知，应载明召集的事由，股东临时会不能对未列明的事项做出决议。

按照公司法，所有的股东都有出席股东大会并进行表决的权利；不能或不想参加股东会议的股东，可以出具书面委托书，由其他股东代表行使权力。股东表决时，采取“一股一票”的原则。为了防止大股东对公司的控制，有些国家允许对大股东的股份表决权做出限制性的规定。同时，在选举董事会和监事会成员时，允许采取“累积投票制”，即将股东的投票权与候选人人数相乘，然后投给一名候选人，这样有利于保护中小股东的利益。《公司法》第 106 条指出：“本法所称累积投票制，是指股东大会选举董事或者监事时，每一股份拥有与应选董事或者监事人数相同的表决权，股东拥有的表决权可以集中使用。”

股东大会决议可分为普通决议和特别决议。普通决议以简单多数（参加会议有效投票权的 1/2 以上）通过；特别决议应为绝对多数（投票权的 2/3 或 3/4 以上）通过。我国《公司法》第 104 条规定：“股东大会做出决议，必须经出席会议的股东所持表决权的半数以上通过。但是，股东大会做出修改公司章程、增加或者减少注册资本的决议，以及公司合并、分立、解散或者变更公司形式的决议，必须经出席会议的股东所持表决权的三分之二以上通过。”

第三节　股份有限公司的董事会和经理

一、董事的法律地位与责任

(一) 董事的法律地位

董事（director）是公司董事会的成员，是担负公司业务决策和行使管理权的人员。董事通常由股东大会选举产生，任期 3 年。董事可由公司内部职员担任，称内部董事，也可由公司外部人员担任，称外部董事；董事如果兼任公司要职，称执行董事，其他董事为非执行董事。现实中，由于内部董事绝大部分都担任公司要职，所以，内部董事与执行董事的概念相当。近些年来，美英等国又盛行“独立董事”，他们由与公司没有任何重要关系的金融、法律、商界的资深人士担任。设立独立董事的目的，是使董事会能更好地代表全体股东的利益。

对董事的法律地位主要有两种看法：（1）董事及董事会是公司的代理人。因为公司作为由全体股东组成的法人，其本身不能进行经营活动，只能通过董事代理进行。董事与公司的关系，适合于委托代理关系的一般规定：由股东大会做出公司的重大决策，然后交给董事会具体落实。董事对在自己职权范围内代表公司签订的各种合同或协议负责实施，而不必对其后果承担个人责任。（2）董事是公司财产的受托人。受托人是指被授予一项有合法所有权的财产、并为他人利益而管理该项财产的人。董事及董事会实际上担负着公司的资产运作和经营管理的责任，股东大会只是对董事会拟好的决议草案进行表决通过而已。这同一般的代理合同关系有着本质的区别，所以，董事及董事会是所有股东的受托人，即公司的受托人。

以上两种观点都有一定的道理，但也都有一定的缺陷。一般说来，对于股权比较集中、股东会对公司经营活动控制力较强的公司，如我国的国家控股公司，可以理解为代理关系；而对于像美国的一些股权非常分散的股份公司而言，股东大会的控制力比较弱，董事会和经理的权力较大，就可以理解为一种受托关系。但是，无论是代理关系还是受托关系，都没有法律上要求的代理或受托协议书，只能说实际上类似于这种关系。在经济学著作中，人们大多将董事会同公司的关系理解为一种受托代理关系，这基本上已经成为共识。

（二）设立独立董事的制度

关于董事的资格，在其身份、年龄、国籍等方面一般没有过多的限制。例如，股东和非股东都可以担任董事，因为股东担任董事固然可以使他与公司的利益息息相关，但股东并不一定具备管理者的才能。又如，董事可以是公司内部人，也可以是外部人，内部董事固然熟知公司的经营状况，但对金融、法律及经济政策又并不一定熟悉。因此，公司在聘任董事时，可以广招人才，以提高决策水平。

在历史上，公司的董事主要由公司内部人士组成，这些人通常在公司各管理部门担任要职。但最近 20 年来，美国上市公司开始更多地借助外部董事和独立董事参与公司决策，这种做法被许多学者视为现代公司制度的新特点之一。据世界经济合作组织（OECD）1999 年的调查，外部董事占董事会成员的比例，美国为 62%，英国为 34%，法国为 29%。独立董事主要是来自银行、法律、财务和商务等方面的专家。独立董事是与公司无任何实质性联系、不受经营者控制的外部董事。独立董事的任职条件相当苛刻。美国证券交易委员会（SEC）规定，独立董事不得与公司有任何“重要关系”，这种重要关系甚至包括他与过去两年内担任过公司法律顾问的律师事务所的职业关系。独立董事除履行董事的一般职责外，还应确保董事会的决定能维护所有股东的利益，而非特定部分股东的利益。

在我国的绝大多数上市公司中，存在着严重的控股股东控制公司的现象。大股东在公司治理结构中居于绝对的控制地位，公司决策权完全掌握在控股股东手里，董事会实际上听命于控股股东，不能代表全体股东的利益。这也正是我国上市公司中屡次出现激烈的控股权之争的根本原因所在。

我国原《公司法》关于股份有限公司中设立董事会和董事的条款中，没有设立独立董事的规定。2001 年，证监会发布规定，要求在 2003 年 6 月 30 日前，上市公司董事会成员中至少包括三分之一的独立董事，独立董事的主要职责是保护中小股东的利益，对董事会独立监督。但事实上，独立董事在很多公司难以独立。在目前我国公司股权非常集中的前提下，独立董事是由董事会选出，但他代表的却是中小股东的利益，这样的定位就决定了独立董事的尴尬处境，在“权利很小，责任很大”的背后，又没有完善的诉讼条件和法律保障，使得独立董事独立监督的风险太大，没有动力和勇气来指责大股东的违规行为。乐山电力公司独立董事提议年报财务调查，伊利股份独立董事俞伯伟对公司国债投资的质疑，最终都没有得到结果。

新的《公司法》明确规定，上市公司董事会成员应有三分之一以上的独立董事，并对担任“独董”人的资格作了规定，与公司有利害关系、可能妨碍对公司事务进行独立客观判断的，不得担任独立董事。同时，草案授予独立董事两项权利：其一，对公司关联交易、聘用或者解聘会计师事务所等重大事项进行审核并发表独立意见，上述事项经二分之一以上独立董事同意后方可提交董事会讨论；其二，就上市公司董事、经理及其他高级管理人员的提名、任免、薪酬、考核事项及其认为可能损害中小股东权益的事项发表独立意见。这样，有了明确的规定，独立董事能大胆开展工作，有利于中小股东权益的保护，还应制定出具体保障独立董事行使独立发表意见权的措施。

（三）董事的资格、义务和报酬

无论董事会应如何组成，但各国的公司法对董事的经营管理能力和个人品德还是非常重视的。我国新的《公司法》新增了第 6 章——公司董事、监事、高级管理人员的资格和义务。其中，第 107 条规定具有下列情形之一的，不能担任公司的董事、监事、高级管理人员：

（1）无民事行为能力或者限制民事行为能力；

（2）因贪污、贿赂、侵占财产、挪用财产或者破坏社会主义市场经济秩序，被判处刑罚，执行期满未逾五年的，或者因犯罪被剥夺政治权利，执行期满未逾五年；

（3）担任因破产清算的公司、企业的董事或者厂长、经理，对该公司、企业破产负有个人责任的，自该公司、企业破产清算之日起未逾三年；

（4）担任因违法被吊销营业执照、责令关闭公司、企业的法定代表人，并负有个人责任的，自该公司、企业被吊销营业执照之日起未逾三年；

（5）个人所负数额较大的债务到期未清偿。

上述规定选举、委派董事、监事或者聘任高级管理人员的，该选举、委派或者聘任无效。如果公司上述人员在任职期间出现这些问题，公司应当解除其职务。

《公司法》的第 148 条、149 条还对规定公司的董事、高级管理人员的义务和行为做出明确规定和限定。

《公司法》规定，董事、监事、高级管理人员应当遵守法律、行政法规和公司章程，对公司负有忠实义务和勤勉义务，并不得利用职权收受贿赂或者其他非法收入，不得侵占公司的财产。

董事、高级管理人员不得有下列行为：

（1）挪用公司资金；

（2）将公司资金以其个人名义或者以其他个人名义开立账户存款；

（3）违反公司章程的规定，未经股东会、股东大会或者董事会同意，将公司资金借贷给他人或者以公司财产为他人提供担保；

（4）违反公司章程的规定或者未经股东会、股东大会同意，与本公司订立合同或者进行交易；

（5）未经股东会或股东大会同意，利用职务便利为自己或者他人谋取属于公司的商业机会，自营或者为他人经营与所任公司同类的业务；

（6）接受他人与公司交易的佣金归为己有；

（7）擅自披露公司秘密；

（8）违反对公司忠实义务的其他行为。

董事、高级管理人员违反上述规定所得的收入应当归公司所有。

公司董事责任繁重，应当给予相当的报酬。按我国《公司法》规定，董事的报酬应由股东大会决定。也就是说，股东大会应根据每个董事的业绩和在董事会中担负的职责确定其报酬。在美国，董事的报酬是内外有别的。对于公司的外部董事，公司每年要支付一定的报酬或年薪，而且每一次召开董事会还要支付一定的津贴；而对于在本公司任职又兼任董事的经营管理人员，则一律没有额外报酬和津贴。

（四）董事的权限与责任

董事的权限取决于董事会的职权，具体包括决策权、经营权等。董事会的决议要由董事共同表决决定，所以，董事（包括董事长）以个人身份行使职权的机会极少。

董事的责任包括两个方面：（1）董事对公司的责任。董事作为公司的经营管理人员，必须遵守公司章程，重视履行义务，保守公司秘密，切实维护公司的利益。董事如果不遵守法律法规、公司章程或股东大会决议，或者超越职权范围，给公司财产造成损失的，应当承担相应的责任；构成犯罪的，要依法追究刑事责任。（2）董事对第三人的责任。董事不仅要对公司负责，也要对公司股东和债权人负责。董事对公司业务的执行，如果违反法律法规和公司章程，致使公司股东和债权人的利益受到损害时，应当依法赔偿。

这两方面的责任常常是难以分开的，董事会的失职在给公司带来损害的同时，往往也会给股东和债权人带来损失。但从法律诉讼程序看，二者是明显不同的。当董事会与第三人发生纠纷时，诉讼的双方是第三人与董事会；当董事会与公司发生纠纷时，法律上允许监事会或持有一定比例股份的股东代表公司对董事会提出诉讼。

二、董事会的地位与职权

（一）董事会的性质与地位

董事会（board of director）由公司股东大会选举的全体董事组成，是以公司的名义进行经营决策和业务执行的常设机构。各国公司法都规定，股东大会是公司的最高权力机构，但股东大会的决议只有通过董事会才能执行。同时，董事会要代表股东的利益，聘任公司的经理，并监督其负责公司日常经营管理活动的行为。董事会的性质和地位的确立，是公司法人制度的具体体现，它有效地解决了资本社会化与经营管理集权化的矛盾，提高了资本的运营效率。

自20世纪60年代以来，出现了董事会职权扩大的倾向。西方许多国家公司法都出现了削弱股东大会或经理人员的权限，加强董事会权限的趋势，这是加强公司管理，追求更高利润的需要。例如，美国《标准公司法》第35条规定：除本法令或公司法另有规定外，公司的一切权力都应由董事会行使或由董事会授权行使，公司的一切业务活动和事务都应在董事会的指示下进行。德国法律授予董事会以“专属权限”，无论是公司章程还是股东大会决议，都不能限制董事会的专属权限。英国公司法规定：凡依照公司章程的规定属于董事会权限范围的事宜，董事会可不受股东大会决议的约束，股东大会的决议不能推翻董事会在其权限范围内作出的决定。

（二）董事会的组成与职权

我国《公司法》规定，股份有限公司的董事会应由 5～19 人组成，董事会设董事长 1 人，由全体董事出席的董事会以过半数选举产生。

董事长（chairman of board）是公司的法定代表人，对外可代表公司开展业务活动，对内是股东大会和董事会的主席。董事长的职权是：（1）主持股东大会和召集、主持董事会会议；（2）检查董事会决议的实施情况，并向董事会提出报告；（3）签署公司股票、公司债券和职权范围内的文件。公司可设副董事长 1 名～2 名，副董事长协助董事长工作，在董事长不能履行职权时，由董事长指定的副董事长代行其职权。

我国《公司法》第 47 条和第 110 条规定，董事会对股东大会负责，行使下列职权：（1）召集股东大会，并向股东大会报告工作；（2）执行股东大会的决议；（3）决定公司的经营计划和投资方案；（4）制定公司的年度财务预算方案、决算方案；（5）制定公司的利润分配方案和弥补亏损方案；（6）制定公司增加或者减少注册资本的方案以及发行公司债券的方案；（7）拟订公司合并、分立、解散或者变更公司形式的方案；（8）决定公司内部管理机构的设置；（9）决定聘任或者解聘公司经理及其报酬事项，并根据经理的提名，决定聘任或者解聘公司副经理、财务负责人及其报酬事项；（10）制定公司的基本管理制度；（11）公司章程的其他职权。

（三）董事会的召集与决议

董事会的召集人原则上是董事长，但每届董事会第一次会议应由股东大会中得票最多的董事召集。董事会每年度至少召开两次会议。召集董事会，应在会议召开前 10 日以前向各董事发出通知，通知中应载明召集事由。但遇到紧急情况，可不经上述程序，随时召集。通知方式可由公司章程规定。

所有董事都应参加董事会会议，如果董事因故不能出席，可以书面委托其他董事代为出席董事会，委托书中应载明授权范围，以明确责任。董事会实行“一人一票”原则，董事会决议不再分普通决议和特别决议。我国《公司法》第 112 条规定，董事会会议应由 1/2 以上的董事出席方可举行，董事会做出决议，必须经全体董事的过半数通过。

董事会会议应当对会议所议事项的决定做记录，出席会议的董事在会议记录上签名。董事应当对董事会的决议承担责任。董事会的决议违反法律、行政法规或者公司章程，致使公司遭受严重损失的，参与决议的董事对公司负赔偿责任。但经证明在表决时曾表示异议并记载于会议记录中的，该董事可以免除责任。

（四）我国《公司法》中董事会设置的特点

在我国的公司权力机构的设置中，董事长实际上处于权力金字塔的顶端。这是因为，按《公司法》规定，董事长是公司的法定代表人，是唯一对外代表公司的高级管理人员，其他任何人或机构必须得到董事长授权后才能代表公司。在公司的现实运行过程中，董事会在闭会期间，一般还由董事长代行公司董事会的部分职权。所以，在我国的公司管理制度中，董事长拥有凌驾于其他董事之上的极高地位。

在西方国家，普通董事与董事长之间只有职责分工上的差别，而无地位高低之分。在英美公司法中，董事长更像是董事会主席或会议召集人，除德国在个别情况下赋予董事长以两票表决权外，其他国家都规定，每个董事都只有同等的表决权，都拥有同等的对外代表权。实际上，董事会总是以集体的名义作出决策的，以董事或董事长个人身份参与对外活动的情况是极为罕见的。这就是说，西方国家的董事会的运作，特别强调了这样一个理念，即内部民主与对外集权的统一。这是我国在公司理论研究中特别应当注意的一个问题。

三、经理的地位与职权

经理（manager）是具体掌管和处理公司事务，对外可以在董事会授权范围内代表公司进行商务活动的业务执行机构。经理对董事会负责。在其他国家，也有公司最高管理人员成为总裁、首席执行官（CEO）的。我国《公司法》规定，股份有限公司须设立经理 1 人，副经理若干人。《公司法》中所讲的经理，与国有企业和集体企业中的经理并不完全相同。后者是企业的法人代表，而前者只是董事会聘请的高级管理人员，是董事会的辅助机构。

经理的职权可分为两种：一是经营管理权，负责公司日常的经营管理活动；二是代理权，即依照公司章程和董事会授权，以公司的名义从事商务活动。我国《公司法》第 50 条和 114 条规定了有限责任公司和股份有限公司经理所行使的职权：（1）主持公司的生产经营管理工作，组织实施董事会决议；（2）组织实施公司年度经营计划和投资方案；（3）拟订公司内部管理机构设置方案；（4）拟订公司的基本管理制度；（5）制定公司的具体规章；（6）提请聘任或者解聘公司副经理、财务负责人；（7）聘任或者解聘除应由董事会聘任或者解聘以外的负责管理人员；（8）董事会授予的其他职权。

由此可见，董事会与经理之间有着明显的分工：董事会负责决定公司重要经营决策方案，直接对股东大会负责；经理主要负责公司日常经营管理活动，经理对董事会负责。董事会与经理之间的分工，本质上是控制权与经营权的分离。然而，在我国的许多股份公司中，普遍存在着董事长兼任总经理的现象，这不利于董事会与经理的分工，也不利于董事会对经理的监督。党的十五届四中全会的决定指出：董事长、总经理原则上分设，这是我国股份制改革走向规范的重要一步。

四、新兴的首席执行官（CEO）制度

在美国等西方国家，总经理通常称为总裁，主管着公司的日常经营管理活动，但公司的法人代表却是董事长。这种职能分工固然有利于董事会对经理人员的监督，但也存在着由于权力的相互制约而造成的公司运转不灵的问题。例如，董事会是公司的常设权力机构，董事长作为公司法人代表具有很高的地位。但是，按董事会的职权来说，只有任命总经理的权力，副总经理、财务总监等公司的重要职务则由总经理提名任命；而总经理虽然掌管着公司的经营管理，却没有对外签约的权力和对内决策的权力。这在市场竞争日益激烈的情况下，不利于提高公司的运作效率。

在美国的一些新兴的高科技产业，如信息、网络等行业，近几年开始试行首席执行官即 CEO 制度。由首席执行官取代总裁，这绝不仅仅是名称的改变，而是对原有的公司管理体制的一项重大改革。因为首席执行官实际上兼有了总经理和董事长的一些职权，他既要负责公司的日常经营管理，又可以在一定的职权范围内代表公司对外签约。这样，就将公司的控制权进一步向经营者集中，从而提高了资本的决策效率，适应了愈演愈烈的市场竞争。关于首席执行官的变革，人们还在进一步研究，以分清其利弊得失。

第四节　股份有限公司的监事会

一、现代公司制度中的两种模式

监事会（auditor）是股份有限公司依法设立的监督公司业务活动的机构。在欧美许多国家的公司法中，对于股份有限公司是否要设监事会的问题有着不同的规定。不要求设立监事会的公司，通常称为一元结构；要求设立监事会的公司，称为二元结构。

在英美的公司法中，从来没有确立公司监事或监事会的地位。这种情况十分明确，以致在众多英美法系国家中，许多不熟悉大陆法的人甚至不知监事会为何物。在中国证监会与香港签署联合监管备忘录时，对是否设立监事会的问题一直存有分歧。

在采取一元结构的公司中，公司的权力集中于董事会。但对于上市公司与非上市公司来说，董事会的权力集中程度是不同的。依据美国的公司法，非上市公司的管理中心在董事会，董事会也可以将权力授予以总裁为代表的公司的管理者，而股东的实际权力十分有限。对于上市公司来说，公司的管理事务交由总裁或首席执行官负责，董事会则退到幕后，出现了“经理阶层权力中心主义”。

在大陆法系中，一般要求设立监事会，但具体到各国也有所不同。如法国公司法中，公司可以采取一元结构，也可以采取二元结构；采取二元结构的公司，监事会的成员全部由股东大会选举产生。德国的公司法规定必须设立监事会，而且其成员一半以上由股东大会选举产生，另一部分由职工推选，但监事会主席必须由股东选举的监事担任，并可以有两票的投票权。

无论是法国还是德国，在采取二元结构的公司中，监事会的地位和职权都是十分相似的，都有较高的地位。公司的监事会虽然不直接管理公司业务，通常情况下也不得代表公司，但它有权任命董事会成员，有权监督董事会的管理工作，有权决定董事会成员的报酬，有权决定公司的重大决策，有权在公司章程授权范围内批准公司活动，而且在公司董事会不能召集股东大会时，有权召集股东大会。此外，监事会还可以随时了解公司状况，在必要的时候对公司事务进行检查和监督。在一般情况下，公司监事会批准该公司年度财务报告后即视为公司年度账目通过。若监事会与董事会之间出现分歧，则必须将公司年度报告提交股东大会决定。

在董事会与监事会的关系上，德国公司法规定，董事会必须定期向监事会汇报公司的政策、利润、经营状况等，监事会可以随时向董事会了解本公司的重大事务，并可亲自或通过专家审查公司账簿和卷宗。公司监事会可以规定，公司在开展某些业务之前须事先得到监事会的批准。可见，德国公司法中的监事会职权是很大的，实际上部分地享有了股东大会的一些职权，或成为股东大会的常设机关。

公司的一元结构与二元结构可用图 6—1 和图 6—2 表示。

二、中国《公司法》对监事会的规定

我国《公司法》规定：有限责任公司一般要设监事会，其成员不得少于 3

图 6—1　英美等国的“一元结构”　　图 6—2　法德等国的“二元结构”

人；股东人数较少或者规模较小的公司可设 1 至 2 名监事，不设监事会。股份有限公司必须设立监事会，其主要职能是对公司经营活动进行业务监督和财务监督，但不参与公司的业务决策和管理。

我国《公司法》第 118 条规定，股份有限公司的监事会成员不得少于 3 人，监事会设主席 1 人，可以设副主席。为了保持监事会的独立性，公司的董事、经理及财务负责人不得兼任监事；有关董事任职资格的规定也适应监事。

监事会是公司的监督机构，从理论上说，应由公司的最高权力机构——股东大会选举产生。但为了缓解公司中的劳资矛盾，维护公司职工的利益，有些国家的公司法规定在监事会中必须有一些职工的代表。我国《公司法》就规定：监事会由股东代表和适当比例的公司职工代表组成，其中职工代表的比例不得低于三分之一，具体比例由公司章程规定。监事会中的职工代表由职工民主选举产生。

监事会的职权主要包括：

（1）检查公司的财务；

（2）对董事、高级管理人员执行公司职务的行为进行监督，对违反法律、行政法规、公司章程或者股东大会决议的董事、高级管理人员提出罢免的建议；

（3）当董事、高级管理人员的行为损害公司的利益时，要求董事、高级管理人员予以纠正；

（4）提议召开临时股东大会，在董事会不履行召集和主持股东会会议职责时召集和主持股东会会议；

（5）向股东会会议提出提案；

（6）依法对董事、高级管理人员提起诉讼；

（7）公司章程规定的其他职权。

监事会的议事方式和表决程序由公司章程规定。监事会行使职权，在必要时可以委托律师、注册会计师、审计师等专业人员协助，委托费用由公司承担。

可见，我国《公司法》对监事会的设置与德国监事会的设置有着本质的区别（见图 6—3）。

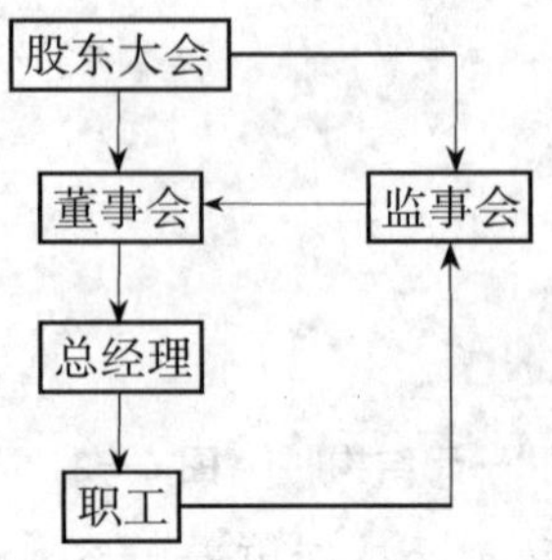

图 6—3　我国监事会设置

三、公司监督机构设置的国内外比较

（一）西方国家公司的监督机制比较

以上分析说明，西方国家的公司法在公司监督机构的设置上是有较大差异的。导致上述差别的原因，既包括文化传统和公司理念方面的因素，也包括对公司产权治理安排的理解方面的原因。从这个意义上说，在比较和确定一国的公司机构设置模式时，无法简单地按某个国家的模式进行移植或抄袭，而必须将国外立法同本国的文化传统、公司理念、法律制度等因素相互交融，在借鉴他国经验的基础上，逐步建立具有本国特色的公司法。

实现公司的资本所有权与经营权的分离，加强对经营者的监督和激励，是各国公司机构设置的共同出发点，但对各国具体的监督模式的优劣现在还很难下结论。英美法系的公司法采取了一元结构，其根源是深受信托法制度的影响。其主流的公司理论认为，董事是依信托法产生并行使职权的受托人，完全可以通过市场机制对受托人进行监督。以美国为例，理论界认为，通过会计师事务所、律师事务所、资信评估机构、行业监管机构等市场中介组织对公司经营者进行监督，不仅是十分有效的，而且可以大大节约监督成本。这些市场中介组织被称为不拿工资的“经济警察”。

大陆法系之所以采取二元结构，与它们不属于信托制起源的国家有关，主要是要求在公司内部寻求权力的平衡。在此前提下，公司权力机构设置的理论基础是，假定任何人都会犯这种或那种错误，都会出现相互抵触的价值趋向，必须借助必要的制衡机制，才能实现公司权力的动态平衡。缺乏制衡机制约束的公司制度，潜在的风险是巨大的。因此，德国等国家更多地借助监事会制度实现分权与监督。

还值得一提的是日本的监察人制度。日本的公司法也是采取一元结构，公司不必设监事会。但是，在日本的许多公司中设有监察人，监察人由股东大会选举产生，主要职责是代表股东会对公司的财务进行检查。监察人有权对公司的营业状况、财务收支、财务报表进行查询，如发现重大财务问题，可以要求董事会作出解释，甚至可以要求召集股东临时大会进行讨论。监察人制度既可以加强对公司经营管理人员的监督，又不必支付太多的费用，这种方式也值得借鉴。

（二）我国监事会制度的特点及基本评价

1. 我国公司的机构设置是特殊的二元结构。我国《公司法》规定，股份有限公司必须设立股东大会、董事会、经理和监事会四个权力机构。其基本模式应是二元结构，其基本理念是所有权、经营权和监督权的“三权分立”，以便更好地实行民主管理。这种理念同国外公司法的态度是一致的，也比较符合我国的基本国情，适用于国有企业的公司制改革。

但是，如果将我国的二元模式同大陆法系的二元结构进行比较，就会发现二者的明显差别。大陆法系的二元制是垂直式的结构，即公司的董事会是监事会的派生机构并对监事会负责，董事会在很大程度上受到监事会的制约。而我国采取的是平行的二元制模式，董事会和监事会均由股东大会选举产生，在法律地位上是平等的，董事会仅对股东大会负最终责任，而无需对监事会负责；与此相对应的是，监事会只有监督权，而无决策权。

2. 对我国平行式二元结构的基本评价。在大陆法系的垂直式二元结构中，监事会选举产生董事会；董事会是监事会的派生机构，却掌握着较大的实际权力。这种模式的基本理念是：实际权力较大的人，其法律地位应当低于实际权力较小的人；实际权力较小的人，其法律地位应稍高于实际权力较大的人。只有这样，才能更接近于权力的平衡与均衡。从这个意义上说，我国监事会的实际地位是非常低的。

从理论上分析，我国的平行式二元制模式存在着明显的缺陷。一方面，股东大会作为以会议形式行使职能的最高权力机构，不可能经常举行股东会议对董事会进行跟踪式的监督。根据《公司法》的规定，董事会召集股东大会必须提前20日通知股东；在董事会遇到急需解决的问题时，根本无法及时召集股东大会，只能自己作出决策。所以，股东大会对董事会的控制实际上是很弱的。另一方面，监事会虽然是常设机构，理论上可以随时监督董事会的活动，但董事会既不是监事会的派出机构，也无需对它负责，监事会最有效的监督手段依然是提请董事会召集股东大会。所以，无论从理论上还是从实践上看，监事会都未能很好地发挥其监督职能。为了消除公司立法带来的缺陷，国务院曾经不得不借助委派特别稽查员或监事会主席等行政性手段，对董事会进行外部监督。

第七章

公司治理结构与股票期权制度

党的十五届四中全会指出："公司治理结构是现代公司制度的核心"。在现代公司制度中，存在着出资者所有权与法人财产权、经理阶层的控制权的两级委托—代理关系。由于存在出资者与经营者的信息"不对称性"，难免出现代理人的"道德风险"问题。为了加强对经理人员的激励和监督，就需要不断完善公司的治理结构。为了科学评价经营管理人员的工作绩效，必须建立激励经营管理人员的薪酬制度。对高级管理人员也包括科技人才实施股票期权制度，是国际通行的做法，它被称为经理人的"金手铐"。

第一节　公司治理结构的基本理论问题

一、现代公司制度中的委托—代理关系

(一) 委托—代理关系的基本含义

委托—代理关系，是一种常见的经济契约关系。它是指代理人在代理权范围内，以被代理人的名义同第三人实施民事法律行为，由此产生的法律效果直接归属于被代理人的一种法律制度。我国《民法通则》第63条规定："公民、法人可

以通过代理人实施民事法律行为。代理人在代理权限内，以被代理人的名义实施法律行为。被代理人对代理人的代理行为，承担民事责任。”

代理制度包括委托代理、法定代理和指定代理三种形式。其中，委托代理是一种最为常见、适用最广的代理关系。而委托授权行为又是建立委托代理关系的基础。委托授权行为属于单方行为，也就是说仅凭被代理人一方的意思表示（书面的或口头的），就能发生效力。

代理制度的一般含义包括三个层次：(1) 代理关系，包含代理人、被代理人和第三人之间的相互关系，这是代理制度的基础与核心；(2) 代理权，即代理人得以他人名义实施法律行为而又不承担法律责任的权力，代理权的权限是由代理关系决定的；(3) 代理行为，是指代理人依据代理权而实施的法律行为，其法律效果归属于被代理人。

（二）现代公司制度中的委托—代理关系

在现代公司制度中，股东会是公司的最高权力机关，董事会是公司的执行机构，经理人员掌握着公司财产的经营权或控制权。那么，股东与董事会及经理人员之间是一种什么关系呢？许多产权经济学家认为，董事会、经理同公司之间属于一种委托关系，股东是公司的委托人，董事、经理则是公司的代理人，负责公司的经营管理。但是，克拉克等一些经济学家却不主张简单地使用“委托—代理”模式。其一，从法律的关系来看，股东与经理人员之间并不是真正的委托代理关系，这里并没有规范的委托合同关系；其二，在通常的“委托—代理”关系中，主人或委托人应具有控制和指导代理人活动的权利。而公司的股东们的权利是极为有限的，只有在整个公司和整个股东这个意义上，经理们才是受托人。

克拉克等人的意见是我们值得考虑的。我们虽然已经习惯于使用“委托—代理”关系来分析公司的“两权分离”问题，但需要说明这是一种特殊代理关系，是全体股东与经理人员之间的代理关系，是没有明确委托授权书的代理关系。在这一前提下，我们可以使用委托—代理关系来研究公司制度中的产权安排，譬如有关“两权分离”的问题、“道德风险”问题、激励与监督的问题等。

（三）有关“两权分离”的伯勒-米斯假说

在研究公司制中的委托代理问题之前，先提供一些背景的材料，这就是在公司制度中两权分离的演进过程。自从股份公司出现以后，就出现了一种随着资本集中和股权分散化，出现了资本所有权与控制权分离的趋势。在 20 世纪 30 年代，经济学家伯勒和米斯就明确提出了这一观点。他们认为，假如一家公司中的某个人或家庭拥有大于 20% 的股份，那么该股权就是“有意义”的了。而如果其他股权分散分享的话，这种公司就称为“少数操纵”型；如果这一比例上升到

80%以上，就称为“私人控股”型公司；如果没有这种单一的“有意义的股权”的公司，被称为“管理控制”型公司；而如果所掌握的大众的表决权介于5%～10%，就称为“少数—管理混合控制”型公司。他们对当时的美国最大的200家公司的调查显示，“管理控制”型公司已占到企业数量的44%，占非金融资产的58%，所有权与控制权分离已日益明显。

据统计显示，当时美国最大的铁路公司、美国电话电报公司和美国制钢公司，其最大股东持股额分别占公司总股本的0.43%、0.7%和0.9%；其前20位股东股份总和，也分别只占总股本的2.7%、4%和5.1%。伯勒在谈到这种现象是指出：“所有权的分散，在各大公司显然已被推进极端的程度，而在中等规模的公司，也有相当的程度。再者，一般说，公司愈大，其所有权愈会朝大众分散。”①

勒纳运用伯勒-米斯的标准调查了美国1963年最大的200家非金融公司的产权类型，并与1929年的情况加以对比，发展的速度结果更是令人吃惊。请见表7—1。

表7—1　　美国200家最大的非金融公司资产操纵情况（%）

操纵类型	1929年	1963年
私人	4	0
多数	2	1
少数	14	11
法律机构	22	3
管理	58	85

从统计资料来看，由经理操纵的非金融资产的比率，从1929年的58%上升到1963年的85%，这说明伯勒-米斯在1929年观察到的“经理革命”，在30年后已趋于完成。②

二、公司治理结构是现代公司制度的核心

近十几年来，经济理论界对公司治理结构问题越来越重视。因为，随着科技革命的不断发展和股权的日益分散化，股东对公司的监控能力不断减弱，出现了所谓的“权利真空”，同时，经理人员和内部人对公司的控制力不断加强。这样，

① 参见李义平：《经济学百年》，95页，天津，天津人民出版社，2002。

② 参见张军：《现代产权经济学》，165～167页。

在确保股东投资安全和盈利效率的前提和基础上，如何加强对经理人员的激励与约束，就成为现代企业理论的一个重要课题。正如党的十五届四中全会所指出的："公司治理结构是现代公司制度的核心"。

英语中的"治理"（governance）一词源于拉丁文和古希腊语，原意是指控制、引导和操纵。长期以来它与"统治"一词交叉使用，并且主要用于与国家的公共事务相关的管理活动和政治活动中。但是，自从 90 年代以来，西方政治学和经济学家赋予 governance 以新的含义，对治理做出了一些新的界定。治理理论的创始人之一罗西瑙（J.N.Rosenau）在其代表作《没有政府统治的治理》和《21 世纪的治理》等文章中，将治理定义为一系列活动领域里的管理机制，它们虽未得到正式授权，却能有效发挥作用。与统治不同，治理指的是一种由共同的目标支持的活动，这些管理活动的主体未必是政府，也无须依靠国家的强制力量来实现。①

按照现代企业理论的观点，所谓公司治理（corporate governance）就是关于企业这一特殊合同的治理。对企业治理基本问题的解释是科克伦（Phlip L. Cochran）和沃特克（Steven L. Wartick）提出的。他们在 1988 年发表的《公司治理——文献回顾》一文中指出：企业治理问题包括高级管理阶层、股东、董事会和公司其他利害相关者的相互作用中产生的具体问题。构成公司治理问题的核心是：(1) 谁从公司决策即高级管理阶层的行动中受益？(2) 谁应该从公司决策即高级管理阶层的行动中受益？当在"是什么"和"应该是什么"之间存在不一致时，一个公司的治理问题就会出现。为了进一步解释公司治理中包含的问题，他们引述了巴克霍尔兹的论述，将公司治理分为四个要素，每个要素中的问题都是与高级管理阶层和其他主要的相关利益集团相互作用有关的"是什么"和"应该是什么"之间不一致引起的。具体来说，就是管理阶层有优先控制权，董事过分屈从于管理阶层，工人在企业管理上没有发言权以及政府监管过于宽容等。每个要素关注的对象是这些相关利益人集团中的一个，如股东、董事会、工人和政府。对于这些问题，解决的办法可以是加强股东的参与、重构董事会、扩大工人民主和严格政府管理。他们认为："理解公司治理中包含的问题，是回答公司治理是什么这一问题的一种方式。"

将公司治理解释为一种制度安排也是一种很有影响的观点。英国牛津大学管理学院院长柯林·梅耶（Myer）在他的《市场经济和过渡经济的企业治理机制》

① 参见罗西瑙：《没有政府统治的治理》，5 页，剑桥大学出版社，1995；《21 世纪的治理》，载《全球治理》，1995 年创刊号。

一文中，把公司治理定义为："公司赖以代表和服务于他的投资者的一种组织安排。它包括从公司董事会到执行经理人员激励计划的一切东西……公司治理的需求随市场经济中现代股份有限公司所有权和控制权相分离而产生。"

美国伯克利加州大学钱颖一教授也支持制度安排的观点。他在《企业治理结构改革和融资结构改革》一文中指出："在经济学家看来，公司治理结构是一套制度安排，用以支配若干在企业中有重大利害关系的团体——投资者（股东和贷款人）、经理人员、职工之间的关系，并从这种联盟中实现经济利益。公司治理结构包括：（1）如何配置和行使控制权；（2）如何监督和评价董事会、经理人员和职工；（3）如何设计和实施激励机制。"①

三、公司治理的理论渊源与发展

公司治理理论的提出，可追溯到亚当·斯密，他在《国富论》中提到，股份公司的经理人员使用别人而不是自己的钱财，不可能期望他们会有像私人公司合伙人那样的警觉性去管理企业……因此，在这些企业中疏忽大意和奢侈浪费的事总是会流行。这里实际设计到了委托代理关系问题。此后，凡勃伦在其著作《企业论》一书中也对所有权与控制权分离问题进行了研究，指出公司管理者和公司的利益存在严重冲突，所以他们往往将公司的利益置之高阁而追求自身利益。随着规模巨大的开放型公司的大量出现，股东对生产经营的控制越来越难，从而控制权发生了向经理人员的转移，公司治理理论也就随之发展起来。

（一）委托—代理理论。

在现代企业理论的发展过程中，委托—代理理论是公司治理结构最基本的理论渊源之一，它兴起于20世纪70年代，强调公司治理就是关于作为委托人的股东与作为代理人的经理层之间的代理合同的治理。詹森和麦克林在其1976年发表的《企业理论：经理行为、代理成本和所有权结构》中指出，委托—代理关系是通过双方签订合约进行的，管理和实施这类合约的全部费用，就是代理成本，它包括三部分：（1）委托人的监督费用；（2）代理人的担保费用；（3）剩余损失。委托代理理论认为，由于"信息不对称"，即委托人对代理人已经采取了什么行动或将采取什么行动的信息是不完全的。这必然导致两种结果："道德风险"与"逆向选择"。

"道德风险"的出现，是因为"经理阶层"与股东的目标函数并非完全一致，"经理阶层"不是公司财产的所有者，他们拥有的只是人力资本即"管理者才

---

① 钱颖一：《现代经济学与中国经济改革》，109页，北京，中国人民大学出版社，2003。

能”，他们并非以利润最大化为唯一原则，而是要努力实现自身的价值。由于委托人不完全掌握信息，就不可能进行有效的监控，经理人员的管理决策就可能偏离企业投资者的利益取向，出现“道德风险”问题。其具体的表现是：(1) 经理会力争提高自己的薪金和奖励；(2) 增加在职消费，如追求豪华的办公室和高级专用轿车，以及报销各种消费单据，来显示自己的威望、权力和地位；(3)“搭便车”行为，如经理人员会用“转移价格”的方法，以低价将企业的资产出售给自己所持有或控制的其他公司（或高价收购）。当然，经理在追求个人效用最大化时，也必须获得最低限度的利润，以支付股东的股息和维持公司股票的价格，否则经理职位的稳定性将受到威胁。

按理说，投资者可以通过对经营者的严格监督来解决“道德风险”问题，但这实际上是难以做到的。其一，股东与经营者之间对企业信息存在的“不对称性”，阻碍着股东对经营者的有效监督，在股东大会上股东只不过是面对由董事会和经理拟好了的方案来投票；其二，即使假定某个投资者可以对经营者进行最有效的监督，其成本也是十分昂贵的，而且监督的效果对于其他的投资者来说又具有非排他性，那么任何投资者也就不愿为此花费更多的精力，都想做一个“免费乘车者”，这种监督也就无法进行。

除了“道德风险”之外，由于信息的不完全性，在经理人员的选聘上还会出现“逆向选择”的问题，即不一定能够选聘最优秀的管理人才。(“逆向选择”即出现“劣质品驱逐良质品”，其典型的例子是旧车市场模型。) 这样，公司制中的代理制度也是一个“两刃剑”，它一方面提高了资本的运营效率，另一方面也会增加代理成本。这里所说的代理成本是广义的代理成本，它包括两部分：一种是显性成本，如支付代理人的薪金和奖励，为监督经理行为而支付的监督费用等，这是人们在财务账目上可以清楚看到的；另一种是隐性成本，也就是由于代理人的“职务怠慢”或“道德风险”而给投资者带来的损失，这是人们深有感受却又说不明白、算不清楚的代理成本。

因而公司治理结构的重点，是如何解决对经理人员的激励与约束问题。对经理人员的激励机制主要有年薪、奖励、赠与股票与股票期权制度；对经理人员的约束主要有公司的内部约束（如聘任制度）和市场约束等。

(二) 不完全契约理论。

不完全契约企业理论发展了现代产权理论，为公司治理开辟了新的研究领域。该理论认为，进入企业的各种契约是不完全的，未来世界是不确定的，所以当初始契约未预料到的实际情况出现时，必须有人决定如何填补契约中存在的“漏洞”，这就是剩余控制权（residualcontrolright）的由来。该理论还将企业控制权问题提升到了独立的“企业所有权”的高度，认为要素所有者的原始财产权在企业的合约群中发生了重组和变形，因而公司治理的核心是剩余控制权或最终控制权的安排问题。

（三）状态依存所有权理论或利益相关者理论

20世纪80年代，美英等国兴起“恶意收购”浪潮，使公司长期发展战略受到影响。而日德的公司通过股东与金融、雇员、高管人员的长期合作取得了成效，使得一些学者对“股东至上”治理理论提出批评，提出了“利益相关者”理论。在这种理论的影响下，美英等国的公司治理相继发生了深刻的变化。

经济学家克拉科森（Clarkson，M.B.E）认为，利益相关者区分为两类：基本利益相关者是“持续不断地参与合作，从而保持关切”的那些人以及投资者，这一集团还包括雇员、消费者、供应商……政府和共同体。第二类利益相关者是“左右或影响其公司并受公司左右和影响的，而不是从事公司事务并对其生存必不可少的那些人，如媒体与各种压力集团。”该理论认为，股权分散与两权分离的发展，使得股东失去公司资产的控制权，而进行日常管理的经理们又没有法律上的所有权。所以空谈公司财产毫无意义，“公司是一套制度和程序……一个关系结构”。公司不仅受其所有者利益的支配，还必须协调不同利益集团之间的关系，促进他们的合作关系，以降低交易费用和管理费用。

总之，状态依存所有权或利益相关者治理模型将股东以外的利益相关者，也纳入治理结构的分析框架，形成股东、经营者、雇员、债权人，以及消费者和政府等多方博弈的模型，这是公司治理在理论基础上的一次飞跃，它突破了单一股东主权模式，更加注重企业契约中人力资本所有者的治理权能，这一多重利益方的共同治理模型也更加符合现实的企业治理状况，更加强调企业权利束的多重解析和相应的权利主体多元化。

四、公司治理结构的基本原则和具体内容

（一）公司治理结构的基本原则

为了改善其成员国的公司治理结构，由29个发达国家组成的经济合作与发展组织（OECD）在1998年4月成立了一个根据世界各国的公司治理经验和理论研究成果制定公司治理结构的国际性基准的特设专门委员会，拟定了《公司治理结构原则》。根据OECD报告，公司治理机制包括如下6个方面：

1.公司“内部”治理。这是关于管理层与股东，或是公司内部人（管理层和控制性股东）与外部股东的关系的。公司内部治理中重要的机构、法律和合约安排包括股东权力，保护他们的利益以及事后补救的方法，董事会的作用、责任

与组成，以及信息披露和上市制度。

2．金融机构的内部和外部治理。金融机构内部治理的核心是恰当的风险管理和信用分析，外部治理的主要制度工具是确保机构独立和金融系统安全的谨慎性法规和监管。金融机构治理的目的是确保金融机构在考虑安全性的同时，作为追求利润的实体运营，而非只是简单的资金流入企业部门的渠道。没有金融机构的有效治理，来自金融市场的约束就会大为削弱。

3．金融市场对公司的“外部”治理。这是关于公司与其他资金供应者（如债权人）的关系。法律法规环境和金融市场中的机构组成了这种外部治理制度。它通过监督企业投资的效率，加强了公司内部治理。为使其有效还需要有足够的金融机构内部治理。

4．市场对公司的外部治理。这是关于证券市场上企业与潜在投资者、企业家的关系。关于兼并与收购的证券市场法规，关于敌意收购的公司法规与附则，以及信息披露和上市规则是这种外部治理制度的重要因素。它以被收购的威胁来制约缺乏效率的管理，同时以股价上升来奖励有效率的管理，从而成为对内部治理的补充。

5．破产机制的治理。这涉及那些濒临破产的企业。通过法庭的正式的破产程序、非正式的磋商，以及某种程度上的兼并与收购市场，破产机制会在股东和其他投资者间重新分配财产权利，改变所有权结构和管理层，从而影响那些企业的治理。这些破产机制带给公司治理结构的事后变化对当前的管理层、控制性股东和其他投资者的激励有事前的影响。破产机制结构及其实际实施对决定其他的企业内部和外部治理制度的结构和绩效有重要作用。

6．竞争。竞争是良好公司治理的补充，二者相互促进。如果扩展公司治理的概念，市场竞争可以被看作一种对金融和非金融企业都很重要的外部治理工具。同时，只有在独立企业的层面上保证了透明、诚信和信息自由流动的环境，市场竞争才会蓬勃发展。

上述治理机制的6个方面并不是各自独立地起着作用，而是紧密联系，互为补充，组成了一个适应给定经济和法律环境的公司治理制度的整体。相互制衡的公司治理结构既能够对经理人员采取有效的激励和约束措施，同时又不致给公司内外利益相关群体造成损害。

OECD部长级会议针对近几年公司治理领域的新情况、新发展，特别是针对接连出现的一些骇人听闻的大公司丑闻事件，OECD根据其成员国政府的要求，结合公司治理领域的最新发展情况，宣扬公司治理的理念，于2004年1月公布了最新的《公司治理原则》修订版的征求意见稿。

《公司治理原则》指出："公司治理框架的构建应着眼于其对于整体经济运行的影响，着眼于其对市场参与者提供的激励，着眼于提升市场的透明度和效率。"它所提出的"确保有效的公司治理框架"具体包括：

(1) 股东权利和主要的所有者职权。公司治理框架应保护并有利于股东权利的行使。

(2) 平等对待全体股东。公司治理框架应保障包括少数股东和外国股东在内的全体股东得到平等的对待。所有股东在权利受到侵害时都有权得到有效的救济。

(3) 利益相关者职责。公司治理框架应承认法律规定的利益相关者在公司治理中的权利，并鼓励公司与利益相关者共同创造财富、工作和财务稳健、可持续发展的企业。

(4) 信息披露和透明度。公司治理框架应确保与公司重大事件有关的信息及时、准确地予以披露，其中包括财务状况、业绩、所有权及公司的治理情况。

(5) 董事会的责任。公司治理结构应确保董事会对公司的战略指导和对管理层的有效监督，确保董事会对公司和股东的责任和忠诚。

(二) 公司治理结构的具体内容

完善公司治理结构，实际上就是要规范和协调所有者（股东）、受托者（董事会）、控制者（经理）和使用者（职工）相互权利和利益关系的制度安排。其中，最为主要的是通过严格界定和规范出资者与经营者的权力和责任，设计出一套有效的监督和激励机制，既要赋予经理人员更动的经营权力，使之为投资者的利益努力工作，又要约束经理的行为，克服"道德风险"，以降低代理成本和提高代理效率。

其具体内容包括：(1) 如何有效安排公司的产权制度，在实行出资者所有权与法人财产权的分离的基础上，合理配置和行使公司的控制权；(2) 如何监督和评价董事会、经理人员和职工的业绩，以尽量避免由于出资者与经理人员信息"不对称性"所导致的"道德风险"；(3) 如何设计和实施十分有效的对经理人员的激励和约束机制，鼓励他们忠心地、尽职尽责地为股东的利益而工作。这样一组制度安排的目的，在于通过建立一定的相互制衡的权利机制，使得公司资产的诸方面权利在分离状态中，能够保持有效的约束与监督，从而达到诸方面利益均衡的目的，以保证资产运营效率的提高，保护投资者的各项权益。

从各国实际情况和实践经验来看，公司治理可包括公司内部治理和公司外部治理两个方面。所谓公司内部治理，是指出资者通过合理设计委托契约来明确经营者的责任、权利和义务，给予经营者以有效的激励和约束，使其行为目标尽可能地接近委托人的要求。在西方的一些大公司，一方面千方百计加强对经理人员的激励，比如赋予他们以优惠价格购买本公司一定数量股票的权利，甚至直接赠与他们一些“虚股”，再有就是通过提高经理人员的薪金、奖金和待遇来“以俸养廉”。另一方面，股东又可以利用其享有的任免权对经理进行直接控制，也就是所有权通过“用手投票”来对经营权的直接控制。尽管这种监控因信息“非对称性”而显得有些力不从心，但这毕竟是一种有效的威慑力量，特别在股权比较集中的情况下就更是如此。此外，在美英等国家，普遍通行着“现金派息”，这相对“送红股”来说，对经理人员的压力也是很大。

所谓外部治理，是指通过充分竞争的市场机制，来弥补内部信息“不对称性”所造成的代理效率的损失，从企业外部来对经理行为进行约束。市场约束包括：(1) 产品市场约束。在充分竞争的产品市场条件下，企业只有通过加强管理、大胆创新才能取得最佳经济效益，这迫使经理人员加倍努力工作，同时也为准确考核经理人员的业绩提供了客观的依据。(2) 资本市场的约束。在资本市场充分发育、产权可以自由流动的情况下，企业经营的好坏会直接影响到生存和发展，如果企业业绩太差、股票不断下跌，就可能导致企业被收购或兼并，从而影响经理人员的领导地位。(3) 经理市场约束。一个充分竞争的经理市场的存在，也会对经理人员造成很大的压力，那些没有真才实学的、不负责任的和假公济私的人员很快就会被淘汰，这迫使经理人员要尽职尽责、加倍努力工作。实践证明，充分竞争的市场约束，是一种非常有效而成本又很低的约束机制。但也应看到，市场的约束力度是以各类市场的发育程度为前提的，市场越是不成熟、越是缺损，它对经理人员的约束就越是无力。

根据以上一些原则和实际做法，可将公司治理的内容概括如下：

公司内部治理	公司外部治理
①设计有效的激励约束机制	①金融市场约束（银行对公司的外部约束）
②协调控股股东与其他股东的关系	
③公司的机构设置（主要是董事会）	②资本市场约束（破产、兼并）
④“用手投票”的认识任免权	③产品市场约束（充分竞争的压力）
⑤通行现金派息的原则	④人才市场约束
	⑤信息披露制度

第二节　两种典型公司治理体制的比较分析

在发达市场经济国家中，存在英美和日德两种典型的公司治理机制。它们在股权结构、治理机关设置、治理机制作用方式等方面都有所差别。这说明公司的制度环境，特别是公司的投融资结构及资本市场的区别，对公司治理结构起着极为重要的作用。因而通过这一比较，也可以深刻认识我国目前在股权高度集中条件下，公司治理结构不完善的根源所在。

一、公司融资结构的比较

英美模式的企业融资结构中，以股权和直接融资为主，资产负债率低。美国绝大多企业中，资产负债率一般在35%～40%之间，大大低于德国和日本企业的负债率。同时，在英美公司融资结构中，单个债权人（主要是指银行）在企业中的债权比重也大大低于德国和日本。在企业融资结构以股权资本为主时，其公司治理必然是股东至上型的，即股东控制为主，债权人一般不参与公司治理。

日德模式的企业融资结构中，以间接融资为主，资产负债率较高。在日德的大多数上市公司中，资产负债率一般高达60%以上。同时，主要债权人——银行，不仅是公司贷款的主要提供者，还是公司的主要股东，也就是说，银行兼债权人和股东为一身。在这种融资结构基础上，必然形成股权与债权的共同治理模式，银行兼股东与债权人为一身，直接参与公司治理。在德国，共同治理还包括雇员的参与，也就是说，除了股权与债权以外，雇员是共同治理的另一个重要主体。

造成这种差异的原因，是资本市场的制度环境不同。英美的股市比较发达，个人的金融资产品种丰富，企业资产结构中股权的地位举足轻重。在美国，有价证券市场极为发达，层次结构齐全，大型公司筹措资金大多通过证券市场进行。同时，银行资产的证券化的程度也很高，这有利于分散和化解金融风险，使得银行信贷资产在某种程度上已经脱离了传统意义上的固定信贷关系。在20世纪70至80年代，日德模式曾备受推崇；但90年代后，随着日本经济的衰退与美国经济的持续发展，美国模式渐渐占了上风。

二、公司股权结构的比较

美英和德日在融资结构上的差异，进一步促成了两种截然不同的股权结构。美国和英国，是以非银行金融机构和个人持股为主；而日本和德国，则以银行和非金融机构（企业）持股为主。请见表7—2。

从该表可以看出美、德、日三国的股权结构存在着重大的差别。

（1）公司股权集中程度存在着很大的区别。美国公司的股权特点是分散化，就个人持股而言，美国（30.5%）最高，其次是日本（22.4%），德国则最少

(3.0%)。另外，非银行金融机构（作为信托代理）投资的股权比例美国(55.1%)也远高于日本和德国（分别为9.5%和3.0%)。与美国相反，日本和德国的特点是公司股权相对集中，另外，上市公司的前5位大股东所持股比率也可反映股东分散与集中化程度，据统计，1990这一比例在美国为25.4%。日本则为33.1%。德国达到了41.5%。[①]

表7—2　　　　各类股东持股占企业总股份的比重（1990年）　　　　单位%

类别	美国	日本	德国
个人	30.5	22.4	3.0
金融机构（基金）	55.1	9.5	3.0
金融机构（银行）	2.0	38.5	33.0
非金融机构（企业）	7.0	24.9	42.0
外国	5.4	4.0	14.0
政府	0.0	0.7	5.0
合计	100.0	100.0	100.0

资料来源：何维达：《公司治理结构的理论与案例》，67页，北京，中国财政经济出版社，1998。

(2) 银行持股方面存在着差别。根据1933年美国颁布的《格拉斯—斯蒂格尔法》，严格区分了银行业务和证券活动，并禁止银行的跨州的金融活动。这使得银行不能直接持有其他企业股份，而只能采取迂回的间接方式，即通过其信托部投资于股票。而德国的《证券交易法》规定，有价证券的发行和转让交易必须通过银行办理，有银行代理客户在全国9家证券交易所承办买卖业务。德国商业银行还对工商企业进行参股、控股，到1992年4月底其金额达到660亿马克，占其自由资本的28.6%。[②] 日本也允许银行持有10%以内的企业股份。这样，美国的公司股权结构中，银行直接持股比率很低，仅为2.0%；而日本、德国这一比例分别为38.5%和33%。

(3) 企业法人相互持股方面存在差异。日本于1947年颁布了《关于禁止私人企业的独占及确保公正交易的法律》，限定非金融公司拥有其他公司法人发行

① 参见何维达：《公司治理结构的理论与案例》，66页，北京，中国财政经济出版社，1998。
② 参见张精华：《德国社会主义市场经济体制》，119页，兰州，兰州大学出版社，1994。

的股份不得超过5%，以后初步放宽了这一规定。到了上世纪70年代，为了防止外国资本入侵而推行“稳定股东工作”，进一步强化了法人持股的做法。而在英美等国，由于认为法人持股会引起垄断，因而在法律上一般禁止公司法人持有其他上市公司的股份。从上表可以看出，法人股东持股比率在美国仅为7.0%，也远低于日本和德国（分别为24.9%和42%）。

综上所述，英美和日德企业的股权结构存在着巨大差别。传统的英美公司治理倾向于把公司看作是私人合同的产物，法律提供这些合同谈判和执行的机制，股东拥有的资产价值最大化被普遍认为是公司的经营目标。在这种理念下，股权的集中程度不是非常重要的，因而公司的股权结构常常出现高度分散的特征，而大股东又以基金为主要力量。英美公司的治理模式被称为内部利益主导或股东主导型的治理模式。而日本和德国的公司却被看作是具有独立人格、追求全体相关利益者目标的行为主体，他们的经营和治理方式都体现了公共责任和公共利益，因而大股东比较重视对公司的控股比例。所以，日德的公司治理则被看作由内部人起主要作用，同时由银行债权人实行主要控制的治理模式。

三、公司治理机构设置的比较

英美国家公司治理模式的框架由股东大会、董事会及首席执行官三者组成。其中股东大会是公司最高权力机构。董事会是最高决策机构，董事会大多由外部独立董事组成。美国《投资公司法》规定，公司的董事会中，至少40%的董事由独立人士担任，根据波士顿的Korn/Ferry公司所做的调查，一般的董事会现在约有9名独立董事和3名内部董事，3名内部董事一般为首席执行官（CEO），首席运营官（COO）和首席财务官（CFO）。[①] 董事会下设各种专门委员会：（1）执行委员会，负责监督公司的日常经营，但不要搞成“双重董事会”；（2）财务审计委员会，负责对公司财务状况的监督审查，并应争取负责聘用会计师事务所；（3）董事提名委员会，负责寻找新的董事，而不是由董事会主席（许多公司由CEO兼任）推荐和挑选；（4）薪酬委员会，负责确定高级管理人员的报酬数量、薪金所占的比例和用于短期和长期激励（如股票期权）的公式等。

董事会既是决策机构，又承担监督功能，首席执行官依附于董事会，负责公司的日常经营。公司的董事长和总裁一般不得兼任，以加强董事会对高层经营者的监督。由于董事会结构的精巧设计，具有相当的权利分散和相互制衡的特点，可以发挥其监管职能，因此美英国家公司治理结构中不单设监事会。

---

① 参见沃尔特·J·萨蒙等：《公司治理》，3～5页，北京，中国人民大学出版社，2001。

日德公司治理结构虽然都属于债权加股权的共同治理型，但德国雇员在很大程度上参与公司治理，这样，日德的公司治理结构框架也存在较大的差异。日本公司治理结构的框架由股东大会、董事会、经理、独立监察人所组成。日本的公司由于同行企业交叉持股，而又很少干预对方的经营活动，所以股东会的重大决策权形同虚设。据了解，90%以上的大中型公司的股东大会一般不超过30分钟。所以，股东大会在日本是名存实亡，真正发挥决策作用的是由经营者专家组成的内部董事会。董事会中内部董事占80%左右，内部董事多从内部高级专职人员中提升，其余由控股、参股企业委任。董事会成员主要来自公司内部，一般不设外部独立董事。共同治理在日本已演变成了由经营者和内部人控制的局面。

德国的治理结构为特殊的“双层董事会”制度，即监督董事会（也称监事会）和管理董事会（也称董事会)。监事会的地位高于董事会，它代表股东利益去监督董事会，其成员由股东大会选举产生，但并不直接参与企业的具体经营管理，其职能相当于美国公司的董事会；董事会由监事会招聘的董事组成，负责日常经营活动，其职能相当于美国公司的首席执行官。值得一提的是，德国公司的监事会有职工代表参与决策与监督。德国法律对不同规模的公司监事会中的职工代表有具体规定，少的要占监事会成员的30%，多的高达50%。1988年，在德国100家大公司中的1 496名监事中，职工代表有729名，占48.9%。[①] 值得注意的是，德国的监事会设置与我国的监事会设置是不同的。

关于各国公司机构设置的比较见图7—1。

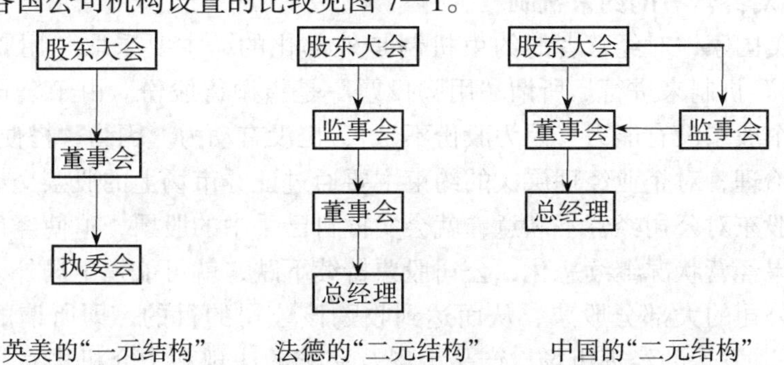

图7—1 各国公司机构设置的比较

四、经营者的激励与约束机制比较

两种公司治理模式在对经营者的激励与约束机制上也有明显差异。英美国家

① 参见李宏勋等：《美日德公司内部监控模式的特点及其借鉴》，载《理论探讨》，2001（2）。

对经营者的激励与约束机制主要采取以证券市场为主导的外部控制机制，而日德模式对经营者的激励与约束主要采取内部控制机制。

（一）对经营者的激励机制

英美两国对经理人员的激励主要通过经济收入来进行，采取薪金、奖金和股票期权等形式进行物质激励为主，其中，前两部分占经理收入的比例不大，企业高层经理的实际收入绝大部分来自股票期权。据统计，在《财富》杂志排名前1000家的美国企业之中，有90%已向其高级主管采用股票期权报酬制度。但美国公司中董事的收入并不高，平均为3.3万美元，高的也不过五六万美元。

相对而言，在日德模式中，对经营者的激励主要采取精神激励。在日本尤为如此，更多地采用终身雇佣制和年功序列制（即经理人员的工资报酬在很大程度上与其工作直接挂钩）对经理人员进行长期激励。

两种模式对经营者的激励机制的比较还体现在激励的效果上。从经理人员与普通员工的收入差距看，1995年，美国大企业总经理年平均收入相当于其普通员工年平均收入的141倍，而同期日本这一差距仅为5倍左右。但是，美国经理常常依靠其发达的经理市场频繁流动，而日本经理则基于年功序列制而很少“跳槽”。总之，英美公司对经理人的激励主要采取物质激励，有利于股东财富最大化；而日本公司对经理人的激励则偏重于精神激励，注重经理为公司的发展而长期努力。

（二）对经营者的约束机制

在英美国家，对经营者的约束机制是外部化的，主要采取“用脚投票”和“收购接管”机制来进行。所谓“用脚投票”是指抛售股份。由于公司股权十分分散，单个股东没有能力（因为股份不足），也没有动力（因为“搭便车”倾向）参与公司治理，对企业经理层次的约束主要通过证券市场上的股票交易活动来进行，如果股东对公司经营不满意，就会卖掉自己手中的股票，迫使经理人员改善经营。如果经营状况继续恶化，公司股票持续下跌，就可能发生局外人通过收购竞争购买公司的大部分股票，从而达到收购该公司的目的，即所谓的“收购接管”。此外，发达的经理市场、产品市场及完善的法规和中介机构对经营者的约束起到很大的作用。

而在日德国家，银行作为大股东、大债权人直接进入公司，公司治理实际上表现为内部人控制。日本对经营者的约束主要通过以下机制：（1）“主银行”（mainbank）的有效监督，“主银行”指既是公司的大股东，同时也是公司的主要贷款者和开户；（2）法人交叉持股与集体决策。由于公司之间交叉持股，在公司外围形成了网状的股权关系。公司的经营管理决策通常由相互持股机构的代表所组成的总裁委员会集体做出；(3) 高级经理的终身聘用与经理人才市场的缺乏。这意味着对日本公司的经理来说，如果经营业绩很差，特别是出现损害股东利益的管理腐败的行为，一经发现将会受到严厉的处罚，可能失去现有的工作，甚至终身不能从事经理工作。所以，日本经理人员的前途利益同公司的前途利益结成共同体，经理人员一般能做到自我约束。

德国公司对经理人员的约束具备日本公司的某些特点，如大股东和持股机构对经理人员的有效监督和约束，此外，德国公司对经理人员的约束还通过职工参与制来实现。

五、发达国家公司治理体制带给我国的启示

西方发达国家的公司治理结构都有一个共同的特点，即在两权分离的基础上构建完善的法人资产制度，从而能对经营者的行为实施有效的激励和约束。法人资产制度使法人所有权不依赖于股东而独立存在，并由法人独立占有、支配、处分和收益，法人成为公司自负盈亏的主体。法人资产制度的建立为企业法人治理结构的完善创造了必要的条件。那么，要把国有企业改造成真正的市场竞争主体和法人实体，就要着眼于产权制度的变革。

1. 企业必须具有独立的法人资格。只有当企业在法律上成为民事主体，才能独立地承担财产责任。而企业产权独立化是衡量企业是否具有法人资格的主要标志。所谓企业产权独立化，是指终极所有者按照投入资本额获取相应的权益和承担有限责任，不再与公司资产的运营直接相关。转归法人所有的公司资产成为与所有者财产相区别的资产，公司法人依法享受资产权益，独立承担资产经营责任。如果企业没有独立的产权，也就不具备承担财产责任的能力，而只能由所有者成为企业债务的最终清偿者。

2. 确立有限责任制度。企业在经营中形成的利润和资产增值，出资人有权享有；而当企业破产时，出资人最大的损失即为投入企业的资本金。有限责任制度不仅使人们愿意为企业提供资本，因为投资于企业的风险代价较小，而且企业分散的投资风险也使企业的经营者乐意筹资。可以说，有限责任制度是市场经济条件下，出资人既敢于向经营者更多地让渡权力，使其放心经营，又能实行自我保护的一种有效办法。实行有限责任制度是国有企业进入市场，提高企业治理结构的必要条件。

3. 股票可以自由让渡。在两权分离的股份公司中，常常会遇到这样的难题：当多数表决做出的决策与少数人意志不符时，应有使少数派股东脱离公司、转移资本的可能性；当公司资本的固定化和回收期的长期化与出资人要求的短期回收

保证形成冲突时，出资人要求能够保证按照自己的意愿随时收回投资。但允许股东随时抽走资本显然与股份制的准则相悖，也必将损害公司的长期发展，而如果股票能在股票市场上自由转让，则以上两个难题就迎刃而解了。所以，为了提高国有企业的治理结构效率，就应使所有权具有可转让性。

4. 界定经营者与公司的关系。英美法系和大陆法系都把经营者与公司之间的关系规范为委托代理关系，经营者不能把以个人的名义与其他民事主体发生的效果归于公司的法律关系，从而不能成为财产责任主体。企业法人只能由股东大会选出、对外代表公司、对内执行业务的常设机构来代表，这一代表机构在股份公司中就是董事会。经营者在法人代表机构的授权下具体执行公司业务，其收入、升迁、声誉直接与企业资产的运营效率及资产的增值状况相联系。一旦经营失败，他原先的地位便会因被公司解雇而即刻失去。

5. 合理有效的所有权约束。所有权与控制权分离后，所有权约束对于企业的生存和发展必不可少。在股份制条件下，所有权约束分为两个层次：一是股东通过在股东大会上用“手”投票和在股票市场上用“脚”投票，对公司法人代表机构运作公司资产的行为施加股权约束，使公司资产的运营符合出资人增殖资产和增加资本收益的愿望；二是公司董事会通过控制重大战略决策权、经理任免权、监督权等方式向经营者施加法人财产权约束，以确保公司的长期稳定发展。

6. 企业家阶层的崛起。企业家的素质对法人资产的高效率运营起着至关重要的作用。在法人资产制度下，企业家分为两类：一类是以董事身份出现的企业家，董事会能独立行使法人财产权，追求资本增值和企业扩张，并承担相应风险；另一类是以经理人员身份出现的企业家。他们并非是企业财产的所有者和财产风险承担者，从而能够超越所有者的短期利润最大化界限，追求企业的长期发展。他们在创新和冒险的经营生涯中实现自身人力资本价值最大化和个人货币收益的同时，使企业资产不断增值。

7. 必要的外部约束条件。一是硬的市场约束。在市场机制既不受到行政干预，又不受到单个企业垄断的条件下，企业按照利润最大化原则，对市场环境做出灵敏及时的反应，在市场竞争中求生存求发展，而不可能通过随意加价或掠夺性经营等途径追求短期收益和转嫁风险。二是硬的法律约束。只有完善法律体系，并以法律为准绳，建立起严格的债务清偿责任制度，惩罚行为人的违法经营行为，才能真正确立企业的法人地位，使企业法人以法人资产承担自负盈亏的责任。

第三节　对经理人员实行股票期权制度

一、"企业价值"与经理人员股票期权制度

经理人员所从事的以智力活动为具体形态的复杂劳动，贯穿融会于企业内部各部门之间，企业与外部环境（包括客户、政府、社团、公众等群体）之间的协调、指挥、控制、监督活动的全过程。所有这些劳动的强度和劳动成果难以量化，不可能以"工作小时"或通过设计完美的"指标体系"来计量。

即使通过经理人员的劳动付出，企业的经营业绩或市场竞争能力较之以往出现明显的改观，由董事会或人力资源部门来评价这些改变的程度以及这些改变对本企业的价值仍然十分困难。一方面是因为企业竞争能力的增强很难计量，另一方面是因为由数量有限的个体去评价一个企业的价值有失公允，"评价"本身就包含了个体的偏好。因此，评价经理人员工作绩效应该并且需要通过市场机制来完成，即通过交换，由市场来判断经理在增加企业价值方面的工作绩效和决定经理应得的报酬。也就是说，由市场来决定企业价值是否增加，以及包含于其中经理人员的劳动（或者说经理人员这种劳动力）的价值。

经理人员与企业所有者之间，首先是雇佣劳动与企业主之间的关系。经理人员与企业主的代表即董事会之间的契约，是建立在对经理人员这种从事复杂劳动的劳动力的交换关系基础之上。从对经理人员这种劳动力商品的需求方面看，股东希望经理人员能够最大限度地增加股东价值，所以特别看中的是经营者的经营管理能力，也就是经理人员的工作绩效；从劳动力商品的供给方面看，作为劳动力的经理人员，要提供自身的聪明才智为企业主创造财富以谋求劳动力价值的实现，应当指出的是，这个劳动力的价值不仅包括物质方面的要求，还包括了社会地位、个人成就感等属于意识领域方面的要求。

供求双方竞争的"双赢"结果就是，作为需求方的企业所有者，付出适当的代价购买到了经理人员这一劳动力，从而企业价值增加，在一定时间内获得股东利益最大化的效用满足；作为供给方的经理人员，因在一定时间内提供劳动为企业所有者创造出财富，也实现了自身劳动力价值。所以，增加企业价值成为达到这种"双赢"结果的先决条件。在经理人员提供劳动的这段时间内，如果企业的价值增加了，就意味着经理人员的劳动为社会所承认，经理人员在这"惊险的跳跃"中获得成功，实现了劳动力价值；企业所有者也因企业价值增加而保证了自身的利益。

“企业价值”是一个内涵十分丰富的概念。在市场经济条件下，“企业价值”包含了市场参与者对企业的经营战略、研发能力、营销手段、客户服务、市场份额、财务状况等诸方面的综合评判。对于公开上市的公众公司而言，这些来自各方面的评判反映在股票买卖活动中，最后形成了公司股票在交易所电子显示屏上的价格，企业价值的变化由此反映在股票价格的变化上。非上市公司的企业价值评判不那么直观，但通过市场体系中具有良好信誉的各类咨询、鉴定机构提供的服务，依然可以获得量化的企业价值，如美国的非上市公司玛丽·凯公司，该公司虚拟股票价值每年由斯特恩·斯图亚特公司（Stern Stewart Co.）以布莱克－斯科尔（Black-Scholes）认股权定价模型计算一次，这样，经理人员的工作绩效便可由企业价值的变化来客观地反映。除了现金薪酬之外，企业的所有者向经理人员提供一定数量的股票期权，让经理的另一部分薪酬通过到期行使的股票期权来由市场决定。

所谓经理人员股票期权，实际上是企业资产所有者对企业经营者实行的一种薪酬制度。具体是指经理人员享有在与企业资产所有者约定的期限内（如3～10年内）以某一预先确定的价格购买一定数量本企业股票的权利。行使股票期权的经营者在约定期限内，按照预先约定的价格购买本公司股票，如果该公司经营业绩优良，股票价格届时上涨，则经营者在他认为合适的价位上抛出股票，就获得差价利润；反之，如果股票价格下跌，则股票期权就分文不值。

二、明确实施经理股票期权计划的适用范围

在国内企业引入经理股票期权计划决不能如同群众运动一般一哄而上，想当然地认为“股票期权，一抓就灵”。在实行股票期权制度时，首先应明确其适用的范围。大体来说，下列三类企业暂时不宜实施经理股票期权计划：

1.政企不分的企业不宜实行股票期权激励。在政企不分的情况下很难界定经理人的绩效。当政企不分有利于企业时，经理人获得股票期权增值收益是不合理的，对公司股东和其他员工也是不公平的；当政企不分不利于企业时，经理人当然也就不会愿意承担股票期权贴水的风险。

2.股份不能全部流通的上市公司不宜实行股权激励。目前国内上市公司存在占总股本高达70%左右的不可流通股，由于流动性的差异，两类股票所隐含的内在价值迥异，使市场参与者几乎不可能对公司价值形成有效的判断。公司的社会公众股东不得不为手中所持股票的流动性付出额外的代价，公司国家股、法人股股东的股权又不具备证券资产应有的流动性，因而不能正确反映这部分股权应代表的公司价值。实施经理人员股票期权计划首先需要能在一定程度上反映公

司价值的股票市值，其次需要执行期权后获得的股票能够随时变现。所以，目前我国上市公司的股权结构对实施经理人员股票期权激励计划是一大障碍。可喜的是，即将开设的国内创业板市场已同规范的证券市场完全接轨，在创业板上市的公司，其全部股份最终均可流通，这就从市场操作的角度为创业板上市公司顺利实施经理股票期权计划铺平了道路。

3. 缺乏有效的公司治理结构的公司不宜实行股票期权激励计划。必须建立能够在所有者和经营者之间形成制衡关系的公司治理结构，确保董事会履行其受托责任，董事会不干预企业的日常经营，但必须通过战略决策，任免高层经理人员，并对他们的经营活动进行全过程的监督，防止个别股东、董事以及经理人员滥用公司资产和进行私下交易；设立财务控制与风险监测系统，确保公司的会计和财务报告的真实性，监察主要的资本支出、资产售出、收购和兼并；监督信息披露的过程，保证信息披露的全面和及时，来履行它对股东的受托责任。要避免决策层与执行层重叠的企业中有控制能力的内部人，利用内幕信息以股票期权计划为手段，损害企业其他利益群体而为自身牟取私利。

三、明确经理股票期权的授予者与授予对象

（一）经理股票期权的授予者

在西方国家，由上市公司的股东来实施上市公司股票期权激励计划的案例十分罕见。虽然美国公司也存在由公司控股股东通过捐赠方式建立一个诸如ESOP计划的做法，但ESOP与雇员股票购买计划、经理人员激励方案是有区别的。为了使雇员能够持股，美国的公司可以通过雇员信托获得债务融资以购买企业新发行的股票，雇员信托用这些新资本带来的收入偿还债务。这并不属于本文所要探讨的经理人员股票期权制度的内容。

然而在中国，股票期权（严格地说应称之为“期股”）的授予者往往是由公司的大股东来承担的，实际上，由股东主要是国家股股东来制定并实施股票奖励经营者从一开始就存在。比如从较早的案例——上海纺织控股集团公司到最近的武汉国有资产经营公司，其设计思路大同小异，均由国家股股东一手包办。根据《中共中央关于国有企业改革和发展若干重大问题的决定》与《中共中央国务院关于加强技术创新，发展高科技，实现产业化的决定》的精神，在一些国家股控股的公司中，可以由国家股股东从国有资产增值中拿出一部分作为股票奖励，因此在特定的企业中由国家股股东来实施认股期权是符合现阶段国家政策的。

（二）股票期权的授予对象

除经理人员外，美国股票期权激励的另外一类对象是公司的董事，包括雇员

董事与非雇员董事。对董事的股票期权授予通常采取在任职时授予一定数量的股票，然后每年授予一个固定数量的股票期权，这些授予给董事的股票期权在数量上远远低于授予给首席执行官的期权数量。就我国实施认股期权制度的一些案例来看，授予认股权的对象以公司的经营层为主，有少数的案例以企业的法人代表与党委书记为对象，核心的科技人员尤其是创业的科技人员在高科技企业中是认股权的主要授予对象，但是在其他行业科技人员并未受到重视。

《中共中央关于国有企业改革和发展若干重大问题的决定》与《中共中央国务院关于加强技术创新，发展高科技，实现产业化的决定》中明确强调可以对三类人员给予股份奖励，包括经营层、科技人员和有突出贡献的企业职工。由于股票期权激励的内在逻辑是通过公司股票的增值来促使期权持有人更加关心公司的长期发展，从而使期权持有人的长期报酬与公司的长期增长保持一种密切的联系。因此，股票期权激励的对象通常是对企业的未来发展有着举足轻重的影响的公司雇员，包括经理人员与技术人员（在现阶段由于目前我国上市公司经营权和所有权的分离不充分，奖励对象也可以包括公司的董事）。经理人员尤其是公司的首席执行官通常是股票期权激励的主要对象。对于创业板上市公司或其他高新技术企业的技术人员尤其是技术骨干提供股票期权激励正受到越来越多的公司的重视。

四、切实解决行使经理股票期权所需的股份来源

根据国际通行的做法，股票期权行权所需股票来源有两个：公司发行新股和通过库存股票账户回购股票。库存股票是指一个公司将自己发行的股票从市场购回的部分，这些股票不再由股东持有，其性质为已发行但不流通的股份。公司将回购的股票放入库存股票账户。当期权持有人在行使期权时，公司利用发行新股或出售库存股票。根据股票期权或其他长期激励机制的需要，留存股票将在未来某时再次出售。

目前在我国，上市公司增发新股和股份回购受到很大的政策限制，公司缺乏必要的股份来源确保期权的行使，因此建议从法律和政策上提供必要的条件，在股份来源上提供相应的政策支持。如给予公司不超过股本总量一定量（比如10%）的股票发行额度，根据期权方案和行权时间表安排新股的发售方案；允许公司回购部分法人股或国家股或转配股作为库存股票专门满足行权所需（其好处一是回购成本较低，二是不影响二级市场，三是逐步解决我国上市公司非流通股比例过高的问题）；对有资格的公司放宽增发股票限制，允许将超额配售部分留作库存股票用以实施经理股票期权计划。

此外，经理股票期权方案中的股份来源问题还可以参考以下思路进行设计：

1. 新增发行。向证监会申请一定数量的定向发行的额度，以供认股权持有人将来行权（即以认股权约定的方式购买公司股票）。此方式必须经证监会批准，有相当大的政策难度。目前拟采用此种方式的，有中兴通讯、清华同方等。

2. 大股东转售。在不影响大股东控股地位的前提下，可由大股东承诺一个向认股权持有人转售公司股票的额度，以供将来行权。该方案的前提是这部分股票在向认股权持有人转售后可以上市流通。显然，此方式必须经证券监管部门批准，也有相当大的政策难度。风华高科采用的就是此种方式。

3. 以其他方的名义回购。即通过二级市场回购一定的股票以供认股权持有者将来行权。由于中国《公司法》规定，除回购注销之外上市公司不能回购自己的股份，因此可用其他方的名义持有部分股票以供将来行权。已经这样做的上市公司有金陵股份以及其母公司上海仪电集团控股。

4. 虚拟股票期权。这实际上是一种把经营者的长期收入与公司股价挂钩的方式。在该方式中，经营者并不真正持有股票，而只是持有一种“虚拟股票”，其收入就是未来股价与当前股价的价格差，由公司支付。如果股价下跌，经营者将得不到收益。

五、科学制定经理股票期权的行使价格

股票期权行权价是否合理，关系到期权激励是否有效。股票期权行权价的确定一般有三种方法：一是现值有利法，即行使价低于当前股价；二是等现值法，即行使价等于当前市价；三是现值不利法，即行使价高于当前股价。

目前美国一般实行现值不利法。美国国内税务法规规定，行权价不能低于股票期权赠与日的公平市场价格。不同公司对公平市场价格的规定不同，如有的规定是赠与日最高市场价格与最低市场价格的平均价，有的规定是赠与日前一个交易日的收盘价。当某经理人拥有该公司10%以上的股票权时，如股东大会同意他参加股票期权计划，则他的行权价必须高于或等于赠与日公平市场价格的110%。而在中国香港有关法律条款中规定认股价以股权售出日前5个交易日在联交所的平均收市价的80%或股票面值的较高者为准，显然这是对现值有利法的一种限制。至于采用三种方式中的何种，则由公司自己定。

由于我国股票期权还处于探索阶段，加上公司经营体制环境不太宽松，经理人无法完全行使应有的控制权，因此对于上市公司来说，应当遵循两个原则，即公平市价原则和发行价原则。然而即便我们能够完全遵循这两个原则，在制定股票期权行权价时仍然会遇到很多需要解决的矛盾。具体表现在：（1）如将股票期

权行权价定为“公允市价”，则“公允市价”存在被人为扭曲的可能。因为股东们不能防止在可预期的期权赠与日前，公司的某些财务记录被蓄意操纵，意在获得一个较低的行权价；与此相对，在行权日也可能存在人为扭曲的高市价，以获得较高的行权价差。解决这一矛盾唯一可行的办法是，将“公允市价”定义为某一时间段（如股权售出日前若干个交易日）的平均收市价，并规定行权价为该平均值的 80%～110%。

六、让经理人员股票期权激励计划更加公平

尽管经理人员股票期权提供了一种机制，即能够由市场来判断经理在增加企业价值方面的工作绩效和决定经理应得的报酬，但仅仅依靠公司的股票市值来判断公司价值的变化，进而根据公司股票市值来决定经理们的工作绩效和决定他们的报酬也会存在一定的局限性。首先，由于健全有效的证券市场只是理想状态，公司的股票价格并不一定在所有时刻与公司的“企业价值”完全正相关，另外也因为公司的股票价格在证券市场上还会受到外力影响，政府政策、经济景气度甚至一些突发事件都可能对公司股票价格造成影响，从而扭曲了股票价格对公司内在价值的反映。虽然从理论上讲，通过执行经理股票期权制度，经理人员的利益与其他股东的利益保持了一致，但在实际情况中，这种一致性只存在于公司股票价格上涨之时，而当股价下跌时，这种一致性就消失了，因为他可以选择不行使该项期权。

前面曾提到，目前国际上常用的股票期权行权价的确定一般有三种方法：一是现值有利法，即行使价低于当前股价；二是等现值法，即行使价等于当前市价；三是现值不利法，即行使价高于当前股价。在前两种定价方式下，首席执行官们获得的几乎是“现钱式”的认股权，这就是说，如果某公司的经理股票期权发放当日股价是 20 元，根据等现值法，则期权行使价也是 20 元，而且在整个股票期权有效期（比如 7 年）内保持 20 元，那么该公司的经理们发财致富根本不需要高超的管理技艺。因为，如果该公司的首席执行官用公司的收益购买债券，而不是以股利的形式分给股东或是用于其他能给公司带来更高收益但需要冒风险的投资，这部分资产的账面价值必然会随时间推移而上涨，股价也会随之上涨。这样一来，一个拥有 100 万份认股期权而在公司经营管理上毫无建树的经理也同样可以暴富。投资大师巴菲特对美国许多大公司制定的限制条件太低的经理认股权计划深恶痛绝。例如百事可乐公司的首席执行官罗杰·恩里科自 1996 年以来从所获得的1 864 000份认股权上获利1 700万美元，而在这段期间，百事可乐公司只给了股东 48%的回报，比标准普尔 500 指数低了 25 个百分点。

尽管如此，世界各地的“巴菲特”们并没有提出停止分配经理股票期权的要求。相反，越来越多的投资者们还青睐一批由勇敢的首席执行官执掌的公司，因为这些公司采取了严格的经理股票期权分配方案，这些方案首先考虑到的是股东的利益，而不是首席执行官们的利益。

简单地说，受到投资者欢迎的这些美国公司只是采用了“现值不利法”来给经理股票期权制定行权价，所不同的是，这些公司的董事们将经理人员面前的“横杆”升高了。这些公司的董事会制定了更高的要求，给经理们的股票期权将按照“升水”定价。形形色色的方案各有不同的目标，但基本上都是与标准普尔500 指数升幅或同类行业板块的公司业绩挂钩，并加上股息和一到两个百分点，才算经理们达到了最低目标。在 1998 年的牛市中，一般的目标是使公司的股票市值增长 8%～10%，首席执行官只有达到或超过这个目标才能从公司的股价增值收益中分成。

上面这些美国公司制定的按“升水”定价的经理股票期权方案在股市看好或波动幅度平稳时不失为一种好办法。但是一旦股价大幅下跌或持续低迷，如今年 NASDAQ 所表现出来的熊市状态，多数认股权会降到平均线以下，即使戴尔和钱伯斯们表现绝佳，将公司股价每年提高 5%，并且超出 NASDAQ 综合指数的上升水平，也只能眼看自己的认股权计划流产。这时的公司存在危险在于优秀的经理人员会“另谋高就”，原因是股市状况不佳，他们得不到应有的回报。

对于出现这种情况的解决办法之一是制定可“掉期”的期权行使价格，即把行权价指数化。其宗旨是，随某种股票价格指数的上升或下降，经理股票期权的行使价格也随之变化。指数化的行权价方案可使经理人员的贡献与股票市场的动荡分离开来，不至于股市中的因不可抗力因素挫伤经理人员的积极性。

第八章

股份公司的财务管理

财务管理是企业管理的一部分，是有关资金获得和有效使用的管理工作，具体地说，便是关于资金筹集、投放和分配的管理工作。股份制企业财务管理的目标是股东财富最大化，对象是资金的循环和周转，主要内容是筹资、投资和股利分配，主要职能是决策、计划和控制。

第一节　股份制企业财务管理的内容

一、股份制企业财务管理的目标和对象

（一）股份制企业财务管理的目标

股份制企业财务管理的目标，取决于股份制企业的总目标。股东创办企业的目的是扩大财富，股份制企业的目标就是股东财富最大化，因此，股东财富最大化也是财务管理的目标。股东财富由其所持有的股票数量和股票市场价格决定，因此，股价高低反映了财务管理目标的实现程度。

股价主要受外部环境和企业决策两方面因素的影响。抛开外部因素不谈，股价高低主要取决于企业报酬率和风险，而企业报酬率和风险则由企业的投资项

目、资本结构和股利政策决定。财务管理正是通过投资决策、筹资决策和股利决策来提高报酬率，降低风险，实现股东财富最大化的目标。

（二）股份制企业财务管理的对象

财务管理主要是资金管理，其对象是资金及其流转。资金流转的起点和终点是现金，其他资产都是现金在流转中的转化形式，因此，财务管理的对象也可以说是现金及其流转。在生产经营中，现金变为非现金资产，非现金资产又变为现金，这种周而复始的流转过程称为现金流转。这种流转无始无终、不断循环，称为现金的循环。

时间不超过 1 年的流转，称为现金的短期循环。短期循环中的资产是流动资产，包括现金本身和企业正常经营周期内可以完全转变为现金的存货、应收账款、短期投资及某些待摊和预付费用等。时间在 1 年以上的流转，称为长期循环。长期循环中的资产是长期资产，包括固定资产、长期投资、递延资产等。

（三）股份制企业财务管理的职能

财务管理有三个重要的职能：财务决策、财务计划和财务控制。(1) 财务决策是核心职能；财务计划是财务决策的具体化，是控制财务活动的依据；财务控制是财务决策的具体落实，是执行财务计划的手段。财务决策指在财务目标的总体要求下，从若干个可以选择的财务活动方案中选择最优方案的过程。(2) 财务计划指在一定计划期内以货币形式反映的生产经营活动所需要的资金及其来源、财务收入和支出、财务成果及其分配的计划。(3) 财务控制指在财务管理过程中，利用有关信息和特定手段，对企业的财务活动施加影响或进行调节，以实现计划所规定的财务目标。财务决策、财务计划和财务控制组成了一个财务管理循环。

（四）股份制企业财务管理的内容

股份制企业的财务目标是股东财富最大化，股东财富最大化的途径是提高报酬率和减少风险。企业的报酬率高低和风险大小则取决于投资项目、资本结构和股利分配政策。因此，财务管理的主要内容是资产管理、融资管理、成本费用管理和利润分配管理等内容。

二、股份公司的资产管理

资产是企业拥有或者控制的能以货币计量的经济资源，包括各种财产、债权和其他权利。资产分为流动资产、长期投资、固定资产、无形资产、递延资产和其他资产。

（一）流动资产

流动资产是指可以在1年或者超过1年的一个营业周期内变现或者消耗的资产，包括现金及各种存款、短期投资、应收及预付款项、存货等。

短期投资是指各种能够随时变现、持有时间不超过1年的有价证券以及不超过1年的其他投资。有价证券应按取得时的实际成本记账。当期的有价证券收益，以及有价证券转让所取得的收入与账面成本的差额，计入当年损益。

应收及预付款项包括：应收票据、应收账款、其他应收款、预付货款、待摊费用等。应收账款可以计提坏账准备金。坏账准备金在会计报表中作为应收账款的备抵项目列示。各种预付款项应当及时清账、催收，定期与对方对账核实。经确认无法收回的应收账款，已提坏账准备金的，应当冲销坏账准备金；未提坏账准备金的，应当作为坏账损失，计入当期损益。待摊费用应当按受益期分摊，未摊销余额在会计报表中应当单独列示。

存货是指在生产经营过程中为销售或者耗用而储存的各种资产，包括商品、产成品、半成品、在产品以及各类材料、燃料、包装物、低值易耗品等。各种存货应当按取得时的实际成本核算。各种存货发出时，企业可以根据实际情况，选择先进先出法、加权平均法、移动平均法、个别计价法、后进先出法等方法确定其实际成本。

（二）长期投资

长期投资是指不准备在1年内变现的投资，包括股票投资、债券投资和其他投资。股票投资和其他投资应当根据不同情况，分别采用成本法或权益法核算。债券投资应当按实际支付的款项记账。实际支付的款项中包括应计利息的，应当将这部分利息单独记账。溢价或折价购入的债券，其实际支付的价款与债券面值的差额，应当在债券到期前分期摊销。债券投资存续期内的应计利息，以及出售时收回的本息与债券账面成本及尚未收回应计利息的差额，应当记入当期损益。1年内到期的长期投资，应当在流动资产下单列项目反映。

（三）固定资产

固定资产是指使用年限在1年以上，单位价值在规定标准以上，并在使用过程中保持原来物质形态的资产，包括房屋及建筑物、设备及工具等。

固定资产应当按取得时的实际成本记账。在固定资产尚未交付使用或者已投入使用但尚未办理竣工决算之前发生的固定资产的借款利息和有关费用，以及外币借款的汇兑差额，应当记入固定资产价值；在此之后发生的借款利息和有关费用及外币借款的汇兑差额，应当记入当期损益。融资租入的固定资产应当比照自有固定资产核算，并在会计报表附注中说明。

固定资产折旧应当根据固定资产原值、预计净残值、预计使用年限或预计工作量，采用年限平均法或者工作法计算。如符合有关规定，也可以采取加速折旧法。

固定资产应当定期清查盘点，对于固定资产盘盈、盘亏的净值以及报废清理所发生的净损失，应当计入当期损益。

(四）无形资产、递延资产和其他资产

无形资产是指企业长期使用而没有实物形态的资产，包括专利权、非专利技术、商标权、著作权、土地使用权和商誉等。购入无形资产应当按实际成本记账；接受投资取得的无形资产，应当按照评估确认或者合同约定的价格记账；自行开发的无形资产，应当按开发过程中实际发生的支出数记账。各种无形资产应当在受益期内分期平均摊销，未摊销余额在会计报表中列示。

递延资产是指不能全部计入当年损益，应当在以后年度内分期摊销的各项费用，包括开办费用、租入固定资产的改良支出等。

其他资产是指除以上各项目以外的资产。

三、股份公司的资金筹集管理

筹资指筹集资金，如发行股票和债券，取得贷款或租赁，以及公司的其他预收款和应付款等负债项目。筹资决策要解决的问题，是如何取得企业所需要的资金，包括何时、以何种方式、向谁、筹集多少资金等。筹资决策的关键是决定各种资金来源在总资金中所占的比重，即确定资本结构，使筹资风险与筹资成本相对应。

资金的筹集分为负债（借入资金）和股东权益（自有资金）两大类。资本结构主要指权益资金和借入资金的比例关系。完全通过权益资金筹资，不能得到负债经营的好处；但负债比例大，则风险也大，企业可能会陷入财务危机。筹资决策的一个重要内容，就是确定最佳资本结构。

(一）流动负债和长期负债

负债是对外借入的资金，也是企业所承担的能以货币计量、需要以资产或劳务偿付的债务。负债分为流动负债和长期负债。流动负债也称短期负债，是指将在1年或者营业超过1年的一个营业周期内偿还的债务，包括短期借款、应付票据、应付账款、预收货款、应付工资、应交税金、应付利润、其他应付款、预提费用等。各项流动负债应当按实际发生数额确定后，进行调整。流动负债应当在会计报表中分项列示。此外，将于1年内到期偿还的长期负债，应当在流动负债下单独列项目反映。

长期负债是指偿还期在1年或者超过1年的一个营业周期以上的债务，包括长期借款、应付债券、长期应付款项等。其中，(1) 长期借款包括向金融机构借款和向其他单位借款。长期借款应当区分借款性质，按实际发生的数额记账。(2) 发行债券时应当按债券的面值记账。债券溢价或折价发行时，实际收款与面值的差额应当单独核算，在债券到期前分期冲减或者增加各期的利息支出。(3) 长期应付款项包括应付引进设备款、融资租入固定资产应付款等。长期应付款项应当按实际发生数额记账。

(二) 股东权益

股东权益是公司股东对公司净资产的所有权，表明公司自有资产的总额。股东权益包括股东认购股份形成的股本，以及由此形成的资本公积金、盈余公积金和未分配利润等。

如前所述，公司的股本即股份有限公司的股份资本，是政府有关部门批准和公司章程所确定的，由股东出资认购股份所构成的公司资本总额，亦即股份公司的注册资本。股本总额为公司股票面值与股份总数的乘积。

公积金是指公司的利润和其他收益中用于生产积累的资金，可用来弥补亏损和转增股本。它分为资本公积金和盈余公积金。资本公积金包括股票超面额发行所得的净溢价额、法定财产重估增值、公司接受的捐赠的资产价值，以及公司被债务豁免所得到的资产等。盈余公积金是指从公司当年利润中提取的公积金，包括法定盈余公积金和任意盈余公积金。法定盈余公积金指公司根据有关法规规定，必须从税后利润中提取的公积金，其目的是保证资本的充实，保证债权人的权益。我国有关法规规定，公司必须按当年税后利润（减弥补亏损）的10%提取法定盈余公积金，当它累积到注册资本的50%时可不再提取。任意盈余公积金是按公司章程或股东大会决议提取的盈余公积金，它不受法规的限制，由公司根据生产发展的需要任意提留。

未分配利润是企业留待以后年度分配的利润或待分配利润。

四、公司的成本、费用和利润管理

直接为生产商品和提供劳务等而发生的直接人工、直接材料、商品进价和其他直接费用，直接计入生产经营成本；企业为生产商品和提供劳务而发生的各项间接费用，应当按一定标准分别计入生产经营成本。

企业行政管理部门为组织和管理生产经营活动而发生的管理费用和财务费用，为销售和提供劳务而发生的进货费用、销售费用，应当作为间接费用，直接计入当期损益。

利润是企业在一定期间内的经营成果，包括营业利润投资净收益和营业外收支净额。营业利润为营业收入减去营业成本、期间费用和各种流转税及附加税费后的余额。投资收益是企业对外投资收入减去投资损失后的余额。营业外收支净额是指与企业生产经营没有直接关系的各种营业外收入减营业外支出后的余额。企业发生亏损，应当按规定的程序弥补。

股份制企业的利润在按规定弥补亏损和缴纳企业所得税后，按如下程序分配：(1) 提取法定盈余公积金，按当年税后利润（减弥补亏损）的10%提取法定盈余公积金，当它累积到注册资本的50%时可不再提取；(2) 向优先股派发股利；(3) 提取盈余公积金，提取比例由股东大会决定；(4) 向普通股派发股息，可以实行现金派息，也可以实行股票派息，即送红股；(5) 剩余的利润计入未分配利润。

第二节　股份制企业的财务报表

一、股份公司的主要会计报表

在股份制企业中，由于所有权和经营权分离，要求企业向现实和潜在的投资者、债权人和其他与企业有经济利害关系的信息使用者提供企业的财务信息，以帮助他们做出合理的决策。企业提供财务信息最基本的方式，就是财务报表。财务报表是由企业会计部门提供的反映企业一定时期经营成果及一定时点财务状况的书面文件，包括主要会计报表、附表、报表注释及财务状况说明书等。

会计报表是根据会计分录，经过汇总整理之后，对企业经营成果和财务状况进行集中概括和综合反映的一种书面文件。按照《企业会计准则》的规定，股份制企业的会计报表主要有资产负债表、利润表和现金流量表。

二、股份公司的资产负债表

资产负债表是以“资产＝负债＋所有者权益”为平衡关系，反映企业在某一特定日期财务状况的会计报表。它综合反映了企业在某一时日（如月末、季末或年末）的资产总额及其构成、负债总额及其构成、股东权益总额及其构成。由于在任何时点上资产必等于负债与股东权益之和，所以资产负债表是静态报表。资产负债表的主要内容见表8—1。

资产负债表的基本恒等式或平衡关系是总资产等于负债加股东权益，即

总资产≡负债＋股东权益

表 8—1　　　　资产负债表的简表

资产	负债与股东权益
流动资产	流动负债
其中：货币资金	长期负债
应收账款	股东权益
预付账款	其中：股本
短期投资	资本公积金
长期投资	盈余公积金
固定资产	未分配利润
无形资产及其他资产	
资产总计	负债与股东权益总计

净资产＝总资产－负债＝股东权益

1. 资产负债表的有关概念。资产是由过去的交易或事项形成并由企业拥有或者控制的资源，该资源预期能给企业带来经济利益。资产具有以下基本特征：(1) 资产应能为企业带来未来经济利益，这种经济利益指的是在未来直接或间接地为企业带来现金净流入，如材料存货；(2) 资产都是为企业实际控制或拥有的，“拥有”指企业拥有资产的所有权，“控制”指企业虽没有资产所有权，但可以实际控制，可以对其自由支配和使用，如融资租入固定资产；(3) 资产都是企业在过去发生的经济业务事项中获得的，企业所能利用的经济资源能否列为资产，其区分标志之一就是是否由发生的交易所引起，不能根据谈判中的交易或计划中的经济业务确认一笔资产；(4) 资产必须能以货币计量，虽属于企业但无法用货币计量的资源，如人力资源，不在报表中显示。

负债是企业过去的经济业务事项形成的现时义务，履行该义务会使经济利益流出企业。负债具有以下特征：(1) 负债是由过去的经济业务事项引起的、企业当前所承担的义务，企业预期在将来要发生的经济业务事项可能产生的债务不能作为负债；(2) 负债必须在未来某个时点通过转让资产或提供劳务来清偿；(3) 负债也必须是能用货币计量的债务责任。

股东权益是所有者在企业资产中享有的经济利益，又称净资产。所有者权益相对于负债而言，具有以下特征：(1) 所有者权益不像负债那样需要偿还，除非发生减资、清算，企业一般不需要偿还所有者；(2) 企业清算时，负债往往优先清偿，所有者权益只有在清偿所有负债后才返还给所有者；所有者权益能参加利润分配，而负债不能。所有者权益在性质上体现为所有者对企业资产的剩余利益，在数量上体现为资产减去负债后的余额。所有者权益包括实收股本、资本公积金、盈余公积金和未分配利润四个项目，其中，盈余公积金和未分配利润称为留存利润。

2. 资产负债表项目的分类。资产负债表项目有两种分类方法：一是按流动性分类，二是按货币性或非货币性分类。一般大多按流动性分类。按流动性分类，资产可分为流动资产和非流动资产，负债可分为流动负债和长期负债，股东权益可分为投入资本和留存利润。在这种分类方法下，企业资产按流动性排列，流动性强的在先，流动性弱的在后；负债按到期日的远近排列，到期日近的在先，到期日远的在后；股东权益按永久性大小排列，永久性大的在先，永久性小的在后。

3. 资产负债表的作用和局限性。资产负债表对报表使用者分析评价企业财务状况具有以下作用：（1）了解企业所掌握的经济资源及这些资源的分布与结构，可以通过对资产结构的分析，对企业的资产质量做出一定的判断；（2）把流动资产、速动资产与流动负债联系起来分析，可以评价企业的短期偿债能力；（3）通过企业债务规模、债务结构与所有者权益的对比，可以对企业的长期偿债能力及举债潜力做出评价；（4）通过对资产流动性或变现能力、企业筹措资金能力等方面进行分析，可以了解企业的财务弹性（指企业应付、适应各种变化的能力）；（5）通过对不同时期项目的比较，可以了解企业财务的变动情况，预测财务状况的发展趋势。

同时，资产负债表也有其局限性：（1）以历史成本为基础，不反映资产负债和股东权益的现行市场价值，当发生通货膨胀时，账面上的原始成本与编表日的现时价值会相去甚远；（2）用货币计量会遗漏无法用货币计量的重要经济资源信息，如人力资源及固定资产在全行业的先进程度等；（3）表中包括许多估计数，如坏账准备、固定资产折旧和无形资产摊销等，估计的数据难免带有主观性，可能影响信息的可靠性。

三、股份公司的利润表

利润表是以“收入－费用＝利润”为平衡关系，反映企业一定期间经营成果的会计报表。它综合反映了企业在某一时期营业收入、营业成本与费用、主营业务利润、营业利润、投资收益、营业外收支、利润总额、净利润等经营成果的形成，是一张动态的会计报表。目前，我国利润表采取“损溢满计观”来反映净利润的情况，即本期利润表包括所有本期确认的损益项目，不仅包括所有当期正常营业项目的利润，而且包括所有营业外收支和前期损益调整项目。公司利润表的主要内容见表8—2。

表8—2　　某公司2005年利润表简表（元）

项目	金额
一、主营业务收入	200 000 000
减：主营业务成本	110 000 000
主营业务税金及附加	2 000 000
二、主营业务利润	88 000 000
加：其他业务利润	10 000 000
减：存货跌价损失	1 000 000
营业费用	2 000 000
管理费用	5 000 000
财务费用	1 000 000
三、营业利润	89 000 000
加：投资收益	2 000 000
营业外收入	500 000
减：营业外支出	500 000
四、利润总额	91 000 000
减：所得税	31 000 000
五、净利润	60 000 000

1. 利润表的有关概念。收入是企业在销售商品、提供劳务及让渡资产使用权等日常活动中形成的经济利益的总流入。收入具有以下特点：（1）收入是企业日常活动中产生的，如工商企业销售商品、提供劳务的收入；那些能为企业带来经济利益，但不是企业日常活动中产生的经济利益的流入，不属于收入，只能作为利得。（2）收入可能表现为企业资产的增加，也可能表现为企业负债的减少，也可能同时引起企业资产的增加和负债的减少。（3）收入将引起企业所有者权益的增加。

费用是企业在销售商品、提供劳务等日常活动中所发生的经济利益的流出。费用与收入按会计中的配比原则，即可得出企业在经营活动中取得的盈利。费用具有以下特点：（1）费用是企业日常活动中发生的经济利益的流出，那些不是日常活动中发生的经济利益的流出，属于损失；（2）费用可以表现为资产的减少，也可以表现为负债的增加；（3）费用将引起所有者权益的减少。

利润是企业在一定期间内的经营成果。利润为营业利润、投资净收益和营业外收支净额等三个项目的总额减去所得税费用之后的余额。有些补贴收入也计入利润。营业利润是企业在日常活动中产生的利润，为主营业务利润和其他业务利润减去有关期间费用的余额；投资净收益是投资收益与投资损失的差额；营业外收支是与企业日常经营活动没有直接关系的各项收入和支出，如捐赠收入或支出、固定资产盘盈或盘亏、处置固定资产净收益或净损失、罚款收入或支出等。

2. 利润表项目的分类。按企业所从事的日常活动的性质，收入有三种来源：一是对外销售商品，二是提供劳务，三是让渡资产使用权，主要表现为对外贷款、对外投资或对外出租等。按日常活动在企业中所处的地位，收入还可以分为主营业务收入和其他业务收入。主营业务收入是企业为完成其经营目标而从事的日常活动中的主要项目，可根据企业营业执照上规定的主要业务范围确定。其他业务收入是主营业务以外的其他日常活动带来的经济利益，如工业企业销售材料、提供非工业性劳务等。

按照与收入的关系，费用可分为营业成本和期间费用两部分。营业成本指所销售商品的成本和所提供劳务的成本。营业成本按所销售商品或所提供劳务在企业日常活动中所处地位，可以分为主营业务成本和其他业务成本。期间费用包括管理费用、营业费用和财务费用。管理费用是企业行政管理部门为组织和管理生产经营活动而发生的各种费用；营业费用是企业在销售商品、提供劳务等日常活动中发生的除营业成本以外的各项费用，以及专设销售机构的各项经费；财务费用是企业筹集生产经营所需资金而发生的费用。

3. 利润表的作用。利润表的作用主要体现在以下几个方面：（1）通过衡量营业收入、费用、利润等绝对量指标，或用投资收益率、利润率等相对指标，可以评价企业的经营成果；比较企业在不同时期的有关指标或与同行业不同企业相比，可以了解企业的成长潜力和获利能力。（2）通过分析收入、费用之间此消彼长的关系，评估企业产品需求的变动，有利于发现管理中的问题，使企业及时作出决策。（3）有助于评价、预测企业的偿债能力，获利能力的强弱是决定偿债能力的一个重要因素。

四、股份公司的现金流量表

从 1998 年开始，我国财政部规定，国内企业在年度报表中应披露现金流量表，以替代财务状况变动表，这是我国会计制度向国际管理迈进的一大步。现金流量表是详细说明企业一定会计期间内现金流入、现金流出以及现金净流量的会计报表。它综合反映了企业在一定时期与经营活动、投资活动、筹资活动等有关的现金流转情况。现金流量表所要统计的现金流包括：(1) 经营活动产生的现金流量；(2) 投资活动产生的现金流量；(3) 筹资活动产生的现金流量；(4) 汇率变动对现金的影响；(5) 现金及现金等价物净增加额。

1. 现金流量表的有关概念。现金流量表中的现金，指的是货币资金和现金等价物。货币资金包括库存现金、银行存款和其他货币资金等随时可以用于支付的存款和现金。其他货币资金包括外埠存款、银行汇票存款、银行本票存款和在途货币资金等。特别需要注意的是，现金流量表中的现金必须是随时可用于支付的，那些不能随时支取的定期存款，不能作为现金，但若提前通知银行便可支取的余额，则可包括在现金范围内。

现金等价物指企业持有的期限短（一般指 3 个月）、流动性强、易于转化为已知金额现金和价值变动风险很小的投资。必须指出，公司现金形式的转换，不会产生现金的流入和流出，如企业从银行提取现金，是企业现金存放形式的转换，不构成现金流量。同样，现金与现金等价物之间的转换，也不属于现金流量，如企业用现金购买短期国债。

现金流量是某段时期企业现金流入和流出的数量。现金流量分为三类：经营活动产生的现金流量、投资活动产生的现金流量和筹资活动产生的现金流量。

2. 现金流量表的作用。现金流量表因其可以弥补资产负债表和利润表的局限性，使会计报表能更全面地反映企业的财务状况。利润表和资产负债表的编制受人为因素的影响，如存货的计价及跌价损失的计提、固定资产的折旧和无形资产的摊销等，编制者往往利用这些会计政策来粉饰会计报表，使投资者较难准确了解公司的经营情况。

现金流量表可以弥补这一缺陷。从一项投资的整个投资年限看，净利润与现金净流量的数额应一致，而在各投资年度的分布却不一致，这样就会出现有会计收益的年度而无可供利用的资金这种不正常的现象。而衡量企业经营状况是否良好，资产的变现能力是否强，是否有足够的现金偿还债务等，现金流量表是非常重要的指标。

评价经营收益质量可以采取两种方式：一是差额分析法，即用经营现金净流量减净利润，如为正数，表示收益质量好；如为负数，则表示收益质量不好。二是比率分析法，即用现金净流量除以净利润，如大于 1，表示收益质量好；如小于 1，表示收益质量不够好。

现金流量表的作用具体表现在以下几方面：(1) 提供企业在一定会计期间内

现金和现金等价物流入及流出的信息，使报表使用者了解和评价企业获取现金及现金等价物的能力，并据以预测未来的现金流量；（2）将现金流量信息与资产负债表和利润表结合起来看，可以综合评价企业的真实财务状况和潜在风险，是有关管理部门尤其是证券监管部门对企业进行监督的重要依据；（3）有利于企业本身搞好资金调度，最大限度地提高资金使用效率。

3. 现金流量表反映的企业财务风险。通过对现金流量表的分析，可以揭示企业的如下财务风险：（1）每股现金流量小于每股收益。每股现金流量 = 经营活动产生的现金净流量/加权股本，它揭示了企业有现金分红，但没有足够的现金保证。例如，1998 年，厦新电子的中期收益为每股 0.72 元，加上未分配利润，公司的可分配利润应当很多，但公司现金却很拮据。从现金流量表中可以看出，上半年流入现金5 653万元，而仅广告费支出就有6 080万元，现金严重短缺。由于广告费仅有 1/5 计入当年成本，其余为递延资产，导致利润与现金的差额过大。（2）主营收入含金量过低。主营收入含金量 = 销售商品及提供劳务的现金收入/主营业务收入，这一指标等于或大于 1，说明企业当期主营业务收入能及时回笼；相反，则说明企业现金回收慢。当然，一些大量赊销产品的企业如房地产业除外。有些企业收益为正，即账面上有利润，而经营活动的现金流量却为负，投资者一定要警惕现金能否保证债务特别是短期债务的支付。例如，1998 年的"ST 苏三山"（现为振新科技）面临摘牌压力，公司只好在账面上扭亏，但现金不足，因为通过经营活动产生现金流量并不容易。

五、股份公司的财务报表附注

财务报表附注用于显示财务报表内有关项目的附加信息和另外的财务信息，是企业财务报表不可缺少的组成部分，是对财务报表本身无法或难以充分表述的内容和项目所作的补充说明与详细解释。它的作用主要有：一是提高报表内信息的可比性；二是增进报表内信息的可理解性；三是突出报表信息的重要性。

财务报表附注一般包括基本会计假设、会计政策和会计估计变更、关联方关系及其交易、资产负债表日后事项和或有事项等内容。我国《企业会计准则》对此做出了详细规定，简要介绍如下：

1. 基本会计假设。会计假设指会计机构和会计人员对那些未经确认或无法正面论证的经济业务和会计事项，根据客观的正常情况或变化趋势所作出的合乎情理的判断。基本会计假设包括四个方面：（1）会计主体假设，指每个企业的经济业务必须与企业的所有者和其他经济组织分开；（2）持续经营假设，指假定企业在可预见的将来仍将以它现有的形式并按既定的目标持续不断地经营下去；

(3) 会计期间假设，我国规定以日历年度作为企业的会计年度，即以公历1月1日起至12月31日止为一个会计年度，以季度和月份作为会计期间时，其起讫日期也采用公历日期；(4) 货币计量假设，即只有能用货币反映的经济活动，才能纳入到会计系统中来。

编制财务报表一般都是以基本会计假设为前提的。符合公认的基本会计假设而编制的财务报表，不会对使用者造成任何误解，一般不需要加以说明。如果编制财务报表时未遵守基本会计假设，必须予以披露，并说明理由。

2. 会计政策和会计政策变更。会计政策指企业在会计核算时所遵循的具体原则，以及公司所采纳的适合自己的会计处理方法，包括合并政策、外币折算、收入的确认、所得税的核算、存货估价方法、长期投资的核算、坏账损失的核算、借款费用的处理、折旧政策等。

会计政策变更指企业对相同的交易或事项由原来采用的会计政策改为另一会计政策的行为。附注中要求披露会计政策变更的内容和理由、会计政策变更的影响数以及累积影响数不能合理确定的理由。

3. 会计估计变更。会计估计变更指对其结果不确定的交易或事项以最近可利用的信息为基础所作的判断。即当会计估计所根据的基础发生变化时，或由于新的信息、更多的经验或后来的发展，不得不对估计进行修订。会计估计变更采用未来适用法，附注中要求披露会计估计变更的内容和理由、会计估计变更的影响数和不易确定的影响数的理由。

4. 会计差错。会计差错指在会计核算时，由于确认、计量、记录等方面出现错误而导致的差错。常见的产生会计差错的原因有：采用法律或会计准则等行政法规和规章所不允许的会计政策、账户分类以及计算错误、漏记已完成的交易等。企业发现出现会计差错时，应根据差错性质和有关规定进行纠正和调整。附注中要求披露重大会计差错的内容、更正方法及更正金额。

5. 关联方关系及其交易。关联方关系指关联方之间的关系。存在关联方关系时，交易双方的关系常以一种微妙的方式影响交易。即使是公平交易，也很可能对未来的交易类型产生影响。

关联方关系存在的主要形式有四种：一是直接或间接控制其他企业或受其他企业控制，以及同受某一企业控制的两个或多个企业；二是合营企业；三是联营企业；四是主要投资者个人、关键管理人员或与其关系密切的家庭成员。

关联方交易指在关联方之间转移资源或义务的事项，而不论是否收取价款。关联方在确定价格时，可以有一定程度的弹性。附注中要求披露关联方关系的性质、交易类型及其交易要素。

6. 资产负债表日后事项。资产负债表日后事项指的是自年度资产负债表日至财务报表批准报出日之间发生的需要调整或说明的事项，包括调整事项和非调整事项。

调整事项是对资产负债表日存在的情况提供进一步证据的事项，以确定资产负债表日提供的财务信息是否与事实相符。这类事项所提供的新的或进一步的证据，有助于对资产负债表日存在状况的有关金额做出新估计，并据此对资产负债表日所反映的收入、费用、资产、负债及股东权益进行调整。如销售退回、已确定获得和支付赔偿、已证实资产发生减损等。

非调整事项是资产负债表日以后才发生或存在的事项，这类事项不影响资产负债表日存在的状况，但若不加以说明，将会影响报表使用者做出正确估计和决策，因此也要在报表附注中予以披露。如股票和债券发行、外汇汇率有较大波动、自然灾害造成资产损失等。

7. 或有事项。或有事项指由过去交易或事项形成的一种状况，其结果须通过未来不确定事项发生或不发生予以证实。或有负债指过去的交易或事项形成的潜在义务，其存在须通过未来不确定事项的发生或不发生予以证实。或有资产指过去的交易或事项形成的潜在资产，其存在须通过未来不确定事项的发生或不发生予以证实。

这三者都强调以下特征：一是由过去的交易或事项产生；二是具有不确定性；三是这种不确定性只能由未来发生的事项确定，不由企业控制。常见的或有事项有：商业票据背书转让或贴现、未决诉讼、未决仲裁、产品质量保证等。

因或有事项确认的负债也叫预计负债，应在资产负债表中单列项目反映，并在会计报表附注中作相应披露，而与所确认负债有关的费用和支出，应在扣除确认的补偿金额后，在利润表中反映。或有负债与预计负债和负债都不同，它是潜在负债。极少会导致经济利益流出企业的或有负债一般不予披露，但那些经常发生或对企业财务状况和经营成果有较大影响的或有负债，即使其导致经济利益流出企业的可能性极小，也应予以披露。或有资产一般不在附注中披露。

第三节　股份制企业的财务分析

一、财务分析的基本方法

财务分析是以财务报表和其他资料为依据和起点，采用专门方法，系统分析和评价企业过去和现在的经营成果、财务状况及其发展趋势，以利于改进财务管理工作，并帮助利益关系集团改善决策。具体地说，财务分析就是把整个财务报表中的数据分成不同部分和指标，并找出有关指标的关系，达到认识企业偿债能力、盈利能力和抵抗风险能力的目的。财务分析的方法有比较分析法和因素分析法两种。

比较分析法是对两个或几个有关的可比数据进行对比，揭示差异和矛盾。比较分析法主要有趋势分析法与比率分析法。趋势分析法是将企业连续数期的财务报表中的相同项目的金额进行比较，以揭示企业当前的财务状况与营业状况，及其动态的发展趋势。例如，比较公司近几年的利润总额及增长速度，比较公司净资产收益率的变动等。比率分析法是在同一张财务报表的不同项目之间、不同类别之间，或在两张不同的财务报表的有关项目之间，用比率来反映它们的相互关系，以便对公司财务和经营状况做出评价，并发现其中的问题。例如，反映公司短期偿债能力的指标流动比率与速动比率、反映公司资产结构的资产负债率等。比较分析法的核心在于解释原因，分析得越深入，找到的原因越直接。

因素分析法是依据分析指标和影响因素的关系，从数量上确定各因素对指标的影响程度。因素分析法主要有差额分析法、指标分解法、连环替代法和定基替代法等。

二、公司的基本财务分析

财务报表中有大量数据，可以根据需要，计算出许多有意义的比率，进行各种分析。下面主要介绍四个方面的比率分析。

（一）短期偿债能力分析

短期偿债能力主要取决于企业的短期变现能力，即取决于企业近期可转变为现金的流动资产的多少。反映短期变现能力的财务比率主要有流动比率和速动比率。

1. 流动比率。流动比率是流动资产除以流动负债的比值，其计算公式为：

$$\text{流动比率}=\frac{\text{流动资产}}{\text{流动负债}}$$

流动比率可以用来评价流动资产总体的变现能力；同时，由于它是相对数，排除了企业规模不同的影响，尤其适合企业之间以及本企业不同历史时期的比较。经验认为，企业合理的最低流动比率是2，因为流动资产中变现能力最差的存货金额要占相当比重，所以，流动资产至少应是流动负债的2倍以上，短期偿债能力才有保证。影响流动比率的主要因素是营业周期、流动资产中的应收账款数额和存货的周转速度等。

2. 速动比率。速动比率是从流动资产中扣除存货和预付货款部分，再除以流动负债的比值，其计算公式为：

$$速动比率=\frac{流动资产-存货}{流动负债}$$

由于流动资产中存货的变现速度最慢，而且可能出现损失、报废或与市价不符等问题，而预付货款更难以变现为现金，因此，速动比率更能准确地反映企业短期偿债能力。一般认为，正常的速动比率是1；不过，行业不同，速动比率会有很大不同。影响速动比率可信性的一个重要因素，是应收账款的变现能力，账面上的应收账款不一定都能变成现金。

另外，还可以从流动资产中扣除与当期现金流量无关的项目如待摊费用等，以进一步计算变现能力，其计算公式如下：

$$保守速动比率=\frac{现金+短期证券+应收账款净额}{流动负债}$$

除了以上指标之外，其他一些因素如银行贷款指标、可很快变现的长期资产以及偿债能力的声誉等，也都可以影响企业的短期偿债能力。

（二）长期偿债能力分析

通过财务报表分析权益与资产、权益与收益以及权益之间的关系，能了解企业资本结构是否健全合理，从而可以评价企业的长期偿债能力。一般来说，反映企业长期偿债能力的财务比率有资产负债率、产权比率、有形净资产债务率和已获利息倍数等。

1. 资产负债率。资产负债率是负债总额除以资产总额的百分比。它可以反映在总资产中有多大比例是通过借债筹集的，也可以衡量企业在清算时保护债权人利益的程度。资产负债率的计算公式是：

$$资产负债率=\frac{负债总额}{资产总额}\times 100\%$$

公式中的负债总额不仅包括长期负债，也包括短期负债。资产总额则是扣除累计折旧后的净额。

资产负债率反映债权人所提供的资本占全部资本的比例。从不同的立场出发，对这个指标的要求是不一样的。从债权人角度看，资产负债率越低越好，越低，则企业偿债能力越强；但从股东角度看，当全部资本利润率高于借款利率时，负债比率越大越好；从经营者角度看，则必须充分估计预期利润和未来风险，在二者间权衡后作出决策。

2. 产权比率。产权比率是负债总额与股东权益总额的比率，又叫债务股权比率，其计算公式为：

$$产权比率=\frac{负债总额}{股东权益}\times 100\%$$

产权比率反映由债权人提供的资本与股东提供的资本的相对关系，根据该指标，可以判断企业基本财务结构是否稳定。一般说来，产权比率高，是高风险、高报酬的财务结构；产权比率低，是低风险、低报酬的财务结构。同时，该指标也表明债权人投入资本受股东权益保障的程度。

3. 有形净值债务率。有形净值债务率是企业负债总额与有形净值的百分比。有形净值是股东权益减去无形资产净值后的净值，即股东拥有所有权的有形资产的净值，其计算公式为：

$$有形净值债务率=\frac{负债总额}{股东权益-无形资产净值}$$

有形净值债务率实际上是产权比率的延伸，但抛开了企业无形资产，如商誉、商标、专利权等，更谨慎、更保守地反映了在企业清算时债权人投入资本受股东权益保障的程度。就长期偿债能力来说，有形净值债务率越低越好。

（三）企业营运能力分析

衡量企业营运能力的指标主要包括：营业周期、存货周转率、应收账款周转率、流动资产周转率和总资产周转率等。

1. 营业周期。营业周期指从取得存货开始到销售存货并收回现金为止的这段时间。营业周期取决于存货周转天数和应收账款周转天数，其计算公式如下；

$$营业周期=存货周转天数+应收账款周转天数$$

一般而言，营业周期短，说明资金周转速度快；营业周期长，说明资金周转速度慢。

2. 存货周转率。存货在流动资产中所占比重较大，存货的流动性将直接影响企业的流动比率。存货周转率是衡量和评价企业购入存货、投入生产及销售收回等各环节管理状况的综合性指标。存货周转率有两种表示方法，一种是存货周转次数，是营业成本与平均存货的比率；另一种是存货周转天数，是用时间表示的存货周转率。其计算公式分别如下：

$$存货周转率=\frac{营业成本}{平均存货}$$

式中，

$$平均存货=\frac{期初存货+期末存货}{2}$$

$$存货周转天数=\frac{360}{存货周转率}$$

一般而言，存货的周转速度越快，流动性越强；提高存货周转率可以提高企业的变现能力。存货周转率还能反映存货管理水平，也是企业管理的重要内容。

3. 应收账款周转率。应收账款在企业流动资产中也占有重要地位。应收账款周转率就是年度内应收账款转为现金的平均次数，反映应收账款的流动速度。用时间表示的周转速度是应收账款周转天数，表示企业从取得应收账款的权利到收回款项、转换为现金所需要的时间。其计算公式分别如下：

$$应收账款周转率=\frac{销售收入}{平均应收账款}$$

式中，

$$平均应收账款=\frac{期初应收账款+期末应收账款}{2}$$

$$应收账款周转天数=\frac{360}{应收账款周转率}$$

一般来说，应收账款周转率越高，平均收账期越短，说明收账越快。但是，季节性经营的企业和大量使用分期付款结算的企业不适宜用这个指标反映资产运营效果。

4. 流动资产周转率。流动资产周转率是销售收入与全部流动资产的平均余额的比值，其计算公式为：

$$流动资产周转率=\frac{销售收入}{平均流动资产}$$

式中，

$$平均流动资产=\frac{期初流动资产+期末流动资产}{2}$$

流动资产周转率反映流动资产的周转速度。周转速度越快，相对越能节约流动资产，也就等于相对扩大了资产投入，增加了企业的盈利能力；周转速度慢，就需要补充流动资产参加周转，形成资金浪费，从而降低了企业的盈利能力。

5. 总资产周转率。总资产周转率是销售收入与平均资产总额的比值，其计算公式为：

$$总资产周转率=\frac{销售收入}{平均资产总额}$$

式中，

$$平均资产总额=\frac{期初资产总额+期末资产总额}{2}$$

总资产周转率反映资产总额的周转速度，周转越快，反映销售能力越强。企业可以采取薄利多销的办法，加速资金周转，从而带来利润绝对额的增加。

（四）盈利能力分析

盈利能力就是企业赚取利润的能力。反映盈利能力的指标通常有销售净利率、销售毛利率、资产净利率和净值报酬率等。

1. 销售净利率。销售净利率指净利与销售收入的百分比，其计算公式为：

$$销售净利率=\frac{净利}{销售收入}\times 100\%$$

该指标反映每1元销售收入带来净利润的多少，表示销售收入的收益水平。

2. 销售毛利率。销售毛利率是毛利占销售收入的百分比，其计算公式是：

$$销售毛利率=\frac{销售收入-销售成本}{销售收入}\times 100\%$$

销售毛利率表示每1元销售收入扣除销售成本后，有多少钱可用于各项期间费用并形成盈利。销售毛利率是企业销售净利率的基础，没有足够大的毛利率，便不能盈利。

3. 资产净利率。资产净利率是企业净利润与平均资产总额的百分比，计算公式为：

$$资产净利率=\frac{净利润}{平均资产总额}\times 100\%$$

式中，

$$平均资产总额=\frac{期初资产总额+期末资产总额}{2}$$

资产净利率表明企业资产利用的综合效果，指标越高，利用效率越高。影响资产净利率高低的因素主要有：资产规模、产品价格、单位成本、产品产量和销售数量等。

4. 净资产收益率。净资产收益率是净利润与平均净资产的百分比，反映企业所有者权益的投资报酬率，具有很强的综合性。

对于一般企业来说，计算公式为：

$$净资产收益率=\frac{净利润}{平均净资产}\times 100\%$$

式中，

$$平均净资产=\frac{期初净资产+期末净资产}{2}$$

对于股份制企业而言，由于同股同权，期末的股东对本年利润拥有同等权利，所以该指标的计算公式为：

$$净资产收益率=\frac{净利润}{年度末股东权益}\times 100\%$$

三、公司的现金流量分析

现金流量分析发展较晚，一般包括现金流量的结构分析、流动性分析、获取现金能力分析、财务弹性分析和收益质量分析。

（一）现金流量的结构分析

现金流量的结构分析包括流入结构、流出结构和流入流出比分析三个方面。流入结构分析就是对总流入结构和经营、投资、筹资三项流入的内部结构进行分析；流出结构分析是对总流出结构和三项流出的内部结构进行分析；流入流出比分析是用同一项目的流入量比流出量，并对此进行分析。一般情况下，对流入和流出结构的历史比较和同业比较，能得到更多有用的信息。

（二）现金流量的流动性分析

真正能用于偿还债务的是现金流量。现金流量与债务的比较，可以更好地反映企业偿还债务的能力。反映现金流量流动性的指标主要有现金到期债务比、现金流动负债比和现金债务总额比，其计算公式分别如下：

$$\text{现金到期债务比}=\frac{\text{经营现金净流入}}{\text{本期到期债务}}$$

$$\text{现金流动负债比}=\frac{\text{经营现金净流入}}{\text{流动负债}}$$

$$\text{现金债务总额比}=\frac{\text{经营现金净流入}}{\text{债务总额}}$$

（三）获取现金能力分析

获取现金的能力指经营现金净流入与投入资源的比值。反映这一能力的指标主要有销售现金比率、每股营业现金净流量和全部资产现金回收率。其计算公式分别如下：

$$\text{销售现金比率}=\frac{\text{经营现金净流量}}{\text{销售额}}$$

$$\text{每股营业现金净流量}=\frac{\text{经营现金净流量}}{\text{普通股股数}}$$

$$\text{全部资产现金回收率}=\frac{\text{经营现金净流量}}{\text{全部资产}}\times 100\%$$

（四）财务弹性分析

财务弹性指企业适应经济环境变化和利用投资机会的能力，这种能力来源于现金流量和支付现金需要的比较。反映财务弹性的指标主要有现金满足投资比率和现金股利保障倍数，计算公式分别如下：

$$\text{现金满足投资比率}=\frac{\text{近 5 年经营活动现金净流量}}{\text{近 5 年资本支出}+\text{存货增加}+\text{现金股利}}$$

$$\text{现金股利保障倍数}=\frac{\text{每股营业现金净流量}}{\text{每股现金股利}}$$

（五）收益质量分析

收益质量分析主要是分析会计收益与现金净流量的比例关系。评价收益质量的指标是营运指数，其计算公式为：

$$营运指数=\frac{经营现金净流量}{经营所得现金}$$

四、上市公司投资价值分析

对于评判上市股份公司的投资价值来说，最重要的财务指标是每股收益、每股净资产和净资产收益率。净资产收益率前面已经介绍过，下面主要介绍前两项指标。

（一）每股收益

1. 每股收益的基本计算。每股收益指本年净收益与年末普通股份总数的比值，反映普通股的获利水平，是衡量上市公司盈利能力最重要的指标，其计算公式为：

$$每股收益=\frac{净利润}{年末普通股份总数}$$

计算每股收益时，要注意两个问题。一是优先股问题，当企业发行了不可转换优先股时，每股收益计算公式为：

$$每股收益=\frac{净利润-优先股股利}{年度末股份总数-年度末优先股数}$$

二是当年度存在普通股增减问题时，根据分子分母口径对称原则，应按月计算“加权平均发行在外的普通股股数”，计算公式为：

$$\begin{matrix}平均发行在外的\\普通股股数\end{matrix}=\Sigma\frac{发行在外的普通股股数\times发行在外月份}{12}$$

2. 每股收益的延伸分析。每股收益分析不含股票所含风险分析。为弥补此项不足，可进行每股收益的延伸分析，主要指标是市盈率、每股股利、股利支付率和留存盈利比率等。

（1）市盈率。市盈率指普通股每股市价为每股收益的倍数，计算公式为：

$$市盈率=\frac{普通股每股市价}{普通股每股收益}$$

市盈率反映投资人对每1元净利润所愿支付的价格，可用来估计股票的投资报酬和风险。市盈率越高，表明市场对企业未来越看好，但在每股收益确定的情况下，市盈率越高，风险越大。不过，需要指出的是，该指标不适合在不同行业的企业间进行比较，新兴行业市盈率普遍较高。另外，影响股价的因素很多，包括投机炒作等，所以，应结合其他信息综合判断。

（2）每股股利。每股股利指股利总额与期末普通股股份总数之比，计算公式为：

$$每股股利=\frac{股利总额}{期末普通股股份总数}$$

(3) 股票获利率。股票获利率指公司实际派发的每股股利与股票市价的比率，它是股东现实的投资收益率，但使用该指标容易受到企业股利政策的限制，其计算公式为：

$$股票获利率=\frac{普通股每股股利}{普通股每股市价}$$

(4) 股利支付率。股利支付率指净收益中股利所占比重，它反映企业的股利分配政策和支付股利的能力，计算公式为：

$$股利支付率=\frac{每股股利}{每股净收益}\times 100\%$$

(5) 留存盈利比率。留存盈利是指净利润减去全部股利的余额。留存盈利与净利润的比率称为留存盈利比率。留存盈利比率反映企业的理财方针，提高留存盈利比率必然降低股利支付率。留存盈利比率的计算公式为：

$$留存盈利比率=\frac{净利润-全部股利}{净利润}\times 100\%$$

(二) 每股净资产

每股净资产是期末净资产（即股东权益）与年度末普通股份总数的比值，又称每股账面价值或每股权益，其计算公式为：

$$每股净资产=\frac{年度末股东权益}{年度末普通股数}$$

该指标反映每股普通股所代表的净资产成本，它在理论上提供了股票的最低价值。但其使用也有局限性，因为它是用历史成本计量的，既不反映净资产的变现价值，也不反映净资产的产出能力，所以，最好把每股净资产和每股市价联系起来分析，这样可以看出市场对企业资产质量的评价。

五、企业财务状况的综合分析

前面论述的财务指标都是从某一特定角度就企业某一方面的经营活动进行分析，是对企业某一方面能力的单独评价。若想全面评价企业的财务状况和经营效果，了解财务状况各方面之间的内在关系，则必须对各种财务指标做综合分析。财务报表的综合分析主要有两种模型：杜邦分析法和沃尔评分法。

(一) 杜邦分析法

杜邦分析法是由美国杜邦公司最先设计和使用的，是利用各个主要财务指标之间的内在联系，建立财务指标分析的综合模型——杜邦模型，以综合分析和评价企业财务状况的一种方法。

杜邦模型最突出的特点，是将若干个用以评价公司经营效率和财务状况的指标按其内在联系有机地结合起来，形成一个完整的指标体系（见图8—1）。

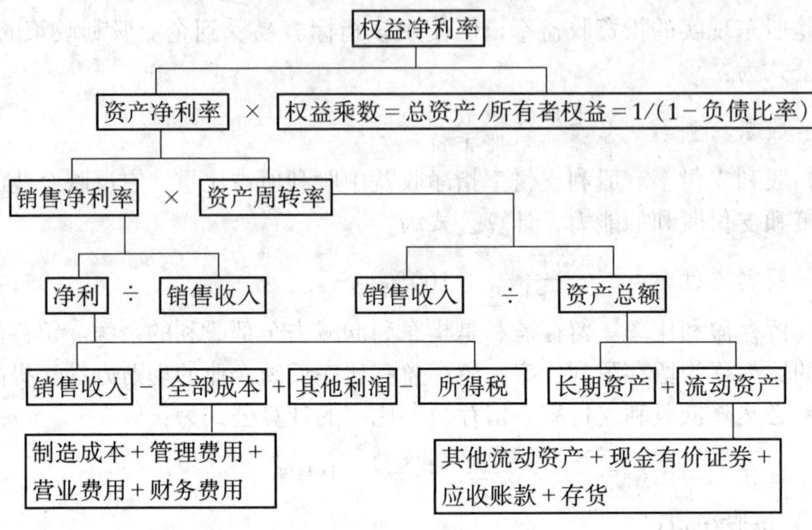

图8—1　杜邦模型

该模型主要反映了以下几种关系：

$$权益净利率=\frac{净利润}{所有者权益}=\frac{净利润}{资产总额}\times\frac{资产总额}{所有者权益}$$

$$=资产净利率\times权益乘数$$

$$资产净利率=\frac{净利润}{资产总额}=\frac{净利润}{销售收入}\times\frac{销售收入}{资产总额}$$

$$=销售净利率\times总资产周转率$$

$$权益净利率=销售净利率\times总资产周转率\times权益乘数$$

从杜邦模型看，权益净利率是综合性极强、最有代表性的财务指标，它是杜邦系统的核心。财务管理最重要的目标是使股东财富最大化，权益净利率恰恰反映了股东投入资金的获利能力，反映了企业筹资、投资等各种经营活动的效率。由公式可以看出，决定权益净利率高低的因素主要有：销售净利率、总资产周转率和权益乘数。销售净利率反映企业的投资效果；总资产周转率反映企业的运营效率；权益乘数反映企业的筹资活动。分解以后，可以把权益净利率这一综合性指标发生升降的原因具体化，分析究竟在哪方面应该加强。此外，通过与本行业平均指标或同类企业对比，杜邦模型还有助于解释变动的趋势。

（二）沃尔评分法

沃尔评分法是一种财务状况综合评价方法，是 20 世纪初由沃尔提出的。沃尔的办法是选择 7 个财务指标，用线性关系结合起来，用以评价企业的信用水平。这 7 个指标是：流动比率、净资产/负债、资产/固定资产、营业成本/存货、销售额/应收账款、销售额/固定资产、销售额/净资产，沃尔分别给定它们在总评价中所占的比重，依次为：25%、25%、15%、10%、10%、10%、5%，总和为 100 分。然后确定标准比率（一般以本行业的平均值为基础，并作适当的理论修正），并与实际比率相比较，评出每项指标的得分，最后求出总评分。

沃尔评分法在实践中经常被应用，但其在理论上的弱点是未能证明为何选择这 7 个指标，也未能证明每个指标所占比重的合理性。此外，在技术上还有一个问题，就是当某一个指标严重异常时，会对总分产生不合逻辑的重大影响。

现代社会与沃尔时代相比，已有很大变化，人们借鉴并改进了沃尔评分法，通过增加新指标和重新设置权重，扩充了评分体系，建立了综合评分标准。1995 年，我国财政部公布了包括 10 个指标在内的“公司经济效益评价指标体系”；1999 年，有关部门又公布了详细的“国有资本金绩效评价规则”，都是结合我国的实际情况建立的综合评价体系。

第九章

现代公司融资结构的理论与实践

公司的目标是实现利润的最大化，以及实现公司的市场价值最大化。就一个公司的资产负债表来看，其左方——资产的组合，反映着公司的未来利润流量的潜力，这在各类管理理论中几乎没有什么分歧。但是，公司资产负债表右方——融资结构，是否会影响公司的价值，却是目前尚未完全解开的谜。公司融资结构理论，起源于诺贝尔经济学奖获得者莫迪利安尼和米勒教授提出的 MM 定理，即证明公司的融资结构不影响公司价值。该理论对研究公司财务理论和进一步深化我国国有企业改革等理论和现实问题的解决具有重要的指导意义。

第一节　MM 定理的贡献及缺陷

一、MM 定理：融资结构的无关性

融资结构也称资本结构，指公司的融资来源中债权与股权的比例。一提起资本结构，人们往往对资本结构会产生一个直觉：不同的资本结构，会导致不同的市场价值。于是，选择合适的资本结构便成为公司所要决定的一个重要问题。现实环境下，资本结构的确能够在一定程度上影响市场价值。但是，莫迪利安尼和

米勒在一系列假定条件下，得到了资本结构不影响公司价值的结论。充分理解莫迪利安尼和米勒的结论及其一系列假设条件，有助于我们在现实的资本结构决策中，为了实现提高公司价值的目标而对资本结构进行有的放矢的调整。

MM 定理基于以下假定：(1) 公司增发新的债券时，对已发行债券的价值没有影响；(2) 公司的投资与融资结构决策各自独立进行，这意味着，公司价值取决于实际的资产结构；(3) 无资本税，资本市场完全、有效；(4) 投资者个人可以和公司一样，以同样的借款条件从资金市场上借到款项。基于以上假定，可得到 MM 定理：融资结构不影响公司价值。

下面举例说明 MM 定理的思想。假设有两个公司，一个公司只进行股票融资，记为 U 公司，另一公司除了股票融资外，还进行债权融资，记为 L 公司。两个公司实际投资项目相同，进而未来的收入流也相同，所不同的仅是资本结构。

现在，我们从一个投资者套购交易的角度出发，分析其投资策略，并得出 MM 定理。首先，U 公司的全部股票的总市价 E_U，就是公司的市场价值（V_U）；L 公司的全部股票市价（E_L），加上其全部债务的总市价（D_L），是 L 公司的总市价（V_L）。那么，一个投资者会选择往 U 还是往 L 中投资呢？下面具体进行分析。

(一) 一个只偏好于小风险资产组合的投资者的选择

方案之一：买 U 公司 1%的股票

投资	收益
$0.01V_U = 0.01E_U$	0.01×利润

方案之二：买 L 公司 1%的股票和 1%的债券

投资	收益
债券：$0.01D_L$	0.01×总利息
股票：$0.01E_L$	0.01×（利润－总利息）
总和 $0.01(D_L+E_L)$ $=0.01V_L$	0.01×利润

由上述可见，两方案各自提供了 U、L 公司利润的 1%。在一个完全的、有效的资本市场上，无套利条件要求，同样的投资必须得到同样的报酬。这意味着，$0.01V_U = 0.01V_L$，也即：同时进行股、债融资的 L 公司的总市场价值，等

于只进行股票融资的 U 公司的总市场价值。即使一开始两公司的总市场价值不等，那么，投资者的套利行为最终也会使二者的价值相等。

（二）一个愿意多冒些风险的投资者的选择

方案之三：仅买 L 公司 1% 的股票（公司借款，投资者个人不借款）

投资	收益
$0.01E_L = 0.01(V_L - D_L)$	0.01×（利润 - 利息）

方案之四：投资者以自己的名义到资本市场上借款，并购买 U 公司 1% 的股票（公司不借款，投资者个人借款）

投资	收益
借入：$-0.01D_L$	-0.01×总利息
股份：$0.01V_U$	0.01×利润
总和 $0.01(V_U - D_L)$	0.01×（利润 - 总利息）

显然，方案三和方案四中，无套利条件要求 $0.01(V_L - D_L) = 0.01(V_U - D_L)$，进而 $V_U = V_L$。不管市场上人们的风险态度如何，只要 U 公司与 L 公司的投资项目相同，则这两者的市场价值也必然相同。如果投资者能以自己的名义，并按与公司相同的借款条件进行借贷，那么，投资者的行为可“抵消”公司资本结构带来的任何变化。这就是 MM 定理的精神实质。蛋糕的大小与蛋糕如何分法没有什么关系。[①] 这或许可称为“公司价值守恒法则”。

概括一下 MM 定理：公司价值取决于公司资产负债表左方所反映的实际的资产，而不受资产负债表右方的股权、债权比例的影响。这样，优先股与普通股的各种组合都是无差异的；长期债券与短期债券的各种组合，可转换债券与不可转换债券的各种组合，都是无差异的。

二、MM 定理的缺陷

MM 定理的提出，在学术界引起了轰动。的确，定理本身的结论太有悖于常识，而定理的证明又是如此之简洁。但是，任何理论都有一些不尽完美之处。如果 MM 定理完全地刻画了现实世界，那么，我们就不会看到现实中财务经理

① Ross, et al., *Fundamentals of Corporate Finance*, p. 525, McGraw-Hill.

们绞尽脑汁去制定融资方案。就像科斯定理一样，MM 定理的确揭示了问题的一些实质性方面，但其远离现实的前提条件，使其结论的意义大打折扣。就像现实中交易费用为正，从而产权不是无关的一样，MM 定理的假定条件并不成立，从而公司融资结构对公司价值绝非无足轻重。MM 定理的不足，集中表现在两个方面：(1) 把公司投资项目进而把未来的收入流，与公司融资结构分开考察的方法；(2) 一套完全竞争的市场假定。

（一）关于把公司投资项目决策与公司融资结构决策分开考察的方法

莫迪利安尼获得诺贝尔奖后，记者们要求米勒用一个简单的例子解释一下 MM 定理。米勒给出的例子是："蛋糕的大小，不因蛋糕的分法而改变。"应当说，这个例子很好地概括了 MM 定理的含义。但是，从这里可以看到 MM 定理的一个不尽如人意的地方。分析的目的是判断融资结构是否影响公司的价值，但分析的出发点却简单地建立在一个人为设定的假定上，即公司价值已然由公司投资决策所决定。这多少有些倒果为因的味道。

（二）关于 MM 定理的完全竞争假设

我们知道，MM 定理建立在一系列的假定之上，包括：(1) 套利机制使各种投资的收益率趋于均衡；(2) 投资者可以按个人名义到市场上借贷，且个人负债可以代替企业负债（投资者个人负债的机会、风险和利率等条件与企业负债完全相同）；(3) 套利过程中不发生交易成本；(4) 破产成本为零，即企业破产时，它的各项资产可以按其经济价值出售，无须支付清理费用及其他费用。

但是，这一系列假定与现实相去甚远。(1) 投资者的套利活动并不充分。在发达的资金市场上，套利行为确实起着重要作用。但是，由于信息不完全及套利意识技能等方面的欠缺，并非所有的投资者都能把握住投资机会。况且，各国政府对套利行为均有政策法规方面的限制，这样，套利行为就很难使各种投资的收益率趋于均衡。(2) 投资者个人到市场上借债，其风险大于企业借债的风险。股东对企业债务负有限责任，如果负债企业破产了，投资者个人的损失只限于他对该企业股票的投资额，而不对该企业的全部负债负责。但是，股东个人借款到期不能偿还，贷款者却可以对其持有的股票以及其他资产进行追索。因此，用个人负债代替企业负债所冒的风险，要大于个人直接用自有资金投资于负债企业所冒的风险。用个人负债进行投资要冒双重风险，即对被投资企业破产所冒的风险，以及不能如期偿还个人所借款项被贷款者进行财产追索的风险。除此之外，个人负债由于资信条件的制约，其利率往往高于企业负债，因而，贷款者对个人贷款时所要求的利率要高于企业，以便弥补不能还贷的风险。(3) 套利过程中经常发生交易成本。在资本市场上改变投资组合，总要支付各种手续费，从而会抑制套利交易。(4) 企业破产成本显然是大于零的。即使假定企业破产的资产变现值等于其账面价值，在清理过程中也不可能不发生清算费用。

所有这些，都大大限制了 MM 定理的实用价值。当然，这并不意味着 MM 定理完全失效。在较为现实的环境下，我们宁可这样认识 MM 定理：资本结构对公司价值是有一定影响的。

第二节　对 MM 定理的修正

一、引入税收对 MM 定理修正

如果现实情形真的像 MM 定理所认为的那样，那么，各个公司的资本结构应是随机决定的。但是，不同的行业中，资本结构呈现一定的规律性（见表 9—1)。

表 9—1　　**美国 25 个工业部门债务—资产比例表**

部门	企业数	企业负债比例	
		平均值	均方差
化学和制药工业	31	0.090 7	0.095
仪表工业	27	0.111 9	0.086
采矿业	23	0.134 7	0.099
出版业	16	0.155 2	0.169
电子工业	77	0.157 9	0.121
机械工业	80	0.195 7	0.114
食品工业	50	0.205 6	0.128
石油开采业	24	0.225 8	0.151
建筑业	12	0.238 4	0.151
炼油工业	31	0.243 6	0.121
金属加工业	33	0.250 2	0.139
化学工业	47	0.254 4	0.135
装饰工业	18	0.260 3	0.123
木材加工业	7	0.260 5	0.182
汽车零件工业	52	0.271 4	0.138
造纸工业	24	0.289 5	0.114
纺织工业	21	0.325 7	0.133
橡胶工业	26	0.326 2	0.167
百货公司	20	0.343 3	0.150

（续前表）

部门	企业数	企业负债比例	
		平均值	均方差
食品销售	16	0.346 0	0.187
卡车制造业	10	0.373 0	0.209
钢铁工业	45	0.381 9	0.195
电话业	10	0.515 0	0.097
煤气、电力工业	135	0.530 9	0.081
航空业	16	0.582 5	0.171
总　计	851	0.291 3	0.188

资料来源：汤敏等主编：《现代经济学前沿专题》，第一集，北京，商务印书馆，1996。

为更好地解释经验事实，人们尝试放松 MM 定理的假定，衍生出了新的理论，以便较好地解释现实。首先放松的假定是，引入税收因素。MM 定理证明中，忽略了税收因素，而在现实生活中，税收是一个举足轻重的因素。下面我们就来考察引入公司税后对 MM 定理的修正。

各国税法通常规定，股票红利和公司留存收益要征税，而公司债券利息则不征税。举一个简单的例子（见表 9—2）。

表 9—2　　征税与不征税举例

	未借债的公司 U	借债的公司 L
息税前收益	1 000	1 000
付债权人的债息	0	80
税前收益	1 000	920
征税 35%	−350	−322
股东的净收益	650	598
债权人与股东的总收益	0 + 650 = 650	80 + 598 = 678
避税收益	0	28

如表 9—2 所示，L 公司以 8% 的利率借入1 000元。L 公司的避税收益，事实上是政府支付的 35% 的借款利息。这样，L 公司就可给其债权人和股东多增加 28 元的收入。设想 L 公司可以年年保持一个1 000元的负债（借新债，还旧债），并进而保持一个稳定的避税收益流 28 元。那么，这个 28 元的稳定的收益流会对公司价值产生多大影响呢？或者说，避税收益流按多大的比率贴现呢？一般假定，避税收益流的风险与产生该收益的利息支付相同，因而，取公司债券持有人所要求的期望利率，作为避税收益的贴现率。在本例中，即为 8%。这样，

28 元避税收益的现值为：

$$PV\text{（避税）}=\frac{28}{0.08}=350\text{ 元}$$

这实际上意味着，1 000元的债务中，有 350 元由政府承担。更一般地：

$$PV(\text{避税})=\frac{\text{公司税率}\times\text{预期的利息支付}}{\text{贴现率}}=\frac{T_C(r_D\times D)}{r_D}=T_C\times D \quad (1)$$

式中，D 为所借债务，T_C 为公司税率，r_D 为债务利率。由上式可以看出，PV（避税）独立于债券利息率。当然，如果公司不计划年复一年地保持1 000元的负债，那么，实际的 PV（避税）要小于上述公式的计算结果。

MM 定理认为，蛋糕的分法不改变蛋糕的大小，而上例中 PV（避税）的 350 元是否推翻了 MM 定理呢？没有。在标准假定下，MM 定理说的是：参与分割蛋糕的只有股东和债权人。一旦引入税收，则政府也是一个参与蛋糕分割的人（见表 9—3 和表 9—4）。

表 9—3　　无税时的资产负债表

（市场价值）

资产价值 （=税后收益流的现值）	①负债 ②股权
总资产	总负债

表 9—4　　有税时的资产负债表

（市场价值）

税前收益流的现值	①负债 ②政府权益（未来税收的现值） ③股权
税前总资产	总负债

由表 9—3 和表 9—4 的对比可以看出，PV（避税）使公司价值增加 350 元，不是凭空而来的。“公司价值守恒法则”仍成立，这 350 元不过是政府让给股东与债权人的利益。

考虑到公司税收后，可把“公司价值守恒法则”即原有的 MM 定理修改如下：

$$\text{公司价值}=\text{只进行股票融资时的公司价值}+PV\text{（避税）} \quad (2)$$

该推论说明，作为投资人而言，如果仅仅考虑到债券收入的避税性质，那么其预期平均收益应该高于股票的预期平均收益。

二、引入个人税收对 MM 定理修正

当引入个人所得税后，公司要使公司所得税与个人所得税两者之和最小。用图 9—1 来刻画引入个人所得税后公司融资方式对应的权益情况：

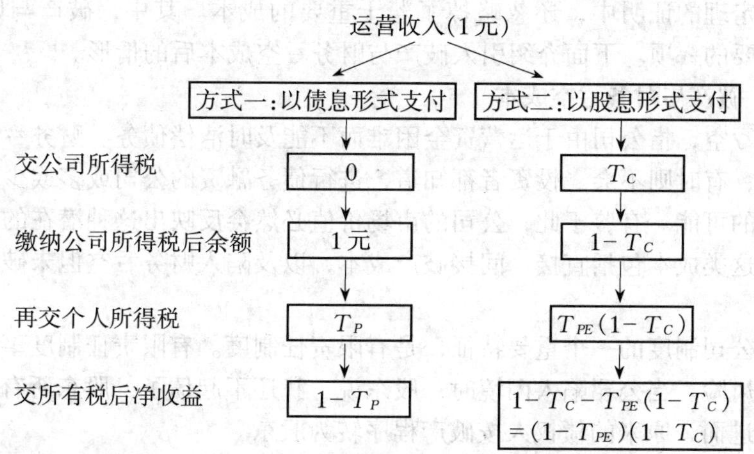

图 9—1　引入个人所得税后公司融资方式对应的权益

需要说明的是，个人所得税 T_P 与 T_{PE} 存在着区别。当股票方面收益仅仅来自股息时，$T_P=T_{PE}$。但实际上，T_{PE} 可能小于 T_P。这是因为，股票方面收益除来自股息外，还来自股票交易的资本利得，而资本利得税仅仅在资本利得实现时才缴纳。

为刻画债务融资相对于股权融资的利益，可构造如下指标：

$$债权融资在税收上的相对优势=\frac{1-T_P}{(1-T_{PE})(1-T_C)} \tag{3}$$

当股票方面的收入仅来自分红时，$T_{PE}=T_P$，所以上述指数为 $\frac{1}{1-T_C}$，即上述相对优势仅取决于公司税收。至此，我们回到了 MM 定理。从中可以看出，MM 定理无须假定个人所得税没有，而只需假定使债息与股息的税收率相同。

现实当中，股权方面的收益除了股息外，还有资本利得。综合考虑公司与个人税收时，如果要使融资结构政策保持其无关性，则下式必须成立：

$$1-T_P=(1-T_{PE})(1-T_C)$$

这又要求以下两个条件同时成立：(1) 公司税率 T_C 小于个人税率 T_P；(2)

T_{PE}比较小。现实当中，税率设置很难使 $1-T_P=(1-T_{PE})(1-T_C)$ 的等式成立，往往是等式左边大于右边。这意味着，现实当中，债权融资较之股权融资具有税收方面的优势。

三、引入破产与财务亏空成本：平衡论的观点

MM 定理的证明中，还忽略掉了若干重要的成本。其中，破产与财务亏空成本是重要的一项。下面介绍引入破产与财务亏空成本后的情形。

（一）破产与财务亏空成本

财务亏空，指公司由于运营资金困难而不能及时清偿债务。财务亏空有时会导致破产，有时则不会。投资者都知道，进行债务融资的公司或多或少存在陷入财务亏空的可能。有鉴于此，公司的市场价值必然会反映出这种潜在的财务亏空的成本。这类成本包括直接、间接破产成本，以及陷入财务亏空但未破产时的成本。

现代公司制度的一个重要特征，是有限责任制度。有限责任制度事实上锁定了股东的风险。当公司陷入困境时，股东说：我还不起债了，股东所有的义务到此为止。进而，原来的债权人按破产程序转为股东。

需要澄清的是，破产本身并不是公司价值下降的原因。破产是一种法律制度。破产成本来自于运用破产制度时的一些花费。比如，进入破产程序后，支付给法庭的费用、律师费用、资产清算、拍卖等费用，才属于破产成本。不难看出，破产成本一旦真的需要支付，就必须由债权人来支付。所以，债权人应当正确地预见到，公司所发债务越多，破产的可能性越大，进而由自己支付破产成本的可能性也就越大。

因此，债权人一定会事先向公司提出这样的条件：因为破产时要由我来支付破产成本，所以，在公司正常运转时，必须给我更高的回报，以弥补一旦破产发生时的破产成本。这又意味着，可以支付给股东的部分下降了，因而股东股份的市场现值也下降了。

除去上述直接破产成本外，还有其他方面的财务亏空成本。大致可以分为以下几类：

1. 间接破产成本。当对破产公司进行重组时，存在着管理方面的困难，而这些困难会引致间接的破产成本。

2. 财务亏空发生时，股东与债权人利益发生冲突，这种冲突会引发公司运营和投资决策中的不良行为。股东会出于狭隘的自利动机，做出种种损害债权人利益的决策，以保护股东自身利益。这种行为会降低公司的市场价值。为防止这

些行为，债权人会努力在借贷合同中加入一些惩罚性条款。但是，添加这些条款，以及监督、实施债务合同，都需支付相应成本。

3. 所有这些成本的直接承担者都是债权人，因而他们总会事后向公司索要更高的报酬率，从而导致可支付给股东的回报下降。

总的来说，由于破产与财务亏空成本的存在，会使得公司的价值下降。

（二）平衡论的模型

引入破产与财务亏空成本后，公司价值由下式决定：

$$\text{公司价值} = \text{只进行股权融资时的公司价值} + PV^{①}(\text{避税收益}) - PV(\text{财务亏空成本}) \tag{4}$$

财务亏空成本的大小，取决于两个因素：(1) 发生财务亏空的概率；(2) 一旦发生亏空，其重要性有多大。引入财务亏空成本后，公司价值与融资结构的关系，可用图 9—2 来刻画：

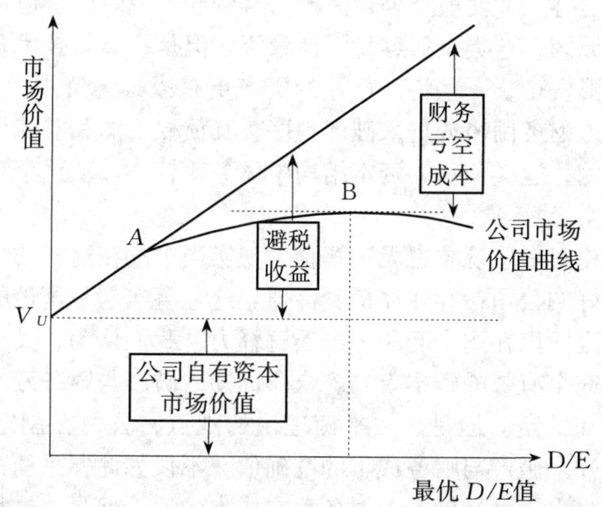

图 9—2　引入财务亏空成本后公司价值与融资结构的关系

由图 9—2 可见，在 D/E（即债务/股本）比较低时，D/E 的增大一方面增大了 PV（避税收益），另一方面，从 A 点开始（在此之前企业破产风险为零），又引致了财务亏空成本，但亏空成本的增加小于避税收益的增加。随着 D/E 的增大，财务亏空成本增大，当 D/E 超过 B 点之后，PV（财务亏空）的增加大于 PV（避税收益）的增加。所以，在 B 点公司取得最优的 D/E 值，公司的市

① *PV* 代表贴现值。

场价值最大化。

上述平衡论的含义是，每个公司都有其各自的最优资本结构。不难想像，如果一个公司的资产大部分是风险很大的无形资产，获利能力很低，那么，其避税收益就小，这种公司就只能主要依靠股票融资。相反，如果一个公司的资产中，安全的有形资产占较大比重，具有稳定的应税收入流，那么，对这种公司而言，避税收益的吸引力就更大，它们也就会更倾向于债务融资。

四、平衡理论的优点与缺陷

平衡论中引入了税收以及破产与财务亏空成本。应当承认，这一点比起标准的 MM 定理来，更为贴近现实。引入这些因素后，平衡论得出了不同于 MM 定理的结论，即各个公司均有其最佳的融资结构。我们在前面曾经指出，现实当中，各个行业的融资结构确有其规律性。比如，对航空公司而言，其资产多为安全的有形资产，这样，即使航空公司破产，其资产变现时，价值也不会有多大的损失。由于这个原因，这类企业容易举债融资。但是，高新技术企业的资产风险性大，且多为无形资产，一些特殊行业的资产更是以人力资本形式居主要地位。这些企业一旦陷入财务困境或进入破产程序，其债权人的利益就会受到很大的损害。由于这些原因，这类公司的资本结构中债务比较小。从这个角度看，平衡论较好地吻合了现实。

但是，平衡论对一些现象也无法解释。现实当中存在这样的情况：一个产业内，盈利前景最好的公司，却往往最少借债。这一事实与平衡论的理论预测正好相反。平衡理论之所以在这个问题上缺乏解释力，我们认为，其根源在于它的一个暗含的假设：完全有效的资本市场。众所周知，破产与财务亏空的成本并不是一个可以事先确知的量。但是，按平衡理论的观点，公司在制定融资结构决策时，已然事先确知了破产与财务成本的准确值。不仅如此，平衡论事实上还隐含地要求，债权人也事先确知破产与财务亏空成本的值。但是，这种信息条件是永远难以满足的。

此外，人们对破产与财务亏空成本的预期，并非一成不变。对于不同的企业在不同的经济景气状况下，人们会持有不同的预期。当宏观经济高涨时，乐观的投资者，进而乐观的市场，几乎总是把破产与财务困境的阴影置之度外。而当经济景气状况不佳时，任何公司想筹到资本，都必须支付更高的成本。如此一来，平衡论所揭示的最佳资本结构，便成了一个难以捉摸的值了。正是这些不足，导致了公司融资结构理论后来的新发展。

第三节　公司融资结构理论的新发展

一、融资结构的激励理论

随着新经济分析工具和经济分析概念的出现，经济学家们逐渐尝试着从新的角度分析公司融资结构问题。其中较有影响的有三个方向，即激励理论方向、信号显示理论方向和控制权理论方向。这里只简略地介绍前两方面的模型；对有关控制权方向的理论，限于篇幅，这里不做分析。

（一）融资结构激励理论的研究目的与基本假定

1976 年，詹森和麦克林发表了《企业理论：管理行为、代理成本与所有权结构》的文章。该文从具有控制权的企业内部“所有权—管理者”角度出发，分析了什么样的融资结构能最小化总代理成本的问题。

在一个委托代理关系中，詹森和麦克林把代理成本界定为以下几个方面：(1) 委托人为使代理人努力工作而付出的监督费用；(2) 为了获得委托人的信任，代理人付出的保证费用；(3) 代理人的决策与使委托人福利最大化的决策之间的偏差，给委托人带来的福利损失。

詹森和麦克林的分析，基于一系列假定条件：(1) 整个资本市场是完全理性预期的。(2) 所有外部股票均没有投票权。从公司法基本原则上讲，一股一票，是股份制的基本原则。在实际运作中，有许多小股东事实上不直接行使用手投票的权利。在当今两权分离和股权非常分散的情况下，这一假定还是可以接受的。(3) 拥有一定比例股权的经营者，事实上扮演着一种所有者—管理者的角色。但他们的偏好是多样化的，他们不仅偏好于金钱方面的收益，也偏好于非金钱方面的收益。而非金钱方面的收益中，有许多可凭借其在企业中的特殊地位获取。

（二）外部股票的代理成本

分析外部股票的代理成本时，詹森和麦克林的思路是：以企业家拥有 100% 股权时的行为作为对照的标准，与他向外出售部分股权时的行为进行比较，从而分析外部股票对代理成本的影响。

外部股票为什么会引出代理成本呢？这是因为，一旦企业家持股比例小于 100%，他事实上就扮演着一个外部股东代理人的角色。由于企业家并不拥有 100% 的股份，但又掌握着对企业的控制权，企业家就可能凭借其权力，做出一些有利于他自己，但有损于外部股东权益的决策。另一方面，市场是理性预期的，外部股东在购买企业股票时，一定会把企业家“胡作非为”的可能性纳入考虑之中，从而在股票价格上讨价还价，以确保自己在企业中的利益不受或少受损害，由此导致的公司价值的变化，就构成了施加于企业家的代理成本。下面依次分析企业家的行为和外部股东的行为。

1. 企业家在不同持股比例下的行为刻画。假定企业家持有 $\alpha=100\%$ 股份时，所追求的企业目标利润为 B^*，而企业家持有 $\alpha<100\%$ 股份时，所追求的企业目标利润为 $\hat{B}$，那么，一定有 $\hat{B}<B^*$。

α 取值不同，会有上述行为差别。为什么呢？设想有一个经理，其非货币的效用因子是在职的公务消费。可以想像，当他拥有企业的全部股份时，他想增加一单位公务消费所须花费的成本，全部由他自己承担；但是，当他只拥有企业的一部分股份时，比方说 90%，他增加一单位公务消费的收益，只归他个人独享；但是，给定资源约束下，他这样做的边际成本，却不全部由他承担，他只承担 90%，而拥有另外 10%股份的股东为他的公务消费负担了 10%的成本。别人花钱，自己享受，这就是 $\hat{B}<B^*$ 的内在逻辑。

2. 外部股东的行为。詹森和麦克林认为，外部股东对作为内部股东所有者—管理者的行为特征有清醒的认识，如果潜在的外部股东真的购买了企业股票，他们也可通过用手投票来遏制所有者—管理者追求自身效用最大化，而置利润最大化于次要地位的行为。但是，这种直接监督不能达到完全有效的地步。

鉴于这样的事实，外部股东在购买企业股票时，便会在出价上动脑筋。外部股东正确地认识到，其实际实现的利润会小于潜在利润水平，公司的市场价值也会因此而缩小。所有者—管理者拥有的股份 α 越低，边际的外部股份的市场价值就越低。这意味着，所有者—管理者放弃 1%的股权，所能募集到的实际资金会下降；或者换个角度看，得到一单位的资金，所有者—管理者须放弃的股权份额会越大。

这就是说，一个拥有全部股权的所有者—管理者，在向外部出售 $1-\alpha$ 比例的股权时，便产生了“代理成本”。而且，α 越小，$1-\alpha$ 就越大，代理成本就越大。[①]

一个自然而然的问题是，既然有代理成本，为什么还向外发行股票筹资呢？詹森和麦克林的解释是，把 $1-\alpha$ 的剩余索取权出售变现，可以从事其他投资，或用于其他消费。如果这些方面的边际福利大于持有这 $1-\alpha$ 股权的边际福利，将其出售就是合算的。

---

① 这一点很重要，但詹森和麦克林未加分析的代理成本是：α 减小后，所有者—管理者的进取精神衰退，这同样会导致企业价值下降。

（三）与债券有关的代理成本

詹森和麦克林认为，与债券有关的代理成本大致有三类：（1）由于债券对企业投资决策的影响而导致的机会财富损失；（2）由债券持有人和所有者—管理者承担的监督、约束支出；（3）破产和重组成本。

1. 债券对企业家决策的影响导致的代理成本。前面分析了外部股权导致的代理成本。既然外部股权会引发代理成本，那为什么不可以采取这样一种融资格局呢：企业家持有100%的股份，对投资所需的资金，全部以债券形式筹集。比如说，企业家注册1万元股本，而借入100万元投资于一个项目。这个融资格局不是既避免了外部股权的代理成本，又筹到了资金吗？

但是，现实中几乎很少见到如此的融资格局，原因在于，债券融资也会给企业家（或所有者—管理者）带来代理成本。现代公司制度的两个基本特征是有限责任制度和法人制度。这意味着，在公司正常的存续期间，债权人无权过问公司的经营活动和投资决策活动。如此一来，经理对经由债券募集的资金，便拥有决定性的支配权。显然，经理（企业家）肯定倾向于从事高风险、高预期收益的投资项目，因为一旦项目成功，企业家将凭股权获得剩余，而债权人仅获得事先商定的利息。即使项目失败了，企业家也只承担有限的风险，其余风险则由债权人承担。

然而，这样的制度安排，以及该制度安排下债权人利益受到损害的潜在可能，一定会在理性预期的资本市场上得到反映。潜在的债权人清楚地知道，自己一旦贷款给企业家后，自己便处于一种相对不利的地位。怎么办呢？债权人在把款项借出去之前，便会在债券利息上与企业家讨价还价。如果债权人确信企业家借到款项后不会“胡作非为”，索要利息率为 R_0 的话，由于代理关系的存在，且由于企业家无法让债权人确信其不会“胡作非为”，所以，此时债权人索要的利息率 R_1 一定会大于 R_0。这两者之差，直接反映着不同的融资成本，而该成本是由企业家（所有者—管理者）承担的。这就是说，代理关系的存在，加上理性预期的资本市场，使企业家在通过债务融资时，要承担相应的代理成本。

2. 监督和约束支出。这类代理成本比较容易理解。现实当中，为减少所有者—管理者借到贷款后“胡作非为”的可能性，债券契约中往往有尽可能详尽的约束条款。而所有者—管理者为了减少债务融资成本，也总是承诺提供公正的会计信息等，以表明自己不会“胡作非为”的决心。这两类活动显然都要花费成本。

3. 破产和重组成本。当公司不能正常存续时，会进入破产、重组程序。此时，对公司的控制权由股权所有者转移到债权人那里。但是，一旦启动破产、重组程序，就会引致相应的成本，比如清算成本、无形资产的损失、管理难度加大带来的成本。但是，只要潜在的债券持有人在开始购买时对这些成本的大小能做出无偏估计，作为所有者—管理者的股东将会承担这些破产成本的全部财富效应。

（四）公司所有权结构理论

基于股权、债权代理成本的上述分析，这里可以综合地分析企业的融资结构决定问题。设外部总资本为 K_0，债券筹资为 B，外部股权为 S_0，则外部股权筹资占外部资本的比例为 $E=S_0/K_0$。

这里先假定，企业规模及外部总资本数额给定。这样，从所有者—管理者的角度看，在既定的内部股数量下，通过调节外部股权筹资与外部总资本的比例 E，使总代理成本最小化。在资本市场有效的条件下，即资本市场是完全理性预期的条件下，由代理关系引起的监督成本，会在资产的价格中无偏差地估计出来。而理性预期的资本市场对这类行为引致的代理成本，将强加在发售这类权利的所有者—管理者身上。

设 A_T（E）为给定外部总筹资量时的总代理成本，它分为两个组成部分：第一部分是与债券有关的代理成本 A_B（E）；第二部分是与股权有关的代理成本 A_{S_0}（E）。

如图 9—3 所示，当外部股权为零时，全部资本结构包括两部分：内部股东的股本和外部债权人投入的债权。此时与股权有关的代理成本为零。随着 E 趋于 1，A_{S_0}（E）也逐渐增大。

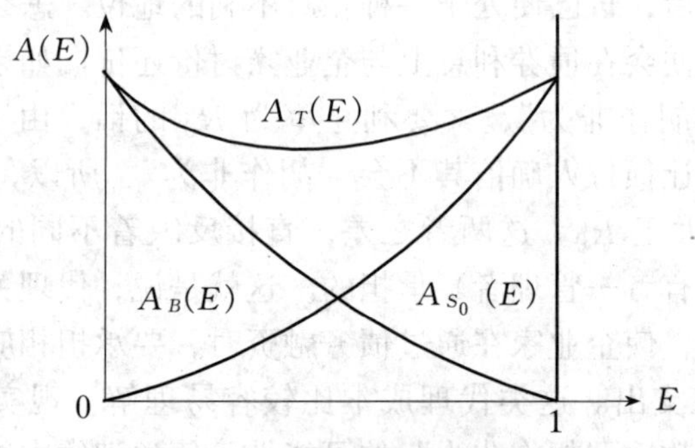

图 9—3　企业融资结构决定

A_B（E）主要由企业价值的降低和监督成本构成，后者由管理者通过提高其股份要求权价值，使财富从债权人向自己转移的行为所引起。当所有外部资本均以债券形式募集时，A_B（E）最大；当所有外部资本均以外部股份形式募集时，A_B（E）为零。

为什么 A_B（E）会随 E 趋于 1 而下降呢？主要原因有：（1）债券总量下降了，管理者从债券持有人手中转移出一定数量的财富就更困难了；（2）内部股东的股权比例 α 随 E 的上升而下降，从而，他从债权人那里转移出的财富中，所能得到的份额也下降了。

给定以上分析，管理者的目标是：

$$\mathrm{Min}A_{S_0}(E)+A_B(E)$$

使上述目标函数取得最小值的 E，唯一地决定了最优的融资结构。这就是公司融资结构的激励理论的主要观点。

二、融资结构的信号显示论

不对称信息在资本市场上广泛存在。借钱者对自己的品行、敬业精神、项目风险拥有信息优势，而放贷者对借钱者的有关信息并无确切了解。在资本市场上，交易对象的一个关键信息是投资项目质量，它以项目的预期收益和风险来度量。信息对称时，市场给高质量项目以较高的评价，对低质量项目给予较低的评价。但是，一旦信息不对称，市场就只能以平均质量来估价项目价值。于是，市场上就会泛滥着低质量的项目，高质量项目则由于市场评价低而退出市场。这里的机制是，由于信息不对称，市场只能以平均质量来判定项目质量。因而，对于高质量的项目而言，市场索要的资本成本相对较高，结果，高质量项目供给下降，而低质量项目供给却会上升。

利兰和派尔于 1977 年提出了一个模型，认为融资结构可担当资本市场的信号显示功能。粗略地讲，企业家如果对一个项目的质量充满信心，他就会在这个项目上投入相当的资本；资本市场上其他潜在的资金供给者看到企业家在这个项目上投资，便会判断项目质量高，并相应地投资。直观地讲，一个项目的质量越好，企业家便会增加在这个项目上的投资，以显示他对项目质量的信心的信号。

通过分析，利兰和派尔得出了两个定理。

定理 1：当且仅当企业家对于投资项目的股份需求是正常资产需求时（正常资产指对其需求随价格的上升而下降），市场对项目价值的均衡评价函数才会随企业家持股份额的增加而严格递增。

定理 1 表明了均衡市场评价函数的一个很突出的特征：正常情况下，随着企业家对某项目的持股份额 α 的增大，市场对该项目价值的评价单调递增。市场认为，企业家对一个项目的投资越多，证明项目的质量就越好。或者说，从企业的角度看，较高质量的项目，企业家会选择持有较多的股份。

定理 2：假如企业家能把项目的真实期望收益信息无成本地揭示给外部潜在

股东，则企业家持有的股份会小于信号显示均衡中企业家持有的股份。

定理 2 事实上是对信号显示均衡福利状况进行的评价。显然，无成本地向外部股东揭示项目质量信息是最优的，但由于信息不对称，必须通过信号克服这里的问题。假设信息对称时企业家对项目进行的投资为 K，信号显示均衡状态中，企业家对项目进行的投资为 K_α，那么，信号显示的成本就可理解为 $K_\alpha - K$ 的差额。这种成本是无法避免的。正如前面指出的那样，不花费这种信号显示成本缓解信息不对称的状况，就没有什么好的项目可以找到充足的资金来源。

在利兰和派尔的模型中，均衡地、唯一地决定了一个债/股比率，证明了债券的价值随风险的增加而下降，而且，债券的价值与公司的价值之间存在正向关系。但是，他们也同时指出，这并不意味着 MM 定理无效，因为债券价值与公司价值之间的正向关系并不是因果关系，而只是统计关系。这种正向统计关系的原因在于，债券发行量大，则企业家持有的内部股份比例往往也大。

三、融资的偏好顺序理论

现实当中，企业融资的先后顺序是：先由内部融资，再发行债券，最后才是发行股票。表 9—5 给出了 1962—1981 年间美国公司内部筹资的情况。

表 9—5　　1962—1981 年美国公司的股利支付和内部筹资情况　　单位：10 亿美元

年份	税后利润	支付的现金股利	股利支付比率	保留盈余	外部筹资的长期资金	内部筹资占长期融资的比率
1981	150.9	65.9	43.1%	85.8	72.2	54.3%
1980	157.8	58.1	36.8%	99.7	62.9	61.3%
1979	144.1	52.8	36.6%	91.3	51.4	64.0%
1978	121.5	47.2	38.8%	74.3	47.1	61.2%
1977	104.5	42.1	40.3%	62.4	53.8	53.7%
1976	92.2	35.8	38.8%	56.4	53.2	51.5%
1975	73.4	32.4	44.1%	41.0	53.6	43.3%
1974	74.5	31.0	41.6%	43.5	38.2	53.2%
1973	67.1	27.8	41.4%	39.3	31.9	55.2%
1972	54.6	24.6	45.1%	30.0	40.1	42.8%
1971	44.3	23.0	51.9%	21.3	45.0	32.1%
1970	37.0	22.9	61.9%	14.1	38.9	26.6%
1969	43.8	22.6	51.6%	21.2	26.6	44.4%
1968	46.2	21.9	47.4%	24.3	21.8	52.7%
1967	44.9	20.1	44.8%	24.8	24.7	50.1%

（续前表）

年份	税后利润	支付的现金股利	股利支付比率	保留盈余	外部筹资的长期资金	内部筹资占长期融资的比率
1966	47.1	16.4	41.2%	27.7	18.0	60.6%
1965	44.3	19.1	43.1%	25.2	15.9	61.3%
1964	36.7	17.3	47.7%	19.4	13.8	58.4%
1963	31.5	15.5	49.2%	16.0	12.1	56.9%
1962	29.6	14.4	48.6%	15.2	10.6	58.9%

资料来源：王庆成、王化成：《西方财务管理》，291页，北京，中国人民大学出版社，1993。

另外有人统计过，1965—1982年，美国非金融企业集资总量中，内部积累平均占61%，债券占23%，新发行的股票平均每年只占2.7%。对于这一带有规律性的现象，其他融资结构理论都不能给出比较圆满的解释。

1984年，梅耶斯和梅杰尔夫合作，发表了《当公司拥有信息优势时的公司融资和投资决策》，尝试以不对称信息解释上述经验现象。后来，该理论就被冠以“融资偏好顺序”的名称。

融资偏好顺序论解释前述经验现象的最重要的理论根据，在于不对称信息。对于公司的投资项目，显然公司管理者比外界投资者拥有更多的信息。资本市场上的潜在投资者会把这一信息不对称的格局纳入考虑。就管理者而言，只有当外部融资的成本小于或等于所得时，选择外部融资才是合算的。但是，反过来，外部的投资者会认为，一旦公司以某种价格从外部融资，那一定说明这个融资价格不会低于相应股权的潜在市场价值，这也就意味着公司管理者凭借信息优势占了外部投资者的便宜。

这一信息格局对于公司的管理者而言是不幸的。即使公司不想利用信息优势在外部融资中占投资者的便宜，它们也无法使投资者确信这一点。于是，融资选择的第一顺序便是内部融资。

内部融资还有其他好处：（1）内部融资能省去债券、股票的发行费用等；（2）从老股东角度看，内部融资不会稀释自己对公司的控制权和利润要求权。

当公司内部可用资金用尽后仍不敷投资之需时，公司必须向外部融资。这时，债权与股权二者中，前者处在优先被考虑的地位。这是因为债务融资有几方面的优势：（1）债务融资的成本低于股票融资的成本；（2）债务融资基本上不影响既有的控制权结构；（3）最关键的一点是，一旦公司以股票形式融资，潜在的外部投资者就会认为，一定是公司从维护老股东利益的角度出发，占了新股东的便宜，而以债务融资则不会传达出这类不好的信息。

有两点需进一步明确：（1）融资偏好顺序理论并不意味着公司应追求一个高的“债/股”比率。在某种意义上可以说，融资偏好顺序讲的是“边际”的融资决策顺序，而非“总量”的资本结构。（2）当信息不对称问题不是十分严重，而且考虑到其他作用因素时，公司的实际融资顺序也未必绝对按融资偏好顺序论所预测的那样进行。比如，一个公司已借了很多的债务，那么进一步融资时，发股票可能就比发债券更好。

由上述可知，融资偏好顺序论较好地解释了一个经验现象：利润最丰厚的公司，一般借债最少。按融资偏好顺序论，这并不是因为这些公司的目标债/股比率低，而是因为它们无需外部资金。利润水平较低的公司借债，是因为它们没有足够的内部资金支持其投资项目，而且债务融资又处于外部融资的优先顺序上。

第四节　对中国企业融资结构问题的分析

一、中国国有企业融资结构的现状与问题

（一）中国国有企业融资结构的现状

中国国有企业融资结构的最突出的特征，可以概括为四个字：过度负债。大量的统计数据和调查资料表明，中国国有企业的负债率过高。做出这样的判断，其参照系是发达国家或其他发展中国家企业的融资结构状况。

据国有资产管理局的数字，1980 年，国有工业企业资产负债率仅为 18.7%。1990—1993 年，分别为 58.4%、60.5%、61.5%、71.7%。1994 年对 12.4 万户国有企业清产核资时，国有企业的资产负债率已上升为 75.1%；若扣除实际的挂账损失，国有企业的资产负债率高达 83.3%。①

另据原国家体改委对 29 家现代企业制度试点企业（也是优化资本结构试点企业）的调查，有 28 家企业负债率平均值为 69.5%，最高值达 99.57%，最低值为 34.75%。8 家中央直属企业的负债率平均值为 68.49%。在 28 家试点企业中，资产负债率为 30%～50%的企业有 3 家，50%～70%的有 11 家，70%～90%的有 13 家，高于 90%的有 1 家。

作为对比，让我们看一下发达国家和其他发展中国家的企业融资结构状况（见表 9—6）。

① 易纲：《中国金融资产结构分析及政策含义》，载《经济研究》，1996（12）。

表 9—6　　1970—1989 年英、美、德、日净融资来源比较（%）

	英国	美国	德国	日本
保留盈余	97.3	91.3	80.6	69.3
新股本	-10.4	-8.8	0.9	3.7
债 券	3.5	17.1	-0.6	4.7
贷 款	19.5	16.6	11.0	30.5
贸易信贷	-1.4	-3.7	-1.9	-8.1
其 他	-8.4	-2.5	10.0	-0.1
外部融资总额	2.7	8.7	19.4	30.7

资料来源：荀文均：《企业融资选择的国际比较》，载《经济研究资料》，1998（1）。

由表 9—6 可以看出，发达国家企业的债务融资比例大约为 10%～35%。由表 9—7 可以看出，不少发展中国家企业的融资结构中，债务比率也没有超过 50%。相比之下，我国国企融资来源中，债务所占比率的确处在一个比较高的水平上。

表 9—7　　几个发展中国家 50 家最优上市公司的融资结构（%）

年 份	国 家	提留比例	内部融资	外部融资	
				股 权	长期债务
1980—1987	韩 国	59.3	12.8	40.3	45.4
1980—1987	约 旦	32.0	28.1	52.1	0.0
1983—1987	泰 国	46.7	27.3	—	—
1984—1988	墨西哥	—	17.1	76.0	2.9
1980—1988	印 度	67.7	36.1	11.0	45.6
1972—1977	土耳其	44.4	18.1	60.5	15.5
1983—1987	马来西亚	45.0	42.4	31.4	2.1
1980—1988	津巴布韦	61.6	58.5	43.0	0.0

资料来源：同表 9—6。

（二）中国国有企业高负债率的成因分析

中国国有企业的高负债率已引起广泛关注，人们开始从多个角度去分析高负债率的成因、不良影响、出路等。回顾新中国成立以来的建设和改革历程，可以看出，高负债率的形成是不可避免的。林毅夫、蔡昉、李周等人用赶超战略来解释我国自1949年以来的经济制度与运行特征。[①] 在笔者看来，国有企业的高负债率也是赶超战略的内生结果。

赶超战略论认为，中国传统经济体制形成的逻辑起点，是重工业优先发展战略。但是，中国的基本国情是资本资源稀缺，而重工业优先战略恰恰又要求大量的资本投入。这二者构成了一对矛盾。显然，市场机制无法解决这对矛盾。于是，在资本稀缺的条件下推行重工业优先的赶超战略，便内生地决定了以下几方面的结果：(1) 由政府出面，人为压低利率、汇率、能源和原料价格及工资等，以降低重工业发展成本。(2) 在扭曲要素和产品价格的宏观政策环境下，资源配置只能经由高度集中的计划渠道进行。(3) 对应于前两个方面，在微观经营机制上，只能是没有自主权的企业制度。这种三位一体的传统体制，为实现初级工业化做出了贡献。但是，这套体制由于违背基本的比较优势原理而不能持续存在下去。另一方面，由于集中决策的资源配置机制，在微观企业的激励与约束方面存在着严重缺陷，所以，又内生地决定了改革的需要。

这种三位一体的制度在国民经济各个方面都有所体现。储蓄—投资—资本形成的整个链条，更是集中反映了赶超战略体制的特征。工人工资水平和农产品价格限制，压低了居民收入水平，使居民的储蓄资源很少。居民的少量储蓄只有一个去向：存入银行。就企业而言，其利润甚至折旧基金都要足额上缴，这一部分构成了社会储蓄资源的主要源泉。这一源泉的主要收支渠道，是财政及国家银行。改革以前，中央及各级地方政府奉行“既无内债，又无外债”的政策，因而，政府部门未进行负储蓄，许多年份中还有财政盈余，从而也形成了一定量的储蓄。归纳起来，最主要的储蓄集中渠道是各级财政。国家银行的职责，是按被管制的官定利率，被动地吸纳居民储蓄。由于管制利率显然低于市场均衡利率，所以，居民无形中又对资本形成做出了贡献。

投资与资本形成的决策，则由各级计委和企业主管部门做出，由企业具体执行。

这套储蓄与资本形成的制度，很大程度上具有金融压抑的特征。任何制度都有其惯性，况且，在我国渐进改革之路的模式下，制度的惯性就更加易于理解了。改革开放以来，我国的储蓄与资本形成机制发生了一些变化，但总的格局并未改变。

实行改革以来，储蓄与资本形成方面的变化，可以从中国金融资产结构的变化情况进行分析（见表9—8）。

---

① 参见林毅夫、蔡昉、李周：《中国的奇迹：发展战略与经济改革》，上海，上海人民出版社，1994。

表 9—8　　　　　　　　　　　　中国金融资产结构

年份 / 项目	1978		1986		1991		1995	
	数额（亿元）	占 GNP 比重（%）	数额（亿元）	占 GNP 比重（%）	数额（亿元）	占 GNP 比重（%）	数额（亿元）	占 GNP 比重（%）
流通中现金	212.0	6	1 218.4	12	3 177.8	15	7 885.3	14
金融机构存款总额	1 300.5	36	5 814.0	57	18 079.0	83	54 000.0	94
居民存款	210.6	6	2 237.6	22	9 107.0	42	29 662.0	51
企事业存款	902.5	25	3 264.9	32	7 065.1	33	15 419.4	27
财政存款	187.4	5	311.5	3	485.8	2	1 003.2	2
其他金融机构存款					1 421.1	7	7 915.4	14
金融机构贷款总额	1 890.0	52	8 116.5	80	21 021.5	97	51 000.0	88
国有商业银行贷款	1 850.0	51	5 790.8	74	18 044.0	83	39 393.4	68
城乡信用社贷款	40.0	1	525.7	5	1 766.5	8	7 492.0	13
其他金融机构贷款					1 211.0	6	4 114.6	7
财政向银行借款			370.1	4	1 067.8	5	1 582.1	3
政府债券余额			293.4	3	896.5	4	3 500.0	6
企业债券余额			83.8	1	331.1	2	1 700.0	3
金融债券余额			30.0		123.1	1	1 100.0	2
国家投资债券余额					245.1	1	245.1	
股票市值					452.4	2	4 500.0	8
大额存单					800.0	4	1 300.0	2
国内保险费	15.0		42.0		209.7	1	453.3	1
债券股票保险小计	15.0		449.2	4	3 057.9	14	12 798.4	22
金融资产总值	3 417.5	94	15 968.2	157	46 404.0	214	127 265.8	221

资料来源：《中国统计年鉴（1988—1996）》；《中国金融年鉴》；中国证监会（1995）：《中国证券期货市场》。

从表 9—8 中可见，改革开放以来，在储蓄与资本形成方面最突出的变化，是社会储蓄资源的主渠道已由政府和国营企业转变为居民户。但是，改革以来，中国在储蓄—投资—资本形成方面仍基本上保持了旧有的格局。大致表现为：(1) 国家及国有银行系统仍旧是社会储蓄资源的主要配置主体，资本市场欠发达（见表 9—9）。(2) 利率水平仍受到严格管制，且国有企业能以优惠的利率得到贷款。(3) 中国既定储蓄资源的资本形成率和资本产出效率仍比较低，利率管制是一个不争的事实。一方面，国有银行系统要在管制利率下，吸纳任何数量的居民存款，居民存多少，银行就要无条件地吸纳多少；另一方面，在放贷方面有诸多缺陷，突出表现是：重大投资项目的决策权仍归各级政府，利率的调节作用不能充分发挥出来。

表 9—9　　1993 年各国（地区）金融资产比较

国别	M2(10亿美元)	占 GDP 比重（%）	银行资产（10 亿美元）	占 GDP 比重（%）	股票市值（10 亿美元）	占 GDP 比重（%）	债券市值（10 亿美元）	占 GDP 比重（%）
中国内地	519	88	547	128	41	2	47	11
中国香港	119	109	200	182	385	352	6	5
印度尼西亚	69	48	85	59	33	23	13	9
马来西亚	54	88	60	93	220	342	35	54
菲律宾	22	42	28	51	40	74	24	43
新加坡	51	92	92	167	133	240	38	70
泰国	98	79	118	95	130	104	10	8
平均值		73.5		105.5		148.25		30.25
德国	1 184	65	2 766	145	463	24	1 587	83
日本	4 633	111	6 338	150	3 000	71	2 887	68
英国	885	96	2 101	223	1 152	122	311	33
美国	4 013	64	3 471	55	5 224	83	6 993	112
平均值		84		143.25		75		74

资料来源：*The Emerging Asian Bond Market*，The World Bank，June，1995；*International Financial Statistics*.

我们现在分析关于中国储蓄资源的资本形成率与资本产出效率的问题。首先一个不争的事实是，当投资决策权力过分集中在各级政府手中时，银行和企业充其量只是执行者。由于决策信息等方面的制约，集权的投资决策体制存在着天然的缺陷，这是经济学的基本原理所指明的。另外，政府投资意图，在改革以前是贯彻赶超战略。自改革以来，一方面没有完全放弃维持原有产业结构的意图，另一方面又背上了维持社会稳定的义务。而且，放贷中存在大量的腐败行为，造成储蓄资源的直接漏损。曾有人对此做过估算，其数额是惊人的。至于低资本产出率，更是人人皆知，此处不再赘述。

在给出上述背景后，这里再总结一下国有企业高负债率的成因：赶超战略及其内生决定的集权的储蓄—投资机制，必然导致高负债率。

二、公司融资结构理论对我国的启示

按笔者的理解，通过某种资产重组的技术性操作降低企业负债率是必要的，但不能指望这些步骤能一劳永逸地根本解决问题。最主要的是，要对赶超战略指导下形成的产业结构进行优化；同时，要为企业创造公平的竞争环境，包括去掉企业背负的社会和历史包袱。此外，“三改一加强”齐头并进，从根本上提高国有资产的运营效率。出于本文主题的限制，这里对此不做展开，下面主要讨论公司融资结构理论的启示。

从标准的MM定理，到基于不对称信息的公司融资结构论，最直接的分析对象是上市公司。这样，似乎可以得到一个自然而然的结论，即西方的公司融资结构理论不适合于对中国国企的分析。这种观点不无道理，但又不尽然。

融资结构理论的分析目标是最大化公司价值，单就这一点而言，似乎不太适合于我国的国有企业。但是，换个角度看，最大化公司价值，等价于最小化公司的融资成本。从这个意义上讲，任何企业都有融资成本最小化的问题，国有企业也不例外。而且，融资结构理论新近发展所涉及的委托—代理问题和不对称信息问题，就问题的性质而言，直接适用于国有企业。在某种程度上甚至可以说，这些问题在中国企业中的严重程度远在西方企业之上。从这个角度看，融资结构论是可以用来分析我国国企有关问题的。总之，公司融资结构论对于中国企业具有重要的启示意义。根据我国的国情，并结合融资结构理论的分析，我们认为，解决中国国有企业的融资结构问题，可以从以下几个方面入手：

（一）放松利率管制

对中国国有企业而言，除少数上市公司外，大多数企业最主要的资金来源渠道是银行贷款。中国利率体制最突出的特点是政府管制。不同贷款类别的利率差别，并不体现其风险程度，而仅仅体现贷款期长短的差别。这意味着，国有百货店和大型造船厂的债务融资成本是相同的。

这种体制的一个直接结果是，借贷市场上逆向选择行为盛行——越是高风险的项目，越喜欢去争取贷款。这不能不说是高负债率的一个重要成因。

在利率管制下，与企业追求高负债相对应，便是银行的资产质量几近无法控制。在现有的金融制度下，银行有义务按被管制的利率吸纳任何数量的居民存款，但在放贷时，银行无权根据贷款项目的风险而索取相应的利率。这样，在逆向选择机制的作用下，银行资产质量低下也就是不可避免的了。

按照融资结构理论，最理想的方式是由债券市场决定借贷资本的利率。在中国，这一条件短期内不可能实现，因为一则不可能所有的企业都有资格去债券市场上发债；二则债券市场的发育也需要一个过程。

那么，放开利率显然是比较理想的出路。但限于国家整体改革的制约，放开利率绝非一蹴而就的事。比较可行的选择是，给银行一个利率浮动区间，赋予银行在该区间内确定利率的权力。这样，利率才能比较接近地反映企业的融资成本。

（二）硬化对企业的约束，逐渐强化破产制度

西方融资结构理论中，债务融资会对企业产生几方面的影响。在平衡论中，负债有可能引发财务亏空进而破产，而这方面的成本会降低企业的市场价值，从而便令负债有一个适当的度。如果没有财务亏空与破产成本，则最优的融资结构便是全部负债。在詹森和麦克林的激励理论中，债务融资也引发代理成本，资本市场会把这种成本施加于企业家身上。在图 9—3 中，如果债务融资的代理成本为零，则总代理成本的最小值在 $E=0$ 处取得，即外部融资全部通过债务融资进行。

基于上述分析，对照一下我国现实就可以发现，中国企业的高负债率是不难理解的：一则企业从来不必为财务亏空的可能性而担忧，二则企业也不必担心破产。况且，向银行举债后，企业经理对企业的控制权丝毫不会受到影响，即便在亏损甚至资不抵债的情况下也是如此。这些现实状况，恰好对应着平衡论中财务亏空与破产成本为零，以及激励理论中债务融资的代理成本为零的情形。这样，过度负债也就是自然而然的了。

如何解决这方面的问题呢？显然，迅速地强化《破产法》执法力度是不太可能的，其社会成本太大。剩下的办法就是强化对企业的约束。近一段时期以来，出现了企业惜贷的现象。从宏观调控的角度看，这一现象似乎不太令人乐观，因为政府增发货币以刺激投资需求的意图无法实现。但是，从另一个角度看，这一现象也有令人可喜的一面，这至少说明企业的预算约束硬化了。那些惜贷的企业，一定是对利润前景持悲观预期的企业。这样一来，就不必为惜贷行为忧虑了。

（三）大力发展资本市场，促进直接融资

发展资本市场，进而直接融资，其重要性已成为人们的共识，只是出于宏观调控的需要，中国资本市场的发展节奏时有起伏。我们已经指出，中国国企高负债率的一个重要原因，是间接融资在社会总的融资格局中占有绝对重要的地位。考虑到化解银行系统经营风险的需要，也考虑到与发达国家的比较，我国的直接融资仍应大力发展。

前已述及，经过改革开放，我国的社会总储蓄资源中，最主要的来源渠道是居民户。在这种情况下，继续倚重银行体系来集中配置储蓄资源，其决策效率未必很高。况且，有许多贷款是出于历史性包袱或维持赶超战略导致的不合理产业结构而发放的。这些贷款很难收回，但这些贷款又是以中央政府的声誉为总担保的。这是中国现有融资格局中潜藏的最大隐患。

发展直接融资，把储蓄资源的投向决策权还之于民，是化解上述隐患的出

路。其根据是：(1) 经由资本市场进行的直接融资，中央政府事实上不负有任何担保义务。这样，某些企业失去清偿力时，不会引发全局性的金融动荡。(2) 更重要的是，资本市场本身就是企业价值的评价市场，而这个市场本身的发达程度，与企业价值的不断提高之间有一种正反馈关系。为什么？我们在前面评介公司融资结构理论时曾经指出，事实上，公司的行为目标就是公司价值最大化，只有建立一个有效的资本市场，才能准确地评价公司价值。而面对着这样一个有效的市场，公司的任何决策，包括公司融资结构决策，都必须审慎从事。公司治理结构的效率，比起没有这样一个市场的情况来，显然会提高。再进一步，决策科学性的提高，必然带来公司价值的提高，从而必然使得进一步的融资变得比较容易。

发展资本市场，不单单是一个扩容的问题，更重要的是市场的"质量"，即市场是否有效。中国股市的效率，已有多人做了实证检验。结果表明，我国的股市效率并不是很高。比如，上海交通大学的施东晖对上海股市进行了检验。[①] 根据他的研究，CAPM 模型中，风险贴水竟然为负值。施东晖得出的结论是："从宏观角度看，上海股票市场的投资风险更大程度上体现的是政府干预政策、市场消息等系统因素的影响，而并没有体现出上市公司的经营管理状况与财务指标等非系统因素的影响，因此，股市将无法依股价的升降评定公司的经营业绩，从而削弱了股票市场优化资本资源配置的功能"[②]。随着《中华人民共和国证券法》的颁布实施，可以期望我国资产市场的效率会逐步提高。

(四) 提高折旧率水平

在前面评论 MM 定理时曾指出，MM 定理的最初理论背景，在于确定公司的资本成本。前文分析资本成本时，忽略了一个重要的因素：折旧。折旧也是资本成本的一个构成部分。折旧率的确定，独立于融资结构。因为不论是债务融资还是股份融资，一旦形成资本以后，都以同样的折旧率形成折旧。折旧率是一把双刃剑。当折旧率高时，资本成本高，进而，同样的营业收入下，利润变小，从而使投资者回报下降，政府税收下降。但是，折旧率高，则资本品更新快，从而竞争力会提高，这又会提高未来的利润流量。

从国际比较的角度看，我国的折旧率由于受到管制，处于较低的水平。这一做法有其历史背景，即赶超战略下国家积累资本的需要。低折旧，意味着政府可以集中更多的财政收入；低折旧，还可以降低产品成本。但是，从融资的角度

---

① 施东晖：《上海股票市场风险性实证研究》，载《经济研究》，1996 (10)。

② 同上。

看，低折旧无异于断了企业从内部融资的后路。而表 9—6 和表 9—7 中的资料表明，发达国家的公司，内部融资占很大比重。

在中国即将加入 WTO 的今天，可以毫不夸张地说，低折旧带来的成本优势，绝不如它所带来的未来效率方面的损失大。以低折旧打开别国的市场，无异于把我们未来的利润拱手送给人家。况且，当企业无法进行内部融资而必须到外部市场融资时，其各种交易成本也是无法避免的。

第十章

可转换公司债券的发行与运作

可转换公司债券（convertible bond）同证券市场中的其他金融品种一样，作为证券市场的一种筹集资金的手段，具有灵活有效的特点，既适应社会化大生产的需要，又极大地推动了社会化大生产的迅速发展。可转换公司债券在国外已是一种成熟的融资方式，加快对可转债的研究，推广可转债的使用，对我国资本市场的发展意义重大。

第一节　可转换公司债券概述

一、可转换公司债券的概念与种类

可转换公司债券简称可转债或转债，是一种混合型的金融工具，可视之为普通公司债券与买权（investors' call option）的组合体。可转债属于公司债的范畴，其期权属性赋予持有人权利，在发债后特定的一段时间内，持有人可依据本身的自由意志，选择是否依约定的条件将持有的债券转换成发行公司的股票。具体而言，可转债持有人可以选择持有至债券到期，要求公司还本付息；也可选择在约定时间内转换成股份，享受股利分配或资本增值。

对发行者的资产负债表而言，在概念上，可转债介于长期发债与股东权益之间，实际上属于“或有负债”（contingent claims）。与普通公司债券相比，可转债的票面利率较低，债券期限的灵活性较强，对融资者比较有利。与普通股票相比，可转债的利息收入更为稳定，转股后更可享有股票投资者的权利。综合地讲，可转债的融资优点还是比较突出的。在西方投资银行业中，可转债在投资经理心目中的最优融资工具中排在第四位，优于股票。

可转换公司债券一般可划分为传统可转换公司债券、零息票可转换公司债券、可交换股票的可转换公司债券三大种类。

传统可转换公司债券又可分为高溢价、溢价回购型、多次回购型。

零息票可转换公司债券是指没有票面利息的可转换公司债券，通常折价发行。

可交换股票的可转换公司债券是指发行可转换公司债券的公司和转换成股票的公司主体不同的可转换公司债券。

二、可转换公司债券的基本特征与要素

（一）可转换公司债券的基本特征

可转债属于债券，故它同样具有普通债券的基本特征，需要定期偿还本金和支付利息，同样有债券面值、利率、价格、偿还期限等基本要素。如果投资者在规定的期限内不进行转换，他仍可以向公司要求还本付息，从而获得债券上注明的固定利息收入。具体地说，可转债具有以下典型特征：

1. 比普通公司债券低的固定利息。

2. 投资者买入期权与卖出期权。可转债赋予投资者以在特定期间转换成（可视为买入）股票的期权。因此，投资者希望发行公司的股票价格能够上涨，这种股票的买入期权就能升值。卖出期权是投资者将可转债券还给发行公司的权利。它使投资者有机会在债券到期之前，在某一指定日期将债券出售给发行人——通常以一定的溢价售出。因此，卖出期权也可以称为投资人期前回购权。

3. 发行人赎回期权。由于所有的可转债券都有债券的一般特征，因而可转债券有一个预定的赎回期。但与可转债券相关的赎回权，则是指发行人在可转债券最终期满之前赎回债券的权利。可转债的赎回期权一般有两种：一是强行赎回期权，即公司有权但并非一定在事先确定的时间按事先确定的价格赎回发行的可转债券。强行赎回一般在进入转换期后方可执行。如果转换没有实现，可转债券与纯债券一般在期满将被赎回，投资者本金的安全由此得到保证。二是软赎回条款期权。这种期权与它的股票表现有关，通常是股价连续数日（一般为 30 天）

达到或超过事先确定的转换价水平（一般是有效换股价的 130%～150%）时，发行公司可以行使但并非一定赎回其发行的可转债券。由于软赎回期权加速了转换，因而称为加速条款。

4. 转换溢价。可转债券通常是以百分之百的面值销售的，即通常所说的"以面值发行"。但实现转换时，通常有一个溢价比例。转换溢价是以百分比表示，以可转债券发行时股票价格为基础的，它是目前市场价格与转换值之差，用公式表示为：

$$Cp = VM - V$$

式中，Cp 为转换溢价，VM 为可转债券的市场价格，V 为转换价格。为了与一种其他的可转债券进行比较，一般转换用百分比表示，称为转换溢价率，用公式表示为：

$$Cr = \frac{Cp}{v}$$

式中，Cr 为转换溢价率。

可转债券的换股溢价一般为 5%～20%，但也有例外，具体的溢价比例视债券期限、利息及发行地而定。换股溢价越低，即换股价越接近于债券发行时的股价，投资者尽快将债券转换成股票的可能性越大。

（二）可转债券的基本要素

可转债券的设计巧妙与否，对确保发行和转换成功起着十分重要的作用。除了一般公司债券的基本要素外，可转债券还有自己特定的要素或条件。具体有如下一些基本要素：基准股票、票面利率、转换比率、转换价格、转换期、赎回条件、转换调整条件等。

1. 基准股票。基准股票是债券持有人将债券转换成发行公司的股票。发行公司的股票可能有多种形式，如普通股票、优先股。就中国公司而言，还有 A 股、B 股、H 股、ADR 等多种形式。如果中国公司发行以外币定值的可转债券，就要求该公司具有 B 股或 H 股的上市资格，这样，基准股票可以是 B 股或 H 股。确定了基准股票以后，就可以进一步推算转换价格。

2. 票面利率。一般来说，可转债券的票面利率都低于其他不可转换公司债券，因为其中包括了一个股票期权。但票面利率低多少，发行公司有一定的选择权。一般来讲，它受制于两方面的因素：一是公司现有债权人对公司收入利息倍数等财务比率的约束，据此计付利率水平上限；二是转换价值收益增长及未来水平，据此计付利率水平下限。但无论如何，最终还是取决于公司业绩预期增长状况。转换价值预期越高，利率水平相应可设置越高。

3. 转换比率。可转债券与普通债券的最大区别在于“转换”，而转换能否成功，核心要素是转换比率及转换价格。转换价格是指可转债券在实际转换时，一个单位的债券能换成的股票数量，其公式为：

$$转换比率=\frac{单位债券\times固定汇率}{转换价格}$$

这个比率一般在债券发行时明确规定，这意味着在可转债券发行时，发行公司给予债券购买者以按如下价格购买普通股的权利：

票面换算价格＝可转债券的票面价格×转换比率

4. 转换价格。转换价格是指在可转债券整个有效期间债券可以据此转换成基准股票的每股价格，其计算公式为：

转换价格＝基准股票价格×（1＋转换溢价）

转换价格的确定，与股票发行的定价原理及过程相似，反映了公司现有股东和投资者双方利益预期的某种均衡。从投资者的角度看，他们希望得到较低的转换价格，到时候能转换成较多的普通股，以获得较高的收益。但公司现有股东不会接受过低的转换价格，因为转换后的普通股越多，股权稀释程度越大，对现有股东的控制是相当不利的。

5. 转换期。公司发行的可转债券在何时进行债权向股权的转换工作，通常有两种方式。一种是发行公司确定一个特定的转换期限，只有在该期限内，公司才受理可转债券的换股事宜。这种情况又分为两种类型：发行后某日至到期日前和发行后某日至到期日。

另一种方式是不限制转换的具体期限，只要可转债券没有到还本付息的期限，投资者都可以任意选择转换的时间。这里也有两种类型：发行日至到期日前和发行日至到期日。

由于转换价格通常高于公司当前股价，因而投资者一般不会在其发行后立即行使转换权。这样设计，主要也是为了吸引更多的投资者。但无论是何种方式，在发行可转债券时，发行公司都已经同投资者在合同中做了约定。

6. 赎回条件。可转债券中的一个重要条件是有关赎回的附加条款。这是为了避免因金融市场利率下降而使公司承担较高利率的风险，同时还迫使投资者行使其转换权。赎回条件分为两种类型：（1）无条件赎回，即直接设定赎回起始时间相应提前，反之则推后。（2）有条件赎回，即发行公司设定股价水平上限和转换价值持续超过债券面值的比例。这是为了减少股权稀释程度，迫使投资者行使转换权。

期限在5年左右的可转债券大多数只设置有条件赎回条款，而长期的可转债券则常常是两种赎回条件并存。

7. 转换调整条件。发行公司在发行可转债券后，可能对公司（包括子公司）进行股权融资、重组或并购等重大资本或资产调整行为。这种行为如果引起公司股票名义价格上升，则有前述“赎回条件”对投资者进行约束；如果引起公司股票价格下降，就必须对转换价格进行调整。否则，在公司股票名义价格不断下跌的情况下，原定转换价格就会大大高出公司当前的股价，这样将使可转债券持有者根本无法进行转换，公司也会因此蒙受损失。所以，转换调整条件是可转债券设计中至关重要的保护可转债券投资者利益的条款。

可转债券的转换调整条件也称为“向下修正条款”。在股票价格表现不佳时，这一条款允许在规定的日期里，将转换价格向下修正到原来转换价格的80%。这种做法在瑞士市场上广为使用。在某些特定情况下，也可以对汇率作某些特定的调整。在某一特定的时间，也就是被定为调整转换价格的同时，发行公司可以同时调整转换价格的汇率。当然，这时股票的平均价格等于或高于转换价格，只对固定的汇率按照特定的公式做出调整即可。如果汇率没有变动或变动的方向有利于发行公司，可能只对转换价格做向下的调整。如果平均股价低于转换价格，而且汇率发生了不利于发行人的变化，则转换价格和汇率可同时按特定的公式做出调整。

三、可转换公司债券的投资价值与风险

（一）可转换公司债券的价值

可转债券的价值是由两个部分构成的：债券价值与转换股票的买入期权价值。债券价值是为投资者提供的固定收益价值。转换为股票的期权价值是指投资者拥有的购入股票的权利。转换期权为投资人提供了分享公司增长、股票上涨的潜在价值的机会，因此，买入期权是具有价值的。可转债券的价值是决定投资者是否购买可转债券、是否出让可转债券、是否转换为股票等投资决策的重要判断依据。

1. 价值因素构成。影响可转债券价值的因素一般有：债券的期限、票面利率、市场平均利率、赎回条款等。买入期权价值也可以看做是认股权证价值，其影响因素包括：可转债券的期限、赎回条款、转换溢价、股息收益、股票变动程度等。表10—1中列举了几种主要的影响因素与可转债券价值之间的关系。

2. 评价可转债券价值的静态指标。投资者在分析可转债券是否值得购买时，需要了解如下的基本指标：（1）在当前股票价格和可转债券价格的条件下，投资者愿意支付的或可以接受的转股溢价水平。（2）应估计股票的升值潜力，即估计

股票买入期权的价值，这是投资回报的重要因素。(3) 下限保证，是指发行公司提供的固定利率和回购条款提供的最低收益水平的保障。(4) 购买可转债券的利益损失。因为存在转股溢价，投资者购买可转债券和同时购买股票存在利益损失，投资者必须支付这个成本才能获得可转债券。(5) 投资可转债券固定利息收入和投资股票的股息收益的差别，投资者也需要考虑。(6) 盈亏平衡年限，亦即回收期，指投资者利用可转债券的固定收益多少年才能全部回收转股溢价。

表 10—1　　可转债券价值与要素构成之间的关系①

要素	债券价值	认股权证价值
期限	+	+
票面利率	+	…
市场利率	−	…
赎回限制	+	−
回购利率	+	…
溢价水平	…	−
股票波动	…	+
股息	…	−
无风险贴现率	…	+

①+表示正相关影响；−表示负相关影响；…表示影响关系不确定。

（二）公司可转债的投资价值及投资特征

1. 直接价值和转换价值。投资者购买了公司的可转债券，如果按可转债券的票面收益率计算未来期限内的现金流入总量的市场利率贴现值，称之为可转债券的直接价值。计算可转债券的直接价值通常以本公司发行的公司债券的价值或者以相似经营业绩、资信等级的公司债券的价值作为参考。

直接价值是与市场贴现率和债券利息直接相关的，如果贴现率不变，则对确定的可转债券来说，其直接价值就是确定的。应当明确的是，不管可转债券的市场价格如何波动，到期收回的票面价格和每年的利息是固定的，这样，该可转债券就存在一个相对固定的直接价值。直接价值进而影响可转债券的市场价格。

转换价值很容易理解，是指以当前股票价格转换时所能得到的价值。如果该公司的转股比率是 10，市场股票价格为 5 元，则转换价值为 50 元。转换价值是一个固定数，因此，转换价值是由股票价格决定的。在市场上，有一个股票价格，就有一个对应的转换价值。

2. 投资特征。当股票价格走低，直接价值大大超过转换价值时，投资者更愿意把可转债券视为纯粹的债券，并依照债券的属性进行流通交易。当股票价格上涨，转换价值大大高于直接价值时，投资者会将可转债券看做股票。股票价格的波动，密切关联着可转债券价格的波动。或者直接转换股票，按照股票的特征实现股价带来的上涨收益。当然，当股价处于二者之间时，投资者是选择持仓可转债券静等转股时机，还是出让可转债券，就取决于投资者的综合判断和投资偏好了。显然，随着股票价格的变动，转换公司债券的投资特征是偏向债权方向还是股权方向，是由可转债券所具有的股权和债权的混合特征决定的。

（三）可转换公司债券的风险评述

1. 与股票的比较。与股票相比，可转债券的收益与风险小。可举例说明这个论断。

假设某股份有限公司发行可转债券时的股票价格为 7.5 元，而转股价格为 8 元，转股比率为 12.5，面值 100 元等值发行，直接价值为 72.53 元。经过一段时间后，可能出现两种情况：

（1）股票价格增长到 15 元，股票购买者的回报率达到 100%，可转债券投资者通过转换的价值为：

Max ｛转换价值为 187.5 元，直接价值为 72.53 元｝ = 187.5 元

购买成本以 100 元计算，则可转债券的收益率为 8.75%。

（2）假定股票经过一个时期后，下降到 2.5 元，即下降幅度为 2/3，这时股票投资者净损失为 7.5%。而可转债券投资者的可转债券价值为：

Max ｛转换价值为 31.25 元，直接价值为 72.53 元｝ = 72.53 元

这时可转债券投资者的净损失为 27.47%。事实上，当可转债券价格跌至 72.53 元时，股票价值可能还会贬值，但可转债券的市场价格会稳定在 72.53 元的价位上，投资者的损失在 27.47% 的程度上被止住了。实际上，可转债券的流通交易价格由于发行时的溢价影响，这种最大限度的损失很难发生。

上述情况是发行可转债券时投资者进行投资所取得的收益和风险的情况。在流通市场上，如果投资者购买了已经上涨了的可转债券，即不是面值 100 元，也许可转债券的面值为 105 元，这时上述特征是否一致？回答是肯定的。因为转股价格同当时股票时价相比，会产生一个溢价。可转债券价格同股票价格的存在密切相关，所以，不论是发行时还是流通中的可转债券，上述表现特征是一致的。

2. 可转债券的风险下限。投资者经常使用直接价值作为衡量可转债券风险的下限标准，这是由于如前所述的可转债券的市场价格不会跌破直接价值。因此，我们用“跌价风险”来计算可转债券的最大风险：

$$跌价风险 = 1 - \frac{直接价值}{可转债券市价}$$

如果直接价值为 72.5 元，发行时价格等于面值 100 元，即

$$跌价风险 = 1 - \frac{72.5}{100} = 27.5\%$$

就是说，股票价格下跌时，可转债券价格下跌的最大幅度为 27.5%。

不同时期购买的可转债券价格是不同的，价格不同，其跌价风险也不同（见表 10—2）。

表 10—2　　可转债券的跌价风险

可转债券价格	100	105	110	95	80	72.5
跌价风险	27.5	31.0	34.0	23.7	9.4	0.0

可见，直接价值是可转债券的市场价格的最低价格。当可转债券价格等于直接价值时，其投资风险为 0；价格越高，风险就越大。如果以 105 元的价格购买可转债券，显然比以 95 元购买的风险要大得多。

3. 可转债券的赎回风险。赎回条件生效时，投资者可能得到的利益将会蒙受损失。赎回条件不同时，投资者的风险也不同。

（1）赎回时间。发行后到第一次赎回，以及两次赎回之间的时间长短决定了风险程度的大小。有的公司规定，发行后即可赎回，这种明显不利于投资者的赎回条件规定的赎回价格一般远高于可转债券的市场价格。

（2）特定情况下的赎回。特定情况下的赎回主要是在股票持续上涨超过转股价格一定幅度时，发行人以较低的价格赎回可转债券。发行人为提高公司净资产和降低负债比率，当达到赎回条件时（股票价格达到一定水平），希望加速投资者转换，以避免未来股票下跌造成还本付息的压力。

（3）收购风险。收购风险包含两种情况：一是如果发行公司被其他公司收购（中国的标准是 30%），收购者即开始发出收购要约，可转债券的发行公司股票停牌；如果收购成功，股票将不再上市流通，可转债券将不能转换为股票，投资者只能获得可转债券的票面利率收益，可转债券投资者的转股利益将无法得到应有的保障。二是经常发生在西方国家的一种收购风险，是发行公司的管理层通过发行可转债券杠杆收购发行公司。在这种情况下，该公司的股票不会为投资者所看好，可转债券的风险就会很大。

（4）债券本身固有的风险。任何投资决策都是有代价的，可转债券也是如此。在股票上涨的强劲期，购买可转债券的利益没有购买股票大，不能充分分享公司股票的上涨行情，因为事先支付了溢价成本。在风险规避方面，如果在相当

高的价格上购买可转债券，原有抗跌的风险下限就没有意义了。

四、可转换公司债券的国际市场

可转债券的国际市场主要有三个，即以伦敦为中心的欧洲市场，按114A规则运作的美国市场和亚洲的日本市场。国际可转债券的投资者通常来自伦敦、苏黎世、日内瓦、东京、纽约和香港。在一般情况下，可转债券为无记名证券，没有关于投资者的登记记录，难以得知投资者的来源、分类及构成。可转债券的主要登记货币为美元、瑞士法郎及英镑三种。以下对可转债券的三个国际市场的特点及运作作简要介绍：

（一）欧洲的可转债券市场

无论是新券的发行量，还是市场深度、专业程序等，欧洲市场都是世界上最重要的国际市场之一。欧洲可转债券市场的总市值已近300亿美元。与其他市场相比，欧洲市场的可转债券发行有以下特征：

1. 欧洲市场不属于单一国家，国外发行者不必向任何证券监管机关登记注册，发行手续相对比较简单。

2. 欧洲市场是世界上最自由进入的市场，对于新券的发行基本上不存在限制性的法规和标准，也没有诸如美国证券委员会（SEC）或日本大藏省这样的机构的干涉行动。

3. 欧洲市场可转债券的承销商要由国际著名的证券承销商组成的辛迪加承销团担任，通常需要在各国作巡回路演进行推销。

4. 大多数的欧洲可转债券（ECD）以公募形式发行，并要求在伦敦的国际证券交易所或卢森堡证券交易所上市，因此，发行人需按交易所的规定，提交发行说明书。但上市要求相对比较简单，通常只接受发行公司本国市场所惯用的披露形式。大多数欧洲投资机构都禁止认购未上市的债券。但需要指出的是，这种上市要求的主要作用，并不在于提供给债券持有者一个债券交易的市场，而是对欧洲的机构投资者绕过上述禁止其购买未上市证券规定的一种折中。

（二）美国的可转债券市场

由于美国证券市场在国际资本市场中的显赫地位与知名度，近十几年来，越来越多的外国发行公司进入美国证券市场进行直接融资，其中可转债券占了相当的比重。

在美国发行可转债券，可采取公募和私募两种形式。外国发行公司在美国公募发行债券，要按照1933年《证券法》的规定，向美国的证券委（SEC）办理申报注册手续，并要取得美国证券评级机构的一定等级的信用评级。公募发行条款须按照美国1939年《信托约款法》（Trust Indenture Act）规定的约款发行，通常要求指定一家美国商业银行为信托人，并规定债券的形式、发行条件、登记、转换、付款、违约事件及补救措施和发行人承诺担保等。条款内还需包括有关信托人的独立性以及信托人与债券持有者无利益冲突的条款。

美国证券法规对发行公司的发行申请及发行说明书的提交与审查以及证券评级的要求很严格，旨在保证投资者对所发行的债券做出明智的判断。发行公司必须向投资者提供发行债券的财务及其他资讯，发行公司须向证券委公布详细的公司财务资料。由于许多国家的会计准则与美国《公认会计准则》（GAAP）存在着差异，使得这些财务资料的编制难度越来越大，耗时亦多。发行公司需选定由证券委承认的国际会计师，由其协助编制各种财务报表，并负责监察财务工作。发行公司若按本国会计准则提供报表，则须提交一份按GAAP编写的对照说明书，以解释并以数量说明按GAAP的编制方法与报表所采用的编制方法的实质性区别。

按照美国《信托约款法》指定的信托人，充当保护债券持有者利益的机构，一般由美国商业银行的信托部担任，负责债务合同的履行。另外，信托人还担负发行公司的债券印刷、接收缴款等职责。公募债券可在美国各交易所挂牌交易，也可以在场外市场通过纳斯达克或OTC交易，但仍需符合有关规定。

传统的美国私募债券市场是指发行公司不需向美国证券委注册，也不需公开信用评级，直接通过私下协商发售给特定对象的债券市场。根据美国1933年《证券法》的有关规定，任何由发行人要约或出售不涉及公开募集的证券，可豁免注册登记。此外，美国证券委也颁布了规则D，对私募的豁免规定提出了较详细的条件，但从总体上说，不失为外国发行公司在美国发行可转债券的一条捷径。

（三）以日本为代表的亚洲可转债券市场

日本的第一个可转债券，是日本特快公司于1966年发行的10年期债券。在这之后的两年内没有可转债券发行，一直到1969年8月，日本的第二个可转债券日立钢铁发行之后，日本的可转债券作为一种融资手段，开始被各公司广泛采用。1973年，日本市场上出现了一种由储备不动产做支持的非抵押可转债券，这种无抵押的债券在必要的时候可由发行公司以某种不动产或资产抵资赎回。1979年，日本市场上出现了完全无抵押的可转债券，发行完全无抵押的适用标准经过数次放宽之后，自1990年起，信贷评级成为发行该类债券的惟一标准。

日本的可转债券一般期限较长，从4年到15年都有，除非该债券的股票在市场上跌得很厉害，一般情况下，可转债券均可在到期之前转换成股票。在日本各交易所上市的各类债券中，可转债券的数量都占有很大比例，一般在75%以上，金额颇为可观。

日本从60年代起，开始通过在海外发行可转债券和认股权证债券等工具筹措资金，这种趋势自90年代以后更为普遍。

实际上，日本企业的集资金额是随着日本股市的上升而增大的，也就是说，海外投资者看到日本股价上升，从而乐意购买日本的可转债券。所以，在日本，一段时间内曾出现一种很有趣的现象：某个公司披露可转债券发行的消息以后，该公司的股价马上上升。按理说，发行可转债券意味着利润的摊薄，股价应该下跌才对，但是投资者是看好该公司，认为公司集资后，公司的发展计划可以实现，所以股价上升。日本企业在海外发行可转债券时，主要考虑以下两个因素：一是如在海外有具体项目时，考虑以该项目的货币发行；二是考虑主要投资者在哪里的发行条件最好。

日本公司发行的可转债券，一个最明显的特征，就是它们的股票成分非常大。股票成分大，主要表现在其低票息率和低溢价率上。低票息率不仅可以降低发行公司的融资成本，也使得债券投资者对于日本可转债券的兴趣减弱。而溢价率表示购买可转债券的期权部分比直接在市场上购买该股票贵多少。日本可转债券发行的溢价率是非常接近当时的股票价格的，任何一点股票价格上涨都有可能使溢价部分消失，因此，低溢价率对于股票投资者来说是非常有吸引力的，其期权价值自然就很高。在这种情况下，日本可转债券的溢价率有一些甚至为负数。从理论上说，投资者可以购买这些可转债券，转换成股票，然后马上在市场上卖掉以获利。

第二节　可转换公司债券在中国资本市场的实践

一、可转换公司债券在我国资本市场的初期尝试

随着我国经济转型的不断推进和深入，我国资本市场受到了充分的重视和积极的培育，在10年的时间里，已有初步的成长，并在我国经济资源配置中发挥着越来越重要的作用。对于可转债券这种已在国际资本市场风行数十年的金融工具，在我国资本市场还不多见。进入90年代以后，我国的企业逐渐开始尝试运用可转债券来拓展资金来源渠道，解决资金短缺的问题。从1991年8月起，先后有琼能源、成都工益、深宝安、中纺机、深南玻等企业，在境内和境外发行了可转债券。其中，琼能源、成都工益两家公司是用其发行新股，前者获得3 000万元中30%的转股成功，并于1993年6月在深圳证券交易所上市；后者于1993

年5月实现转股，于1994年1月3日在上海证券交易所上市。深宝安、中纺机、深南玻则是发行针对已上市的A股或B股股票的可转债券。这三家可转债券的发行、交易与转股等情况各有不同，对三家公司所筹资金的运用效果产生了不同的影响。更有深远意义的是，可转债券在中国资本市场的初步尝试，为其今后进一步的试点与推广提供了极有价值的经验和教训。

（一）宝安可转债券的发行成功与转股失败

中国宝安企业（集团）股份有限公司是一个以房地产为龙头、以工业为基础、以商业贸易为支柱的综合性股份制企业集团。为解决业务发展所需资金问题，1992年10月，经公司特别股东大会审议通过，并经中国人民银行总行、深圳市人民政府同意及有关主管机关的批准，由中国银行深圳信托咨询公司为总包销商，招商银行等七家机构为分销商，向社会发布公告，将发行可转债券。1992年底，发行获得成功，并于1993年2月10日在深圳证券交易所挂牌交易。宝安可转债券成为迄今为止我国资本市场第一只A股上市的可转债券。

宝安公司可转债券具有高溢价转股、低票面利率、短期限以及不完全的转股价格调整等设计特点，这主要应归因于当时的股票市场持续的大“牛市”行情和高涨的房地产项目开发的热潮，以及宝安可转债券设计者对转股形势和公司经营业绩过于乐观的估计。宝安可转债券作为我国针对上市股票的首次可转债券尝试，它的发行条件与设计特点并非没有值得商讨和进一步改善的余地。自1993年下半年和1994年起，出现了宏观经济的紧缩、大规模的股市扩容，以及由此引起的长时间的低迷行情、房地产业进入调整阶段等一系列的形势变化，宝安可转债券后来所面临的转股困难，并非在预料之外。因此，现在看来，宝安可转债券在设计方面存在的缺陷，是最终导致其转股失败的根本原因。宝安可转债券于1993年2月10日在深圳证券交易所正式挂牌上市，此时正值股市处于高度投机之中，面值1元的宝安可转债券在上市的当天开盘价高达1.50元/张（相应的宝安A股转股价为每股37.5元），并迅速被炒至2.67元/张的历史天价，宝安A股在2月8日也曾升至33.95元的最高记录。随后，宏观紧缩、股市的高速扩容、大规模的国债发行等因素，触发了股市的长期低迷行情，宝安股价一路下跌，曾跌至每股5元以下。到1995年12月29日，即宝安可转债券摘牌的前一天，宝安A股的收盘价更是跌至2.84元。此时转股已失去任何意义，宝安可转债券随之一路下跌，1993年7月20日跌至0.81元，最低跌到0.78元，直至最后，在到期日以1. 02元摘牌。其间的可转债券价格已完全与宝安股价及转股价格失去关联，而是由作为普通公司债券的预期收益率来决定宝安可转债券与A股的价格走势。

转换失败以及由此带来的巨额资金的偿还，给宝安公司经营带来的压力和负面影响是不言而喻的。宝安公司在经营上也被迫做出了很大的调整。这些都成为宝安公司该年度经营利润下降的直接原因。值得庆幸的是，宝安公司最终还是经受住了这场考验，顺利完成了可转债券的还本付息工作，按期将现金兑付给了宝安可转债券的持有者，避免了任何的债务违约纠纷的出现。这对于该公司的企业信誉有着重要的意义。宝安可转债券的转股虽然是失败的，但是，对于宝安公司而言，从总体上看，这次发行可转债券的尝试也并不意味着是完全的损失。对于宝安可转债券的投资者来说，损失是确定无疑的。对于以面值认购的投资者来说，持有宝安可转债券就蒙受了直接的利息损失；而那些在宝安可转债券上市初期从市场上以高于面值认购，甚至以 2 倍以上的价格购买可转债券的投资者，损失就更大。造成这种结局的原因，除了前文所述及的诸如股市异常波动、可转债券设计的缺陷等因素，投资者本身对可转债券的性质的认识不足也是原因之一。

（二）中纺机境外可转债券的发行喜忧参半

中国纺织机械股份有限公司是以生产纺织机械、通用机械等为主业的股份制公司，在国内外久负盛名。1992 年发行股票时，A 股的发行价为 3.8 元，B 股发行价折合人民币则达到 4 元，是当时惟一一家 B 股发行价超过 A 股的公司。中纺机于 1993 年 11 月 19 日在瑞士发行了 3 500 万瑞士法郎的 B 股可转债券，成为我国首次尝试以可转债券在国际资本市场上筹措资金的企业。

中纺机 B 股瑞士法郎可转债券基本上是根据国际通行的惯例及当时瑞士债券市场的基本情况设计的发行条件，应该说是能被发行公司和投资者所接受的，事实也证明了这一点。由于中国经济的成功发展，以及当时中纺机的经营业绩，瑞士投资者对来自中国企业首次发行的可转债券反应非常热烈，在日内瓦和苏黎世举行的发行推介会，都收到了良好的效果，认购数大大超出了发行总量。正式发行签约前，在“灰色市场”的交易也十分看好，当日开盘就上涨了 12%，至收盘时则上涨了 19%。到 11 月 19 日正式签约，中纺机的 B 股可转债券发行获得了巨大成功。这对中国企业不断开拓新的融资途径和融资市场的探索，无疑具有一定的积极意义。然而，后来的中纺机公司境外可转债券的转股情况却不尽如人意。中纺机后来 3 年受行业不景气、原材料上涨的影响，以及经营管理上存在的问题，效益急剧下降，1995 年度的利润降到历史最低点，境内审计净利润仅为每股 1 厘 2 毫。加上中国 B 股市场本身存在的一系列问题，中纺机 B 股市价一度跌到 0.160 美元以下，1996 年 6 月 14 日更跌至 0.126 美元。虽然其转股价格已根据送股情况调整为每股 0.33 美元，但二者仍有相当的距离，投资者转股已不可能。而按照可转债券的发行条件，债券持有人可于 1996 年 9 月起行使期前回购权，故中纺机在1996年下半年面临了偿还债券本金并支付溢价的巨大压力。

（三）初见曙光的南玻集团可转债券

1995年6月30日至7月6日，中国南玻集团股份有限公司在瑞士资本市场发行了4 500万美元的B股可转债券，这是我国首家经政府管理部门正式批准的海外可转债券发行，在此之前中纺机的类似发行则未经国家正式批准，因而在1993年底受到国家外汇管理局和中国证监会的通报批评。1994年10月，经国务院批准，选择并确定南玻集团作为瑞士资本市场的试点，上海轮胎橡胶集团被同时确定为欧洲资本市场的试点企业。与中纺机所发行的B股瑞士法郎可转债券有所不同，南玻集团本次在瑞士债券市场发行的是以美元标价的可转债券。

南玻集团分别于1995年6月30日和7月3日在香港和苏黎世举行了两次发行推介会，着重对其所投资的超薄浮法玻璃项目建设情况、财务安排、市场预测做了说明和介绍，收到了良好效果。7月4日至5日，可转债券正式发行，第一天就由瑞士银行告知，债券已被以发行总量1.5倍超额认购，在“灰色市场”的交易价格也升至100.5美元。从南玻可转债券的发行情况看，该债券的设计是符合市场需要的，其资金成本也能够控制在南玻集团可承受的范围内。目前，南玻集团的转股已经完成，中国第一只境外发行的可转债券可以说已获得了圆满的成功。

二、可转换公司债券在中国资本市场的探索与发展

（一）中国进行可转换债券试点的必要性

通过宝安集团、中纺机、南玻集团在海外发行可转换公司债券，有助于我们了解、掌握国际证券市场的运作，加速我国证券市场与国际接轨。它们的教训与经验，将为可转换公司债券在我国的试点与推广提供有益的启迪。

我国的资本市场是在80年代后期、党的十一届三中全会以后，随着对内搞活、对外开放政策的贯彻执行，以及经济体制改革的不断深化而逐步发展壮大的，尤其是1992年邓小平南方谈话发表以后，更给我国证券市场注入了新的活力和强大动力，使得我国证券市场在较短时间里完成了西方发达国家需要长达一个多世纪所走过的路。我国的资本市场主要由债券市场、股票市场、期货市场和长期信贷市场构成。

80年代初，以国库券为开端，奠定了债券市场（一级市场）的雏形。但当时发行品种单一，行政色彩浓厚，社会集资比较混乱。进入90年代，我国政府有关部门开始对证券市场进行规范化管理。1990年，将企业债券列为国家计划内固定资产投资资金的正式来源，并纳入国民经济和社会发展计划序列进行管理。企业债券的发行，有力地支持了国家经济建设，也逐步成为企业走向市场、

自谋生路、自求发展、自担风险的一条重要渠道，对缓解企业资金紧张、减轻银行压力起了积极的作用。

我国的股票发行始于1984年；1991年初，沪深两个证券交易所建立。国务院于1992年12月17日发出了《关于进一步加强证券市场宏观管理的通知》，标志着我国证券市场的管理开始步入规范化的轨道。1993年，我国开始编制国内股票发行计划，实行审批制，对股票市场的发展和规模进行了有效的控制和引导。1994年，《公司法》等重要法规的制定实施，1999年7月，《证券法》的颁布实施，使得我国股票市场的发展与运作开始走向规范化。

《中共中央关于制定国民经济和社会发展"九五"计划和2010年远景目标的建议》提出，要坚持间接融资为主，适当扩大直接融资，积极稳妥地发展债券、股票融资，进一步明确了我国资本市场长远的发展方向。而可转债券这一新的金融工具完全符合中央制定的大政方针。与普通企业债券相比，可转债券可以弥补普通债券的许多不足之处。

1. 可转债券在一定程度上可以解决短期资金的长期占用问题。绝大多数的企业债券都是1年期的，当初筹资的目的都是弥补企业的短期性流动资金不足，但最终大部分企业改变了资金用途，85%的债券资金被用于上新项目或固定资产扩建、技改项目等。可转债券通常比普通企业债券周期长，尤其是在宏观经济环境正常、股市相对稳定的情况下，可转为普通股。因此，发行公司对这笔债券融资的使用弹性，要比普通债券融资的使用弹性大得多，发行公司到期全部还本付息的压力减小——当然，这不意味着发行公司可以不顾投资者的利益任意胡来。

2. 可转债券在一定程度上可以解决企业信用的市场评估问题。过去，大多数的普通企业债券都是在国家有关部门的指令性计划的"倡导"下发行的，哪些企业可以发行债券、发行多少，完全由政府拍板，而这些企业并非都是有信用、符合市场要求的。发行可转债券的公司往往都是上市公司，其资产和业务的状况一般是同行业中较好的，而且财务报表完全公开，信用程度由市场评估机构测定。这就避免了某些虚盈实亏、还债能力差的企业钻政策、法规漏洞的空子，在明知还债无望的情况下，铤而走险发债集资，从而加大金融体系风险的情况。

3. 可转债券在一定程度上可以解决企业经营管理不善的问题。过去，有些发行普通债券的企业，由于内部经营管理不善，致使企业产品结构调整力度不强，产品滞销、平销比重较大，高投入、低产出，造成企业偿债资金异常紧张，对预期债券的兑付资金准备不足，难以一次性兑付集中到期的债券。由于发行可转债券的公司是公众公司，企业的内部管理状况，随时可以通过股市上的各种指标反映出来，随即就会影响到可转债券的转换比率和转换价格，故而通常不会将矛盾和问题都集中到事后。

4. 可转债券在一定程度上可以改进现有的债券发行管理体制。从近年来的实践看，正在发行的企业债券有很多都不能确保到期兑付本息，其中大部分是国有企业。按照现有的债券发行体制，所谓企业债券，也可称之为国有企业债券，到期时企业或者发新债还旧债，或者转移到国家银行信贷上。由于地方的保护主义政策，更多的到期企业债券还是转移到国有银行的账上，从而将企业对居民的负债转化为对银行的负债，最后不得不“债转股”。而可转债券在一定程度上、至少是在理论上可以解决这个问题：(1) 发行公司不是单一的国有企业，而是股份公司；(2) 可转债券没有担保，投资者只能自己承担风险；(3) 转换失败或出现亏损，发行公司只能动用自有资金，甚至动用资本金还本付息，而不是将损失转嫁给银行。

(二) 我国资本市场可转换债券管理办法的早期发展

深宝安、中纺机、深南玻是在我国无明确法律规定的情况下发行可转换债券的。我国《公司法》第 172 条规定：“上市公司经股东大会决议可以发行可转换为股票的公司债券”，但“应当报请国务院证券管理部门批准”。发行可转债券的公司“除具备发行公司债券的条件外，还应当符合股票发行的条件”。上述三家发行的成功与失败，引起了证券监管部门的高度重视。1995 年 3 月，中国证监会国际业务部在上海召开境外发行可转换公司债券有关转股专题的研讨会，会议对这个问题提出了很好的建议，找到了与《公司法》及现行注册登记制度相衔接的法律途径。事后，中国证监会发布《关于在境外发行可转换公司债券有关问题的通知》，使得可转换公司债券的发行在管理上得到了衔接和补充，也为投资者提供了法律保障。

1996 年 4 月 6 日，国务院证券委第六次会议提出，选择一些有条件的上市公司进行可转换公司债券发行试点。1996 年 5 月 10 日至 11 日，由《中国证券报》、上海和深圳证券交易所主办的“可转换公司债券理论与实务国际研讨会”，使人们进一步认识到可转换公司债券试点工作的必要性。

同年，当时的证监会副主席李剑阁先生在接受香港《文汇报》采访时表示，渴望在 1996 年底出台企业发行可转换公司债券的办法，结束可转换公司债券发行工作中的政策衔接不上和无序的状态。

由此可见，我国引进可转换公司债券的可行性条件已基本具备。

三、可转换公司债券在中国资本市场的重要意义

(一) 可转债券有利于激活和发展证券市场

可转债券是一种成熟的国际金融品种，它在我国的引入和发展，渴望成为证券市场新的热点，并给证券市场带来新的活力。目前，可转债券的发行与交易已

取得初步成效。可以预计，可转债券在未来中国的资本市场中将发挥不可替代的重要作用。

（二）可转债券为企业筹资提供了一条新渠道

在股票发行尚未采取注册制的条件下，能较顺利地发行股票的企业还是少数，可转债券对那些准备发行股票的企业无疑是一种很好的补充。另外，那些不能达到配股条件的企业，或因股市低迷不能顺利配股的企业，也可以考虑选择可转债券这一有力工具。

（三）可转债券作为缓冲工具，可以减小对市场的冲击

可转债券能合理控制上市节奏，达到稳定市场的目的。特别是在市场状况不利于股票发行时，可转债券的作用就更加明显。

（四）可转债券可以进一步锻炼投资者的投资理念

可转债券包含了期权特征，因此，说到底，它也是一种金融衍生工具，其市场化程序、风险都是比较高的。投资者对可转债券的操作运用，可以进一步锻炼自身的投资理念，为将来开辟指数期货和其他新品种奠定良好的心理基础。

（五）可转换公司债券也许能为解决国家股、法人股的转配找到一条出路

证券市场作为"虚拟资本市场"，生产规模惊人地扩大了，单个资本不可能建立的企业出现了。通过把可转换公司债券（或备兑权证的方式）转让给其他投资者，可以使国家股股东、法人股股东因资金不足而无法足额认购并导致上市公司配股资金不足的问题得以缓解，满足上市公司正常生产经营的资金需要。

可转债券是一种仅凭发行人的信用发行的无担保、无追索权的债券，其信用等级一般比公司发行的普通公司债券要低，当公司破产时，其对资产的索赔权一般都后于其他债券，仅先于公司优先股。

可转债券市场价格波动较大，投资者的风险比公司其他债券的持有者要高。加之可转债券这一新型的融资手段和投资工具本身所固有的设计上的高难度和操作中的高风险，不是任何上市公司都可以轻易尝试的。但是，可转债券这一融资工具有其独特的优点，对上市公司从资本市场直接融资有一定的诱惑力。在特定的经济周期和市场条件下，甚至会成为上市公司首选的融资手段。

第三节　我国可转换公司债券的逐步规范与快速发展

一、《可转换公司债券管理暂行办法》的出台与影响

（一）《可转换公司债券管理暂行办法》的出台

1997年，在广大投资者的呼吁下和可转债在我国已具备发行条件的情况下，

国务院于3月8日正式批准《可转换公司债券管理暂行办法》，并于3月25日发布，其中规定可转债的发行与上市条件如下：

第7条、第8条规定，发行可转换公司债券，必须依照本办法规定报经批准。未经批准，不得发行可转换公司债券。上市公司发行可转换公司债券，应当经省级人民政府或者国务院有关企业主管部门推荐，报中国证监会审批；重点国有企业发行可转换公司债券，应当由发行人提出申请，经省级人民政府或者国务院企业主管部门推荐，报中国证监会审批，并抄报国家计划委员会、国家经贸委、中国人民银行、国家国有资产管理局。对符合本办法规定条件的，中国证监会予以批准。

第9条规定，上市公司发行可转换公司债券，应当符合下列条件：(1) 最近3年连续盈利，且最近3年净资产利润率平均在10%以上；属于能源、原材料、基础设施类的公司可以略低，但是不得低于7%；(2) 可转换公司债券发行后，资产负债率不高于70%；(3) 累计债券余额不超过公司净资产额的40%；(4) 募集资金的投向符合国家产业政策；(5) 可转换公司债券的利率不超过银行同期存款的利率水平；(6) 可转换公司债券的发行额不少于人民币1亿元；(7) 国务院证券委规定的其他条件。

第10条规定，重点国有企业发行可转换公司债券的条件，除符合本办法第9条第3款至第7款外，还应当符合下列条件：(1) 最近3年连续盈利，且最近3年的财务报告已经由具有从事证券业务资格的会计师事务所审计；(2) 有明确可行的企业改制和上市计划；(3) 有可靠的偿债能力；(4) 有具有代为清偿债务能力的保证人的担保。

《可转换公司债券管理暂行办法》是我国第一部明确规定了可转换公司债券的发行条件、发行程序及有关信息披露等成文、规范的法律文件，它掀开了我国发展可转换公司债券重要的一页，结束了可转债无序发展的局面。

该暂行办法的颁布，使企业找到了另一条从资本市场融资的渠道，节约了第一次融资成本。但同时我们也应看到，可转债的一些条款要求不是很合理的，它使很多企业望而却步。如连续3年盈利，净资产收益率连续3年不低于10%，发行量不少于1亿元人民币等条件，超过了股票发行的条件；而一些条款与国际市场的可转债条款也有显著的区别，如我国的非上市企业发行可转债、折扣转股等，使我国的可转债成为具有“中国特色”的可转债，事实证明这是错误的，茂炼转债的摘牌就是一个生动的例子。

(二)《可转换公司债券管理暂行办法》的影响

尽管可转债的管理暂行办法使一些企业退出了申请的行列，但它还是给许多企业带来了从资本市场融资的希望。而且，国家有关部门很快向全国下达30亿元可转债的额度，虽然比当年股票市场300亿元的额度低很多，但仍使很多企业可以不再千军万马走“股票”这一独木桥。

1998年4月，江苏吴江丝绸股份有限公司、广西南宁化工股份有限公司及中国石化茂名炼油化工股份有限公司，相继宣布发行可转换公司债券：吴江丝绸2亿元，南宁化工1.5亿元，茂炼化工15亿元。这三家公司拉开了重点国有企业率先发行可转换公司债券的序幕。

2000年2月，虹桥机场、鞍钢新轧宣布发行可转换公司债券，发行规模分别为13.5亿元和15亿元。它们开创了上市公司发行可转债的先例。

二、可转债券发行的政策依据及发展契机

2001年4月，中国证券监督管理委员会出台了《上市公司发行可转换公司债券实施办法》，同期发布《上市公司发行可转换公司债券申请文件》、《可转换公司债券募集说明书》、《可转换公司债券上市公告书》3个信息披露内容与格式准则。

在这些发行文件中，上市公司发行可转债除应当符合《可转换公司债券管理暂行办法》规定的条件外，还应符合更为严格的条件。比如，上市公司发行可转债经注册会计师核验，公司最近3个会计年度加权平均净资产利润率平均在10%以上，属于能源、原材料、基础设施类的公司可以略低，但不得低于7%。经注册会计师核验，公司扣除非经常性损益后，最近3个会计年度的净资产利润率平均值原则上不得低于6%等。同时还要求主承销商重点关注如上市公司最近3年特别最近1年是否现金分红，主营业务是否突出等。

2001年12月中国证券监督管理委员会发布《关于做好上市公司可转换公司债券发行工作的通知》，2002年11月上海证券交易所颁布《可转换公司债券上市规则》，深圳证券交易所修订颁布1998年制定的《可转换公司债券上市、交易、清算、转股和兑付实施规则》。

由于一系列政策的陆续出台为上市公司可转债的发行提出了具体要求及操作规则，因此为可转债的发展提供了前所未有的契机，2003年以来中国可转债市场规模迅速扩大。在股市、债市相对低迷的情况下，可转债市场独领风骚。根据中国证监会的统计显示，仅2003年提出发行可转债的上市公司有近70家，拟募集资金总额超过199亿元，超过前12年发行额的总和，2003年可转债一级市场的实际融资总额为185.5亿元，占再融资市场的一半以上。

进入2004年，投资者对可转债依旧热度不减。数据显示，2004年以来已有

9家上市公司发行了可转债，融资总额达到117.2亿元，此外，还有3家已过发审会审核等待发行的上市公司，发行规模分别为64亿元的招商银行、18亿元的钢联股份、8.83亿元的南山实业，如果这三家公司都在2004年内发行，那么2004年的可转债融资额将达到209.03亿元①，创出历史新高。

到2004年8月末为止，沪深两市已有28家上市公司发行可转换公司债券，发行总规模超过了350亿元②，可转债已成为我国上市公司再融资和二级市场投资者比较看好的主流品种，市场参与者的结构也呈现出多元化的格局，包括证券基金、社保基金、券商、QFII以及保险公司、财务公司等在内的一些合法机构投资者已将转债品种作为资产配置的重要组成部分，出现了众多机构争相参与申购的局面，仅以晨鸣转债为例，保险公司参与数有12家，此外还有银瑞华宝、花旗环球金融QFII、全国社保基金等6只股票型组合也都参与了认购。

三、我国可转换公司债券市场的投资价值与市场特征

(一) 目前我国国内的可转债具有较高的投资价值

目前我国可转债具有优厚的利率、转股条款和转股向下修正条款以及本金和利息担保等因素，因此决定了我国可转债市场对于股票市场、债券市场，具有更高的综合投资比较优势，具体表现为：

1. 国内可转债转股溢价水平低。2002年我国发行可转债初始转股溢价平均为4.8%，2003年为0.77%，2004年截止到晨鸣转债为止，均值为0.88%，而国外初始转股溢价一般为15%～30%，相比之下国内投资者增加了未来转股的可能性，有利于在股市上涨期间通过转股获利。

2. 国内可转债都具有特别向下修正条款，而在国外，这种转股价向下修正的情况少见。国内的特别向下修正条款，使得即使在股市下跌过程中，也可以不断修正转股价，降低转股成本而获利。

3. 国内可转债票面利率较高。目前国内可转债票面利率与银行存款利率相当，除了票面利率较高，并且利率递增外，利息补偿和到期高价回购、赎回等条款提高了可转债的保底收益。

4. 国内可转债发行都必须有担保。目前发行的可转债绝大部分有四大国有银行担保，信用等级高，到期无法还本付息的概率低。

5. 国内发行可转债的上市公司业绩优良。我国证券发行监管机构对发行可

① 参见2004年9月《证券时报》。

② 参见2004年9月《上海证券报》。

转债的上市公司的要求高于增发、配股，是再融资中条件要求最严格的，只有效益好并且稳定的绩优公司才有资格发行，因此可转债市场有较好的投资机会。

（二）目前我国可转债的市场特征

1. 可转债指数走势与上证指数走势具有较高的相关性。股市处于上升通道时，可转债指数的上涨速度相对较慢，股市处于下跌时，可转债指数的下降速度明显慢于上证指数的下降速度，可转债的抗跌性突出。

2. 目前可转债市场转债价格充分反映其内在的理论价值，具有下跌风险小，基本可实现本金安全的目标，普遍存在不同程度的折价，也说明市场还处于一个理性的阶段，风险较小。

3. 分配与再融资对可转债价值的影响各不相同。由于我国上市公司目前派现金红利的家数与派现额均很少，因此派现对可转债价值影响不大。送股和转增股本由于不涉及现金交易，因此对转债价值影响也不大。配股和增发再融资时，按现行调整办法，配股或增发前股票价格低于原来的转股价格，再融资会使投资者获利，相反，则会使投资者损失。

四、对我国可转换公司债券发展的政策建议

（一）大力发展可转换债券，提高市场容量，为各种风险偏好的机构投资者提供不同的投资工具和品种

机构投资者的超常规发展，基金规模的日渐壮大要求可转换债券市场同步增长。随着我国证券市场化进程的深入，各类投资机构超常规发展的同时竞争也日益激烈。市场提供运作的品种必须不断增加，才能满足日渐增长的市场需求。虽然我国可转债市场还处于发展初期，但机构投资者日益增加的规模要求这个市场进一步发展和壮大，为他们提供更多层次的舞台以及更广阔的运作空间。同时可转债市场也将伴随着这些大型机构的成长而日趋成熟。

（二）为配合国有股减持，尽快试点零息回购转债

上市公司发行零息回购转债的主要目的是为国有股回购融资。有了充足的资金来源，公司既能通过回购按比例减持国有股，也不必因动用巨额自有资金（现金或短期投资）使经营现金流量骤减，而影响企业的短期偿债能力，阻碍正常的生产经营和投资活动。另一方面，该债券还具有零息债券的性质，即现金流量的一次性，这使筹资者在到期前无须支付任何利息，这样企业经营者可以将资金专注运用于生产中。

（三）降低票面利率和提高初始转股溢价

目前我国已发行的可转债票面利率设计上，过分强调纯债券价值，大部分设

置浮动利率和利息初偿条款同时在初始转股溢价上幅度较小，甚至出现上浮0.1%的象征性条款，同时大部分转债者设有近似无限制向下修正条款。

(四) 发行条款应更简单

在现有市场条件下，金融产品越简单，越有利于投资者的定价，也就越有发展其市场广度和深度的可能。目前我国发行的转债条款过于复杂，各种条款一应俱全，不利于广大中小投资者进行投资。

通过以上对国内外可转换公司债券的发展、发行、设计要素等的分析，有助于我们认识、了解可转债，发现我国可转债在现阶段存在的问题，并努力解决这些问题，使可转债这一国际金融市场上成熟、有效的投资金融品种，在我国的证券市场上展现它特有的魅力，焕发出新的“生命力”。

第十一章

股份公司的资产重组与终止清算

企业资产重组，是战后世界经济发展中的一大热点问题，是促进经济结构升级、推动经济发展的巨大动力。一般说来，企业资产重组包括企业之间的收购和兼并两方面的内容，因而也可以简称为企业间的“并购”。本章主要讨论上市公司的收购。此外，还要研究公司的终止和清算问题。

第一节 股份公司的合并与分立

一、股份公司资产重组的动因

（一）资产重组的含义

企业资产重组，是第二次世界大战后世界经济发展中的一大热点问题，是促进经济结构升级、推动经济发展的巨大动力。一般说来，企业资产重组包括企业之间的收购和兼并两方面的内容，因而也可以简称为企业间的“并购”。企业兼并（merge）是指由一家占优势的公司吸收一家或更多的公司，我国《公司法》称之为吸收合并；企业收购（acquisition）是指一家公司对其他公司控股权的收购。这里所说的主要是上市公司的收购。

（二）资产重组的动因

公司资产重组的动因是多方面的，一般可归纳如下。

1. 为取得规模效益，加快技术创新。通过资产重组，可以将一些小企业组合成大企业，形成规模效应。企业规模扩大以后，可以使用大型的、先进的设备，降低生产成本，增强市场竞争力。同时，企业增强了经济实力，可以加大科技研发投资，促进企业技术创新和产品更新换代。

2. 为取得更大的市场份额，在市场竞争中占据有利地位。由于市场竞争愈演愈烈，一些中小企业的生存遇到威胁，它们希望能通过资产重组与大企业联姻，在市场中取得一席之地。大企业也可以通过并购一些小企业，巩固自己的市场地位，增强自己的实力。

3. 从企业财务状况出发，解决财务困难并取得财务协同效应。有些企业由于经营不善，连年亏损，已处于破产的边缘，资产重组就成为其惟一的生路。同时，对于兼并者来说，也可以取得由于税法、会计处理惯例所带来的利益。例如，通过兼并，可利用税法中的亏损递延条款实现合法避税。所谓亏损递延，是指某公司亏损后可以用当年的利润弥补亏损，而免缴相应的企业所得税，其亏损还可以向后递延。如果被兼并的企业是亏损企业，兼并方就可以充分利用税收方面的优惠政策。又如，企业兼并后，原企业之间的业务往来所要缴纳的税收也可以免除。此外，对于投资者来说，在资产重组中可以使自己手中的股票升值，而这种由于股票折算所带来的收益也是免税的。

4. 有利于企业进行产业调整，降低进入新行业的成本。在市场经济中，各行业的资源配置效率是不同的，一些朝阳产业的投资效率明显高于一些夕阳产业。这就要求企业能顺应时代潮流，及时调整自己的主营业务或积极介入新兴产业。但由于技术的限制和生产资料的专用性等原因，进入新的领域是存在许多障碍的。通过与新兴产业的一些企业实行资产重组，就可以减少行业进入障碍，降低产业调整的成本。

5. 可以利用上市公司的壳资源，通过资产重组而借壳上市。在一些国家，如中国，公司的上市程序是十分复杂的，因而上市公司的外壳就成为一种稀缺资源。通过兼并或资产置换，就能够借壳上市，取得向社会募集资金和配股集资的一些优惠政策。

二、吸收合并与新设合并

公司合并是指两个或两个以上股份公司通过合并协议，依照《公司法》的有关规定，将财产合并，联合组成一个新的公司的行为。合并的形式有吸收合并和新立合并公司。吸收合并是一个公司吸收兼并其他公司，被吸收公司解散（即A+B+C+⋯→A)；新设合并为两个以上公司合并设立一个新设公司，合并各方解散（即A+B+C+⋯→M)。公司合并是资产重组的重要形式之一，其目的是取得规模效益，增强竞争力。

公司合并应当由各方签订合并协议，并编制资产负债表及财产清单。公司应当自做出合并决议之日起10日内通知债权人，并于30日内在报纸上公告。债权人自接到通知书之日起30日内，未接到通知书的自公告之日起45日内，有权要求公司清偿债务或者提供相应的担保。不清偿债务或者不提供相应担保的，公司不得合并。

公司合并时，合并各方的债权、债务，应当由合并后存续的公司或者新设的公司承继。由于公司合并造成登记事项变更的，应当向公司登记机关办理变更登记；公司解散的，应当依法办理公司注销登记；新设立公司的，应依法办理公司设立登记。

三、公司的分立

所谓公司分立，是指原来的一个股份公司分成两个或两个以上的新公司。公司分立的形式有：(1）派生分立，即公司以其部分财产和业务另设一新的具有法人资格的新公司，原公司存续，仍具有法人资格（即A→A+B)；(2）新设分立，即公司全部财产分别归入两个以上的具有法人资格的新公司，原公司解散，取消法人资格（即A→M+N)。

公司分立也是资产重组的一种形式，但它会使新公司的规模减小，所以公司分立常常是由于一些特殊的原因造成的。例如，为了适应经济发展的要求，使自己更加专门化；由于股东意见不和，难以协调，影响了公司发展；或因为公司规模过大，不便于管理，效益不佳；还可能出现了经营垄断，政府强制公司拆散为几家独立的公司，以促进竞争。

公司的分立有以下特点：(1）公司分立是公司本身的行为，即公司分立是由公司的股东决定的，否则公司分立无效。(2）公司分立是分立各方共同的行为。公司分立涉及该公司的债权、债务和财产的分割等一系列问题，只有分立各方就分立过程中涉及的一切问题达成一致意见后，公司分立才能顺利进行。(3）公司分立是依法进行的法律行为，要依照有关的法律法规进行。公司分立是公司变更的一种特殊形式，公司分立不等于公司完全解散，而是在原公司解散的同时，在其基础上设立新公司。

公司分立，其财产作相应的分割，应当编制资产负债表及财产清单。公司应当自作出分立决议之日起10日内通知债权人，并于30日内在报纸上公告。公司分离前的债务由分立后的公司承担连带责任。但是，公司在分离前与债权人就债务清偿达成的书面协议另有约定的除外。（见新《公司法》第177条）

公司由于分立造成登记事项发生变更的，应当依法向公司登记机关办理变更登记；设立新公司，应当依法办理公司设立登记。

第二节　上市公司的收购

一、上市公司收购的含义与方式

（一）上市公司收购的含义

企业收购是指一个企业通过某种方式购买另一个企业的股票或资产，以获得对该企业的控股权的行为。企业收购的范围十分广泛，既包括对上市公司的收购，也包括对其他企业的收购；而对上市公司的收购，既可以通过证券交易所即股票二级市场进行，也可以在场外通过协议收购完成。通过证券市场收购是收购活动的最高形式。

《中华人民共和国证券法》第四章所讲的“上市公司收购”，主要是指对上市公司的收购，而且主要规范的是通过证券市场的收购行为。如果从其规定的具体内容看，上市公司的收购也包含着公司兼并的内容，即公司收购行为达到一定程度后，就可以将被收购公司完全吸收合并，这就是说，上市公司的收购是以实现对被收购公司的控股或者兼并为目的的。例如，《证券法》第99条规定，通过上市公司收购，要将该公司撤销的，属于公司合并，被撤销公司的原有股票，由收购人依法更换。

随着现代市场经济和股份制经济的发展，特别是第二次世界大战后经济全球化、信息化和资本虚拟化的发展，公司的收购越来越向规模化、国际化发展。公司收购对于推进企业的规模经营，提高企业资本营运效率，调整和优化产业结构和企业组织结构，优化资源配置，都具有极为重要的意义。

（二）上市公司收购方式

上市公司的收购方式有不同的分类方法。依据被收购股份的数量不同，可分为全面收购和部分收购；以收购方和被收购方的关系为标准，可分为善意收购和敌意收购；以收购是否具有法律的强制性为依据，可分为自愿收购和强制收购；以收购价格支付方式为依据，可分为现金收购和股权置换收购，等等。中国证券法采取的是要约收购、协议收购及其他合法方式来收购上市公司。（参见《证券

法》第85条)

广义的协议收购，是指由收购公司和目标公司董事会进行谈判，签订协议，经过股东大会同意后生效。达成协议后，须向证券交易所和证券主管部门报告并公告。在我国目前证券市场发育不成熟的情况下，国家股和法人股不能上市，多数公司不可能通过证券市场进行收购，协议收购就是一种较好的可行的收购方式。例如，上海棱光收购珠海恒通下属一子公司，就是采取协议收购的方式。狭义的协议收购是《证券法》所规定的、特指通过证券交易所对社会流通股进行的收购，是收购人通过与目标公司的管理层或者目标公司股东反复磋商达成协议，并按规定的收购条件、收购价格、收购期限以及其他规定事项，收购目标公司控股权的收购方式。

要约收购是指收购方通过向被收购公司的管理层和股东发出购买其所持公司股份的书面意向，并按照其依法公告的收购要约中规定的收购条件和价格，收购目标公司的方式。要约收购的发布不必事先征得目标公司管理层的同意。

二、上市公司收购的信息披露

证券市场的所有活动，都必须遵循公开、公平、公正的原则，而规范的持股信息披露制度则是实现“三公”原则的基本条件，它可以使广大投资者在充分掌握同等信息的基础上，及时做出投资决策，防止大股东利用其在公司中的特殊地位或资金优势，形成信息垄断和操纵股价。各国公司法对持股信息披露制度都有明确规定。例如，美国1934年《证券交易法》第13节规定，任何人直接或间接取得一家公司5%以上股权时，应在10日内向联邦证券交易委员会、发行人或者有关证券交易所提出报告；英国1985年《公司法》规定，任何人持有一家公司的股票增至5%以上或降至5%以下，或者在其持股量超过5%后每增减1%，必须在5个营业日内通知该公司。

我国《证券法》第87条规定，通过证券交易所的证券交易，投资者持有一个上市公司已发行的股份的5%时，应当在该事实发生之日起3日内，向国务院证券监督管理机构、证券交易所作出书面报告，通知该上市公司，并予以公告；在上述规定的期限内，不得再行买卖该上市公司的股票。报告和公告的内容主要包括：持股人的名称、住所；所持有的股票的名称、数量；持股达到法定比例或者持股增减变化达到法定比例的日期。

投资者持有上市公司已发行股份的5%后，其所持有该公司已发行股份比例每增加或者减少5%，应当依照上述规定进行报告和公告。在报告期限内和作出报告、公告后2日内，不得再行买进该公司的股票。我国原《股票发行与交易管理暂行条例》的此项规定为2%，这样有利于简化收购程序，降低收购成本，是对收购行为采取的鼓励性政策。

三、上市公司要约收购的程序

（一）强制收购的意义及其有关规定

我国《证券法》第88条规定，通过证券交易所的证券交易，投资者持有一个上市公司已发行的股份的30%时，继续进行收购的，应当依法向该上市公司所有股东发出收购要约，但经国务院证券监督管理机构免除发出要约的除外。这实际上是法律做出的一种强制性收购的规定。

强制收购制度的理论依据是：在上市公司股权日益分散的情况下，持有一个公司30%以上股权的股东，已基本上取得了该公司的控股权，即公司高级管理人员的任命、经营决策的制定，基本上可以由该股东决定，小股东也因此被剥夺了应享有的权利，处于任人支配的地位。从公平的角度说，小股东应有权将自己持有的、实际已失去表决权的股份，以合理的价格卖给大股东。因此，各国的有关法律都对强制性要约收购做出了明文规定，以保护小股东的利益。

（二）收购要约的实施过程

收购人在发出收购要约前，必须事先向国务院监督管理机构报送上市公司收购报告书，以加强对收购行为的监督管理。报告书应载明下列事项：（1）收购人的名称、住所；（2）收购人关于收购的决定；（3）被收购的上市公司名称；（4）收购目的；（5）收购股份的详细名称和预定收购的股份数额；（6）收购的期限、收购的价格；（7）收购所需资金额及资金保证；（8）报送上市公司收购报告书时所持有被收购公司股份数占该公司已发行的股份总数的比例。收购人还应当将上市公司收购报告书同时提交证券交易所。

收购人在报送收购报告书之后，应及时公告其收购要约，以便其他投资者了解收购的有关情况，而且，间隔的时间不能太长，以防止股价的波动影响市场的稳定和顺利收购。我国《证券法》结合现实的具体情况规定，要在报送报告书之日起15日后公告其收购要约，收购要约的期限不得少于30日，并不得超过60日。

在收购要约的有效期限内，收购人不得撤回其收购要约。如果在此期间收购人需要变更收购要约中的事项，必须事先向国务院证券监督管理机关及证券交易所提出报告，经获准后予以公告。也就是说，收购要约是不可收回的，但其内容却是可以依法变更的。收购要约中提出的各项收购条件，适用于被收购公司的所有股东。同时，在收购要约期限内，收购人不得采取要约规定以外的形式和超出要约的条件买卖被收购公司的股票。

（三）收购要约届满可能出现的两种情况

收购要约的期限届满，收购人持有的被收购公司的股份达到该上市公司已发行股份总额的75%以上时，该上市公司的股票应在证券交易所终止上市交易。这是因为，按照我国《公司法》的规定，上市公司向社会募集的股份应当超过股份总额的25%，以防止大股东对股票价格的操纵。但对这种情况下其他股东所持有的股票应如何处理，我国《证券法》没有明确的规定。按照国际上的通行做法，交易所可以安排将超过75%部分的股票陆续卖出去，而且该售卖计划应预先公开。我国没有采取这一规定，可能会对收购行为产生阻碍的作用，因为它增大了收购的风险。

如果收购要约的期限届满，收购人持有的被收购公司的股份数额达到该公司已发行股份总额的90%以上，其余仍持有被收购公司股票的股东，有权向收购人以收购要约的同等条件出售其股票，收购人应当收购。被收购公司被收购如不符合《公司法》规定的条件，应当依法变更其企业形式。例如，原来的股份有限公司，可能变更为有限责任公司。

四、协议收购方式的有关规定

协议收购是收购人与目标公司的股票持有人之间以协议方式进行的股权转让行为。协议收购通常为友好式收购即善意收购。协议收购是公司收购的重要方式之一，各国法律对此都有明确规定。协议收购的法定形式是收购人与被收购公司或其股东签订的有关股权转让的协议。这里所要转让的股份，不仅包括上市公司可上市交易的股份，也包括未上市流通的股份。同要约收购相比，协议收购具有操作简单、适用性强、成本较低的优点，是目前我国上市公司收购的主要形式。

我国《证券法》规定，以协议方式收购上市公司时，达成协议后，收购人必须在3日内将其收购协议向证监会及证券交易所作出书面报告，并予以公告。这是为了体现“三公”原则。在做出公告之前履行收购协议是违法的。采取协议收购方式的，协议双方可以临时委托证券登记结算机构保管协议转让的股票，并将资金存放于指定的银行，这样可以保证协议的有效履行，同时也可以起到一定的监督作用。收购人对持有的被收购的上市公司的股票，在收购行为完成后的6个月内不得转让。

第三节　公司的破产、解散与清算

一、公司的破产

(一) 公司的终止与公司破产

公司作为一个独立的经济实体，其组织形式是处于不断的运动变化中的。这种变化不仅包括前面所述的公司分立、合并和收购，还包括公司的终止或解体。所谓公司的终止，是指公司停止经营活动宣告解体和撤销登记的经济行为。公司宣告终止的原因可以是多方面的，如公司营业期限届满、公司设立的宗旨已实现或无法实现、股东会决定解散、因违法违规被撤销、因亏损而破产等。根据我国有关法规的规定，公司终止可以分为公司破产和公司解散两大类型。这里首先分析公司的破产。

公司的破产，是指公司不能清偿到期债务时，为了使债权人得到公平清偿而实行的一种诉讼程序。在现实经济生活中，常有公司因经营管理不善或其他原因而导致公司出现经营失败，为了维护整个社会的正常经济秩序，使债权人得到公平清偿，就需要有一个特别的强制程序——破产程序。企业破产必须经过法院受理破产申请和做出破产宣告，并由法院依照有关法律规定，组织股东、有关机关以及有关专业人员成立清算组，对公司进行清算。清算组负责破产财产的保管、清理、估价、处理和分配，而破产人丧失管理和处分其财产的权利。

各国关于破产立法的规定不尽相同，英美法系各国采取列举规定形式，大陆法系各国采取概括规定形式。我国采取的是概括形式，在《企业破产法（试行）》中规定：企业因经营管理不善造成严重亏损，不能清偿到期债务的，依照本法规定宣告破产。

(二) 公司破产的条件与破产申请

公司破产的最基本条件是公司不能清偿到期债务。所谓“清偿”，是指全部清偿，而不是部分清偿。公司只能部分清偿债务不能认为有清偿能力；只有能够清偿全部债务才能视为具有清偿能力。所谓“不能清偿”，是指债务人既无现金支付到期债务，也无相应资产作抵押获取款项用于还债，又丧失信用无力借新债还旧债。还应当指出，如果债务尚未到应支付的时期，即使资不抵债，公司的总债务超过了总资产，也不能对其宣告破产。

按照我国有关法律，破产程序的第一步是提出破产申请。有权提出破产申请的主体有两类：(1) 债权人。我国《破产法（试行）》规定，债务人不能清偿到期债务，债权人有权申请宣告债务人破产。在这里，无论债权人所拥有的债权额有多少，只要其债务确实存在，且债务人确有不能清偿债务的事实存在，债权人就有权提出破产申请。此外，有财产担保的债权人，如果不能从担保中全部实现其债权，即该担保物不足以全部清偿其债权，在债权人提出的一定期限内债务人又不能清偿所余下的债务时，该有财产担保之债权人也有权提出破产申请。(2) 债务人。根据我国《破产法》的规定，全民所有制企业的债务人经其上级主管部门同意后，可以申请宣告破产。而按照我国《公司法》的有关规定，所有公司制企业在严重亏损、无力清偿到期债务时，企业自身有权向人民法院提出破产申请，不要求取得上级主管部门的同意。

债权人或债务人向人民法院申请宣告破产时，应提交书面申请书。债权人提出破产申请的，应同时提供下列材料：债权发生事实及有关证据；债权性质及数额；债权有无财产担保，有担保的应提供证据；债务人不能清偿到期债务的有关证明。债务人提出破产申请的，应同时提供下列材料：企业亏损情况的说明；会计报表；企业财产状况明细表和有形财产的处所；债权清册和债务清册；破产企业上级主管部门或者政府授权部门同意其破产的意见；人民法院认为应当提供的其他材料。

（三）债权人应采取的措施和公司应尽的义务

人民法院受理破产法案后，应在 10 日内通知债务人已知的债权人并发布公告，由此进入破产还债程序。此时，债权人为了保护自己的权益，应该采取下列行动：(1) 向人民法院申请债权。债权人应当在收到通知后 1 个月内，未收到通知的债权人应当自公告之日起 3 个月内，向人民法院申报债权，说明债权的数额和有无担保，并且提交有关证明材料。(2) 参加债权人会议，行使债权人会议的下列职权：审查有关债权的证明材料；参加讨论和解协议草案；讨论通过破产财产的处理和分配方案。所有债权人均为债权人会议成员，除未放弃优先受偿权利、有财产担保的债权人外，所有债权人会议成员都有表决权。债权人会议的一般决议，须由出席会议的有表决权的债权人过半数通过，且所代表的债权数额须占无财产担保债权总额的半数以上。但要通过和解协议草案的决议，还要求其所代表的债权总额占无财产担保债权总额的 2/3 以上方能生效。(3) 破产宣告前成立的有财产担保的债权，债权人享有就该担保物优先受偿的权利。(4) 按比例分配破产财产。但在破产财产拨付破产费用、破产公司所欠职工工资和劳动保险费用、所欠税款后，债权人才能分配剩余破产财产。破产宣告时的未到期的债权，视为已到期债权，但应减去未到期的利息。(5) 自破产终结裁定公告之日起两年内，债权人若发现原破产公司还有可以分配的财产，有权要求追加分配。

人民法院受理破产案件后，公司主要有下列义务：(1) 对于由债权人提出破产申请的公司，有义务在接到人民法院通知之日起15日内，向人民法院提供公司报表和债权、债务清册，说明企业亏损情况；(2) 破产公司的法定代表人必须列席债权人会议，回答债权人询问，将公司账簿、文件及其管理的一切财产移交清算组，并回答清算组有关财产和业务的询问；(3) 在法院受理破产案件前6个月至破产宣告之日期间，债务人不得从事有损于债权人权利的行为，不能对部分债权人进行清偿，亦不得为他人提供担保；(4) 破产公司法定代表人未经人民法院许可不得擅离职守，或者以其他方式逃避有关义务。

二、公司的解散

公司解散是指已经成立的公司，因公司章程或者法定事由的出现，停止公司的对外经营活动，开始公司的清算，处理未了结事项，或者使公司法人资格消灭的法律行为。公司解散分为两种类型：一种是公司法人资格的不完全消灭，因为公司在解散后需要处理未了结的事务，如清理债权、债务，此时公司法人资格仍然存在。另一种是公司法人资格的完全消灭，这种情况是指公司的合并、分立，这时公司并不进入清算程序。狭义的公司解散只是指前者，它是公司法人资格消灭的开始，它与清算的完结一同构成公司法人资格的消灭。

公司的解散直接影响到公司的股东和债权人的切身利益，所以，公司的解散必须是由于公司出现了法定事由或者公司章程所规定事由时才能进行。公司解散的事由一般有以下两类：一是任意解散事由；二是强制解散事由。

公司任意解散事由是指公司基于自己的意向而自愿终止公司活动或者消灭其法人资格的情况。根据《公司法》第190条和有关分立、合并的规定，具体包括以下几项：(1) 公司章程规定的营业期限届满或者公司章程规定的其他解散事由出现时；(2) 股东会决议解散；(3) 因公司合并或者分立需要解散的。

强制解散事由是指公司基于法律或者行政机关的命令而被迫解散的情形。具体包括：(1) 依法被撤销，指由于公司的生产活动中有违反有关法律法规的行为，由行政机关强制其解散。按照《公司法》中法律责任一章的规定，公司经核准后无正当理由超过6个月未开始营业的，由公司登记机关吊销其营业执照。(2) 公司破产。

三、公司的清算

公司清算是指公司在解散过程中，清理公司的财产，了结公司的债务，处理公司剩余财产，最终结束公司的所有经济关系，消灭公司法人资格的法律程序。除因公司合并的原因而解散公司外，因其他原因而解散公司的，都应进行清算。

只有通过清算，结束公司对内对外一切经济关系，才能使其丧失法人资格。因此，可以说清算是公司解散的必经程序。

清算程序主要包括：

1. 成立清算组。公司由于任意解散事由即包括营业期满和股东会决议而解散的，应当在 15 日内成立清算组，有限责任公司的清算组由股东组成，股份有限公司的清算组由股东大会确定其人选；逾期不成立清算组进行清算的，债权人可以申请人民法院指定有关人员组成清算组，进行清算。公司因违反法律、行政法规被依法责令关闭的，应当解散，由有关主管机关组织股东、有关机关及有关专业人员成立清算组，进行清算。

2. 清算组行使职权。清算组在清算期间行使下列职权：（1）清理公司财产，分别编制资产负债表和财产清单；（2）通知或者公告债权人；（3）处理与清算公司有关的公司未了结的业务；（4）清缴所欠税款；（5）清理债权债务；（6）处理公司清偿债务后的剩余资产；（7）代表公司参与民事诉讼活动。

清算组应当自成立之日起 10 日内通知债权人，并于 60 日内在报纸上至少公告 3 次。债权人应当在接到通知书后 30 日内，未接到通知书的，自第一次公告之日起 90 日内，向清算组申请债权。债权人申请债权时，应当说明债权的有关事项，并提供证明材料。清算组应对债权予以登记。

3. 制定清算方案。清算组在清理公司财产、编制资产负债表和财产清单后，应当制定清算方案，并报股东会或者有关主管机关确认。公司财产能够清偿公司债务的，要按顺序分别支付清算费用、职工工资和劳动保险费用，缴纳所欠税款，清偿公司债务。公司财产在清偿债务后的资产，叫做剩余资产。

对于有限责任公司来说，剩余资产要按股东的出资比例分配。对于股份有限公司来说，剩余资产应对优先股股东分配，一般是按优先股股票的面值进行分配。如果剩余资产价值低于全部优先股面额，则按股东持有优先股的比例对剩余资产进行分配；在对优先股进行分配之后还有剩余资产时，则按普通股股东持有的股份比例分配。我国目前没有发行优先股，因此，股份有限公司的剩余资产可直接由普通股股东按其所持股份的比例分配。

因公司解散而清算，清算组在清理公司财产、编制资产负债表和财产清单后，发现公司财产不足以清偿债务的，应当立即向人民法院申请破产。公司经人民法院裁定宣告破产后，清算组应当将清算事务移交给人民法院。

4. 制作清算报告。公司清算结束后，清算组应当制作清算报告，报股东会或者有关主管机关确认，并报送公司登记机关。申请注销公司登记的，要公告公司终止。不申请注销公司登记的，由公司登记机关吊销其公司营业执照，并予以公告。

第三篇

中国的公司制改革

第十二章

中国的《公司法》与公司制改革

公司法是规定公司的设立、组织、活动与终止的法律规范，是股份制企业的根本大法。公司法的调整对象，是公司在运作过程中所发生的有关当事人之间的各种经济关系，以及它们的具体权利与义务。我国《公司法》的颁布和修订，是股份制改革与发展的重要里程碑。股份制是公有制的实现形式之一，是国有企业改革的方向。国有经济与市场机制相结合，是我国建立社会主义市场经济的关键；公司制改革是国有企业改革的必然选择。

第一节　中国《公司法》的产生和修订

一、公司法的起源与发展

（一）公司法的调整对象与作用

公司法是规定公司的设立、组织、活动与终止的法律规范。公司法有狭义与广义之分。狭义的公司法指以单行的法律法规形式存在的有关法律；广义的公司法还包括上述法律之外的其他有关法律。公司作为一种社会集资设立的企业，它的活动对社会公众经济利益和社会经济秩序的影响较大，因而公司法的强行规范较多。

公司法的调整对象，是公司在运作过程中所发生的有关当事人之间的各种经济关系，以及它们的具体权利与义务。包括：(1) 国家对公司的经济管理关系，简称公司与政府的关系。如公司的设立审批登记、股票发行与上市的审批程序、确定公司会计准则与财务报告格式、公司的清算与终止程序等。(2) 公司内部关系。这是指公司发起人之间、发起人同其他股东之间、公司管理人员同职工之间的关系，以及公司内部管理机构建制等一些重要原则问题。(3) 公司对外经济关系。这是指公司与除政府之外的其他经济组织和个人之间的关系。公司对外经济关系的范围很广，其中，与一般企业相同的对外关系，国家已有相关的法规作出规范，如反不正当竞争法等。这里所指的是公司特殊的对外经济关系，如公司同债权人之间的关系、股东同债权人之间的关系、公司同认股人之间的关系、母子公司之间的关系等。

公司法同其他任何法律一样，起着对社会活动进行规范和调节的作用。首先，公司法直接作用于人们的行为，通过命令、禁止、允许和提倡等方式，使人们在公司的设立、组织与经营活动中行为规范化。其次，公司法通过对人们行为的规范，调整与公司相关的各种社会经济关系，保障公司和其他有关当事人的合法权益，维护社会经济秩序，促进经济发展。

（二）资本主义国家公司法的沿革

资本主义国家公司法的沿革，大致可分为三个阶段：(1) 特许阶段。19 世纪以前，西方各国基本上没有统一的一般性的公司法，公司的设立都经由皇室或议会特许，发给一些组织特许证，然后便可组建公司。皇室的特许证上盖有国玺，规定了公司的性质和权利，以及股东的责任范围。国会也可以通过特许法案允许设立公司，这些公司大多与公用事业有关。(2) 一般性公司法阶段。自 19 世纪开始，西方各国陆续制定一般性公司法。原来在国会颁布的各种特别公司法令中，本已包含了许多普遍适用于所有公司的一般性规则，这为制定一般性公司法创造了有利条件。英国于 1844 年制定《联合股份公司法》，允许不按特许方式组织，而通过注册方式成立有法人资格的公司，但股东要对债务负无限责任。1856 年，确定了这类股份公司的有限责任原则，这是具有历史意义的里程碑。此后，英国的公司法又频繁修改。法国于 1867 年颁布了单行的公司法。德国于 1892 年颁发了世界上第一个《有限责任公司法》（实际上是关于两合公司的法规）。(3) 公司法内容的更新与国际化。进入 20 世纪，特别是第二次世界大战之后，公司制度迅速普及并向国际化发展。各国公司法适应这种变化，在立法内容上不断更新，并加强了国际化的趋势。例如，公司法的内容更加与现代市场经济相适应，各国公司法的条款越来越朝着统一化、国际化方向发展。

二、中国《公司法》的历史与现状

（一）旧中国的公司立法

中国最早的公司法是清末光绪年（1903年）颁布的《公司律》。它共有131条，对合资公司（相当于无限公司）、合资有限公司（相当于两合公司）、股份公司（相当于股份有限公司）和股份有限公司（相当于股份两合公司）分别做了规定。辛亥革命后，1914年，北洋政府制定《公司条例》，也是规定了无限公司、两合公司、股份有限公司、股份两合公司等四种公司。1929年，中华民国政府制定了《公司法》，这是中国现代一部比较完整的公司法，是台湾地区现行公司法的基础。1940年又制定了第一个有关有限责任公司的立法。

（二）中华人民共和国的公司立法

新中国成立后，于1950年颁布了《私营企业暂行条例》，规定了前面所提到的五种公司形式。1954年又颁布了《公私合营工业企业暂行条例》。但在1957年社会主义改造之后，传统的私营公司和公私合营公司较长一段时间内在中国内地消失了。从1961年开始，按行业组建了一些专业性生产公司和销售公司。1964年，在工业、交通系统试办托拉斯联合公司，但这些公司基本上是公有的“行政性公司”。80年代初，随着改革开放，这种公司更是大量涌现。到80年代中期，中央不得不三令五申地进行清理整顿公司的工作。

与此同时，我国开始了部分国有企业股份制改革试点工作。自1992年5月15日起，国家体改委、财政部等单位陆续颁发了《股份制企业试点办法》、《股份有限公司规范意见》、《有限责任公司规范意见》等15个文件，股份制改革随即在我国掀起热潮。1993年12月29日，八届全国人大常委会第五次会议正式通过了《中华人民共和国公司法》，自1994年7月1日起施行。这是我国股份制改革进程中的一个划时代的里程碑。在总结我国公司制建设和改革的经验教训的基础上，2005年10月，新的《公司法》由第十届全国人大常委会第18次会议修订通过，并自2006年1月1日起施行。

（三）我国《公司法》的立法体系

我国新的《公司法》分13章219条，全面规定了有限责任公司和股份有限公司这两种公司的设立、组织与活动的有关问题。我国《公司法》采取了“总—分—总”的结构方式。第一章为总则，规定立法宗旨、公司定义、公司法律地位、管理体制、活动原则等基本问题，以及关于公司的设立、名称、投资等各种公司通用的法律制度；第二章、第三章、第四章和第五章，分别对有限责任公司和股份有限责任公司的设立、组织机构、股权转让、股份的发行与转让做出规定；第六章至第十章共五章，分别对两种公司形式通用的公司高管人员的资格和义务、公司债券、财务和会计、合并与分立、公司解散和清算等问题做出规定；第十一章规定的是外国公司的分支机构，第十二章讲的是公司运作中涉及的法律责任，第十三章是附则。这种结构既突出了有限责任公司和股份有限公司的特出规定，又避免了条文上的重复。

第二节　对国有经济与市场经济相兼容的探索

一、传统理论对公有制与市场经济相兼容的否定

（一）西方经济理论对公有制的排斥

建立社会主义市场经济，是中国经济改革的目标模式；国有经济与市场经济如何兼容，是决定国有经济改革方向的前提。然而，传统的经济理论对公有制与市场经济的兼容问题，明确予以否定。其理论依据主要有两个方面：一是一些西方经济学家从公共产权不能实现配置效率的角度，否定了国有经济与市场经济的兼容，认为私人产权制度是市场经济的基础；二是马克思主义经典作家从否定社会主义存在商品经济的角度，排除了在社会主义制度中引入市场机制的可能性。

我们先来看看西方学者的观点。从亚当·斯密开始，就坚守这样一个信条，认为私人是财产的最好监护人，私人产权比其他产权安排更有效。此后，不仅私有制是市场经济基础的观点为所有西方学者普遍接受，而且私有财产神圣不可侵犯的教义被录入所有西方国家的宪法。现代产权经济学在论述“社团产权”（与我们所说的公有产权有同样的内容）时指出：“由于社团产权在社团内部不具有排他性，因此，这种产权常常给资源的利用带来‘外部影响’。空气是公有的，结果个人并不对排放有害的气体负责，造成‘污染’。另外，也会造成过多的人使用资源的‘拥挤’现象。”① 为了说明私人产权比公共产权更有效，他们常常列举“公地的悲剧”的命题。假定有块公共所有的草地，任何人都可以自由地在公地上放牧。由于对每个社会成员来说，在该地上放牧的成本为零，根据需求曲线所表示的价格与需求量成反比的关系，对牧场的需求将尽可能地扩大，草场上拥挤的牲畜将导致过度放牧和土地资源的破坏。“这个结论像一个希腊悲剧一样，

---

① 张军：《现代产权经济学》，92页。

按照一个无情的逻辑得到一个悲惨的结局。”①

“公地的悲剧”在现实中的实例是很多的，如原始森林的过度采伐，海洋里鲸鱼被滥捕等。而相反，如果在公地上可以设置私人产权，则可以提高资源的配置效率。对美国沿大西洋和墨西哥海岸的牡蛎养殖场的研究，被西方学者认为是证明私人产权比公有产权效率高的一个有趣例证。美国的一些州规定，在水下的牡蛎属于公产，任何人不得排斥他人捕捞；另一些州则规定，私人可以向州租用水下区域，获得排他性的养殖权和部分转让权。这样，就可以在基本相同的条件下比较公有产权与私人产权的效率。结果发现，确定了私人产权的州，牡蛎养殖者的平均收入比原先要高出 50%。

也有些西方学者认为，对公有产权的谴责也不能以偏概全，因为导致“公地的悲剧”的原因是自由使用，所以，只要国家和政府对公地的市场约束加以限制，就能防止悲剧的发生。例如，国家公园是公共所有的，但需要付费才能进入，并对游客做了种种制约，“公地的悲剧”也就没有在国家公园内发生。多数西方学者认为，国有经济只应进入那些私人企业无法进入或不愿进入的行业，如公用事业、社会福利事业、国防工业、航天工业等，以弥补“市场缺陷”。

总之，多数西方经济学家是从效率的角度否定公有产权，否定国有经济与市场经济的兼容。但是，这些观点与市场经济的现实情况存在较大的差距，因为在一些西方国家和发展中国家，毕竟存在着或多或少的国有经济。

（二）社会主义理论中的反市场传统

在社会主义制度下，是否还存在商品经济呢？马克思和恩格斯做出了否定的回答。按照他们的分析，商品经济是私有制和社会分工的产物，商品交换的实质是私人生产者之间的劳动交换关系。因此，当社会主义实现了生产资料的社会占有，私有制被公有制代替以后，商品市场就自然消亡了。马克思在《哥达纲领批判》中指出：“在一个集体的、以生产资料公有为基础的社会中，生产者不交换自己的产品；用在产品上的劳动，在这里也不表现为这些产品的价值，不表现为这些产品所具有的某种物的属性，因为这时，同资本主义社会相反，个人的劳动不再经过迂回曲折的道路，而是直接作为总劳动的组成部分存在着。”②

马克思和恩格斯除了论证社会主义消灭商品经济的必然性之外，还对实行计划经济的历史意义做了高度的评价。他们把计划对市场的替代，同消除人的异化、实现彻底的自由和解放，以及人类从动物界向真正人类历史的飞跃联系起

---

① 参见张军等译：《法与经济学》，253～254 页，上海，上海三联书店，1995。

② 《马克思恩格斯选集》，2 版，第 3 卷，303 页。

来。恩格斯在《反杜林论》中指出："一旦社会占有了生产资料，商品生产就将被消除，而产品对生产者的统治也将随之消除。社会生产内部的无政府状态将为有计划的自觉的组织所代替。个体生存斗争停止了。于是，人在一定意义上才最终地脱离了动物界，从动物的生存条件进入真正人的生存条件。""一直统治着历史的客观的异己的力量，现在处于人们自己的控制之下了。只是从这时起，人们才完全自觉地自己创造自己的历史；……这是人类从必然王国进入自由王国的飞跃。"①

由此可见，马克思和恩格斯关于商品经济消亡的理论，是有充分的理论依据的。他们比其他任何学派的学者都更深刻、更敏锐，也更早地认识到了市场经济的缺陷，认识到了在全社会进行计划调节的必然性。他们对于资本主义市场文明的批判至今发人深省。但遗憾的是，他们由于受历史的局限，没有能够得出一个更加科学、更加现实的构想来。他们对刚刚产生的资本主义生产方式，面对市场经济出现的许多严重弊病，如严重的经济危机、工人阶级的贫困化、生产的无政府状态等，过早地得出了商品经济就要消亡的结论，同时也过高地估计了人的自觉性和计划调节的能力。

此后，社会主义与商品经济绝对不能相容，就成为一条马克思主义的定律被沿袭下来，消灭商品经济成为无产阶级革命的一项重要任务，而社会主义的生产便被描述为一家集中管理的、自给自足的社会大工厂。列宁在《国家与革命》中对工厂式的社会生产做了非常有名的说明："全体公民都成了一个全民的、国家的'辛迪加'的职员和工人。全部问题在于要他们在正确遵守劳动标准的条件下同等地劳动，同等地领取报酬。对这些事情的计算和监督已被资本主义简化到了极点，而成为非常简单、任何一个识字的人都能胜任的手续——进行监察和登记，算算加减乘除和发发有关的字据。"②

实际上，社会主义制度的建立是由斯大林完成的，传统计划经济体制也是这一时期确立的。其基本特征是：（1）决策权高度集中于中央政府；（2）金字塔式的阶层组织机构和射线式的垂直管理体制；（3）自上而下的行政命令式的指令性计划；（4）以实物管理为主的计划编制和经济核算；（5）在国有经济内部，货币的作用处于被动状态。值得指出的是，尽管商品货币关系在斯大林模式中的作用很小，但它毕竟被保留下来了。

① 《马克思恩格斯选集》，2版，第3卷，633、634页。

② 《列宁选集》，3版，第3卷，202页，北京，人民出版社，1995。

二、苏联及东欧国家对市场社会主义理论的探索

由于传统计划经济体制的动力不足、运转不灵、效益不佳，迫使苏联及东欧国家先后进行了引进市场机制的改革。在探讨国有经济与市场经济结合的过程中，苏联及东欧的学者做出了不可磨灭的贡献。其改革的基本思路就是探索国有经济与市场机制的结合。

（一）兰格的计划模拟市场模式

把市场机制引入计划经济体制的最初理论，是波兰经济学家奥斯卡·兰格的计划模拟市场模式。它产生于30年代关于社会主义计划经济能否合理配置资源的大论战中。以米塞斯、哈耶克为代表的一些经济学家提出，由于社会主义没有私有制和自由市场，不可能有合理的资源配置，所以计划经济是无效率的。针对这种观点，兰格等经济学家进行了系统的反驳。他在美国经济学家弗雷德·泰勒模拟市场"试错法"的基础上，于1937年发表了《社会主义经济》一书，形成了著名的兰格模式。

兰格认为，资本主义市场经济的均衡是通过市场竞争的"试错法"实现的，价格的波动最终使供求均衡。在社会主义社会，消费品、劳动力是属于个人的，应由市场决定；生产资料是公有的，没有生产资料市场，其价格也不能由市场决定，但可以由中央机构根据"试错法"模拟市场来确定。其过程是：（1）计划机构先给出生产资料的一个"计算价格"；（2）如果这种价格与供求关系不符，则会出现供求差额；（3）计划机构按照"错了再试"的原则，重新制定价格，最终使供求平衡。兰格指出，由于中央计划机构对整个国民经济的了解比私人企业要广泛得多，所以，通过"试错法"实现的均衡比市场调节要快得多。

兰格模式的影响虽然十分深远，但它的缺陷也是明显的。（1）价格的决定过程非常复杂，由于受信息条件的制约，中央计划机构试图模拟市场确定数千万种商品的均衡价格是根本不可能的；（2）兰格模式中缺乏激励机制，它要求企业完全遵守投入要素组合成本最小化和产出规模使价格等于边际成本的两条行为规则是不现实的；（3）兰格模式中缺乏竞争机制，而没有竞争是不可能实现均衡价格的，也不可能实现资源的合理配置。

（二）南斯拉夫的自治制度

在苏联及东欧国家中，将国有经济改革与市场机制结合得最早、也是最有特色的，是南斯拉夫。南斯拉夫理论界的探索主要集中于社会所有制上，其主要理论支柱是马克思和恩格斯的有关论述。他们经常引用恩格斯在《社会主义从空想到科学的发展》中的一段话："国家真正作为整个社会的代表所采取的第一个行动，即以社会的名义占有生产资料，同时也是它作为国家所采取的最后一个独立

行动。那时，国家政权对社会关系的干预在各个领域中将先后成为多余的事情而自行停止下来。那时，对人的统治将由对物的管理和对生产过程的领导所代替。国家不是'被废除'的，它是自行消亡的。"[①] 他们认为，国家所有制并不是社会主义的目标，而只是建立社会主义的一种手段。尽管社会主义国家是代表人民的，但只要全面的经济规划任务仍掌握在国家手里，国家就会逐步成为凌驾于社会之上、劳动群众之上的官僚机器。

南斯拉夫所追求的，是劳动者与生产资料"直接结合"的社会所有制。著名经济学家爱德华·卡德尔指出："这种公有制既是全体工人的共同阶级所有制，同时又是任何从事劳动的个体所有制的形式。"[②] 1950 年，南斯拉夫开始实行社会主义自治制度，把企业交给劳动者集体直接管理和支配。但是，任何人对这些生产资料都不拥有任何所有权，自治的社会所有制不是集体或集团所有制，更不是私人所有制。从 1955 年开始，南斯拉夫逐步建立起自由商品经济，生产资料和其他产品一样可以自由交易。这样，投资、生产、分配等活动均由市场调节，最终形成了南斯拉夫的市场社会主义模式。

由此可以看出，南斯拉夫改革的特点是"新的探索受制于原有的探索"，而且这种探索"具有很强的实践性"。由于南斯拉夫率先改革了国家所有制，大胆引进了市场机制，使国民经济得到了较快的发展。但是，由于其自治制度产权关系模糊不清，联合劳动基层组织的"自治"按照生产本身不可抗拒的逻辑，不知不觉地逐步演化为变相的集体所有制，再加上自由商品经济的无序发展，最终使经济运行陷入混乱之中。

（三）布鲁斯的分权模式

布鲁斯是波兰的另一位著名的经济学家。他在 60 年代针对兰格模式的缺陷，提出了国家通过市场引导企业决策，实现计划和市场相结合的分权模式。在这一模式中，宏观决策由国家掌握，微观经济决策则由企业在市场的调节下独立进行。

分权模式的提出，建立在对生产资料社会所有制的理论分析的基础上。布鲁斯认为，社会所有制不同于一般的公有制，特别是国家所有制。国家所有制依国家的性质不同，而具有完全不同的性质。他指出："所谓所有制，意味着所有制的对象由所有者为了他的利益（广义的）而加以处置。因此，要使所有制是社会

---

① 《马克思恩格斯选集》，2 版，第 3 卷，755 页。

② ［南斯拉夫］爱德华·卡德尔著，王森译：《公有制在当代社会主义实践中的矛盾》，41 页，北京，中国社会科学出版社，1980。

的，必须满足以下两个标准：即对所有制的对象的处置必须是为了社会利益，并且所有制对象必须是由社会来加以处置。”① 在这两个条件中，第二个条件又是至关重要的，因为它是第一个条件的保证。社会实际支配生产资料，是指工人阶级实际上参与国家的管理和决策。因此，生产资料社会化的基本标准就是民主主义的标准。

布鲁斯强调，实现生产资料社会化，必须克服管理机构的官僚主义化，不断地现实地去扩大社会对于一些级别上的政治、经济决策的影响力，并且发展一些生活领域，特别是经济活动中的社会自治。为此，就应建立分权模式，以减少权力集中，增加企业和地方单位的独立性。布鲁斯不主张彻底否定国家所有制，认为国有化是实现社会化的通道，其具体途径就是政治体制和经济体制的民主化。他不同意南斯拉夫的自治制度，认为这会导致集团所有制。

应当指出，在布鲁斯的模式中，实际上强调的还是计划经济的作用。他认为投资应由中央政府分配，而不受价值规律的自发调节；他主张由国家决定价格、工资和利率，而不是由企业决定。总之，布鲁斯模式毕竟是60年代的产物，难免带有浓厚的计划经济的色彩。

（四）锡克的集体所有制理论和计划市场模式

奥塔·锡克是捷克斯洛伐克著名的经济学家，60年代曾任国家经济改革委员会主席和副总理，对该国的经济体制改革影响很大。锡克对传统的国家所有制进行了尖锐的批评。他认为，国有制不能克服生产领域中扩大资本与增加工资之间的矛盾，因为它使企业与职工之间出现了从未有过的疏远，造成了企业领导的官僚化。职工无权参与企业的管理，不能直接参与企业成果的分配，他们自然不会关心资本的扩大。只有通过南斯拉夫式的集体所有制，才能解决这一矛盾。

但是，锡克所说的集体所有制，与我国的集体经济并不完全一样。这种所有制要使每个职工都成为企业的共同占有者，都得到代表一定的资本份额的证券，并能获得相应的利润分红或新增证券的权利。职工退休，他就不再享有得到新证券的权利，但仍可取得原有证券所分得的利润。职工死亡，证券自动收回。可见，锡克所设想的是一种特殊的集体所有制，它类似于股份所有制，但证券又不可以转让。在这种所有制下，国家的作用并没有取消，它“除了决定资本份额以外，还要给予股份所有制一定的限制。这些国家除了拥有税收手段（累进制财产税、所得税等）以外，还可以用法律形式规定支付分成的最高利润份额。要对个

① ［波］布鲁斯著，何作译：《社会主义的政治与经济》，108页，北京，中国社会科学出版社，1981。

人手中掌握的股份加以限制，使它只能履行将余款以低股息（利息）存入储蓄所的职能，不能有别的职能”①。

可以看出，锡克设想的集体所有制与南斯拉夫的自治社会所有，有着相似之处，就是对斯大林模式中的国家所有制进行了批评和否定，并对国有制的改革提出了相近的思路。现在看来，这些批评是十分正确而深刻的。但是，他们提出的所谓集体所有制改造的方案，实际上并不能解决国家所有制的弊病，反而会使国有资产被搞得支离破碎，使国有产权关系更加模糊不清。这种设想完全脱离了社会经济发展的实际，带有浓厚的空想社会主义色彩。

锡克在社会主义市场理论方面也有独到的见解，他提出了计划市场模式。锡克认为，由于社会经济信息的复杂性和分散性，使得市场机制和商品交换成为必然。为了使市场机制充分发挥作用，必须有一个自由竞争的价格机制。而价格的形成是一个复杂的社会过程，是先进的计算机技术不可能替代的。他指出，社会主义经济运行中的微观平衡，应当由市场机制解决，并取消国家的指令性计划，只有宏观经济平衡才应由政府有约束力的国民收入分配计划来实现。

（五）科尔奈的有调节的自由市场模式

匈牙利科学院院士亚诺什·科尔奈是世界知名的经济学家，曾担任世界经济计量学会会长，联合国发展计划委员会副主席。他是最早主张更多地利用市场机制进行经济改革的东欧经济学家之一，并提出了国家宏观间接控制下的自由市场模式。他把经济模式分为行政协调和市场协调两大类。(1) 行政协调的特征是依赖上下级隶属关系，通过纵向的信息流和行政手段来控制经济运行。行政协调又可以分为ⅠA 和ⅡA 两种。ⅠA 是直接行政协调，以指令性计划为特征；ⅡA 是间接行政协调，指令性计划被取消，但国家借助行政权力，通过各种手段迫使企业接受政府的微观政策。(2) 市场协调的特征是靠企业间横向信息流和市场力量来协调经济运行。市场协调又可以分为ⅠB 和ⅡB 两种。ⅠB 是无控制的市场协调，经济运行几乎完全受市场自发调节；而ⅡB 是宏观控制下的市场协调，政府通过宏观约束手段调节经济运行，这也是发达国家通行的市场模式。科尔奈认为，60 年代的匈牙利经济处于ⅡA 阶段，改革的方向是朝着ⅡB 过渡。

科尔奈的另一个重要贡献，是分析了社会主义短缺经济的体制根源。他指出，在计划经济体制下，企业具有强烈的数量冲动和无限的扩张冲动，造成了不可遏制的投资饥渴。原因在于增加投资可以获得种种好处，而无需承担风险，因为企业的预算约束是软化的。造成约束软化的根源，是国家与企业的父子关系。

---

① ［捷克斯洛伐克］锡克：《论市场经济》，载《经济学译丛》，19 页，1981（11）。

政府对企业的父爱主义，意味着绝对的保护和安全，也意味着家长式的干预和管束。因此，他预见到社会主义市场化改革是十分艰巨的，甚至认为计划与市场的结合若搞不好，会集中了二者的缺点。后来，东欧政局剧变之后，他在《走向自由经济之路》一书中，把这种改革的艰巨性极端化了，重申哈耶克在《通向奴役之路》一书宣扬的观点，即只有私有制下的自由市场经济才是合理的。所不同的是，他论述了怎样走经济自由之路，认为父爱主义、软约束及短缺问题，通过社会主义制度下的改革是没有出路的，社会主义公有制加市场经济的市场社会主义也是没有出路的。显然，科尔奈对社会主义公有制经济采取了完全否定的态度。

这样，东欧的学者们从模拟市场开始，经过长期的探索，最终得出了社会主义必须实行自由市场经济的结论。然而，与东欧学者丰富多彩的理论模式相比，除南斯拉夫外，其他国家的改革实践显得迟缓而缺乏生气。改革的决策者们在两个至关重要的难题面前退却了：一是发展社会主义市场经济，二是适当发展非国有经济以促进国有经济的改革。他们始终不敢打开这两道关键的闸门，担心市场经济和非国有经济的自我扩张力，会冲垮传统计划经济体制的一切堤坝，造成无人能够驾驭的混乱局面。同时，他们也没有找到国有企业与市场兼容的有效形式。而这些关键性的难题正在被中国的改革慢慢地解开。

三、社会主义市场经济理论的提出

当东欧国家先后展开经济改革之时，中国却进行了十年的“文化大革命”。中国对于社会主义市场问题的认识，是从1979年经济改革后才开始的。中国的改革不仅起步晚，而且起点低，改革是在没有系统理论的基础上展开的。然而，在短短的十几年里，中国的市场理论和市场化改革一起，跨越了其他国家二三十年所经过的历程，完成了从计划经济向市场经济的转变。同时，中国正在探索国有企业建立现代企业制度的改革，初步找到了国有经济与市场兼容的具体形式。中国社会主义市场经济理论的发展，大致可以分为以下几个阶段。

（一）“计划经济为主，市场调节为辅”阶段

中国改革之初，首先把希望的目光投向了东欧，决心仿照他们的市场化改革。但由于传统体制的影响根深蒂固，所以人们十分谨慎地对待市场问题。1979年3月，陈云同志提出“以计划经济为主，市场调节为辅”的模式。这一思想在当时产生了很大的影响，几乎被引入这一时期的所有重要文献。1982年9月，党的十二大报告中更加明确地指出：“我国在公有制基础上实行计划经济。有计划的生产和流通，是我国国民经济的主体。同时，允许对于部分产品的生产和流通不作计划，由市场来调节，也就是说，根据不同时期的具体情况，由国家统一

计划出一定的范围，由价值规律自发地起调节作用。这一部分是有计划生产和流通的补充，是从属的、次要的，但又是必需的、有益的。”并提出，要“正确划分指令性计划、指导性计划和市场调节各自的范围和界限”。

（二）“有计划商品经济”阶段

1984年10月，党的十二届三中全会通过的《中共中央关于经济体制改革的决定》，第一次明确提出社会主义有计划商品经济的理论，标志着我国对于社会主义市场问题认识的一个重大突破。《决定》指出：“改革计划体制，首先要突破把计划经济和商品经济对立起来的传统观念，明确认识社会主义计划经济必须自觉依据和利用价值规律，是在公有制基础上的有计划的商品经济。商品经济的充分发展，是社会经济发展的不可逾越的阶段，是实现我国经济现代化的必要条件。”我国计划体制的基本点可概括为：“第一，就总体说，我国实行的是计划经济，即有计划的商品经济，而不是那种完全由市场调节的市场经济；第二，完全由市场调节的生产和交换，主要是部分农副产品、日用小商品和服务修理行业的劳务活动，它们在国民经济中起辅助的但不可缺少的作用；第三，实行计划经济不等于指令性计划为主，指令性计划和指导性计划都是计划经济的具体形式；第四，指导性计划主要依靠运用经济杠杆的作用来实现，指令性计划则是必须执行的，但也必须运用价值规律。”

同时，《决定》还明确指出：“增强企业活力是经济体制改革的中心环节”。要依照所有权同经营权适当分离的原则，扩大国有企业的自主权。“要使企业真正成为相对独立的经济实体，成为自主经营、自负盈亏的社会主义商品生产者和经营者，具有自我改造和自我发展的能力，成为具有一定权利和义务的法人。”这些规定，确定了我国国有经济改革的基本思路，即国有企业的改革，绝不搞私有化或各种形式的“企业所有制”，而是采取所有权与经营权“两权分离”的模式，承认国有企业的法人地位，以适应发展有计划商品经济的要求。当然，这一思路当时还很不成熟，还需要以后的改革实践来不断充实。但可以肯定的是，这一决断是符合中国国情的，是惟一正确的选择。

（三）“国家调节市场，市场引导企业”阶段

1987年10月，党的十三大报告在有计划商品经济理论的基础上，对社会主义市场机制问题进行了新的概括和说明。报告指出：“社会主义有计划商品经济的体制，应该是计划与市场内在统一的体制。”在这个问题上应该明确几个基本观念：（1）社会主义商品经济和资本主义商品经济的本质区别，在于所有制不同。（2）必须把计划工作建立在商品交换和价值规律的基础上。国家对企业的管理应逐步转向以间接管理为主。（3）计划和市场的作用范围都是覆盖全社会的。

新的经济运行机制，总体上来说，应当是“国家调节市场，市场引导企业”。报告还指出：“社会主义的市场体系，不仅包括消费品和生产资料等商品市场，而且应当包括资金、劳务、技术、信息和房地产等生产要素市场；单一的商品市场不可能很好发挥市场机制的作用。社会主义的市场体系还必须是竞争的和开放的，必须积极而稳妥地推进价格改革，理顺商品价格和各种生产要素价格。要逐步建立少数重要商品和劳务价格由国家管理，其他大量商品和劳务价格由市场调节的制度。”

在国有企业改革方面，报告强调：“按照所有权与经营权相分离的原则，搞活全民所有制企业。”报告指出，全民所有制企业不可能由全体人民经营，一般也不适宜由国家直接经营。实行所有权与经营权分离，使企业真正做到自主经营、自负盈亏，是建立有计划商品经济体制的内在要求。十三大对于“两权分离”原则的贡献是，提出“实行所有权与经营权分离的具体形式，可以依产业性质、企业规模、技术特点而有所不同。”应当不断改进和完善现行的承包制和租赁制，继续试行股份制，一些小型国有企业可以有偿转让给集体和个人。如果结合十二大以来的改革实践，就不难看出，以两权分离为原则的国有企业改革取得了重要成果，传统体制已基本被打破，企业参与市场竞争的能力不断提高。特别是当时普遍实行的承包制，以契约的形式明确政府与企业的责任与权利，使企业的法人地位得到加强，企业的市场意识和法制观念大大提高。

（四）全面建立“社会主义市场经济体制”阶段

1992年春天，邓小平在南方谈话中对社会主义市场经济问题做了精辟的论述。他指出：计划多一点还是市场多一点，不是社会主义与资本主义的本质区别，计划经济不等于社会主义，资本主义也有计划；市场经济不等于资本主义，社会主义也有市场。计划和市场都是经济手段。这个精辟论断，从根本上解除了把计划经济和市场经济看做属于社会基本制度范畴的思想束缚，使我们在社会主义与市场的兼容问题上的认识有了重大的突破。同年10月召开的党的十四大正式提出：“我国经济体制改革的目标是建立社会主义市场经济体制”；“我们要建立的社会主义市场经济体制，就是要使市场在社会主义国家宏观调控下对资源配置起基础性作用，使经济活动遵循价值规律的要求，适应供求关系的变化；通过价格杠杆和竞争机制的功能，把资源配置到效益较好的环节中去，并给企业以压力和动力，实现优胜劣汰；运用市场对各种经济信号反应比较灵敏的优点，促进生产和需求的及时协调。同时也要看到市场有其自身的弱点和消极方面，必须加强和改善国家对经济的宏观调控。”党的十四大的召开，标志着中国的经济体制改革进入了全面建立社会主义市场经济体制的新阶段。

1993年11月，党的十四届三中全会做出了《中共中央关于建立社会主义市场经济体制若干问题的决定》，全面系统地阐述了社会主义市场经济体制的基本框架和大力推进市场化改革的具体部署。特别是《决定》对“转换国有企业经营机制，建立现代企业制度”的论述，更是引人注目。《决定》指出：“以公有制为主的现代企业制度是社会主义市场经济体制的基础。”“建立现代企业制度，是发展社会化大生产和市场经济的必然要求，是我国国有企业改革的方向。”其基本特征，一是产权关系明晰，企业中的国有资产所有权属于国家，企业拥有法人财产权，成为法人实体；二是企业以其全部法人财产权，依法自主经营、自负盈亏，对出资者承担保值增值的责任；三是出资者按投入企业的资本额享有所有者的权益和承担有限责任；四是企业按市场需求组织生产经营，政府不干预企业的生产经营活动；五是建立科学的企业领导体制和组织管理制度。《决定》还指出：“国有企业实行公司制，是建立现代企业制度的有益探索。规范的公司，能够有效地实现出资者所有权与企业法人财产权的分离，有利于政企分开、转换经营机制，企业摆脱对行政机关的依赖，国家解除对企业承担的无限责任；也有利于筹集资金、分散风险。”这些论述表明，在中国确定建立市场经济的同时，也确定了与之相适应的国有企业改革的方向，从而把两者紧密地结合起来。

这样，中国的经济改革经过十几年的风风雨雨之后，在计划经济中引入市场机制的改革最终变成了对传统计划经济体制的否定，谱出了建立社会主义市场经济体制的新篇章。

第三节　国有企业公司制改革目标的确立

一、国企改革是我国经济体制改革的中心环节

国有企业改革的成功与否，直接关系到中国经济的增长、市场经济体制的建立、人民生活的改善和社会生活的稳定。中央文件多次指出，国有企业改革是中国经济体制改革的中心环节。这是因为：

1. 国有企业是国民经济的支柱。到2003年年底，在全部独立核算的工业企业中，国有企业和国家控股企业数量只占17%，但资产总额为94 519亿元，占总资产的56.0%；销售收入额为58 027亿元，占总销售额的40.5%；实现利税3 836亿元，占利润总额的46.0%。在城镇就业人数中，就业人员的1/4和在岗职工的63%被国有和国有企业及其他国有单位所接收。因而，国有企业改革能否成功，直接关系到中国社会经济发展的大局。

2. 国有企业作为社会主义公有制经济的重要组成部分，是社会主义制度的经济基础；而社会主义市场经济就是将市场机制同社会主义基本经济制度结合起来。因而，国有经济通过改革与市场机制有机融合，就成为中国市场化改革的重心与难点。

现行的国有经济管理体制存在许多弊端，已经不适应我国经济发展的需要。所以，要求把国有企业的改革放到重要的中心地位，通过建立现代企业制度，提高国有经济的运营效率。

二、传统国有经济管理体制的形成与弊端

我国传统的国有经济管理体制形成于"一五"时期。由于当时工业建设的重要性，以及资金、技术力量和经验的不足，对重点项目实行集中管理。中央各部门负责工业项目建设，而地方政府除了积极支援国家在当地的重点项目外，主要是管理农业，抓农业合作化、稳定物价和人民生活。由于建设项目是以中央各部门"条条"管理为主，投产后也由中央管辖，这就为此后的"政企不分"的格局奠定了基础。这种体制虽经几次"放"与"收"的变动，但其基本框架一直没有改动，并在实践中逐步固定下来。

传统计划经济体制最根本的弊端是政企职能不分，政府既是公共权力主体，又是市场经营主体，使政府行为和企业行为都被扭曲。传统管理体制的特征如下：(1) 中央政府根据社会生产的行业划分建立相应的行业性主管部委，这些部委集行业管理和国有资产管理于一身，分别管理各个行业的生产经营活动和分布在本行业的国有企业；(2) 各级地方政府仿效中央政府设置组织机构，并对地方所属国有企业同样享有控制权，从而使国有资产处于"条块分割"的状态；(3) 由中央政府负责制定全国统一的国民经济生产计划（还包括产品价格和工资水平），并以指令性计划的形式层层分解到各个国有企业；(4) 国有企业成为政府的附属物，成为单纯地执行计划的生产单位，缺乏必要的生产经营自主权，难以作为市场活动的主体；(5) 政府对国有企业进行行政性管理，企业按规模大小，比照政府部门确定行政级别，企业领导由上级主管部门任命，并享有相应政府官员的政治待遇和经济待遇。

这种计划经济体制在新中国成立初期和"一五"期间，曾对我国的经济恢复和发展起过积极作用。但随着经济建设逐步走上正轨，经济建设的任务和环境日趋复杂，这种体制的弊端也日益明显。主要表现在以下几个方面：(1) 政府管理企业的目标多元化，导致企业的利润目标不突出；(2) 企业自主权不能落实，法人地位得不到保证；(3) 政府对企业承担无限责任及按企业规模定行政级别，诱

使企业努力追求规模最大化而不是利润最大化；(4) 政府作为垄断的政治权力直接进入市场，必然形成各种人为的、政策性的垄断，使市场机制受到压抑，影响了市场机制的作用和资源配置效率；(5)“条块分割”所造成的地方和部门的割据现象，阻碍了资产的流动和重组。

三、国有经济管理体制改革的发展阶段

我国国有企业的改革采取了循序渐进的方略，大致经历了“放权让利”、推行承包制、试行股份制和以“三改一加强”为中心的总体改革这样四个发展阶段。

1. 第一阶段（1979—1984 年），是以“放权让利”为基本内容的改革，由试行利润留成到推行经济责任制。国有企业改革是从 1978 年 10 月开始的，首先在四川重庆钢铁公司等 6 家企业开始，制定了 14 条扩权措施。1979 年 7 月，国务院颁布了《关于扩大国营工业企业经营管理自主权的若干规定》、《关于国营企业实行利润留成的规定》等 5 个文件。到 1980 年，扩权试点单位已有 6 000 多家，占全国国有企业总数的 16%，产值的 40%，利润的 70%。1984 年 5 月，国务院又做出了《关于进一步扩大国营工业企业自主权的暂行规定》。以“放权让利”为特征的改革，对传统体制并没有多少触动，它带来的经济效果，只是旧体制内潜能的释放。

2. 第二阶段（1985—1991 年），依照“两权分离”的原则，逐步推行了以承包制为主的各种新的管理体制。1984 年 10 月，党的十二届三中全会通过的《中共中央关于经济体制改革的决定》，标志着我国的经济改革进入了一个新阶段。《决定》提出，所有权与经营权相分离，是转变企业经营机制的改革方向。国有大中型企业可以采取各种形式的承包经营责任制，同时也可以试行股份制。承包经营责任制是在保持国家所有制的前提下，实行两权分离、改善企业经营管理、转变企业经营机制的一种企业管理制度。它的基本原则是：包死基数，确保上缴，超收多留，歉收自补。它的具体形式有五种：(1) 两保一挂，即保上缴国家税利，完不成包干指标，要用企业自有资金补足；保技术改造项目的完成；工资总额与实现税利挂钩。(2) 上缴利润递增包干，即上缴利润按一定比例逐年递增。(3) 上缴利润基数包干，超收分成。(4) 微利、亏损企业的利润包干或亏损包干。(5) 行业投入产出包干，即把大企业与国家财政的分配关系用承包办法确定下来，促使行业多收多得，用于行业发展，国家不再投资。

承包制自 1987 年 5 月在全国推广以后，曾对国民经济的发展起了推动作用。它一举扭转了财政收入连续 22 个月滑坡的局面，当年全国利税比上一年增加 118 亿元，增长 9.9%，其中承包制带来新增财政收入 60 多亿元。承包制还以契约的形式界定了政府与企业的职责，冲击了政企不分的旧体制，扩大了企业自主权。但是，承包制还只能是一种过渡的改革形式，它自身也存在着许多难以克服的矛盾和局限性：(1) 承包制不能根本解决政企职能不分的问题。在承包制中，政府与企业之间首先是上下级的隶属关系，其次才是契约关系。(2) 承包制缺乏规范性、客观性。承包指标要由主管部门与企业"一对一"的谈判来确定，实行"一户一率"，无客观标准可言。(3) 承包制把旧的管理体制以契约的形式固定下来，与市场化改革、以经济手段进行宏观调控存在着难以调和的矛盾。(4) 承包制强化了企业的短期行为。(5) 承包制实际上只能包盈，不能包亏，当企业亏损时，企业实际上没有能力"自补"。此外，承包制重新实行了"税利不分"，这是对"利改税"改革的倒退。

3. 第三阶段（1992—1995年），以"理顺产权关系"为核心，加快股份制试点改革。国有企业股份制改革在1984年12月由北京天桥百货公司率先试点，然后在广州、上海、沈阳等地进行试点，到1992年初，全国股份制试点企业已有3 220家，其中89家公司向社会公开发行了股票。1992年6月，国务院五个部门发布了《股份制企业试点办法》，就股份制企业试点原则、股份制企业组织形式、股权设置、试点范围等做出了规定。此后，有关部门还制定了《股份有限公司试点办法》、《有限责任公司试点办法》，以及股份制企业会计制度、股份制试点中的国有资产管理等一些《暂行规定》。特别是1994年1月1日《中华人民共和国公司法》的公布，标志着我国股份制改革进入了一个新的阶段。

4. 第四阶段（1996年至今），实施以"三改一加强"为中心的国有经济总体改革方案，把国有企业的改革同改组、改造和加强管理结合起来。在1995年召开的党的十四届五中全会上，提出了"三改一加强"的国有企业改革总体方案，党的十五大和十五届四中全会使之进一步完善。其主要内容是：(1) 力争到20世纪末大多数国有大中型骨干企业初步建立现代企业制度，到2010年建立比较完善的现代企业制度。(2) 从战略上调整国有经济布局，要同产业结构的优化升级和所有制的调整结合起来，坚持有进有退，有所为有所不为。(3) 着眼于搞好整个国有经济，通过存量资产的流动和重组，对国有经济实施战略性改组。(4) 加强企业管理，建立科学的组织和管理制度，提高企业整体素质和活力。(5) 加快国有企业的技术进步和产业升级。(6) 实行鼓励兼并、规范破产、下岗分流、减员增效和再就业工程。加快建立健全社会保障制度。(7) 改善国有企业资产负债结构和减轻企业社会负担。(8) 建立权责明确的国有资产管理、监督和营运体系，建设高素质的经营管理者队伍。

党的十六届三中全会对国有资产的监管体制做出了如下规定："建立健全国

有资产管理和监督体制。坚持政府公共管理职能和国有资产出资人职能分开。国有资产管理机构对授权监管的国有资本依法履行出资人职责，维护所有者权益，维护企业作为市场主体依法享有的各项权利，督促企业实现国有资本保值增值，防止国有资产流失。建立国有资本经营预算制度和企业经营业绩考核体系。积极探索国有资产监管和经营的有效形式，完善授权经营制度。”国有经济新的整体改革方案的提出，包括新型宏观管理和监督体制的建设、中观国有经济布局的战略调整以及微观层次的“三改一加强”，表明我国国有经济管理体制的改革，已从重点突破转入综合配套改革的新阶段。

第十三章

公司制是国有企业改革的方向

近20年来，西方各国大规模地掀起了“非国有化”的浪潮并一直延续至今，这对我国国有企业的改革带来了深刻的影响。本章对国有企业股份制改革是不是搞“私有化”、是否能明晰产权关系等重要理论问题进行了探讨，明确指出，公司制是国有企业改革的唯一正确选择。本章还对目前公司制改革中存在的问题进行了分析，并着重论述上市公司国有股减持的意义和途径。

第一节 全球“非国有化”浪潮的起因及后果

一、“非国有化”浪潮的发展与实质

第二次世界大战之后，西方各主要资本主义国家在50年代和60年代经历了两次“国有化”浪潮，国有经济都有了相当大的发展，并在一些国家的政治生活与经济生活中取得了极为重要的地位。然而，国有企业普遍存在着经济效率低下、缺乏活力、亏损严重等问题。而国有企业的巨额亏损，又加重了国家的财政负担，成为财政的沉重包袱。例如，日本国铁在1964—1970年每年亏损10多亿美元。法国国有企业1985年的亏损额相当于法国工商业利润税的2/3。据估计，

从第二次世界大战后初期到 1974 年，英国政府对国营企业的补贴已达 180 亿美元。在 1979—1980 年度，英国对铁路、钢铁和煤炭等工业部门的补贴为 18 亿英镑，到了 1984—1985 年度，又增至 40 亿英镑。面对这种情况，自 70 年代末以来，许多国家又开始对国有企业实行“非国有化”，并已成为持续了 20 年之久的全球性潮流。

“非国有化”浪潮起始于英国。自撒切尔夫人 1979 年担任英国首相后不久，便开始大幅度地调整政策，实行国有企业“私有化”战略。在英国的带动下，西方各国大规模地掀起了“非国有化”的浪潮，并一直延续至今。它不仅从发达国家在向韩国、新加坡等新兴的发展中国家发展，而且正在从竞争性行业向邮电通信、交通运输等基础性行业发展。例如，据法新社 1993 年 5 月 28 日报道，“全方位私有化运动遍及西方国家”，英国政府转让了英国铁路公司，并计划转让英国电信公司和英国煤矿公司的部分股份；德国政府托管局自德国统一以来，已将 1.15 万家国有企业转为私营企业，铁路、电信、航空公司也已纳入私营化计划之中；意大利推出涉及所有生产部门的私营化计划，以减少巨大的预算赤字，南方电力公司和意大利信贷银行都在首批试点之中；日本政府将三个国有企业即国有铁道、日本电话电报公司、日本烟草专卖公司进行民营化。又例如，韩国于 1993 年底通过了《公营企业民营化及职能调整方案》，总统金泳三提出，要对一半以上经营松弛的公营企业动“大手术”，进行整顿、撤销、合并，或实行民营化。

需要指出的是，如果仅仅从字面上理解，似乎“非国有化”或“私有化”就是将国有企业完全出让给私人资本家或居民个人。其实，私有化战略的含义远不止于此，它还包括更广泛的内容和措施。主要有：国家所有，特许经营或承包经营；国家控股，其余股份转让；鼓励内部职工持股，股票公开上市；划小企业核算单位，将一些附属单位出让给地方或个人经营等。这些内容已很难用字面上的私有化来解释。例如，英国执政的保守党将他们的私有化战略目标概括如下：(1) 民营化，即将原有的国家经营改为民间经营；(2) 商业化，即将原来不能面向市场的国有企业使其面向市场，提高经济效益；(3) 社会化，即将原有的国家单一所有改为部分由社会公众或职工持股。也许，正是由于他们对“私有化”目标的这种特殊的界定，使英国的政界、学术界以及普通公民对私有化进程普遍产生了认同感。尽管保守党的主要竞争对手工党，将自己的社会改革方案称为“社会化”，但两党竞选中的实施纲领无不认为，“非国有化”是解决英国经济问题的最好出路，甚至在政策细节上的描述都没有太大出入。这套一揽子的所谓“私有化”方案，也被其他西方国家效仿，甚至在苏联及东欧国家的私有化进程中也普遍受到重视。而从全球看，“非国有化”浪潮则使得国有经济在世界经济中的比重大幅度下降。

二、“非国有化”浪潮的起因

西方国家出现“非国有化”浪潮的最根本的原因，应当说是出于经济方面的考虑，即为了解决经济“滞胀”、财政赤字、产业调整和国营企业效益低下等问题。

1. 为了摆脱“滞胀”的羁绊。70 年代以后，资本主义经济中出现了经济增长停滞、严重通货膨胀、高失业率并存的“滞胀”局面。到了 70 年代末、80 年代初，“滞胀”问题更加严重。为了摆脱“滞胀”的困境，使经济健康发展，抑制通货膨胀、减少货币发行量、紧缩财政开支、减少或消失财政赤字，就成为首要的任务。而要完成这一任务，调整经济政策和政府干预经济的方式就成为必然。其中，对国有企业实行“非国有化”，则是一种行之有效的措施。以英国为例，以撒切尔夫人为首的保守党政府一上台，便摒弃了奉行多年的凯恩斯主义，转向实行货币主义政策，开始了大规模的“非国有化”运动，其结果既减轻了政府的财政负担，减少了对国有企业的巨额补贴，又增加了政府的财政收入，可谓一举两得。

2. 为了缩小或消除财政赤字。第二次世界大战后，由于西方各国普遍实行国家干预经济的政策，因而各国政府的开支与日俱增，致使各国的财政赤字和国债数额不断增加。例如，美国 1980 财政年度联邦政府的财政赤字为 738 亿美元，比 1979 财政年度的 402 亿美元增加了 84%；1986 年财政赤字高达2 207亿美元，比 1980 年度增加了近两倍；同年，公私债务共达 8 万亿美元。其他西方主要国家的情况也大致如此。根据国际货币基金组织《金融统计》的数字计算，加拿大、联邦德国、法国、意大利、日本、英国和美国等七个主要资本主义国家的财政赤字占国民生产总值的比重，1981 年平均为 2.6%，1983 年为 4.1%，1985 年为 3.6%，1986 年为 3.5%，1987 年为 2.5%，长期居高不下。连年的财政赤字和巨额国债，使政府不堪重负，迫使各国不得不实行非国有化，以缓解日益恶化的财政金融状况。

3. 为了有效地进行产业结构调整。70 年代以后，由于以微电子技术为核心的高技术产业的迅速发展，促使西方各国产业结构发生了深刻的变化，传统的工业部门在国民经济中的地位显著下降。这样，由国家直接控制的基础部门，像采掘业、冶金业、化学工业、船舶制造业和纺织业等，就逐步失去了作为基础经济部门而起作用的必要性，其生存基础也不同程度地遭到破坏或削弱。而且，这些行业往往技术设备老化、生产成本较高、需求不足，为了维持其运营，国家每年都要对其提供大量的补贴。实行非国有化，既可以达到对这些行业进行调整和改造的目的，又可以使国家减少财政压力。

4．私人垄断资本经济实力的增强，成为“非国有化”的载体。第二次世界大战后，西方国家的“国有化”运动与“非国有化”运动交替出现了多次，但无论是“国有化”运动，还是“非国有化”运动，直接的受益者都是私人垄断资本，这是由资产阶级国家的本质决定的。比如，在国有化过程中，国家常常以大大超过企业资产的价格购买资本家的企业。而在实行非国有化时，国家又把这些企业按资本贬值卖出。联邦德国政府于1949—1959年向私人资本家出卖了32家企业，其价格只及实际价格的1/4。与此同时，国家创立的国有企业大多是一些不盈利或亏损的基础设施、基础产业部门，而这些经济部门的建立，则为私人资本创造了攫取垄断利润的前提条件。正是由于私人垄断资本经济实力的壮大，才使得一些巨额资金的国有企业也能顺利地拍卖出去。

三、“非国有化”浪潮的后果

西方国家80年代以来的“非国有化”浪潮，在缓解资本主义经济的某些矛盾、提高生产效率的同时，又带来了一些新的社会问题和经济问题。在这里，我们仅以“非国有化”浪潮的发源地英国为例，对此做些具体的分析。

1．过高地估计了非国有化的作用。非国有化作为经济改革的一项必要措施，在西方国家确实起了一定的积极作用。但不能因此而得出“只有将一切都变成私有财产才能最有效地管理好企业”这一错误的结论。这是因为，私有经济受其追求利润最大化的局限，不可能克服和解决市场经济本身所固有的缺陷。例如，对自然垄断性行业实行私有化后，如何克服这些企业的私人资本垄断倾向以及损害社会公众利益的现象，仍是一个难题。英国的邮政等公用事业在私有化之后，立即出现价格上升、服务范围缩减等问题，因而遭到了人们的批评。英国天然气公司私有化后，也出现了私人资本垄断市场、联合抵制政府降价要求的现象，结果只好再次依靠政府的力量下令企业改组，拆散天然气公司。失业问题的严重化也带来许多社会问题。自从非国有化开始之后，英国的失业率一直居高不下，失业范围不仅有传统的蓝领工人，也有白领职员。1992年10月，英国煤矿工人举行的战后历史上规模最大的示威游行，就与政府对煤炭行业实行私有化，并关闭一批煤矿，大批解雇矿工有直接的关系。

2．国有资产在私有化过程中出现了贬值现象。英国政府出售国有企业的实际收入，远远低于国有企业资产的实际价值。这表明政府来自国有企业的收入

（包括现期变卖收入和远期利润收入）的减少，对政府来说，也就意味着国有资产发生了某种贬值。

一些英国学者对这个问题的解释是，政府减少的利润收入可以由增加的私人企业所得税替代，因此，变卖国有企业仅仅意味着政府收入构成发生某种转变。另一些学者认为，这种解释并不能完全令人满意。他们认为，在私有化过程中，会有下列几种情形发生：第一种情形是，由于政府经营不善，使国有资产效率低下，因而其市场价值低于在相同技术经济条件下所可能具有的理论价值，而仅仅是由于产权变更改变了这部分资产的利润预期，从而引起其市场价值升值。由于这种增值事实上已经与政府无关，因此，这样形成的收入本来也不属于政府。第二种情形是，非国有化导致原国有企业资产效率提高，使等量资产为政府提供的实际税收有较大幅度的增长，在数量上可以抵消因出售国有企业给政府带来的利润收入损失，这种贬值出售国有企业资产的做法，从长期看会给政府带来收入上的补偿。第三种情形是，推行私有化计划，变卖国有资产，增加了政府现期财政收入，使政府获得财源以推行减税计划，刺激整个经济的增长，为政府提供更多的税收，从而实现减税、养源、增收的良性循环。这样贬值出售国有资产，从整个社会来看，对政府仍然是有利的。如果这些情形不存在，那么政府收入转换的合理性和可能性就有问题。事实上，在“非国有化”浪潮中，国有资产流失的问题是客观存在的，也必然会削弱政府干预和调节经济的能力。

3. 国有企业性质和职能的转换对宏观经济调控产生了影响。在非国有化之前，英国国有企业受政府直接控制，成为经济中贯彻宏观政策的工具。私有化使国有企业由原来的政策工具变成了政策对象，可是英国政府仍继续要求这些已经私有化的企业执行政府的反通货膨胀计划等，这就不可避免地要与私人股东的利润目标发生冲突，于是便发生了股东不愿继续投资而挖走企业利润的现象。当前在英国，这种现象还不严重，主要原因有两个：一是私有化后这些企业目前仍然保持着实际垄断地位，从而支持了高额利润；二是政府为了保护股东的利润，对一些企业如美国电话电报公司，在私有化之前就以扩大投资财源为理由抢先把价格涨上去，从而在短期内满足了股东的收入预期。然而，这些因素都只能在短期内起作用，如果竞争性市场结构形成，就会对企业产生压力；如果被限制的价格已不能满足股东的利润预期，企业的功能就会最终改变。所以，国有企业私有化后就会丧失对宏观经济的稳定作用，对于由此产生的经济影响应当有充分的估计。

4. 垄断行业私有化后所带来的效率问题。既然一些垄断行业的企业私有化后，仍不能真正解决垄断所带来的效率损失的问题，那么，私有化后如何形成竞争性市场结构，便成为至关重要的问题。引入竞争可以通过两种途径，一种是在私有化过程中对原有的垄断企业实行切块分割；另一种是在垄断企业之外建立新的竞争主体。在英国，他们根据自己的实践，感到前一种办法有困难，于是主要采取了后一种办法。在占垄断地位的英国电讯公司旁，又建立了一家名叫墨丘利（Mercury）的小公司，后者在前者尚在开发的新技术领域与之竞争，并且在一些地区与电讯公司同时在街头设电话亭，在服务质量上展开竞争。但目前这些竞争因素还十分微弱，电话业务领域实际竞争成分只有1%。为了真正打破垄断，英国政府对作为竞争因素引入的这些小公司采取了扶持的政策。例如，为了降低小电话公司的成本，强制规定小公司可使用原有大公司电缆设备，并由专门的机构对这种使用的付费标准作出规定。而小公司要想提高竞争能力，起到打破垄断的作用，就需要采用先进技术，如卫星通信等，通过进入新的特殊的领域占领市场。这种引入竞争、保护竞争的做法已经收到了一定的效果，但直到目前为止，事实上还没有根本扭转垄断影响效率的局面。总的看来，私有化必须辅之以积极的引导政策，才能使垄断企业的效率得到改善。

5. 私有化后企业的组织管理问题。这个问题对原来就生存于私人企业竞争环境之中的国有企业没有特殊的意义，但是对那些垄断性的大型国有企业来说却是不容忽视的。为使这些企业在私有化后与市场机制相适应，英国形成了一套由三种功能不同、但又互相制约的机构组成的调控系统，对私有化后的垄断企业的价格问题、竞争问题、效率问题等进行管理。（1）由政府工贸部进行管理，它颁发营业执照给私有化企业，执照包含有关定价、公众服务等附加条件。私有化前，部长可以直接命令企业经理干什么；私有化后，部长不能再这样做，因而才需要转换为这种方式。（2）成立特殊的调控机构，叫做公共代理机构，这种机构只是在垄断性行业中成立，每个行业成立一个机构，如电信事务所、供水事务所等。它们负责监督企业的营业执照规定条件的执行，并且履行促进竞争、处理消费者投诉等事项的责任。企业有定价权，但提价须经公共代理机构批准。这些机构是独立的非政府机构，但经费来源于政府，它们的成立由政府提出建议，议会批准。企业违背营业执照规定条件时，这类机构可向法院起诉。（3）成立垄断与兼并委员会。涉及有关改变营业执照规定条件的有争议的建议，由电信事务所一类公共代理机构提出咨询意见，交该委员会审议。

通过这样的机构，政府实际上形成了影响私有化以后的企业管理的准市场性质的组织机制。在目前，这样的组织机构具有反垄断的作用。但其总体经济效果如何，还很难做出评价。不过，在私有化后，以这样的机构向竞争性市场结构过渡的做法，对其他国家也是有一定借鉴意义的。

四、俄罗斯的“激进式”私有化改革

苏联解体后，以俄联邦总理盖达尔为首的激进改革派开始实施以“休克疗法”为特征的激进经济改革：完全放开物价，快速实施私有化，自由贸易，紧缩财政与信贷，实现本国货币与西方硬通货的自由兑换。其中，国有资产私有化是俄向市场经济转轨过程中的一个核心问题。俄联邦政府期望通过推行私有化，转变国民经济管理体制和运行机制，调整经济结构和产业结构，提高经济运行效率，形成广泛的私有者阶层，为建立有效的市场经济体制奠定基础。1991 年 7 月 3 日，俄罗斯最高苏维埃批准了《关于国家企业和地方企业私有化法》，该法确定了进行私有化的基本法律框架，规定要制定为期 3 年的国家私有化纲要。

俄罗斯在推动私有化的过程中，主要采取了以下几种方式：

1. 小私有化。即对小型企业实行出售或通过招标竞争进行拍卖。这类小企业主要是商店、餐馆、生活服务行业、公用事业、汽车运输业和小型工业企业。

2. 大私有化方式之一：现金私有化。对大型企业，俄联邦政府先将其改造成开放型的股份公司，然后出售股票。对中型企业，既可以拍卖，也可以实行股份制。政府对实行股份制的大私有化企业，根据对职工的优惠程度，规定了三种方案供职工选择。

3. 大私有化方式二：发放私有化证券。为了加速推行私有化，俄联邦政府决定从 1992 年 10 月 1 日开始，向每个俄罗斯居民发放面值为 1 万卢布的私有化证券，通过这种办法来改变所有制关系。每个俄罗斯公民，不分年龄、社会地位、收入水平等，都有权获得一张私有化证券。私有化证券的使用方式有以下几种：（1）企业职工可以用私有化证券以优惠的条件购买股票，也可以与其他公民一起平等地参加用证券购买股票的专门拍卖。（2）可以将私有化证券存入投资基金会的股金中。（3）可以将私有化证券出售给私人或非国家机构，直接获得现金。（4）可以赠送给亲属、朋友等。

1992 年是俄罗斯私有化进程真正起步的一年，截至 1996 年底，经过大私有化和小私有化，俄所有制结构发生了较大变化，共有 12.46 万个企业实现了私有化，占私有化之初国有企业总数的 60%，非国有经济成分的产出占国内生产总值的 72%，其中私有经济成分的产出占 28%。“激进式”私有化改革的进程并不顺利，经济形势急剧下滑。对此，俄政府制定的《1997—2000 年结构改革和经济增长中期纲要构想》中又强调：一是停止大规模的私有化，二是强调国家对大型国有企业的控制，并开始注意对国有资产的管理。

从俄罗斯私有化的实际进程来看，取得的成果与人们的期望值之间存在着巨大的反差，人民的不满孕育着深层的社会危机，暴露出来的一些问题相当严重。

(1) 工农业生产不仅未能达到所预期的稳定和提高，而且也未能有效地制止滑坡。私有化后的1996年与1990年相比，工业产值不到50%，机器制造业不到40%，轻工业不到30%，可见私有化所付出的代价是巨大的。(2) 私有化资金不足，无偿私有化没有带来积极效果。长期以来，苏联实行低工资、低价格政策，居民存款很少，只占国民生产总值的3%～4%。按放开前的价格计算，俄罗斯有15 000亿卢布的国有资产，居民能投入购买资产的最大货币量约有500亿～800亿卢布，只相当于国有资产价值的3%～5%。在私有化资金不足的情况下，无偿私有化的比例达到80%。由于缺乏工业投资和更新改造资本，许多工业部门在技术上继续处于落后状态。(3) 职工股份所有制将带来消极影响。在大私有化中，75%～80%的企业选择了职工和经理人员控股的方案。这种封闭型的股份制企业，对于外部投资者的吸引力不大，阻碍形成拥有大量外部投资的股份制企业和企业资本的流动，在激烈的市场竞争中仍缺乏活力。(4) 私有化证券的实际价值不断降低，并引发了其他不稳定因素。证券的票面价格当初是根据实行私有化财产的总数确定的，按照目前俄罗斯通货膨胀的程度，证券的价值应该相应上升到50万卢布的水平，而实际情况却是1万卢布的证券只有降低价格才能出手，使得人们的不满情绪与日俱增。不少暴发户趁机大量收购私有化证券购买企业，以达到控制国家经济命脉的目的。(5) 私有化的发展过程与政府管理脱节，造成违法乱纪案件激增，政府官员腐败问题十分严重。

俄罗斯激进的经济改革伴随着剧烈的政治动荡，改革可谓轰轰烈烈，可惜“雷声大，雨点小”，上层权力斗争煞是热闹，但经济改革效果不佳。官僚主义照样盛行，办事效率依然低下，经济及行政管理体制依然故我，没有丝毫变化。似乎改革只是国家领导人的私事，似乎是强制推行，强人所难。更为重要的是，改革没有使广大民众得到实惠，因此，改革也就得不到人们的理解、支持和拥护，改革的阻力也就更大。总之，俄罗斯的激进私有化改革引起了社会震荡、经济衰退，造成了普遍贫困和大批失业。国际劳工组织《1995年世界就业情况》的报告认为，改革遇到的重重困难已迫使东欧特别是俄罗斯采取更加循序渐进的变革方式。

最近，在1995—2000年间担任《华盛顿邮报》驻莫斯科记者站站长的大卫·霍夫曼撰写的《寡头：新俄罗斯的财富与权力》一书（中国社会科学出版社出版）中，揭示了俄罗斯一个暴富阶层崛起的社会背景。它真实地描述了私有化过程及其结果：一小撮“寡头”将财富与权力互为表里，财富带来权力，权力带来更多的财富，这就是俄罗斯激进改革的“显著”成果。书中的6大“寡头”，包括霍多尔科夫（尤科斯公司总裁）等4个巨富，及卢日科夫（原莫斯科市市长、其妻有 11 亿美元的资产)、丘拜斯（俄统一电力公司总裁）这两个政治强人。他们创业在戈尔巴乔夫时期，在叶利钦时期崛起。当时俄财政部向“寡头”低价发行债券，让他们获利 3 亿美元，他们拿出 1 亿美元支持叶利钦的竞选。到 20 世纪 90 年代后期，这些金融工业寡头基本成型，控制了国家的石油、冶金、电力和金融业，并在很大程度上控制了传媒从而操纵了舆论。正如前副总理盖达尔所说，在这些人影响力达到顶峰之时，甚至可以根据他们的意志更换政府总理！这些巨头只是这个群体的代表和代言人，实际上人数要大得多。现如今，俄罗斯经济精英中大约 70%以上的人是苏联时期的党政高官。而另一方面，12 年激进的自由主义经济改革，并未使绝大多数普通俄罗斯人的生活得到改善，并且也未能看到在不远的将来改善的迹象。现在，绝大多数俄罗斯民众认同市场经济，但同时也要求国家对经济和社会领域进行积极的干预，实施有利的社会保障制度。大多数居民赞成对“寡头”的非法所得实行国有化，但并不相信自己会得到好处。严重的社会不公正，今后将是俄罗斯社会紧张的重要根源。

当然，也要看到，俄罗斯近年来经济已经出现恢复性增长，而且在某种程度上“走出了衰退的泥潭”，1999 年俄罗斯国内生产总值比上一年增长 3.2%，达到44 760亿卢布，其中工业生产增长 8.1%，农业增长 2.4%，2001 年 GDP 增长 5.4%，2002 年上半年 GDP 增长 3.8%，这些情况值得人们注意。

第二节　国有企业股份制改革的方向不容动摇

一、公有制实现形式多样化理论与公司制改革

经过 10 年来的国有企业公司制改革，我国在调整所有制结构、转换国有企业经营机制等方面取得了巨大的成就，这是有目共睹的。然而，在理论界，对国有企业公司制改革的探索、对公有制与市场经济的兼容，仍有不少的怀疑，还有许多问题有待讨论。在这里，就一些有影响的基本理论问题谈一些看法。

我国的股份制改革起始于 1985 年。党的十三大提出国有企业可以搞股份制改革试点；党的十四届三中全会指出，实行公司制是国有企业建立现代企业制度的有益探索；党的十五大明确了国有大中型企业改革的方向是“进行规范的公司制改革”，其理论基础就是关于公有制实现形式多样化的理论。

江泽民在党的十五大报告中指出：公有制实现形式可以而且应当多样化。一些反映社会化生产规律的经营方式和组织形式都可以利用。要努力寻找能够极大促进生产力发展的公有制实现形式。股份制是现代企业的一种资本组织形式，有

利于所有权和经营权的分离，有利于提高企业和资本的运作效率，资本主义可以用，社会主义也可以用。不能笼统地说股份制是公有还是私有，关键看控股权掌握在谁手中。国家和集体控股，具有明显的公有性，有利于扩大公有资本的支配范围，增强公有制的主体作用。这是我党对社会主义公有制理论的又一重大突破，是一次新的思想解放。

所有制是马克思提出的一个重要的经济范畴，是指生产资料归谁所有的经济制度，是生产关系的基础与核心。在现代社会中，所有制的法律形态是所有权，所以，也可以将所有制看做是所有权在生产过程中的具体体现。

所谓所有制的实现形式，就是包括公有财产和私有财产在内的企业资本组合形式，它可以通过注册登记的企业性质表现出来。在资本主义社会，私有制的实现形式是多样的。根据企业的法规，有四种基本形式：私人业主制、合伙制、公司制和合作制。其中，现代公司制是与生产社会化相适应的最先进的企业制度，世界上所有的大企业几乎都采取了公司制，它们是现代市场经济的真正主宰。公司制的优越性在于：它具有极强的资本扩张力，不仅可以通过发行股票瞬间筹集巨额资金，还可以通过控股形式控制许多的子公司；它具有产权明晰的法人制度和有限责任制度，实现了出资者所有权与法人财产权的分离。

国有企业改革最终选择了股份制，是因为它是迄今为止最先进的企业组织形式，能促进国有企业转换经营机制和提高企业经济效益。

1. 国有企业股份制改革有利于筹集社会资金，改变企业资本结构。企业要取得规模经济效应，必须有巨额的初始投资，而股份制正好能适应这一要求。当然，通过股份制募集资本进而蓄造规模优势的做法，必须体现效率原则，即资本总是从效率低的公司流向效率高的公司。因为在稀缺的资本资源存量既定的情况下，决定各公司扩张空间的惟一尺度只能是效率。在市场经济中，这一效率原则是由投资者预期（在新成立股份公司时）和市场竞争，包括破产、兼并制度（在公司成立后的实际运作中）来评价的。

从理论上说，国有经济的最大优势在于能够集中社会资本进行重点建设，这是股份制企业所无法比拟的。然而，现实并非完全如此。由于“条块分割”管理体制的影响，几万亿元的国有资产被几十万个国有企业所分解，真正上规模的大型企业为数并不多。同时，由于国家财力有限，国家难以向国有企业注入更多的资金。这就出现了许多国有企业规模偏小和资金不足的问题。在国有资产管理局调查的12.4万户国有企业中，平均资产负债率为74.3%。因此，通过股份制改革来筹集资金和实现企业改组，无疑是国有企业解决资金短缺和追求规模效益的一条有效途径。

同时，国有企业股份制改革也使企业产权结构发生了重大变革。它变国家独资企业为国家控股或参股的公司，这将使多种经济成分的社会并存浓缩为企业内部并存。这不仅有利于政企职能的分离和国有企业经营机制的转换，也有利于进一步增强国有经济的主导地位和国家宏观经济调控的力量。

2. 国有企业股份制改革有利于两权分离、政企分开。从股份制现实发展历程看，其治理机制沿着经理阶层日益掌握重大决策权力的方向演变，以至于在现今资本主义社会，特别是美国的股份公司中，发生了"经理革命"。这种进程的深刻背景是股权的高度分散、频繁转移和交叉持股。我国在国有企业的改革过程中，反复强调落实企业自主权，使企业成为自主经营、自负盈亏的市场主体和法人实体，但效果却一直不很理想，国有企业的经济效益不断下滑。为什么企业自主权不能真正落实？关键在于其单一的股权结构。众所周知，股份制企业法人地位的取得，是股权分散化、社会化的必然结果，而国有企业的产权结构却与私人独资企业极为相似，是"一人公司"，所以，政府部门对企业的干预就是顺理成章的了。

而股份制改革后，企业的股权结构发生了改变，由一元结构转变为多元结构，这就自然要求确立企业的法人地位，完善公司治理结构。当然，公司法人制度的确立和两权分离的程度，与公司的股权分散程度是成正比的。目前一些国有企业股份制改革后，政府主管部门还在通过控股权干预企业活动，这是同国家股比例过大密切相关的。随着国有股持股比例的减少，政企分离的问题就会逐步解决。

还应当指出，国有企业的股份制改革不仅是企业本身的改革，它还会促进政府职能的转变，特别是国有资产管理体制的转变。随着公司制改革的深化，要求政府对国有资产由实物管理转向价值管理，由行业部门分割管理转向由统一的专司国有资产管理的部门来管理。譬如，深圳市政府就建立了国有资产管理委员会，由市人大常委会领导，专门负责国有资产的运营。这样，由于实现了"政资分离"，促进了两权分离、政企分开。

3. 国有企业股份制改革有利于降低交易成本，促进国有资产流动。产权与制度经济学的研究表明，制度变迁之所以发生，是因为新制度安排较之旧制度安排更经济。这种经济性或者表现为提高了产出水平，或者表现为降低了运行成本，或者两者兼备。股份制不仅具备前述蓄造规模优势、提高产出水平的功能，还具有降低交易成本的功能。股份制降低交易成本的功能表现在以下两个方面：（1）股份制促进了资本集中的进程，包括扩大企业规模、多元化经营、经济一体化等扩张行为，不仅促进了企业自身效率的提高，更表现为社会经济制度运行成本的降低；（2）股份制的规范化、法制化的破产、兼并制度，以及发育成熟的证券、产权交易市场，为有关当事人提供了足够有力的信息支持，也使得交易成本下降和交易操作相对简单化。这一点也非常值得我们关注。

由于股份制能够降低交易成本，因而可以促进社会资本存量的优化配置。在资本存量既定时，存量结构的不断优化配置，会使得整个经济的宏观效率始终保持提高的态势。而优化存量结构的最重要途径，是资本流动。但在现实生活中，由于资产专用性等诸多限制，资本流动往往并不表现为把某一公司肢解，而是更多地采取整体兼并与合并的做法。衍生于股份制的产权和证券交易市场，则为此提供了便利而必要的条件。

二、国有企业股份制改革不是搞私有化

什么是私有化？理论界有不同的认识。“私有化”的概念，是西方学者首先使用的，他们主要是指“非国有化”过程中把国有企业转化为私人企业或非国家控股的股份公司。私有化的相对标准的定义，主要包含出售资产，其中包括出售部分资产。但是，它也包括签订合同以及将服务和其他活动承包出去，包括对大的资产投资项目实行日益流行的建造——运行——移交（BOT）的方式。[①] 按照这一定义，不仅资产所有权从共有部门的私有部门的转移是私有化，而且控制权和收益权的转移也是私有化。简言之，一切与“非国有化”运动有关的做法，都是私有化。

对私有化的这一看法能否用于我国的国有企业改革呢？当然不能。因为这一定义的理论前提，是面对以私有制为基础的资本主义制度，而没有涉及以公有制为基础的社会主义制度。它只注重了微观分析，没有注重宏观分析；只注重了企业产权制度的分析，没有注重社会经济制度的分析。有关资料表明，英国经过“轰轰烈烈”的私有化运动，到 90 年代初，国有化企业在英国国内生产总值中的比重，已从 1979 年的 10.5% 下降到 6.5% 左右。英国在所谓的“私有化”之前，早就是真正的“私有化”了。

如果从社会主义和资本主义经济制度的根本区别——所有制结构出发，那么，所谓“私有化”的含义，就不仅仅指某些国有企业产权和控制权向私人部门的转让，而是要改变整个社会的以公有制为主体的经济制度——就像苏联的“私有化”进程那样。这就如同“工业化”是指工业代替农业在国民经济中居主要地位，“市场化”是指市场机制代替计划机制在资源配置中居主要地位一样。从这

---

① 参见吴易风：《当前经济理论界的意见分歧》，149 页，北京，中国经济科学出版社，2000。

个意义上说，只有苏联及东欧国家的剧变才称得上是真正意义上的“私有化”，否则的话，如果我们将部分国有中小企业卖掉就叫做搞“私有化”，那么，如果把收回的资金又用于建立一个新的国有企业，就应该叫做搞“公有化”，这岂不是要把人们的思想搞乱吗？

因此，我们不能简单地借用西方学者关于私有化的解释，来理解我党自改革开放以来反复郑重宣告的“绝不搞私有化”的诺言。我国绝不搞私有化的正确含义，是说我们绝不会放弃以公有制为主体、多种所有制经济共同发展的社会主义基本经济制度，放弃国有经济对国民经济的主导作用。在公有制为主体的前提下，即使在数量上适当减少国有经济的比重，也不能叫做私有化。否则，一方面说坚持公有制为主体，另一方面又说在搞私有化，这岂不是自相矛盾？正如党的十五大报告指出的：只要坚持公有制为主体，国家控制国民经济命脉，国有经济的控制力和竞争力得到增强，在这个前提下，国有经济比重减少一些，不会影响我国的社会主义性质。

从这一定义出发，我们可以明确地说，国有企业的股份制改革绝不是搞私有化，而是要提高国有经济的整体素质，更好地发挥其主导作用。同时，我们还应注意，我国的股份制改革同西方国家及苏联和东欧国家的“私有化”有两点根本区别：（1）在我国的规范的股份公司中，大都是由国家控股的。例如，在1 000多家上市公司中，国家持股在60％以上的约占2/3，使国有经济的控制力进一步增强。当前人们所应当关心的，不是股份制改革如何削弱了国有经济的地位，而是如何减持国有股份，使股份公司更加规范地运作。（2）我国国有企业的股份制改革，主要是通过向社会募集资金或向社会有偿转让国有股份实现的，而且，国有资产基本是平价折成股份，老百姓却要高溢价申购原始股，这同苏联采取的80％无偿私有化有着天壤之别。所以，从个别企业看，可能有的国有企业转变成了私人企业，但从社会角度看，国有资产并没有减少。

三、国有企业股份制改革有利于产权明晰

（一）国有企业与公司制企业的比较

国有企业股份制改革有利于明晰企业的产权关系。股份制企业的产权关系是清晰的还是模糊的，理论界有不同的看法。一些学者认为，股份制改革有利于明晰产权关系，促进政企职责分离；有的学者则认为，国有企业同股份公司一样，都存在着两层委托代理关系，其产权关系更加不明晰。

让我们先将国有企业与股份公司的产权关系做如下对比（见图13—1）：

表面看来，两种企业制度的委托代理关系十分相似，但仔细分析，二者的区

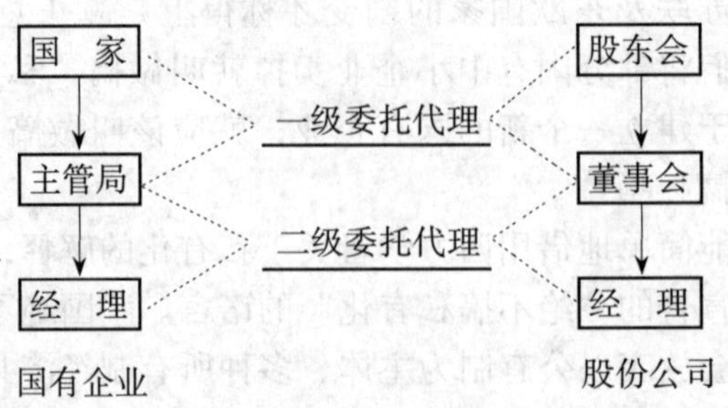

图 13—1　国有企业与股份公司的产权关系

别还是明显的。

1. 比较第一级代理关系。在国有企业中，其所有者是国家或全国人民，代理者是企业主管局。由于国有资产数额巨大，在国家与主管局之间实际上还要有几层派生的委托代理关系，如国家→国务院→省政府→地市级政府→县级政府→主管局。由于代理的层次多，再加上“条块分割”，使得代理成本很高，因为每一级政府的国有资产管理部门都要有众多的官员和高级办公设备。又由于国有资产的终极所有者“国家”或“人民”过于抽象，难以对其代理人——各级政府官员进行有效的监督，只能靠各级政府的严格自律。而政府官员，包括高级政府官员，也只是财产的代理者，并非是所有者，这必然使得代理风险增加。世界各国的国有资产都不同程度地存在流失严重的问题，与难以实行有效的监督密切相关。相比之下，股份公司的第一级委托代理关系要简单得多，代理成本与代理风险也要小得多；尽管在股权分散后也存在监管不力的问题，但股东的个人利益毕竟是明确的，他们总是要尽量去“关心”自己的企业，迫不得已时，还可以通过“以脚投票”的办法将股票卖掉。

2. 再来比较第二级代理关系。在国有企业中，主管局作为企业惟一的投资者即国家的受托人，负责选拔经营者并对其进行监督。这里的单一产权结构，类似于私人独资企业，主管局对企业经营者握有“生杀大权”，企业对上级只能唯命是从，这正是政企难分、政府对企业干预过多的根源。但与独资企业不同的是，主管局并非是企业的所有者，政府官员并不拥有对企业资产的剩余索取权，而只能得到固定的工资和数额不大的奖金。由于政府官员的目标函数同其委托者（“国家”或“全民”）并不完全一致，因而主管局对企业的监督就会大打折扣，甚至出现主管局与经营者“合谋”的问题。例如，经营者可能会用企业的资金对主管局行贿，主管局为此而出现“权钱交易”和“逆向选择”。总之，政企不分、行贿合谋、运转不灵等问题，都与这种特殊的代理关系有关。相比之下，股权分散的股份公司却出现了“经理革命”，即董事会在地位上高于经理人员，而公司的实际控制权却掌握在经理手中。这里所要解决的主要是经理人员的“道德风险”问题，而不是两权如何分离的问题。

以上分析表明，国有企业与股份公司的两层委托代理关系，实际上只是貌合神离，它们是两种根本不同的企业制度：一个是股权可以高度分散，以致出现“权力真空”；另一个则是股权集中于一个法人，类似于传统的私人业主制。无论从理论上还是从实践上看，公司制是现代企业制度的典型形式，坚持股份制改革是国有企业改革的唯一正确选择。

（二）公司制改革有利于明晰产权关系

从股份制现实发展历程看，其治理机制沿着经理阶层日益掌握重大决策权力的方向演变，以致发生了“经理革命”。这种进程的深刻背景是：股权的高度分散；机构投资者成为公司的大股东，而投资机构背后又是成千上万的投资者；高效的证券市场和频繁的股权转移；复杂的公司间的交叉持股，等等。国内有些学者基于这一认识，认为当今西方发达国家股份制中产权模糊了，有的学者甚至认为所有权或财产权不再是重要的了，认为西方发达国家股份公司的效率源泉在于这种治理机制中的经理阶层，与之相反，我国国有企业的产权关系是非常明晰的，宪法中明确规定企业的财产归国家所有。据此，有些人一反国有企业股份制改革和明晰产权关系的思路，提出了新的政策建议，即通过塑造竞争性经营环境和硬化预算约束来提高国有企业效率。

我们对此有不同看法。股份制的精美之处正在于它能保证在产权多次转移和交叉持股的前提下，仍能保持产权的明晰性，从而保证了激励与约束的效率。实行股份制的根本目的，正在于以一个一贯的标准对各方的权利和责任进行动态的不断的界定。也就是说，股份制的核心始终是把各方权责搞清楚，而不是搞混沌。现代会计簿记技术足以保证我们经过有限次运算就能找到某一笔资本的最终所有人。实际上，无论“经理革命”发展到何等地步，股东始终严格控制着剩余索取权和最终控制权。试想，如果“一定资产究竟在增值、扩张着谁的利益”这一问题都是一片混沌的话，竞争的原动力何来？因此，我们宁可说，“经理革命”是依赖于产权明晰这一制度基础设定的制度变迁路径而发生的，而不是对产权明晰的背离。

前面已对传统国有企业产权关系不清晰的问题进行了分析，指出其症结在于“条块分割”的管理体制使责任主体变得模糊了。股份制改革后，要求将经营权交给“经理阶层”，彻底实行政企职责分离；要求政府对国有资产由实物管理转向价值管理，由部门分割管理转向由统一的专司国有资产管理的部门进行管理。

这不仅有利于解决政资不分、政企不分的弊端，也有利于明确和强化国有资产管理和经营机构的责任。

第三节 进一步深化国有企业的公司制改革

一、国有企业公司制改革的成就与问题

（一）国有企业公司制改革取得的成就

中国国有企业改革较快地找到了股份制的方向是十分幸运的，它使我们少走了许多弯路。在短短的十几年间，我国企业的公司制改革取得了举世瞩目的成就。具体可概括为以下几个方面：

1. 通过公司制改革，转换了企业经营机制，提高了经济效益。调查统计资料表明，进行比较规范的股份制改革的2 000多家国有大中型企业，都初步建立了法人治理制度，政企职责进一步分开，科学管理制度开始形成，企业活力得到增强。其中，80%以上的企业经济效益有了明显提高，绝大多数企业的职工和经营者对股份制改革抱有信心。特别是股票已经上市交易的千家股份公司（70%以上为国家控股），其各项经济指标明显高于其他国有企业。

2. 公司制改革带动了我国证券市场的发展。至1999年底，共为国有企业改革筹集了4 200多亿元资金，投资者开户数已超过5 580万户，10家基金管理公司管理着31只规范后的证券投资基金，提高了我国居民的投资意识和总体素质。至2000年11月底，我国境内上市公司总数（A股和B股）达1 063家，上市公司的市值总额已经超过46 000亿元人民币，约占国民生产总值的一半。

3. 公司制改革促进了我国经济立法和监管体系的进展。以我国《公司法》、《证券法》为核心的几十个同公司制改革有关的法规的颁布实施，为公司制改革和证券市场的发展构建起了基本的市场制度体系。同时，以证监会为核心的证券监管体系也初步建立，对公司制的规范改革、金融风险防范和保护投资者利益，发挥了重要的作用。

（二）国有企业公司制改革中存在的问题

在肯定国有企业公司制改革成绩的同时，也应清醒地认识到这一改革的艰巨性，冷静地面对改革中的问题。因为在公有制基础上组建股份制，并使之与市场机制相结合，毕竟在中国是史无前例的创举，遇到再多的矛盾与困难也是可以理解的。

1. 国有资产产权主体“虚设”的问题并未从根本上解决。国有资产在运营

中存在着两种委托代理关系，一是政府各部门代表国家或人民掌管国有资产，二是国有企业负责国有资产的运营。过去，人们把注意力着重放在政企分开的第二级代理关系上，而对国有经济缺乏明确的“老板”的老大难问题却重视不够。具体而言，国有资产所有者到底由哪个部门、哪个人去代表并不清楚，“管人管事管资产”仍未能统一起来，而是由经贸委、财政部、人事部、国资局等部门分头管理。现实的状况是：一方面国有企业受到许多部门的行政干预，另一方面又没有一个部门、一个人对国有资产的盈亏真正负责。

2. 股权结构不合理，股权呆滞，制约了企业经营机制的转换。如果比较一下美国、日本、中国香港和中国内地的股份制企业的股权结构，就会发现，它们的股权多元化、分散化程度是依次降低的，与此相适应，两权分离的程度也是依次减弱的。在中国的股份公司中，国家股“一锤定音”、“一股独放”的现象十分普遍，国家股完全控制了股东会、董事会和总经理，形成了“民主代议制”的格局，企业仍带有明显的行政色彩。同时，国家股的流通问题仍是难解之谜。

3. 公司内部的治理结构不完善，机构设置混乱，激励约束机制不健全。在国有企业公司制改革中，出现了股东会、董事会、监事会这“新三会”与党委会、工会、职代会这“老三会”并列的格局。机构之间权责不明，互相掣肘，增加了企业内部的管理成本和协调成本。同时，对经营者缺乏有效的激励和约束，业绩突出者，得不到应有的奖励；尸位素餐者，得不到应有的惩罚和淘汰。

4. 国有企业负债率过高、冗员过多、社会负担过重等问题未能得到解决。到 1998 年底，国有大中型企业平均负债率为 65.3%，高出警戒线十几个百分点，如果将企业不良资产考虑进去，这一比率还要高。从企业目前的盈利水平看，基本无力偿还如此巨额的债务。国有企业冗员逐年上升，已达 10%左右，其工资福利待遇支付占去了企业 1/4 的利润。企业办医院、幼儿园、学校和盖职工宿舍等担负社会职能的问题，也有待解决。

5. 政府职能转变滞后，一些政府部门仍习惯于沿袭过去的行政手段管理公司制企业，特别是在经营者选聘、资产重组、重大投资等方面，常常直接对企业进行干预，而政府本应负责的宏观管理、社会服务、社会保障等职能却没有做好，这真是“抢种了别人的田，荒废了自己的地”。

二、深化国有企业公司制改革的措施

面对国有企业公司制改革中出现的问题，一些人对公司制改革产生了怀疑。他们对国有企业公司制改革的指责，是从两个完全对立的角度出发的：一方面，有些人由此否定公司制改革的必要性，认为只要加强管理，就可以解决国有企业的问题，而公司制改革只能使问题复杂化。另一方面，有些人对国有企业改革失去信心，认为除少数特殊行业保留国有企业外，大部分国有企业只有私有化或民营化才能搞好。我认为，这两种观点都是不可取的。中国和苏联及东欧国家的实践已然证明，国有企业不改革、不转换经营机制，是没有出路的；对庞大的国有企业进行所谓激进式的"休克疗法"，也是不成功的。我国公司制改革中的问题，是前进中的问题，通过深化改革是可以解决的。根据党的十五届四中全会的精神，当前主要应当解决以下一些问题。

1. 要积极探索国有资产管理和监督的有效形式，为国有资产找到真正的"当家人"。党的十五届四中全会指出：要按照国家所有、分级管理、授权经营、分工监管的原则，逐步建立国有资产管理、监督、营运体系和机制，建立健全严格的责任制度。依照国外和我国一些地方的经验，可以设想在人大常委会或国务院层次上设立国有资产管理委员会，专管国有资产运营，实行"政资分离"；然后是建立严格的层层授权经营制度，使每一个代理环节都有明确的负责人，都有明确的资产保值增值责任。这里的关键，是要保证国有资产的代理人真正到位，使之人格化、自然人化，使国有资产有一个明确的"老板"。同时，要进一步完善国家对国有或国家控股企业的监督制度，特别是要加强对重点大型企业的有效监督，完善公司的治理结构。

2. 调整股权结构，推进股权多元化和适度分散化。现代企业的产权制度，除了产权明晰外，还应包括产权结构合理和产权的自由流动。应当说，产权的适度多元化和分散化，是健全法人制度的必要前提。根据党的十五届四中全会精神，除国防工业、支柱产业、高新技术产业、自然垄断、重要公共产品和服务行业需要国家控制外，其他行业只需集中力量、加强重点。而且，在国家控股的公司中，控股比例也可以降低，一般达到30%～40%即可，这将有利于企业机制的真正转变。同时，还应积极探索国家股流动的方式。

3. 试行"债转股"，减轻国有企业的债务负担。最近，国家决定成立信达、华融、长城、东方四家金融管理公司，实施债权转股权的方案，对一些基础条件较好、负债率较高的国有企业实行"阶段性持股"，将银行对企业的债权转变为金融管理公司的股权。"债转股"有利于减轻企业的负担，也有利于调整企业的股本结构，从而有利于企业进一步实行公司制改革。但"债转股"实际上只是政府对企业的一次"输血"，是"最后一次晚餐"，而不是包治百病的灵丹妙药，关键还要靠企业自身经营机制的转变。

4. 做好下岗分流、减员增效和再就业以及社会保障工作。鼓励有条件的国有企业实行主辅分离、转岗分流，安置富余人员，减轻社会就业压力。要规范职工下岗程序，认真办好企业再就业服务中心，切实做好下岗职工基本生活保障工作，维护社会稳定。要大力做好再就业工作，广开就业门路，增加就业岗位。同时，要加快社会保障体系建设。

5. 加快国有企业技术进步和产业升级。国有经济在国民经济中的重要地位，决定了国有企业必须在技术进步和产业升级中走在前列，积极拓展新的发展空间，发挥关键性作用。国有企业要在电子信息、生物工程、新能源、新材料、航空航天、环境保护等新兴产业和高技术产业占据重要地位，掌握核心技术，占领技术制高点，发挥主导作用。

6. 建设高素质的经营管理者队伍，对经营者试行年薪制和股票期权。为了激励经营者努力工作，需要将经营者的收入同企业经营业绩挂钩，实行年薪制和股票期权是一种有效的形式。所谓股票期权，实际上是企业资产所有者对企业经营者实行的一种薪酬制度，即经理人员享有在约定的期限内以某一预先确定的价格购买一定数量本企业股票的权利。如果该公司经营业绩优良，股票价格届时上涨，经营者在他认为合适的价位上抛出股票，就可获得差价利润；反之，如果股票价格下跌，股票期权就分文不值。可见，股票期权制度可以将经理人员同企业的长远利益紧密地联系起来，促进企业效益的提高。

三、国有股减持与公司治理结构的完善

（一）国有股减持的必要性

我国的1 000多家上市公司中的绝大多数是由国有企业改制而来的，上市公司未进行实质性改制是非常普遍的现象，这就影响了公司治理结构的完善和经营效益的提高。其中的主要原因是，在大多数上市公司中，国有股权高度集中而且不可流通，可流通的社会公众股只占很小的比重。据统计，截至2000年底，我国上市公司的全部股份中，尚未流通股份（包括发起人股份、募集法人股、内部职工股）共计2 264.23亿股，占总股份的63.57%，可流通股份仅占总股本的36.43%。尚未流通的股份以国家股和国有法人股为主，共计占总股本的61%左右。

这种股权结构不利于现代企业制度的建立，也不利于证券市场的发展。主要表现在以下几个方面：

1. 股东大会作用弱化，政企职责难分，中小股东利益难以保护。按照公司制民主管理的原则，股东之间的权利应是平等的，但如果大股东持股比例过高，便可能出现大股东欺压中小股东的现象。因此，各国的公司法和证券法都规定，对大股东的持股比例要有一定的限制。如我国《证券法》第79条和第81条规

定，投资者持有一个上市公司已发行的股份的5%时，就应发布公告；持股达30%时，继续进行收购的，应当依法向该上市公司所有股东发出收购要约。而我国很多上市公司是由原国有企业将债务和不良资产剥离后组建上市的，原企业改为集团公司，类似于单纯控股的“空壳”，它们所持的国有股一般要占上市公司总股本的70%以上。结果，股东大会成了控股的集团公司的“独角戏”，其他股东的利益无法得到保障。

例如，2000年，上市公司厦华电子和粤宏远的控股大股东，要求上市公司分别用3.2亿元和6.6亿元的巨额资金收购“厦华”和“宏远”的商标所有权就是很好的例证。其中，厦华电子2000年的年报显示，该公司全年现金流入量为26亿元，流出量为25.1亿元，净现金流量只有0.9亿元，哪里有钱去巨额收购其控股公司的商标权呢？原来，该公司在9月22日刚刚向股东实行每10股配5股、配股价为11.88元的配股方案，按总股本3.2亿股计算，可获约19亿元的配股款，其中的1/3要被大股东“圈”走。紧接着，2001年1月9日，厦华电子公司发布了上年度的预亏公告。这种大股东肆意盘剥小股东利益的“圈钱”行为屡见不鲜，广大投资者怨声载道。

2. 董事会受到国家股大股东的控制，法人财产权难以落实，政府干预不可避免。由于在股东大会上国有股拥有一票否决权，实际上，董事会和监事会成员的选聘完全由原企业主管部门决定，形成了一种“政府主管部门→股东大会→董事会”层层控制的“民主代议制”的格局，董事会成了主管部门的代言人。由于经理人员是由董事会任命的，所以这种产权结构根本不可能出现“经理革命”。

3. 监事会的作用极为有限。我国采取的是单层董事会制度，它直接对股东大会负责，与董事会平行的监事会仅有部分监督权，这种权力不像德国那样有制度的保障。同时，监事会的主要成员仍然是由国有大股东选聘的，他们与董事有着密不可分的联系，这更影响了监事会作用的发挥。

因此，规范上市公司的治理结构，根本措施就是改变公司的股权结构，减持国家股的比例。减持国家股是落实有进有退的国有经济布局战略性调整的必然措施，是对国家股流通问题的有益探索。这有利于提高上市公司资产的整体流动性和促进资产重组。据对沪、深两市的公司股本结构与公司效益的统计分析表明：国有股比重越高的公司，效益越差；公众股比重越高的公司，效益越好。所以，国有股的减持还有利于提高上市公司的总体效益。

（二）国有股份减持的途径探讨

在实施国有股减持的方案中，有三个问题至关重要：（1）国有股减持的通道选择的实质也就是国有资产的流通渠道的开通，它应以股市的稳定为前提；（2）

国有股转让的价格决定影响到国家、社会公众股股东和其他投资者的权利平等与利益分配；（3）国有股转让所得资金的分配与运用涉及中央与地方的利益问题。财政部某负责人声称，最初的国家股减持所得资金，将全部用于建立社会保障基金，这些基金的很大部分又会进入股市，所以不会对股市造成“抽血”，同时又可以完善公司治理结构，因而这是“利好”，而不是“利空”。

目前，我国上市公司国家股减持的具体做法有三种：（1）国家对国有股进行回购，然后注销。如上市公司云天化回购其控股集团所持该公司的国有法人股4.68亿股中的2亿股，占公司总股本的35.20%。回购价格为2.83元，到2000年11月4日止。回购后，该公司总股本由5.68亿股减少到3.68亿股，云天化集团所持股份2.68亿股，占总股本的72.80%。这种做法比较简单，但问题是会使公司总股本减少。（2）国家股按一定比例和一定价格向本公司的社会公众股配售，如上海陆家嘴、重庆嘉陵和黔轮胎等。这种做法的难点是配售价格的确定，处理好双方的利益关系。（3）向社会公众直接出售国有股份，但这里的价格更难确定，因为它涉及国家、其他股东和社会投资者三方的利益关系。

这里主要对已进行的国家股配售的方式进行分析。1999年12月14日，在10家国家股配售试点企业中，中国嘉陵（600877）和黔轮胎（000589）成为幸运儿。嘉陵向老股东定向配售1亿股国家股，但截至最后一个缴款日，有18%的配售额被放弃，而且不需要任何条件就可以配售的投资基金也放弃配股，1 081万股只能由华夏证券包销，需资金8 100万元。黔轮胎1 700余万股只认购了76.41%，403.45万股的配售余额只能由长城证券包销。配售期间，两股股价阴跌不止，中国嘉陵从12月4日的7.86元跌至12月28日的4.99元，仅比配售价高0.49元，跌幅达31%。究其原因，是配售价定得过高。

开始时宣称，这次配售价格在每股净资产值之上，在市盈率10倍之下，股民对配售概念热情很高。但由于国有股持有者只考虑自己的利益，而不照顾广大股民的利益，使得配售价定得过高。以黔轮胎的配售为例，该股的盈利水平是按前3年的平均数计算的，即每股为0.48元［（0.8+0.38+0.26）/3］，配售价为每股4.8元（0.48元×10）。这里有几点疑问：（1）1996年每股盈利0.8元，后经每10股送6股、转赠股计算，利润已被摊薄为每股0.47元，如此计算，3年平均盈利应为0.37元，配售价为3.7元较为合理。（2）市盈率只表示过去的经营状况，而不表示当年的现实。从该企业的发展趋势看，盈利水平逐年下降，应当科学地确定当年每股盈利，不应当简单地以前3年为基数。（3）据测算，国家股在上市时是按每股1元～1.54元折算的，而社会公众却要按6元～12元的价格申购原始股，这已经不公平；国家再以较高的价格向社会公众股股东配售，显然更加不合理。所以，如何合理定价值得进一步研究。

2001年6月12日，国务院正式发布《减持国有股筹集社会保障资金管理暂行办法》，引起社会的广泛关注。但此办法对最敏感的减持国有股的定价问题，没有明确规定。7月23日，华纺股份、烽火通信、江淮汽车和北生药业四家公司，成为减持"先锋"。它们都采取了发新股与国有股减持按同一价格同步进行的模式，二者比例为10:1。当天，沪深股市狂跌，可见，广大投资者对这一模式持否定态度，怀有恐慌心理。主要的问题是：（1）国有股减持的定价不合理，国家股以低价认购，高价出售，明显不公平；（2）国有股减持与发新股或增发"捆绑"起来，对市场资金"抽血"的影响很大。因此，市场的过激反应是完全可以理解的。管理层应能认真总结经验，及时进行政策调整（见表13—1）。

表13—1　　四家公司新股发行与国有股减持情况　　单位：万股、元/股

公司名称	新股发行量	国有股存量发行	发行合计	发行价
北生药业	4 120	412	4 532	9.60
江淮汽车	8 000	800	8 800	9.90
烽火通信	8 000	800	8 800	21.90
华纺股份	8 500	850	9 350	5.92

四、解决股权分置与完善上市公司治理结构

在国有企业的股份制改革之初，在特定的历史条件下做出了特殊的路径选择，使得中国股市逐步形成了一种"非均衡二元结构"的格局：一方是持股成本低、具有绝对控股权、股份不能流通的国有股；另一方是持股成本高、处于依附地位、股份可以流通的社会公众股。这种"二元结构"也就是股权分置的问题，已成为完善上市公司治理机制的最大阻力，是中国股市健康发展的主要障碍。

2004年2月1日发布的《国务院关于推进资本市场改革开放和稳定发展的若干意见》中指出：要"积极稳妥解决股权分置问题"，"稳步解决上市公司股份中尚不能上市流通问题。在解决这一问题时要尊重市场规律，有利于市场的稳定和发展，切实保护投资者特别是公众投资者的合法权益。"这里就股权分置的弊端及其改革进行分析。[①]

（一）国有股的"低成本"使得股东之间利益严重失衡

在中国股市建立之初，国有企业股份制改革是否是"私有化"的问题尚未解

① 徐茂魁：《"二元结构"的中国股市如何涅槃》，载《教学与研究》，2004（4）。

决。为了解除一些人的疑虑，争取改革的时间，决策层做出了国有股绝对控股并不可流通的规定，以确保改革后的公有经济性质。由于国有股不具有流通性，其折股成本较低也就顺理成章了。这种“权利”与“利益”的交换表面看来十分合理，但其结果却酿成了中国股市“二元结构”的基本格局，埋伏下了“同股不同价”的严重弊端。

根据国家体改委1994年11月3日发布并实行的《股份有限公司国有股权管理暂行办法》第12条规定：“国有资产严禁低估作价折股，一般应以评估确认净资产折为国有股的股本；如不全部折股，则折股方案须与发行价格一并考虑，但折股比率（国有股股本/发行前国有净资产）不得低于65%。”这说明国有净资产最高折股价为1.54元，向社会发行的股票只能高于而不能低于国有股的净资产价值。据统计，1996年至今，以国有股为主的非流通股的折股价格仅为1.12元，而流通股股票发行的平均价格却高达8.0元左右。例如，根据中国证监会提供的资料计算，在2000～2002年间，上市公司新股的平均发行价分别为8.31元、8.60元和5.08元，平均配股价分别为9.27元、10.13元和8.93元。持股成本的巨大落差造成股东之间的利益严重失衡。[①]

1.“同股不同价”造成了非流通股在数量上与比例上的过度膨胀。通过股票发行这一环节，非流通股股东不但侵蚀了流通股股东的巨额资产，而且还在市场上形成了大量的股本泡沫，并进而形成与放大了上市公司中的“一股独大”与“一股独霸”现象。[②]

2.“同股不同价”导致两部分股东的投资成本核算出现质的差异。在股票高溢价发行之后，国有股所拥有的净资产立即大幅增长，可获取巨额的“创业利润”。而流通股股东用8元左右购买的原始股股票，其所含的净资产值一下子缩水到2元多，使其利益受损、风险增加。广大投资者是否真正意识到，为什么许多股票会很快跌破了发行价和配股价，其根本原因就在于其内在价值——每股净资产值——从一开始就被大大地缩水了。

3.“同股不同价”还会造成在股息分配上的不公平。由于非流通股的过度膨胀，根据“同股同权、同股同利”的原则，它们也必然是股息分配的最大受益者。目前，我国上市公司的分红方案多数以送股或公积金转增为主，其结果是非流通股的比例得到同步的扩张。现在人们希望公司能有更多的现金分红，但结果同样对非流通股有利。我们以由民营资本控股的用友软件公司为例，其总股本为

---

① 韩志国：《全流通：决定命运的制度性跨越》，载《上海证券报》，2003（6）。

② 同上。

1亿股，流通股为2 500万股，非流通股为7 500万股，股票发行价36.68元，市盈率高达64.35倍。该公司最近两年的分配方案都是以每股派0.6元的高额现金分红，以此推算，投资者需要用60年的时间收回自己的投资，而非流通股股东只需用两年多一点的时间就可以收回投资。又如，西宁特钢2002年以每股0.52元进行高现金分红，占75%的4.2亿股国有股可一次性分得2.18亿元现金，而流通股股东只能得到0.73亿元。但公司在高现金分红后不久，又于2003年8月发行了4.9亿元的可转债，从股市上又"圈走"了更多的现金。表面来看，公司"先送后取"的做法有些不可思议，但仔细分析就可明白，这种"游戏"的真正赢家仍是非流通的国有股。①

（二）国有股"一股独大"使公司治理结构无法完善

据有关资料统计，至2001年4月底，在沪深上市的公司中，第一大股东持股超过50%的有890家，占上市公司总数的79.2%。而大股东为国家股东和国有法人股东的占了绝大多数，分别为65%和31%。在全部上市公司中的国有股股权占到54%。而且，一般第二大股东与国有股的持股比例相差极为悬殊。这样，国有控股的上市公司表面上看也建立了股东会、董事会和监事会制度，但由于国有股在股东会上"一股独大"，从而完全控制了董事会和监事会。调查资料表明，有国有股背景的董事人数在董事会中的平均比率为75.5%；而社会公众股的股权比率为35.5%，但有其背景的董事人数只占7.42%。② 这样，尽管政府有关部门一再强调要保护中小投资者的权益，但从公司的制度安排上这一初衷根本难以体现。近几年，国有大股东或国有控股集团通过各种方式肆意侵占、挪用上市公司资金的案件很多，都是同这种特殊的股权结构密切相关的。

2002年下半年的一组统计数字令人触目惊心：1 175家上市公司中，有57.53%的上市公司（676家）存在被大股东占用巨额资金的现象，被占用资金合计高达966.69亿元，超过2002年市场一年的首发新股融资额度560亿元，平均每家被占用资金1.43亿元。例如，ST轻骑总资产不过10亿元，大股东欠款就达28亿元，直接导致2002年巨亏34亿元，创下中国股市之最。一些大股东拿走的是真金白银，还回来的却是一些对上市公司经营用处不大的资产，甚至包括"废铜烂铁"即不良资产，这进一步加重了上市公司的负担。据《证券时报》对100家上市公司大股东的还款情况做出的统计，比例高达82%的上市公司大股东，都是以各种资产抵偿欠款，例如房产、土地使用权、商标、红利、下属公

① 根据《巨田证券—每日证券网》相关上市公司的信息资料整理。

② 参见张卓元：《积极推进国有企业改革》，载《十六大报告辅导读本》，北京，人民出版社，2002。

司股权等。在这种还款案中，值得重视的是抵债资产的价值公允性。[①]

（三）国有股的“非流通”导致中国股市投资行为扭曲

在谈到完善国有企业公司制改革和规范证券市场时，人们更多关注的是国有股减持问题。其实不然，国有股的流通问题才是一道最难逾越的鸿沟，是中国股市的症结所在。因为只要国有股可以流通，国有股减持的问题就迎刃而解；相反，如果国有股减持了但仍不可流通，中国股市还是难以规范。

由于国有股不能流通，使得国有股与普通投资者的“套利”方式不同。社会公众股股东可以通过二级市场股票交易而获利，而国有股不能在股市交易，除了分红只能通过场外协议转让来获利。由于两部分股东获利方式不同，致使他们的投资行为也完全不同。由于国有股不能在二级市场上流通，致使国有股股东的投资行为发生了很大的扭曲。他们并不关心股价的走势，因为股价的升跌与他们的利益无关。这种理念也直接传导到由政府部门委任的高层管理人员身上。

那么，非流通国有股股东的行为目标是什么呢？他们的眼光不是盯在股价的提升上，而是盯在通过股市来“圈钱”。这是因为：（1）通过股市来筹集资金，可以扩大企业的规模，提高自己的地位；（2）可以提升公司的每股净资产值，从而提高国有股的协议转让价格；（3）控股的母公司还可以通过各种关联交易来占用这些资金，等等。因此，公司大股东对上市公司的增资扩股具有极大的内在冲动，具有融资的“饥渴症”，而增发新股、配股和发行可转换公司债券是常被采取的手段，也被股民们无奈地称为股东利用上市公司“圈钱”的三大陷阱。

增发新股，会使得公司的利润大大摊薄，对股价的杀伤力也最大，多数股票在决定增发后会大幅“跳水”，广大投资者对增发怨声载道，而大股东却乐此不疲，因为股价下跌与他们无关痛痒。向股东配股，配股价一般为近期平均股价的70%左右，而大股东的持股成本很低，常常放弃配股权，这使得投资者左右为难，配与不配都要吃亏。高价配股的杀伤力也很强，股价跌破配股价及迫使承销商出资配股的现象已屡见不鲜。发行可转换公司债券，在国外是公司筹资的较好办法，可转债的本质是“债券+股票期权”，为了保护原股东的利益，转股价格应高于市价20%左右，这也就是获得“期权”的成本。而我国第一只上市公司的可转债——上海机场转债，为了顺利发行，其转股价是10元，反而低于11元左右的市价，致使原股东利益受损。去年发行的“国力转债”，10.55元转股价是按最近20日均价确定的，这里债转股的“股票期权”的成本为零，成了“免

---

① 参见《北京青年报》的相关报道：《676家上市公司被大股东占资金达966.69亿元》，2003-07-30。

费午餐”。又如，2003 年 9 月 9 日深万科公告准备发行 19 亿元～30 亿元的可转债，使其股价当日跌去 4.6%。

（四）对解决股权分置试点的四家公司方案的评析

中国证监会于 2005 年 4 月 29 日发布了《关于上市公司股权分置改革试点有关问题的通知》，5 月 9 日，金牛能源、清华同方、紫江企业和三一重工等 4 家上市公司分别刊登公告，率先启动股权分置试点解决工作。这四家公司的“对价”方案及股市的反应状况可概括为表 13—2。

表 13—2　　　　第一批股改试点企业基本情况

股票名称	“对价”方案（每股）	总股本（亿股）	非流通股比重%		股票收盘价格的变动(元)			股价升幅(%)	
			4月29日	除权后	2005 年 4 月 29 日	投票日	除权日	投票日	除权日
三一重工	送 0.35 股 派 0.8 元	2.4	75.0	62.5	16.95	19.68	16.61 (6月16日)	+16.1	+37.1
清华同方	1 股转增 1 股	5.746	52.5	35.6	8.70	9.60	……		
紫江企业	送 0.3 股	14.37	58.5	46.0	2.78	2.91	2.59 (7月18日)	+4.6	+15.7
金牛能源	送 2.5 股	4.51	74.5 (66.1)*	68.1 (57.6)*	8.71**	6.54	5.84 (6月28日)	−24.9	−17.2

*为可转债全部转为股份的数值；**为 5 月 10 实施 2004 年分红方案后的股价。

比较四家公司的对价方案，共同点是不用流通股出现金，而由非流通股股东直接向流通股股东实现补偿。但四个方案又各有特点。

总的来说，三一重工的方案最优，它拟以 2005 年 4 月 29 日公司总股本 24 000万股为基数，由非流通股股东向方案实施基准日的流通股股东按持股比例共支付总额为1 800万股公司股票和4 800万元现金对价，即流通股股东每持有 10 股流通股将取得 3 股股票（后来又增加了 0.5 股）和 8 元现金，非流通股股东所持有的原非流通股将获得上市流通权。方案实施后，公司总股本依然为24 000万股，公司资产、负债、所有者权益、每股收益等财务指标全部保持不变。此外，方案实施后，公司还将进行 2004 年的分红方案，即每 10 股转增 10 股派 2 元，这使得流通股又得到一定的收益。方案实施后非流通股比重由 75% 下降为 66.25%。

清华同方的方案次之，它的股权分置改革方案为：拟以现有总股本

574 612 295股为基数，向股权登记日登记在册的全体股东每 10 股转增 4.751 560 9股，清华控股、泰豪集团有限公司、北京实创高科技发展总公司、北京沃斯泰酒店设备安装公司、北京首都创业集团有限公司等五家非流通股股东向股权登记日登记在册的流通股股东支付可获得的转增股份，使流通股股东实际获得每 10 股转增 10 股的股份。本次股权分置改革完成后，清华同方非流通股股东持有的股份占公司总股本比重将由原来的 52.48%降至 35.58%；流通股股东所持股比由原来的 47.52%增至 64.42%。作为非流通股股东获得流通权的“对价”，相当于流通股股东每 10 股获得转让 3.56 股的权益。但是，股权分置改革方案最终要由两部分股东之间的谈判来解决，到底非流通的大股东能做多少让步，还是个未知数。5 月 26 日，清华同方董事长及大股东代表荣泳霖在举行“股权分置改革投资者沟通会”上表示：他们所提出的方案“没有更改的余地。”清华同方总裁陆致成也表示：不会针对今后的出售股份做出像一些试点企业那样的承诺，因为这种承诺没有意义。这一表态引起了流通股东的极大不满，股价也应声大跌，这种“绝不让步”式的态度，使人们不由得对此次解决股权分置改革的前途表示担忧。

2005 年 6 月 10 日，三一重工和清华同方分别召开股东大会，对解决股权分置的方案进行投票，同时，社会公众股股东还可以在互联网上投票。据最后统计结果，参加现场投票和网络投票的流通股东共6 144人，代表股权46 034 391股，其中反对票1 197人，代表股权2 980 387股，占 6.47%，弃权 31 人，代表股权 39 900股，占 0.09%。投赞成票4 916人，代表股权43 014 104股，占 93.44%，通过率超过三分之二。最终，三一重工的试点方案最终以 93.44%的高赞成率顺利通过！这标志着股权分置问题的解决已经取得了具有历史意义的重大成果。

通过汇总，参加清华同方表决的股份为390 930 721股，流通股份89 348 959股，流通股中55 315 623股赞成，33 029 617股反对，1 003 719股弃权，流通股通过率为 61.91%，未能达到参加表决的流通股份的三分之二，仅仅少 4.76%，最终折戟沉沙，这使人们感到非常的遗憾。

紫江企业董事会审议通过的股权分置改革方案为：以 2005 年 4 月 30 日公司总股本1 436 736 158股为基数，由非流通股股东向方案实施时的股权登记日的流通股股东，按持股比例共支付总数为178 987 813股公司股票作为非流通股股东所持公司股份获得流通权的对价，即流通股股东每持有 10 股流通股将获得 3 股股票，非流通股股东所持有的原非流通股将获得上市流通权。非流通股的比重由 58.5%下降为 46.0%。

此外，拥有公司实际控制权的股东上海紫江（集团）有限公司及 3 家关联股东做出额外承诺：其持有的非流通股股份获得流通权以后的4年内，出售股份数量不超过公司总股本的10%（比规定多出12个月）；获得上市流通权后的12个月禁售期满后的12个月内，通过上证所挂牌交易出售股份的价格将不低于2005年4月29日前30个交易日收盘价平均价格的110%，即不低于3.08元。由于紫江企业的非流通股比重不是很大，大股东又做出一些承诺，所以该方案的顺利通过是在情理之中的。

最差的方案是金牛能源的方案。截至2005年4月29日，公司总股本为45 067.54万股，其中邢矿集团持有本公司32 500万股非流通股，性质为国有法人股，占公司总股本的74.51%；同时，本公司尚有579 083 900元可转债在市场流通，若上述可转债全部转为股份，本公司总股本将增至48 975万股，邢矿集团所持股份比例将变为66.36%。金牛能源的对价方案是非流通股向流通股每10股送2.5股。方案实施后，非流通股的比重将下降到68.14%至57.63%之间(因为有可转债的不确定因素)。

金牛能源的方案最差，它不仅送得最少，而且在方案实施前迫不及待地实施了2004年的分红方案，即每10股转增6股派5元，抢先将公司积存的绝大部分的公积金和未分配利润分掉，使大股东先取得既得利益。这种做法极大地损害了流通股股东的利益和信心，股价也连续大幅下跌。进行试点前的2005年4月29日收盘价为14.43元，2005年5月10日除权除息后价格应为8.71元，至6月3日股权登记日时收盘价已跌至6.54元，跌幅为25%。

但令人不解的是，在金牛能源的股东不得不“用脚投票”和进行“割肉”的同时，其“对价”方案居然在2005年6月17日以流通股股东81%的高票通过。这是为什么呢？这种不可思议的矛盾反映出目前的试点程序存在着一个很隐蔽的“陷阱”：即试点方案于2005年5月13日公布后，在2005年6月17日对方案进行表决的一段期间内，允许股票在二级市场进行了十几天的交易。就是这短短的十几天的交易，却可能造成股东的“大换班”。一些对方案十分不满意的股东，急着要“逃跑”，造成股市的大跌。据统计，此期间共成交1.13亿股，换手率高达54%。而当股价和“试点方案”都跌出价值时，一些趁低买进的新股东，自然会对试点方案投赞成票。但是，此时的股东，已非彼时的股东了。我们在庆贺金牛能源的方案顺利通过的庆功宴上，请不要忘记这超过半数的“割肉”的原股东，不要忘记金牛的股价已跌去四分之一的现实！

中央政府多次强调，解决股权分置试点的成功与否，关键是看是否真正保护了中小投资者的利益。而金牛能源试点的结果却是让广大投资者利益受损，说明这一试点是失败的，是改革中的“陷阱”。而出现这一“陷阱”的根源则在于制度的不完善。因此，我建议取消在试点方案公布后让该股票再进行流通的规定，而直接让方案接受原股东的抉择，即将所谓的“断续停牌”改为“连续停牌”。这样做，不仅可以防止“金牛陷阱”的再现，也可防止像三一重工那样的过度“炒作”。

五、防止“内部人控制”现象的蔓延

所谓“内部人控制”（insiders control），是日本学者青木昌彦在研究苏联和东欧国家的国有企业改革时提出的概念。它是指由计划经济向市场经济转轨的过程中，由于中央计划的减弱，使经理和工人在企业公司化的过程中获得相当大的控制权的现象。我国国有企业在改革中也同样存在“内部人控制”问题，主要表现为经理阶层对企业的趋强控制，收入分配过于向内部职工倾斜，造成“富了和尚穷了庙”的现象。

出现“内部人控制”现象的原因是多方面的：(1) 由于信息的不对称性、市场竞争机制和市场法规的不完善，使国有企业的上级主管部门难以对企业职工特别是经理的行为进行有效的监督和控制。(2) 在长期的计划经济体制下，由于对经营者缺乏有效的利益激励机制，使得厂长、经理与职工形成了利益共同体，大家联合起来一致对上，一荣俱荣，一损俱损。(3) 改革以来强调向企业放权让利无疑是正确的，但在减少政府干预的同时，必要的政府监控却没有跟上，造成所有权对经营权的监控不力。而且，政府部门在利益驱动下，出现“寻租”或“廉价投票权”行为，也导致对企业的监管失控。(4) 在改革开放的大潮中，厂长经理也会越来越意识到自己管理才能的重要价值，他们通过与外资企业、私营企业的经理比较，会产生心理的不平衡，要求把自己的待遇提上去。(5) 计划经济体制使职工在企业终身就业，职工的生老病死全由企业负担，当就业和分配制度的改革将要威胁到他们的利益时，他们会自动地联合起来，要求强化自己的既得利益和对企业的控制权。如职工会强烈要求提高工资，巩固原有的各种社会保障，廉价取得企业股份，并对厂长经理的行为施加压力等。

“内部人控制”是国有企业改革中出现的新问题，是企业改革的阻力，应当采取措施加以排除。包括：加强国有资产的管理，确保国有资产的保值、增值；加快国有企业的股份制改革，转换企业经营机制，明晰国有资产的产权关系；股份制改革要逐步规范化，要加快有关的法律、法规建设，处理好“老三会”与“新三会”的关系；要尽快建立起比较完善的社会保障制度，切实解决职工所关心的现实生活问题。

第十四章

国有经济的战略调整与战略改组

自党的十五大以来，我国逐步提出国有企业改革的总体方案，除了对国有企业进行公司制改革外，还要对国有经济布局进行战略性调整和战略性改组。国有经济的布局调整，依据的是对国有经济的效益、功能和布局规律的分析。对国有经济的有进有退的战略性调整，要同完善所有制结构和产业升级结合起来。国有企业进行“抓大放小”的战略性改组，必须促进企业之间的资产重组，努力消除影响企业改组的种种障碍。

第一节　国有经济的效益与功能分析

一、国有经济的效益分析

80 年代后出现“非国有化”浪潮的最重要的原因，在于国有经济效益低下的问题得不到根本解决。国有经济的效益究竟如何？理论界一直争论不休。因为严格地讲，国有经济的效益，应该既包括国有企业的自身效益，也包括企业的社会效益，而社会效益问题又是很难明确界定的。为了分析方便，我们先来分析企业的自身效益，而将企业的社会效益问题放到后面进行讨论。

国有企业本身的效益不佳，是个世界性的问题。国有企业冗员多、预算大、负债高、效率低，几乎成了“低效益”的代名词。例如，日本国铁在1964—1970年间每年亏损10多亿美元。法国国有企业1985年的亏损额相当于法国工商业利得税的2/3。据估计，从第二次世界大战后初期到1974年，英国政府对国营企业的补贴已达180亿美元。1979—1980年间，英国对铁路、钢铁和煤炭等工业部门的补贴为18亿英镑，1984—1985年间增至40亿英镑。就世界范围而论，国有经济效益低下既有政策原因，又有体制原因。

1. 政策方面的原因，即国有企业所承担的宏观和微观双重经济目标及其矛盾所造成的效益损失。国有企业为国家所有，由国家或政府负责管理和经营，因此，国有企业的活动必须服从国家的宏观经济目标，如缓解失业压力、抑制通货膨胀、引导私人企业、实施计划化、提供基础设施、发展尖端科技、维护社会稳定等。但另一方面，它又要完成自身的微观经济目标，如提高经济效益、参与竞争和获取利润等。而在微观经济目标与宏观经济目标发生矛盾时，又要以实现国家宏观经济目标为主，这就决定了国有企业的效率往往比较低，甚至亏损严重。从另一个角度讲，国有企业最终是为私人企业服务的，因此，国有企业亏损实际上是政策性的。例如，国有企业为私人企业提供基础设施和基础工业、开发新技术、引导投资、增加就业等。有的国有企业是将濒临破产的私人企业收归国有而形成的，这种行为本身就是为了保证资本主义再生产的正常进行，减少失业，维护社会安全和稳定。

2. 管理体制方面的原因。世界银行经济学家马姆德·阿里·阿尤布等指出，国有企业效益不佳的原因很多，除了二元化目标及其矛盾这一原因以外，还有四个方面的因素：(1) 缺乏一个健全的竞争环境，包括政府对国有企业的过度保护和国有企业处于一种自然垄断地位；(2) 国有企业的财务自主权和财务责任制不完善，包括企业通过非市场渠道融资、政府补贴无限以及资本结构不合理、缺乏健全的绩效度量体系等；(3) 管理自主权和管理责任制不完善，主要表现为所有权、决策权、经营权三权分离局面难以维持，政府作为所有者，对国有企业的战略决策和经营活动干涉过多；(4) 国有企业管理人员的管理技能和管理士气不佳。这些因素又互为因果，从而形成恶性循环，造成国有企业成本高、耗资大、效益低。而“三权分离局面的解体是国有企业经营水平低的主要根源”[①]。西方学者理查德·亨明和阿里·M·曼索尔在《私有化与公营企业》一文中也指出：“政

① [美] 马姆德·阿里·阿尤布等：《公有制工业企业成功的决定因素》，28页，北京，中国财经出版社，1987。

治干预与官僚无能大概是与公有制相联系的低效益的主要原因。”①

国有经济经营效益低下的突出表现，是其投入产出比太低。据世界银行的一份报告指出，国有企业通常不能创造出为其经营和扩张提供资金以及偿还债务的资源，由此造成的缺口就是国有企业的“储蓄—投资”赤字（S—I 赤字），即国有企业现期剩余与投资的差额。这一赤字通过政府转移支付、国内私人储蓄、对外借款或以上三者的混合来填补。数额巨大而持久的 S—I 赤字，显示了糟糕的企业绩效，并会在很多方面损害经济增长。有关统计数据表明，从发展中国家整体看，在 80 年代，S—I 赤字占 GNP 的比重在下降，主要是中等收入国家的这一比重明显下降，甚至出现剩余，而低收入国家却未见好转，仍在 1.7% 的水平上。② 据我国的统计资料，“七五”期间国有企业固定资产投资累计完成19 700亿元，但到“七五”末期，解放 30 多年来形成的全部国有资产不过16 500亿元，还不如“七五”时期投下去的多；“八五”期间，国有企业固定资产投资累计完成43 000亿元，但到“八五”末期，国有资产总额仅为 40 000 亿元，投资失误和经营不善所造成的国有资产流失是惊人的。③

上述问题在我国国有企业中不仅大量存在，而且在某些方面更加严重。譬如，我国目前尚处于从计划经济向市场经济转轨的过程中，政府对企业的干预远比西方国家严重；国有企业自主权长期得不到落实，企业缺乏活力和动力，难以做到自主经营、自负盈亏；长期实行固定工制度，企业对职工包得过多，成为沉重的包袱；等等。因此，近年来国有企业效益不断下滑，也是在情理之中的。一些统计资料说明了这种情况：（1）预算内国有企业亏损面增加，1994 年达到 34.3%，增加 3.6 个百分点，亏损额达 334.4 亿元，增加 7.9 个百分点；（2）在工业产值中，国有企业所占比重下降，由改革前的 80.73% 下降到 43.76%；（3）在 1994 年新增产值中，国有经济仅占 15.2%，非国有经济占 84.8%；（4）国有企业债务状况严重，在国家国有资产管理局调查的 12. 4 万个国有企业中，资产负债率为 74.3%，其中流动资产负债率高达 91.5%，同时，“三角债”和不良贷款也困扰着国有企业和国有银行。

有些人会提出疑问：如果国有企业效益不佳，那么只占企业总数 20% 的国有企业上缴财政的利税却占到全部工业企业的 70% 左右，这该如何解释？其实，这与上面的分析并不矛盾。（1）从国有企业上缴利税的结构看，其中主要是增值

---

① 国际货币基金组织：《经济发展与经济调整》，213 页，北京，中国金融出版社，1990。

② 参见王战强译：《发展中国家的国有企业改革》，载《改革》，1996（4）。

③ 参见韩志国：《关节点还在于建立资本机制》，载《改革》，1996（4）。

税，这实际是一种间接税，而真正反映企业经济效益的所得税和利润却不多；(2) 国有企业是把利和税一起上缴国家财政的，而非只缴税、不上缴利润，因此，简单地把二者放在一起来比较贡献高低，是不能说明问题的；(3) 国有企业上缴利税总额不过3 000亿元左右，而国有资产总额已超过 30 000 亿元，如果将这笔资金存入银行，年息就可达3 000亿元，所以，这只能说明国有企业效益不佳，而不能说明其效益高；(4) 国有企业享受着许多优惠政策，如占有银行贷款额度的 70%以上，可得到大部分平价供应的物资，居于市场垄断地位，以及贸易保护政策等，这些都可以使企业获得额外收益。

还有两点应当特别加以说明：

1. 国有经济管理中存在着大量隐性成本。政府为了管理庞大的国有资产，必须设立各种专职的管理机构，并支付巨额的办公费用，这实际上是为管理国有资产而花费的巨额代理成本，但由于它已被计入政府经费之中，不会在国有资产的营运成本中反映出来。实际上，我国目前国有资产管理采取了多元化、多层次的委托代理制度，机构重叠，人员过剩，浪费惊人。这部分成本究竟有多大，恐怕谁也算不清。总之，在分析国有经济运行效率时，不应只看到它自身的效益，也应看到它的社会效益；不应只看到它的直接成本，还应认真考虑那部分时常被人们忽视的代理成本，或称做隐性成本。

2. 政府对国有经济给予了大量的隐性补贴，其数值也是难以准确计算的。隐性补贴包括：政府以低于市场利率的利率向国有企业提供贷款，而且当企业无力归还贷款时，常常将其本息一起从账面上抹掉，把贷款变成直接的转移支付；国有企业可以拖欠税收，或拖欠向其他国有企业的支付，这些拖欠有时也被豁免；国有企业可以对政府合同进行投标，以低于市场价格的价格从政府或其他国有企业购买商品或劳务，或免费使用政府土地和建筑物；国有企业还可以要求政府机构或其他国有企业优先购买其产品，以从中获得收益。这样，不仅造成了市场的不平等竞争，也难以对企业的业绩做出准确的评价。

总之，从国内外国有经济经营的实际情况看，除了受到政府特殊政策保护的企业之外，一般企业的经济效益是比较低的。但是，这是否就可以否定国有经济存在的必要性了呢？不是。因为国有经济除了自身的生产功能外，还要承担重要的社会功能。

二、国有经济的功能分析

第二次世界大战后以来，国有经济尽管效益不高，但毕竟在世界范围内得到了较大的发展。除了它拥有资金和规模的优势之外，更重要的是，它还具有许多不可替代的社会功能。主要表现在以下几个方面：

（一）弥补市场缺陷的功能

如上所述，市场缺陷是指市场在微观经济的某些领域不能有效地发挥作用，资源配置达不到最佳状态，主要包括市场垄断、公共物品的供给和外部影响问题等。这时，政府必须实行必要的经济政策，包括直接组建国有企业，以便对市场缺陷加以矫正。

1. 通过国有经济发展公用事业和加快基础设施建设。邮政、电信、广播、煤气、自来水等公用事业和铁路、公路、航空港、码头等基础设施，具有明显的公共物品的特征。这些行业所需的投资大、回收慢，而它们的服务范围广、社会效益高。这些"非营利部门"，私人企业很少进入，一般只能由政府的公用事业局或国有企业来经营。由于国有经济的经营目的不局限于利润最大化，所以能够较好地接受政府调节，较好地解决企业微观效益和国家宏观效益之间的矛盾，满足国民经济发展和人民基本生活的需要。

2. 通过国有经济加强和发展国民经济的基础工业部门。煤炭、钢铁、石油、电力、化工等基础工业部门，对于国民经济的发展和起飞，起着十分重要的作用。这些基础工业部门具有一定的自然垄断的特点，最适合大规模经营。规模越大，技术水平越高，产品质量越好，成本也就越低。因此，当私人资本尚未积累到较大规模时，很难在基础工业部门进行大量投资，只能由国家投资兴办和经营。同时，由于这些部门容易出现垄断，需要政府进行公共管制，对它们的价格和产量进行限定，以有利于其他部门的发展。而国有经济是容易接受这些限制的，这也是各国政府积极向基础工业部门大量投资的又一重要原因。当然，各国的情况也不尽相同，当私人资本有了较大发展、反垄断法比较健全时，私人资本自然也会大量进入这一投资领域。

（二）稳定宏观经济的功能

传统的西方经济学认为，市场机制本身可以使市场经常处于稳定状态。而20世纪30年代的大危机，使这种结论受到严重挑战。现在，西方宏观经济学一直把不稳定性问题作为研究的重要课题之一，认为不稳定性是市场经济固有的弊病，其主要症状是失业、衰退和通货膨胀。要实现宏观经济的稳定，必须以充分就业和价格水平稳定为主要目标。

市场经济的不稳定性，也可以称为宏观层次上的市场失灵。有关的文献记载表明，宏观经济不稳定所造成的损失，比微观经济缺乏效率的损失要高出许多倍。这就要求政府实行宏观经济调控，促使国民经济稳步发展。为了强化政府宏观经济政策的调控力度，许多国家在国民经济基础产业部门建立了一些国有企业，以保证国家宏观调控政策的贯彻实施。例如，第二次世界大战后，发达资本主义国家出现了两次国有化浪潮，都与解决经济萧条和稳定经济发展密切相关。第一次是在 1945—1951 年，主要是为了治理战争创伤，挽救脆弱的国民经济。第二次是在 1974—1981 年，主要是为了摆脱“滞胀”的困扰。英国政府花费 10 亿多英镑购买了 50 多家私人企业的股票，使汽车、造船、航空、机床、电子等部门中一些大型企业首次成为国有经济的组成部分。法国政府将 11 家工业集团以不同的方式收归国有，还将巴黎荷兰金融公司和苏伊士金融公司以及存款额在 10 亿法郎以上的 39 家私人银行收归国有。由于两次国有化浪潮都处于经济困难时期，因而出现了这样一种有趣的现象：当经济顺利发展时，主张不要政府干预的新自由主义就抬头；当经济衰退时，主张加强国家干预的凯恩斯主义就活跃。

（三）在经济增长和经济发展中起主导作用

经济增长也就是国民生产总值的增长。经济增长的途径只有两条：一是生产要素供给的增加，二是生产要素生产率的提高。美国经济学家罗伯特·索洛对美国 1909—1949 年间的经济增长作过研究，得出了经济增长因素的 80％来自技术进步的惊人结论。另一位美国经济学家丹尼森对美国 1929—1982 年经济增长趋势的研究支持了索洛的结论。就提高要素生产率而言，主要取决于四个条件：一是增加投资，采用先进设备；二是促进技术发明和技术创新；三是提高劳动者素质，发掘人力资本；四是使劳动者由低劳动生产率部门向高劳动生产率部门转移。而这四个条件的创造与完备，都是同政府经济政策的大力扶持密不可分的。特别是第二次世界大战后新技术革命的不断发展，使世界各国争夺科学技术制高点的斗争愈演愈烈，许多政府直接投资，大力发展高新技术产业。例如，按照美国法律的规定，国家科研机关、实验室以及各种科技实验性工厂和农场都是国家所有企业。联邦政府在科学技术研究方面的财政拨款，1952 年为 10．8 亿美元，1989 年达到 126 亿美元。这使得美国在科学技术领域不断有所突破，一直处于世界领先地位，并导致一些新兴产业部门的崛起，改变了整个国家的产业结构。

经济比较落后的发展中国家不仅面临着经济增长的任务，还面临着改革经济体制和调整经济结构的经济发展的任务。在这一历史进程中，国有经济的主导作用更不容忽视。这主要表现在以下几个方面：（1）国有经济可以将有限的资金有效地集中起来，重点发展国民经济的支柱产业，如机械制造、汽车行业等，以带动其他相关产业的发展；（2）国有经济可以突破私人企业单纯以营利为目标的局限，经营一些企业效益低而社会效益高的基础产业，加快国民经济的发展速度，创造更多的就业机会；（3）国有经济在金融行业占有较大的比重，这还可以增加政府的经济调控能力，为政治体制和经济体制改革提供条件。因此，许多发展中国家都有比较强大的国有经济，特别是在金融、能源、交通、钢铁、机器制造等行业中都占有较大比重。

（四）在国际竞争中起重要作用

在当今的世界经济中，每个国家都在国际分工体系中扮演着一定的角色，并通过各种市场联系成为世界经济的一个组成部分。从第二次世界大战后国际经济交往发展过程看，人们总是深切地感觉到国有经济在起着重要的作用。它对外可以成为打破别国贸易保护的锐利武器，对内又可以成为保护本国民族工业的坚强支柱。

尽管自由贸易的理论十分流行，自由贸易的呼声日渐高涨，但在实际的对外关系中，各国政府的保护主义政策总是层出不穷，如关税、配额和其他贸易壁垒等，这就给国际贸易带来种种障碍。为了在激烈的国际市场竞争中站住脚，一些国家，特别是发展中国家，十分重视发挥国有经济在世界贸易大战中的作用。一方面，它们积极扶持或直接投资于出口创汇企业，提供出口补贴，提高本国产品的国际竞争能力；另一方面，对本国的基础性产业进行保护，甚至直接实行国家经营，以提高民族工业的实力。当然，这种做法一定要掌握好尺度。事实已经证明，过度的保护也会适得其反。

国际资本流动是国际经济交往的又一重要内容。据不完全统计，近年来国际金融市场上的国际信贷总额近 30 000 亿美元，每年国际资本交易总额相当于国际贸易总额的 25 倍。如此规模的国际资本流动，对世界各国经济发展所产生的巨大影响是不言而喻的。由于国有经济具有信誉高、资金雄厚的优势，并在金融行业掌握着大量资本，因而在国际资本市场上起着不可替代的重要作用。这包括国有经济与外资共同投资兴办合资企业，国有金融机构在国际资本市场发行各种有价证券以筹集资金，通过政府信贷投资重点建设项目，等等。例如，我国近年来吸引了大量外资来华投资，对国有企业实行“嫁接”改造；国有企业在股份制改造过程中向境外投资者发行了大量股票；我国国有金融机构还成功地在国际资本市场开展了各种融资业务。

（五）巩固经济制度、稳定社会生活的功能

国家的独立和稳定，对任何国家来说都是极为重要的，而一个国家在政治上的独立和稳定，则必须有经济上的支持，因为经济是政治的基础。目前世界各国都存在或多或少的国有经济，这除了经济方面的原因外，还包含着政治方面的考虑。以资本主义市场经济为例，市场失灵、经济波动、分配不公等弊病，都是一些表面的经济现象，追根溯源，都是由资本主义基本矛盾引起的。而国有经济的存在和发展，在一定程度上和一定范围内可以缓解这一矛盾。比如，国有经济可以部分地克服私人资本在经营目的上的局限性，将企业目标与社会目标较好地结合起来；国有企业还可以部分地克服私人资本运动的盲目性，有意识地调节国民经济的总量平衡和结构平衡。

我国是发展中的社会主义国家，国有经济不仅在国民经济中起主导作用，也是社会主义政治制度和经济制度的基础。我国的国有经济是建立在全体劳动人民共同占有生产资料的基础上的，是对资本主义私有制和剥削关系的根本否定。搞好和壮大国有经济，对于巩固社会主义制度，加快我国社会主义现代化建设，提高人民的物质文化生活水平，都有着极为重要的意义。

第二节　国有经济产业布局的战略调整

一、对国有经济产业布局规律的分析

国有经济在国民经济运行中有着不可替代的特殊功能，同时，国有经济由于受经营目标多元化和政企不分的局限，效益普遍不佳。这就形成了一种两难选择：一方面，要充分发挥国有经济的主导和基础作用，就应当不断壮大它的经济实力；另一方面，又必须减少它的效率损失，以减轻财政负担。如何解决这一矛盾？从世界各国的经验看，处理好二者关系的基本思路无非是两条：一是对国有企业管理体制进行改革，使其增强活力，提高效率；二是减少国有经济的总体规模，严格确定其产业布局，把“好钢用在刀刃上”。这里先就国有经济的产业分布问题做一简要分析。

就国有经济在国民经济各个产业的分布状况看，各个国家由于社会性质不同，经济发展水平不同，是存在明显差别的。即使是同一个国家，在不同时期也会有较大的变化。但是，透过一些表面现象进行分析仍可发现，各国国有经济的产业分布还是具有趋同性的，是存在一些规律的。例如，国有化比例较高的行业主要分布在公用事业和基础设施部门，在这些部门，国有经济所占比重一般在70%以上，有的甚至达到100%；国有化比例次之的是采矿业和制造业；国有经济最少的是农业、林业和渔业。

美国经济学家普瑞尔专门对发达国家采矿业和制造业的国有化比例进行了分析，发现各国的国有经济在这些部门不是任意分布的，而是有一定规律可循的。他按国有化比例的高低，将行业部门分为三组：相对高的行业有采矿业、运输业等；中等程度的行业有汽油、煤产品、初级金属、化工等；低国有化比例的行业主要是轻工业部门。在高比例组中，法国、荷兰的国有化比例分别是64%、

59%；而在低比例组中，国有经济微乎其微。

以上分析表明，无论是发达国家还是发展中国家，也无论国家的意识形态有多大差别，国有经济的产业分布总体上是存在着趋同性或规律性的。这种规律性是依据各个产业的性质、比较优势和政策目标而确定的。具体地说，可以归结于市场垄断性、资本技术密集度和社会效益强弱这三个主要因素。

1. 行业的市场垄断程度是决定国有化比例的第一因素。从理论上说，人们不喜欢垄断，因为它影响了竞争和效率。但是，由于技术、政策和资源的原因，垄断又是不可避免的。一般说来，在一些垄断程度高的行业中，国有化比例也比较高，因为国有经济可以发挥其资金雄厚的优势，也可以较好地执行政府的反垄断政策。反之，行业垄断程度越低、市场竞争越激烈，越不宜由运转不灵的国有企业进行经营。根据市场垄断程度，可将行业分为三个层次：（1）自然垄断性行业，如公用事业和基础设施部门，最适宜大规模的联网经营，所以公用事业一般都由政府经营；（2）垄断竞争性行业，如采矿、钢铁、石油化工、机器制造等基础工业部门，国有经济也占有较大比重；（3）竞争性行业，如纺织、服装、皮革、家具等轻工业以及服务性行业和农业，国有经济比重则很小。

2. 行业的资本技术密集度是决定国有化比例的第二因素。资本技术密集型产业，不仅需要巨额投资、高技术水准，而且具有投资周期长、风险大的特点，私人企业一般不敢或不愿进入。而这些行业又常常是需要大力扶持的国民经济的先导性产业，特别是那些关系着国民经济发展方向的高新技术产业，国有经济可以利用自己资金雄厚、承担风险能力强的优势，直接经营或控股经营。反之，那些资本技术密集度低的行业，国有经济则可以不进入或少进入。世界银行的一项调查研究表明，在被调查的国家中，国有企业的资本密集度（股本与雇员的比率）要比私人企业高得多，国有工业企业在资本构成中所占的平均份额为26%，比其在国内生产总值中所占的11%的份额要高出一倍以上。

3. 行业的社会效益强弱是决定国有化比例的第三因素。国民经济中有一些占有重要地位的“非营利产业”，其企业自身的效益不佳，而社会效益却很好，如勘探业、采矿业、公用事业和一些基础工业等。它们可能是由于本身就具有社会服务的行业特点，也可能是由于政府经济政策的原因，限制了企业利润的增加。这些部门是整个国民经济增长和发展的基础，但由于初始投资巨大，收益率又不高，所以不适合私人企业经营，而需要由国有经济经营。

以上分析的结论是：垄断程度高、资本技术密集和社会效益好的行业，国有经济应有较大的比重；反之，竞争性强、劳动密集的行业，则不宜于国有经济进入。

二、我国国有经济产业布局的现状与调整原则

（一）国有经济布局的现状与问题

我国国有经济的产业分布是在长期计划经济体制下形成的，其基本原则是强调“平衡布局”，即各个地区的经济发展要大致相同，使各地区经济一同发展。由于国家财政收入有限，平衡布局原则大大分散了国家的投资。同时，由于不重视市场机制的作用，在基建投资中长官意志盛行，投资效率低下，使得国有经济的布局十分不合理。改革开放以来，国有经济布局虽然有了很大调整，但旧体制的痕迹仍很明显，与上述国有经济产业分布的一般规律有很大差别。这主要表现在以下几个方面：

1. 国有经济摊子铺得过大，明显超出了其应该进入的范围。我国现有国有企业近30万个，几乎遍布所有的产业部门，布局十分不合理。在一些竞争性较强、国有经济没有优势的行业，如第二产业中的食品、饮料、服装、家具、文体用品，第三产业中的理发、浴池、饭馆、旅店等，都有相当比重的国有经济。这些行业企业规模小、竞争激烈，需要灵活经营，国有企业毫无优势可言。

2. 国有经济分布重点不突出，行业排序不明显。在我国39个工业行业中，不仅行行都有国有经济，而且国有化比例无显著差别。1993年的统计资料表明，国有企业产值占行业产值50%以上的行业有21个，占行业总数的58%；若以40%为准，则行业数增加到28个，占行业总数的72%；国有企业产值比例最低的服装行业也达到8%。第三产业中的国有经济比重也明显过大，在社会商品零售总额中，国有商业所占比重高达39%，与国有工业企业产值比重的43%相差无几。

3. 在国有经济相对集中的基础产业和资本技术密集型的新兴产业中，国有企业布局分散，未形成规模经济优势。在这些行业中，必须使用不可分割的大型机器设备，因而企业要达到一定规模方能取得最佳经济效益。而由于受地方保护主义的影响，各地方盲目上马、重复建设，造成竞争过度，效益低下。例如，汽车市场被认为是典型的寡头垄断型市场，国外汽车企业总共不过100多家，而我国目前就有130多家汽车制造厂，总产量却不过100多万辆。我国的化肥、水泥、钢铁、家用电器等行业也都有类似的情况。

4. 国有经济在各个产业间的进入与退出的调整机制尚未形成。改革以来，我国国有经济在各个产业的比重都有不同程度的下降，有的快一些，有的慢一些。但究其原因，主要不是政府有意识地进行进入与退出的产业结构调整造成的，而是非国有经济在各个行业的投资增量不同造成的。也就是说，国有经济存量的产业分布并未变动，作为政府产业政策承担者的国有经济，并未很好地体现

政府意志。国有经济产业分布调整的严重滞后，是国有企业大量亏损的重要原因之一。

总之，目前我国国有经济的产业分布问题很多，该集中的未集中，该退出的未退出。这不仅大大分散了国家的资金，增加了政府的负担，影响了产业调整，而且，由于国有企业规模过小、数量过多，政企职能又未能很好分离，也不利于竞争有序的市场经济体制的形成。因此，调整国有经济产业分布已成为当前我国经济体制改革的一项紧迫任务。

（二）调整我国产业结构的原则

根据世界各国国有经济产业分布的经验和我国的实际情况，我们在对国有经济进行产业结构调整时，应遵循以下原则：

1. 国有经济的产业分布要以资源配置效率为首要原则，而不应把任何其他目标放在首位。国有经济的定位要以充分发挥市场的资源配置基础作用为出发点，国有经济应主要进入垄断或垄断竞争性行业，要下决心逐步从竞争性行业中退出。同时，政府不仅要注意国有经济的配置效率，更要注重社会整体的资源配置效率的提高，对于经济效益高的非国有经济也要积极扶植。

2. 加强国有经济的主导地位，坚持“抓大放小”的原则。对于关系国计民生和国家经济命脉的产业，如高科技产业、基础性产业、支柱性产业和金融行业等，国家应实行控股经营甚至垄断经营。通过控制这些国民经济的“制高点”，促进国民经济结构的优化升级。与此同时，要集中资金建设大型、超大型的产业基地，给予国有大中型企业以各种政策扶植；对中小型国有企业要放开搞活，推行国有民营、承包、租赁或者股份合作制。

3. 坚持企业效益与社会效益并重的原则，发挥国有经济的社会服务功能，促进社会经济稳定发展。依照国有企业和非国有企业的一般职能分工，一些国有企业的主要目标并非是利润最大化，而是要通过其外部影响追求社会效益最大化，包括公用事业、基础设施部门、科研教育事业等，都需要政府来直接经营。同时，国有经济也应在一些竞争性强的营利性行业布局，以增强国有经济的实力。但国有经济一定要发挥自己的规模优势，有选择地进入那些资本技术密集度大、垄断性较强的产业。

4. 要把国有经济产业分布的调整与国有企业的改革紧密结合起来，建立起灵活有效的国有经济产业进入与退出的运行机制。国有经济的产业分布调整，涉及国有企业能否在各个行业自由进入与退出，涉及国有企业管理体制的改革。这就要求打破当前国有企业管理“条块分割”的状况，实行政资分离、政企分离，让企业能够自主地进行关、停、并、转，使国有经济产业分布不断走向优化。

党的十五届四中全会指出："目前，国有经济分布过宽，整体素质不高，资源配置不尽合理，必须加以解决。国有经济需要控制的行业和领域主要包括：涉及国家安全的行业，自然垄断的行业，提供重要公共产品和服务的行业，以及支柱产业和高新技术产业中的重要骨干企业。其他行业和领域，可以通过资产重组和结构调整，集中力量，加强重点，提高国有经济的整体素质。"这就为我国国有经济产业分布的调整指明了方向。

三、对国有经济产业布局进行战略调整

党的十五届四中全会的决定指出：国有经济在国民经济中的主导作用主要体现在控制力上。这种控制力既要通过国有独资企业实现，更要大力发展股份制，探索通过国家控股和参股企业来实现。国有经济要在关系国有经济命脉的重要行业和关键领域占支配地位。国有经济应保持必要的数量，要有分布的优化和质的提高。可见，更好地发挥国有经济的主导作用，正是从战略上调整国有经济布局的宗旨。

从战略上调整国有经济布局，是一项复杂的社会工程，必须统筹规划，精心设计，采取有力措施，逐步落实，争取在几年内初见成效，实现经济平稳过渡。

（一）将战略上调整国有经济布局同所有制结构调整结合起来

要在坚持国有、集体等公有制经济为主体的前提下，鼓励和引导个体、私营等非公有制经济的发展。改革开放以来，我国所有制结构有了很大的调整，非公有制经济得到较快的发展，在国民经济中的比重逐步提高。有人担心，照这样下去，会不会导致变相的"私有化"。其实，这种担心是没有必要的。据统计，到1997年底，在全部独立核算的工业企业中，国有企业和国家控股企业数量只占17%，但资产总额占59.9%，销售收入占46.2%，工业增加值占49.6%，实现利税占46.9%。因此，目前我国的非国有经济的比重不是过大了，而是还发展得不够。在今后一段时间内，随着国民经济的不断发展，国有经济有着广阔的发展空间，总量将会继续增加，整体素质将进一步提高，分布将更加合理，但在整个国民经济中的比重还将有所减少。只要坚持公有制为主体，国家控制国民经济命脉，国有经济的扩张力和竞争力得到增强，这种减少不会影响我国的社会主义性质。

（二）将战略上调整国有经济布局同国有企业的改革和改组结合起来

要积极推进国有大中型企业的股份制改革，包括规范上市、中外合资和企业相互参股等形式。股份制可以吸引和组织更多的社会资本，放大国有资本的功能，提高国有经济的控制力。重要的企业要由国家控股，其他企业可以减少国家

股的比例。股份制改革的目的，是要明晰产权、政企分离、转换机制和提高效率，而不是只为了“圈钱”。同时，要加快国有企业“抓大放小”的战略性改组，要着力培育实力雄厚、竞争力强的大型企业和企业集团，并继续采取改组、联合、兼并、租赁、承包经营和股份合作制、出售等多种形式，放开搞活国有小企业。

（三）加快老工业基地和中西部地区国有经济布局的调整

一些老工业基地曾为新中国的经济建设做出了巨大的贡献，但也面临着设备陈旧、冗员过多、负债率高等困难。政府应在技术改造、资产重组、结构调整以及下岗职工安置和社会保障等方面加大对它们的支持力度。在实施西部大开发战略的过程中，中西部地区应重点发展有比较优势的产业和技术先进的企业，促进产业结构的优化升级。

（四）积极培育和发展资本市场，形成国有经济行业进入与退出的有效机制

国有经济布局调整，应在政府统筹规划下，主要通过资本市场进行，这样才能提高资本运作的效率和透明度。从我国近几年资产重组的形式看，国有经济布局调整的有效途径主要有：（1）通过国家股股权回购并注销，减少国家股。如上海陆家嘴公司以2元的价格回购国家股1亿股，使公司总股本减少，国家股持股比例同时下降。（2）向社会公众股股东配售国家股，优化公司股权结构。如上市公司黔轮胎和中国嘉陵分别按10倍左右市盈率计算的价格，向社会公众股股东定向配售1亿股和1 700多万股国家股，大幅度调整了公司股权结构。（3）通过企业兼并实现产业结构优化。如青岛海尔在10年间兼并企业14家，集团公司的资产由几千万元扩张到40多亿元。（4）国家股和法人股通过协议转让调整投资方向。这种方式比二级市场公司收购的成本低、速度快。如粤海发展通过协议，以每股2.5元的价格受让新亚快餐的股份2 237万股，持股比例达41.08%，等等。

（五）做好减员增效、再就业和社会保障工作

下岗分流、减员增效和再就业，是国有企业改革的重要内容。尤其是在国有经济布局调整中，下岗和再就业问题会更加突出，这直接关系到改革的成败和社会的稳定。企业、社会和政府三方要共同负责落实资金，不断完善下岗职工基本生活保障、事业保险和城市居民最低生活保障制度，搞好这三条保障线的相互衔接，保障下岗和失业人员的基本生活。同时，要积极发展第三产业，有条件的企业可实行主辅业分离、转岗分流，广开就业门路，增加就业岗位。一些老国有企业在股份制改革的过程中，还可以出售一部分国有股份，以弥补和充实社会保障基金。

第三节　积极推进国有企业的战略性改组

一、推进"抓大放小"的国有企业战略改组

改革开放以来，国有企业组织结构发生了积极的变化，但目前仍不合理。主要是重复建设严重，企业大而全、小而全，没有形成专业化生产、社会化协作体系和规模经济，缺乏市场竞争力。要区别不同情况，继续对国有企业实施战略性改组。(1) 极少数必须由国家垄断经营的企业，国家要给予必要的支持，更好地发挥其应有的功能；(2) 在竞争性领域中拥有一定实力的企业，要吸引多方投资以加快发展；(3) 对产品有市场但负担过重、经营困难的企业，通过兼并、联合等形式进行资产重组和结构调整，盘活存量资产；(4) 产品没有市场、长期亏损、扭亏无望和资源枯竭的企业，以及浪费资源、技术落后、质量低劣、污染严重的一些小企业，要实行破产、关闭。

对国有企业实行战略性改组，必须坚持"抓大放小"的原则。

所谓"抓大"，就是要着力培育实力雄厚、竞争力强的大型企业和企业集团，有的可以使之成为跨地区、跨行业、跨所有制和跨国经营的大型企业集团。要发挥大型企业和企业集团在资本营运、技术创新、市场开拓等方面的优势，使之成为国民经济的支柱和参与国际竞争的主要力量。发展企业集团，一定要以企业为主体，以资本为纽带，通过市场形成，不能靠行政手段勉强撮合，不能盲目求大求全。重点大型企业和企业集团，要在突出主业、增强竞争力上下功夫。

所谓"放小"，就是要放开、搞活国有中小企业。要积极扶持中小企业特别是科技型企业，使它们向"专、精、特、新"的方向发展，同大企业建立密切的协作关系，提高生产的社会化水平。要从实际出发，继续通过改组、联合、兼并、租赁、承包经营和股份合作制、出售等形式，加快放开、搞活国有小型企业的步伐。对近几年大量涌现的股份合作制企业，要支持和引导，不断总结经验，使之逐步完善。无论采取哪种放开搞活的形式，都必须听取职工的意见，规范操作，注重实效。要重视、发挥各种所有制中小企业在活跃城乡经济、满足社会多方面需要、吸收劳动力就业、促进国民经济发展等方面的重要作用。要建立起为中小企业提供社会服务的体系，为它们提供信息咨询、市场开拓、筹资融资、贷款担保、技术支持、人才培训等服务。

在国有企业战略性改组的过程中，要充分发挥市场机制的作用，综合运用经济、法律和必要的行政手段。在涉及产权变动的企业并购中，要规范资产评估，

防止国有资产流失，防止逃废银行债务及国家税款，妥善安置职工，保护职工合法权益。

二、国有企业资产重组进展缓慢的原因分析

国有经济乃至整个国民经济的产业结构调整和产业升级，都离不开企业之间的资产重组，以及产业组织结构的改组。第二次世界大战后以来，西方国家的兼并收购浪潮从来没有停止过。据美国 1997 年的统计，企业之间的兼并收购案件达9 400多件，占世界并购案件总数的 44.8%，并购总额高达8 230亿美元，比 1995 年增长 58.5%；1998 年，美国并购总额约达 15 000 亿美元，比上一年又猛增 82%，约占世界并购总额的 62.5%。

相比之下，我国企业之间的资产重组进展缓慢，各地区之间产业结构"趋同"现象明显，各部门内部企业规模过小，"大而全"、"小而全"问题严重。例如，我国电视机、电冰箱、洗衣机都有几十个厂家和品牌，引进过上百条的流水线，经过激烈的竞争，目前仍剩下十几家，但生产规模特别是技术含量在世界上缺乏竞争力。我国的汽车生产厂有 100 多家，但总产量还不到 200 万辆，还不如其他国家一个大厂的一半；近两年我国的手机生产厂家又蜂拥而上，已有 20 多个品牌，但总销量不足市场份额的 10%。

我国资产重组的障碍主要有以下几个方面：

1．"父爱主义"的产权制度障碍。"父爱主义"是匈牙利经济学家科尔奈提出来的，他认为，政府与国有企业之间类似于一种"父子"关系，政府对国有企业进行多方面的保护，使企业不必承担任何投资风险，在市场中居于一定的垄断地位，同时，政府也自然要加强对企业的各种干预。"父爱主义"对企业组织结构会产生双重影响：一方面，造成企业的"投资饥渴症"，各企业以及各级政府都在拼命向中央争投资，这必然造成市场短缺和重复建设；另一方面，政府成为企业的"婆婆"，企业之间的资产重组完全听从政府的指令，而政府并非总能从经济的角度看问题，这使得企业并购行为难以正常进行。

我国经过 20 多年的改革开放，国有企业的经营机制已经有了很大转变，经济环境也有了极大改观。但是，政府与国有企业之间的产权纽带，使得"父爱主义"不可能根本消除，国有企业建立现代企业制度的改革尚未取得根本性的进展，企业之间的重新组合还要受政府的控制。可见，明晰国有企业的产权关系，实行政企职责分开，仍是国有企业改革无法绕开的难关。

2．"条块分割"的经济体制障碍。在计划经济体制下，我国实行的是以"条条"为主的中央集权管理，国务院各部委的权力很大。在进行市场取向的改革以

后，地方政府的权力和地方利益在不断扩张，“块块”经济或“诸侯经济”的格局不断加强。由于地方的财力和财权的提升，地方政府必然从自己的地方利益出发考虑生产布局，那些可以“急功近利”的投资项目自然成为大家的共同目标，产业结构“趋同”就不足为奇了。例如，近两年各地方政府都想把汽车产业当做自己的支柱产业，几乎每个省都有汽车厂，而每个厂的规模都不大。地方利益的日益突出，不仅使得投资重复，并且使企业间的并购、特别是跨省市的并购行为更难以进行。结果，在地方权力加强的同时，中央的调控力度没有跟上，形成新的“条块分割”格局，是造成目前这种状况的又一原因。

3.“缺少退出机制”的经济政策障碍。政府在管理国有企业的过程中，必然较多地考虑一些社会的、政治的因素，对企业的退出机制采取极为保守的态度。企业破产后会出现一系列的“后遗症”，政府要考虑到职工的安置、社会的稳定、政府的形象、官员的个人业绩等许多问题，这就使得国有企业的破产步履维艰。例如，自1986年12月颁布了《中华人民共和国破产法》之后，十几年来破产的国有企业屈指可数，许多资不抵债的企业靠银行贷款勉强维持生存。由于缺乏退出机制，该“死”的死不了，该“活”的也活不好，影响了企业组织结构的优化。

三、ST郑百文重组方案剖析

(一) 郑百文——堪称世界上“最烂”的股票

ST郑百文可谓“大名鼎鼎”。上市之前它就是一个亏损企业，为了“包装”上市，百文集团让十几家有关联的公司为它开出欠款的证明，使它成为一个“盈利”的企业。同时，百文集团又向对方承诺，此证明只作上市审计之用，不作还款凭据。1996年4月上市后，郑百文故伎重演，编造假报表，1997年曾以每股收益0.448元晋级“绩优股”行列。此外，它还曾与郑州市建行、长虹集团一起创造了三家“连环”信贷的模式，备受投资者青睐。

1998年，郑百文突然“变脸”，一年亏掉9.8亿元，创下每股亏损2.54元的“奇迹”。1999年“更上一层楼”，创出每股亏损4.84元的新高；2000年中报显示，每股净资产是-9.31元，负债率216.95%。4年间，郑百文拖欠银行债务高达25亿元，7亿多元的股本金不翼而飞，有效资产不过6亿元，2 000多名员工工资被拖欠。可是，资不抵债的郑百文却养肥了一批腰缠万贯的硕鼠，公司下属某分公司经理竟拥有上百万元的“宝马”轿车和300多万元的北京罗马花园豪宅。

（二）令人莫名其妙的重组方案

2000年3月底，郑百文的最大债主信达公司提出郑百文破产申请；10月份，新华社披露了郑百文做假账、骗取上市资格、任意挪用募集资金等内幕后，郑百文是重组还是破产的问题，便引起了广泛关注。然而，正当中央领导要求严肃查处郑百文事件，有关部门组成的调查组刚刚进驻郑百文进行审查之际，事情却发生了戏剧性的变化，郑百文董事会突然宣布：山东三联集团将重组郑百文。12月31日，由股东大会通过的重组方案的主要内容有：三联公司出资3亿元，购买信达公司15亿元的债务，并得到豁免；所有股东将50％的股份无偿转让给三联公司，不同意转让的，可由郑百文公司以合理的价格回购股票。

郑百文重组方案的炮制者抛出了所谓利益最大化和“多赢”的神话，其实又是个骗局。郑百文的资产债务重组并未摆脱账面重组的窠臼。郑百文累计亏损高达18.2亿元，按照重组方案，这个巨大的黑洞是这样填平的：郑百文原有的2.7亿元公积金，加上信达公司和三联公司分别豁免郑百文债务所形成的15.92亿元巨额资本公积金，将使累计亏损为零。同时，郑百文原负债23.5亿元，此次剥离出21.9亿元给其原控股的集团公司，再获得三联公司的4亿元资产注入，使重组后的郑百文每股净资产将达到1.27元。

受信达公司委托，一手策划了郑百文重组方案的中和应泰管理顾问有限公司董事长金立佐说：百文重组的原则，一是市场化，二是法制化。买卖只能由双方决定，场外人可以评判，但不可以越俎代庖。其实，这些都是骗人的鬼话。

郑百文重组真的纯属市场行为吗？不是。郑州市政府不仅一直在参与斡旋郑百文重组事件，而且替郑百文的3亿元债务向信达公司提供有效担保。郑百文重组完全是建立在破产机制、退出机制不到位的基础上的。当山东三联公司董事长张继升听到郑百文与信达公司债务重组的方案破裂后，第一个反应就是从床上跳了下来。尽管他知道郑百文“烂”得一塌糊涂，但他却断定“它很难破产”，因为郑百文是个上市公司，具有壳资源，市场退出机制不健全，凭什么要拿郑百文开刀？如果没有政府的干预，郑百文根本就拖不到今天。

郑百文重组方案说是要依据法律进行，但多处与法律相悖。重组方案提出《关于股东采取默示同意和明示反对的意思表达方式的议案》，就违反了《中华人民共和国公司法》的规定。法律专家指出，股份的出让属于每个股东自己的“自益权”和“固有权”，个人股权没有由股东大会处置之理。此外，重组后三联公司将持有郑百文50％的流通股和非流通股，这与《中华人民共和国证券法》的公司收购条款相悖，还可能形成对股市的操纵。

根据重组方案，有人为各方参与者算了一笔账：（1）信达公司的21亿元的贷款本息将可收回6亿元；（2）三联公司支付5亿多元现金和资产，收获近1亿股郑百文的流通股和非流通股；（3）百文集团将接受近10亿元不良资产，支付约4.5亿元债务，并出让50%的股份；（4）流通股股东出让50%的股份，其余股份前景未定。

（三）众怒难平，市场倒逼退出机制

然而，百密一疏，机关算尽的郑百文重组方案，终因一个关键问题的失算而打乱了其如意算盘。2000年，信达公司豁免了郑百文1.5亿元债务，其用意是使郑百文2000年扭亏为盈，摘掉ST的帽子。但根据《财政部关于郑百文资产与债务重组中有关会计处理问题的复函》，上述1.5亿元债务豁免应转入资本公积金，而非计为债务重组收益。这样，郑百文将继续亏损而被PT处理。从PT到ST，可能需要2年的时间，这是三联公司所不愿意的。

2001年2月5日，郑百文发布预亏公告，表示公司亏损严重，股票有可能被暂停上市，从而进入PT之列。信达资产管理公司2000年年底最后一天豁免的1.5亿元债务，已被财政部明令不能计入郑百文的利润，而只计入资本公积金。

2月6日，中国证监会有关负责人就郑百文重组一事发表谈话，称“应严格依法进行重组”，并明确指出：“方案中有关股权过户的内容规定不适当”。证监会在两个月内就一家公司重组问题两次发表谈话，虽非空前绝后，却也十分罕见。

2月7日，新华社“新华视点”专栏推出《奇怪的郑百文重组现象》，历数准备重组中的种种不正常之处，《人民日报》、《经济日报》及三大权威证券报、各大网站都进行全文转载。此后，各媒体纷纷发表文章，抨击郑百文的重组方案。

2月10日，郑百文董事会就媒体及投资者的质疑做出七点说明，主要内容有：（1）三联公司注入4亿元资产，其中2.5亿元是资产置换，1.5亿元作为营运资金；（2）三联公司将分期偿还信达公司的3亿元支付；（3）百文集团购买郑百文的9.7亿元不良资产，承接5.9亿元的债务，两者所差的3.8亿元，记为郑百文对集团的其他应收款，其中的2.5亿元与三联公司注入的资产置换，其余的1.3亿元与以前集团留在郑百文的1.26亿元的债务相对应；（4）三联公司至2000年年底总资产为56.34亿元，净资产为25.97亿元，利润总额为4 863.12万元；（5）郑百文将于2月22日召开2001年第一次股东大会。

值得注意的是，在2002年年底郑百文重组方案公布后[illegible]股票[illegible]拉出8个涨停板，第一天收盘时买盘总量达9 486万股，相当于郑[illegible]流通股的 88.57%，明显是有人操纵的行为。而在证监会负责人的谈话后，郑百文股票在 7 个交易日中又出现 6 个跌停板。重组郑百文可以说是三联公司下的赌注，但其他的参与者不也是在跟着下赌注吗？众所周知，没有退出机制的市场是最危险的市场，重组可以挽救一个郑百文，破坏的却是市场规则，放纵的是投机行为。2003 年 8 月，经国家工商行政管理总局核准，公司更名为三联商社股份有限公司。公司注册资本原为197 582 119.00元。2003 年 6 月 24 日，中国证券登记结算有限责任公司上海分公司办理了本公司重大资产重组过程中所涉及的111 362股流通股份的回购手续，并于次日办理了回购股份的注销登记，注册资本相应减少至197 470 757.00元。

第十五章

企业集团、控股公司和资本运营

企业集团作为一种新型的经济组织形式，是市场经济和社会化大生产高度发展的产物。由于它具有规模大、一体化、多元经营和跨国经营的优势，在世界经济中发挥着越来越重要的作用。目前，世界生产量的40%，技术转让的30%，国际贸易的一半以上，都掌握在6万余家世界跨国集团手中。在我国，发展以国有经济为主的企业集团和国有资产经营公司，不仅是加快我国经济发展的重要措施之一，也是国有经济改革和改组的重要内容。企业集团的核心是集团公司，也就是控股公司。控股公司一般要将生产经营与资本运营结合起来。

第一节　企业集团是市场经济发展的潮流

一、企业集团的概念与特征

企业集团（business group 或 industrial group）是由若干个企业按照一定的目的和一定的形式组合而成的企业群体。企业集团是市场经济和社会化大生产高度发展的产物，它可以获得规模经济效益，更好地参与国内外的市场竞争。

企业集团的概念最先出现于20世纪50年代的日本，并很快向世界范围传播。但理论界对企业集团的界定并不统一，大致有广义、狭义和中等含义三种说法。日本经济学家山田一郎在《企业集团经营论》一书中指出："所谓企业集团，是以各成员企业在技术或其他经营方面相互补充为目的的，以成员的自主权为前提，在平等互利原则下结成长久的经营联合体，是一种经营合作体制。"这可以说是一种广义的企业集团的定义，它几乎涵盖了国际上各种形式的垄断组织。

狭义的企业集团概念的界定范围则要狭窄得多。《现代日本经济事典》的表述是："企业集团不是企业的简单聚合，而是特殊形式的大企业结合形态。"它的六个标志是：(1) 相互持股，即集团成员之间呈相互环形持股状态；(2) 组成经理会，即由集团成员企业的经理组成经理会，类似股东大会的性质；(3) 由集团成员出资建立联合投资公司，使集团成员之间建立同心同德的关系；(4) 大城市银行成员是企业集团的中心，它们联合其他金融机构，对集团成员进行系列贷款；(5) 综合商社作为集团的交易媒介，并对集团成员发放商社贷款等；(6) 配套的行业组成，集团的组成以重化工业行业为中心，成员分布于各产业领域。在日本，大体符合以上标志的，目前只有三菱、三井、住友、芙蓉、第一劝业银行、三和银行等六个企业集团，而新日铁、松下、索尼、丰田等大公司都被排除在外。

我国是从 80 年代开始使用企业集团的概念的。1987 年 12 月，原国家体改委、原国家经委颁布的《关于组建和发展企业集团的几点意见》提出：企业集团是为适应社会主义有计划商品经济和社会化大生产的客观需要而出现的一种具有多层次组织结构的经济组织。它的核心是自主经营、独立核算、自负盈亏、照章纳税、能够承担经济责任、具有法人资格的经济实体。按照我国一些经济学家的解释，企业集团是企业之间横向经济联合的产物，是由独立企业组成的经济联合体，包括紧密层、半紧密层和松散层等多个层次。这可以算是居于广义与狭义之间的中等含义的概念，我们也基本上从这种定义出发进行研究。

基于这种界定，我们认为，企业集团应具有以下特征：(1) 企业集团不是一般的大企业，也不是独立法人，而是包括大企业在内的企业联合体。集团内各成员都是独立的法人实体，相互之间是平等的法人关系。(2) 企业集团的核心必须是一个或几个具有较强实力的经济实体，而不能是行政机构或社会团体，否则，企业集团将失去经济组织的性质。(3) 企业集团是一种特殊的经济联合体，突出表现在资产的联合上，如控股、持股和相互参股关系，并有一个对其他成员有控制和影响能力的核心。仅仅以经济契约或生产经营合作伙伴关系为基础的集团，不应算作典型的企业集团。(4) 在一些企业集团内部一般要设立共同投资基金或综合商社等金融组织，承担对成员企业的贷款，以增强集团的凝聚力。(5) 企业集团与集团公司也不能混同，前者是指企业集团的整体；后者是指企业集团的核心，它是实力雄厚的独立的大公司，是独立的法人实体。

二、企业集团的发展及类型

19世纪末至20世纪初，西方各国出现了各种垄断组织，如卡特尔、辛迪加、托拉斯和康采恩，康采恩就是企业集团的雏形。康采恩由不同经济部门的许多企业联合组成，包括工业、贸易、运输、金融等行业，目的是通过垄断市场以获取垄断利润。参加康采恩的一些中小企业在形式上保持着独立的法律地位，但实际上集团中占核心地位的大公司通过参与制对它们进行着控制。当康采恩发展日益成熟，内部的资本纽带日益巩固，并出现了类似于共同投资基金、综合商社这样的内部金融组织之后，就演化为现代的企业集团。

第二次世界大战后，新技术革命的发展和国际市场竞争的加剧，促使企业集团迅速发展。到1953年，康采恩在联邦德国煤炭、钢铁和金融部门的股份资本总额中所占比重分别为75%、77%和65%。日本也是康采恩发展比较迅速的国家，第二次世界大战前已有20多个康采恩，第二次世界大战后通过产业结构调整，确立了重化工业的中心地位，并以金融资本为核心，重新组建了六大企业集团。如芙蓉集团有30家成员企业，每个企业属下又有许多子公司、关联公司，经营范围涉及银行、纺织、食品、钢铁、建筑、铁路等。

由于各个国家和地区的社会经济背景不同，它们的企业集团的组织形式也有一些差别。下面分国别和地区做一简要的介绍和比较。

(一) 日本的企业集团

日本的企业集团基本有两种类型，一类是传统的六大企业集团，如前所述，以环形持股的资金纽带为其最主要的特征，称为环形持股式企业集团；另一类是新型的独立的企业集团，以松下、丰田、日产、新日铁、索尼、东芝等为代表，称为放射持股式企业集团。这类企业集团有如下一些特点：（1）它们以一个大型企业为核心，这个核心企业既是生产经营性公司，又是对下属企业控股的控股公司；（2）在集团内部基本成员之间以相互持股为纽带，但都是射线式持股，而非环形持股，核心企业对子公司实行垂直控制，所以又可以叫做锥形企业集团；(3) 企业集团由核心企业的董事会统一领导，不设类似于经理会那样的领导机构；（4）集团内设有统一的销售机构和科研机构，甚至还有金融机构，基本上是在一业为主的条件下实行多种经营；（5）核心企业对松散层的协作企业也非常重视，把它们按地区和工种分别组织起来，成立受集团领导的协会，对它们进行指导和扶持。

环形持股式企业集团与射线式持股企业集团如图 15—1 所示。

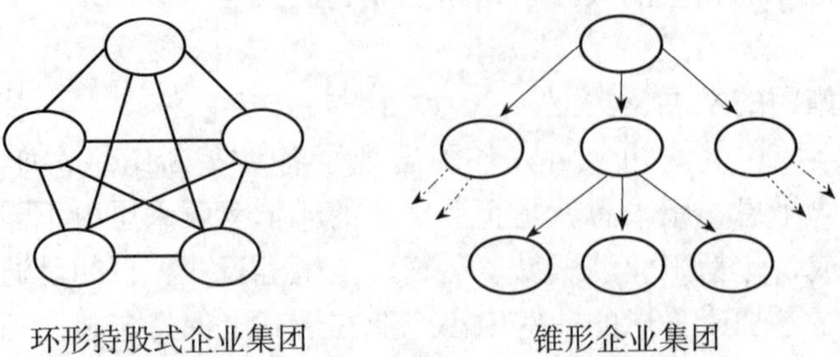

图 15—1　环形持股式企业集团与锥形企业集团

（二）美国财团型企业集团

美国的企业集团基本上是在富足的家族财团的基础上发展起来的，但随着时间的推移，已出现了一些新的特点：（1）集团的资本主要来自家族财团和一些金融机构，它们通过控股公司，对财团所属企业进行垂直控制。美国的财团在建立之初，几乎全是家族控制，但随着历史的发展与财团家族的繁衍扩大，财富日益分散，家族对财团的控制逐步削弱，而一些商业银行、投资基金等金融机构对财团的控制则有不断加强的趋势。（2）财团所属企业以一业为主，并逐步向多元化经营发展。（3）美国的财团不像日本企业集团那样界限分明，大财团之间资本相互渗透的情况日益发展。据 70 年代的统计，美国 100 家最大的企业中，有 1/3 以上是由两个以上的财团控制的。（4）财团所属企业也存在相互持股的情况，但都是射线式持股，而且持股不限于财团成员企业。（5）美国的银行设有资产信托部，代管富豪和各种基金会的资产。根据信托法的规定，银行可以决定受托资产的投资方向，这使得商业银行能够控制工商企业的股权；而商业银行又是属于财团的，这就使财团的组织进一步呈现界限不清的状态。（6）由于上述原因，财团除核心企业外，其紧密层、半紧密层也处于错综复杂的状况，不像日本企业集团那样有界限清晰的组织结构。

（三）德国康采恩的特点

德国的康采恩与美国的财团有相似之处，即都是以一个大企业为核心，通过控股、持股而控制一批子公司、关联公司。但德国的康采恩也有自己的一些特点：（1）按照德国的康采恩法，控股公司要对子公司控股 3/4 以上，并可以对子公司直接下达指令，同时对其指令要承担相应的经营责任。（2）康采恩内部实行垂直控制，核心企业通过监事会、董事会向集团成员派遣监事、董事，控制整个集团。德国的监事会与其他国家不同，它由股东会选举和企业职工推选产生，负责任命董事和进行重大决策，是比其他国家董事会权力更大的特殊机构。(3) 大部分的康采恩主要在一个特定的行业内经营，而很少跨行业经营。如法本康采恩主要经营化学工业，蒂森康采恩主要经营钢铁，西门子康采恩主要经营电子电器等。(4) 德国特大城市银行对工商业康采恩有很大影响，它们实际上是金融康采恩。德国的股票是无记名的，股东把股票寄存在银行里，银行就拥有了寄存股票的投票权，这是银行对工商企业加强控制的一个重要因素。

(四) 意大利国家参与制企业集团的特点

所谓国家参与制企业集团，是指国家以其直接控制的控股公司对其他企业进行直接或间接控股，从而形成了以国有经济为主体的企业集团，主要有伊里集团、埃尼集团和埃菲姆集团三家。意大利国家参与制企业集团的主要特征是：(1) 以单纯性控股公司为核心。每一个国家参与制企业集团都有一个国家直接控制的控股公司，如伊里集团的伊里公司、埃尼集团的埃尼公司，都处于集团金字塔的顶端。它们都是国家独资的纯粹型控股公司，主要进行国有资产的管理和产权经营，不从事直接的生产经营活动。(2) 有多个层次。国家参与制企业集团除了一级控股公司外，还有众多的次级控股公司和直接生产经营企业。凡纳入企业集团的企业，其股份至少有51%以上归本集团有关公司直接占有。(3) 垂直控制。这与欧美其他国家相似，但不同之处在于控股的是国家，而不是私人。(4) 三权分立。集团内部实行决策权、监督权、执行权分立。控股公司实际上是集团的领导机构，设董事会、执行委员会（董事会的常设机构）、审计委员会和总经理。(5) 投资决策权集中。集团的重大投资的决策权集中在政府，如购买或创办新企业、出售已有的企业，都要通过政府批准。一般的投资决策权在控股公司。(6) 股份制与非股份制相结合。一级控股公司不是股份制企业，而是国家独资公司，集团中其他企业则全部是股份公司，这样有利于吸收大量私人资本。(7) 多样化与专业化相结合。每一个国家参与制企业集团都是多元化经营的集团，涉及多个领域，而每个集团中的次级控股公司则都有一定的专项分工。可以说，意大利的国家参与制的构想和实践，对于我国国有经济改革具有重大的参考价值。

(五) 香港企业集团的特点

在香港，工业、贸易、金融、运输、通信、房地产、航空等重要的经济部门，几乎全被企业集团所垄断和控制。从我们掌握的文献看，香港的企业集团有以下一些特点：(1) 从资金来源看，企业集团可分为中资、港资和外资三大类。外资集团主要来自英国，它们形成较早，实力雄厚，如香港上海汇丰银行。港资和中资集团形成较晚，分别在70年代和80年代，实力也较弱。(2) 在香港多称集团公司，而很少称企业集团，但其组织结构与我们所说的企业集团相似。从产权关系看，具有股份制和纵向持股的特点，与欧美国家类似。(3) 从经营范围看，具有多元化经营和国际化经营的特点。(4) 从融资的情况看，具有产业资本与金融资本相结合的特点，集团公司的一个显著特征是负债经营，资产负债率较高。(5) 从集团公司与子公司的关系看，双方之间主要是股东与企业的关系，尽管在对外经营上集团公司和子公司被视为一个整体，但它们都是法人实体，子公司的独立自主权较大。

总之，各国、各地区由于社会经济背景和发展状况不同，它们的企业集团的组建形式也有很大不同，而且在短期内尚难统一。这也是理论界目前产生各种分歧意见的现实基础。我国在发展企业集团的过程中，应从实际出发，既不能照搬某种模式，也要充分比较各种模式的利弊。

第二节 我国企业集团的发展与规范

一、我国企业集团的发展及其主要形式

与"条块分割"的传统体制相适应，"大而全"、"小而全"已成为我国企业组织结构的主要特征。为改变这种状况，国务院于 1986 年 3 月做出了《关于横向经济联合若干问题的规定》，确定了横向经济联合的原则和目标，提倡以大中型国有企业为骨干，以优质名牌产品为龙头进行联合。企业之间的联合要在自愿的基础上，不受部门、行业、所有制的限制，可采取紧密型、半紧密型和松散型等多种形式。此后，各种经济联合体在全国陆续出现。

经过一段企业横向经济联合的实践，人们认识到，横向经济联合是提高经济效益的有效途径。1987 年 12 月，国家体改委和原国家经委联合颁发了《关于组建和发展企业集团的几点意见》，对企业集团的概念做出了明确规定，提出了企业集团的组建原则、内外部条件及内部管理方法。一时间，在全国掀起了"集团热"，但绝大多数集团都是仓促上马，存在着"十个集团九个空"的问题。1989 年底，国家体改委在深圳召开了企业集团组建和管理座谈会，草拟了《企业集团组织与管理暂行办法》和《集团公司审批登记暂行办法》等文件，从而使企业集团有了较为规范的发展。

在前一段企业集团大发展的基础上，为了使我国的企业集团能够按照国际惯例更加成熟地发展，我国从 1991 年起加强了对企业集团的宏观导向和管理。原国家计委和国务院生产办公室提出了《关于促进企业集团发展的意见》，并挑选 55 家大型企业集团在计划单列的基础上进行试点，在计划、财政、金融、外贸

等方面辅以优惠政策支持。这些政策包括：试点企业集团在国家或省级计划中实行单列；核心企业对紧密层成员实行“六统一”；对试点企业集团进行国有资产授权经营改革试点；允许试点企业集团逐步建立财务公司；逐步赋予试点企业集团自营进出口权及相应的外事审批权。这些宏观政策的出台与实施，促进了我国企业集团的改造和发展。

目前，我国的企业集团按照内部构成特点划分，可以分为以下三类：

1. 纵向型企业集团。这类企业集团以开发和生产某种主导产品为中心，把原材料供应、科研、技术开发、产品制造、销售等企业结合在一起，形成企业集团。如1988年成立的广州万宝集团，其主体是原广州二轻系统的万宝电器工业公司等国有企业，联合其他相关电子企业及科研机关、高校、金融、商业等43个单位共同组建而成，集团以生产万宝家用电器为主，提高了整体的生产能力和经济效益。

2. 横向型企业集团。这些企业集团由一批生产同类产品的企业和金融机构等横向联合而构成。如常州金狮集团（以生产自行车为主业）、上海广播电视集团（以生产电视机等电子产品为主业）、北方有色金属联营公司（简称黄金集团）等。其中以黄金集团规模最大，它有28家成员，跨越吉林、辽宁、江苏、浙江、河南、四川、陕西、内蒙古等8个省、自治区，以沈阳冶炼厂为依托，联合有色矿山、冶炼、加工及延伸产品的企业，形成中国北方铜、铝、锌、铅、镁、黄金、白银等综合开发中心和生产经营基地。同时，黄金集团还与金融机构联合，在集团内成立了自己的金融机构。

3. 混合型企业集团。这类企业集团是以纵向联合为主的多层次的企业集团，东风汽车工业联合公司即“二汽”就属于这种集团。二汽集团成立于1981年4月，经过十多年的发展，现已遍及28个省、市、自治区，跨越14个产业部门，各种联合形式的成员企业达297家。其中，与“二汽”实行资产一体化的有原航空工业部3015厂和杭州汽车厂；与“二汽”实现紧密联合、在国家计划单列的有云南汽车厂、柳州汽车厂、新疆汽车厂、南京东风专用汽车制造厂和汉阳特种汽车制造厂；合资和半紧密联合企业有30家；松散联合企业有251家，初步走出了一条以大型企业为依托、企业之间纵横联合、优化企业组织结构和推动专业化生产的集约经营之路。“二汽”目前是我国汽车行业中最大的，也是各方面发育比较完备的、试验比较成功的企业集团。

二、我国发展企业集团的作用与存在的问题

（一）企业集团对我国经济发展与改革的作用

我国的企业集团虽然创建时间不长，但对我国的经济发展和经济体制改革已

经产生了积极的影响。

1. 企业集团的组建和发展，有利于冲破“条块分割”的旧体制的束缚，促进了企业组织结构的调整和改革。在传统体制下，由于部门分割、地方封锁，各个地区和各个行业自成体系，该集中生产的集中不起来，形不成规模经济；该分工协作的又分不开，形不成高效率的专业化协作体系，造成了“大而全”、“小而全”的高度分散的企业组织结构，生产总在小规模、低效率的水平上重复。为适应社会化大生产需要而组建的企业集团，初步打破了部门分割、地区封锁的状态，促进了企业之间的横向经济联合，提高了生产规模和劳动效率。

2. 企业集团的组建和发展，推动了国有资产存量的合理流动与重组，有利于产业结构的调整，提高了国有经济的配置效率。在传统体制下，国有资产基本处于凝固的状态，调整产业结构和解决国民经济的“瓶颈”，主要靠新增投资的增量调整，实际上难以实现各种经济比例关系的平衡。通过组建企业集团，可以使国有资产存量合理地流动和重组，特别是还可以将一些闲置的或经营效果不佳的国有资产动员起来，实现经济结构的较快调整，其效果是单纯的增量调整所不能比拟的。

3. 企业集团的组建和发展，促进了科学研究、技术开发与生产的有机结合，加速了科技成果向现实生产力的转化。在“条块分割”的体制下，由于企业规模过小，科研能力十分有限；而单独成立的科研机构又容易出现脱离生产实际的“两张皮”现象，这是我国生产技术进步迟缓的重要原因之一。通过组建企业集团，就可以将企业与科研机构紧密地结合起来。厦门的华夏集团就是一个典型的例子，它们同机电部电子行业所属的从事专业技术研究的18个院、所实行联合，吸引它们到深圳办分支机构和联办公司，大大加强了集团的技术力量。

4. 企业集团的组建和发展，提高了我国产品在国际市场上的竞争能力，提高了企业出口创汇能力，改变了我国出口产品以原料、低加工产品为主的状况。在当今世界市场竞争激烈的情况下，要使我国的工业产品占有一席之地，靠单个企业单打独斗是难以奏效的，必须实行经济联合，才能发挥规模优势。目前，我国的家用电器、机床、农机、化工等工业产品的出口比重越来越大，其中的大部分产品都是一些集团公司或企业集团制造的。

（二）我国企业集团发展中存在的问题

由于我国的企业集团还处于刚刚创立时期，而且整个经济体制的市场化改革尚未完成，这使得我国的企业集团的组建和发展必然存在许多困难和问题。这些困难和问题又往往与传统体制纠缠在一起，从而加大了解决的难度，使我国的企业集团的发展面临着严峻的考验。

1. 对企业集团的性质和作用认识不足，存在着“一哄而上”的现象，许多企业集团只是有个空壳，实际上企业组织结构并没有多少变化。有一些地方和部门在对企业集团的概念和性质还没有搞清楚的情况下，就匆匆组建起若干个企业集团；也有的集团只是为了享受国家的某些优惠政策或提高企业规格，没有在企业组织制度和经营机制上下功夫。由于各种经济关系特别是产权关系没有理顺，集团内部矛盾重重，最后都不得不宣告解体或者是名存实亡。

2. 企业集团的行政化倾向十分严重，许多企业集团的组建不是企业的自发行为，而是政府部门利用行政手段强行撮合而成的，使集团内部缺乏合作基础和凝聚力。这样的企业集团，在组织形式上维持着政企合一的基本格局，在管理上也保存着明显的行政色彩，这是国有企业产权制度改革滞后的必然结果。特别是在某些地区，地方政府为了卸掉亏损企业的包袱，强迫经济效益好的大中型企业将亏损的小企业“兼并”。这种“拉郎配”、“甩包袱”的做法，是与组建企业集团的宗旨背道而驰的。

3. 在组建企业集团过程中实行“三不变”原则（即参与联合的企业的隶属关系、经济性质和上缴利税渠道不变），维护了“条块分割”的旧体制。虽然“三不变”原则在企业联合的初期，作为一种权宜之计是必要的，可以减少改革中利益协调的矛盾，但随着企业集团的发展，“三不变”原则就成了企业紧密联合的严重阻碍。以二汽集团为例，作为其紧密层的云南、柳州和新疆三个汽车厂，虽然已由二汽集团实行“六统一”管理，但这三个企业的财务隶属关系在财政部计划单列，人事任免要与地方政府协商，使得它们与二汽集团的关系始终处于若即若离的状态。由于集团内部关系不稳定，集团的规划、发展战略、产品分工都难以统一，对集团的发展造成了极为不利的影响。

4. 许多企业集团由于内部缺乏资本联结的纽带，内部凝聚力不强，稳定性差。目前多数企业集团主要停留在技术协作和生产经营的联合上，这种联合的基础十分脆弱。当市场环境不好时，迫于竞争的压力，集团的向心力还比较强；一旦市场环境转好，各个企业就会出现各奔东西的离散倾向。这也说明，企业集团的发展需要一个充分竞争的市场环境，如果企业受到政府的保护而没有生存的压力，企业的联合也就失去了内在的动力。

5. 有关企业集团的法规建设滞后，企业集团组建与“条块分割”的旧体制之间的矛盾没有根本解决，政府对企业集团的管理也难以规范化。目前，我国的企业集团法尚未出台，现有的各种暂行规定也不够完善，特别是对国有产权管理体制等一些关键性的难题，基本采取了回避的态度，这使得企业集团的组建基本上处于无法可依的状态。同时，国有企业改革的滞后、国有经济产权关系的模糊，已经成为企业集团发展的严重障碍。

三、我国企业集团规范发展的对策研究

通过我国与西方国家的企业集团的比较可以看出，由于我国企业集团刚刚组建，又受到传统体制的制约，因而存在着结构松散、稳定性差、规模小等问题。为了使我国的企业集团能够顺利地发展，并对国有经济的整体改革起到积极的推动作用，应当认真解决以下问题：

1. 要加快国有企业的公司制改革，这是理顺国有经济产权关系和建立企业集团产权联结纽带的先决条件。从西方国家企业集团的发展经验看，无论是日本的环形持股的六大集团、美国垂直持股的家族财团，还是德国的康采恩，无一例外都是以股份制经济为基础的。可以说，股份制是企业集团的现实基础，企业集团是股份制发展的必然趋势。而我国目前国有企业的股份制改革还在试验过程之中，有许多难题（如国家股上市、国有股权代表选派、国家股收益与配股出资等）都没有解决，股份制改革的试点范围也很小。在这种情况下组建企业集团，出现上述问题也就不足为奇了。当前，企业集团的试点要坚决地搞下去，但更重要的是，要坚定不移地加快股份制改革，下决心大刀阔斧地解决政资不分、政企不分的问题。如果试图绕过国有企业公司制改革这一棘手的难题组建企业集团，必定是徒劳的。同时，也应当利用创建企业集团的机会，重塑国有资产的管理体制，理顺和明晰国有经济的产权关系。

2. 要加快企业集团的法规建设，使企业集团的组建和管理有法可依、规范发展。按照发达国家有关企业集团的规定，企业集团应是由多个法人组成的多元结构，其主要成员应当是企业法人，少数科研单位、大专院校等事业单位也可以成为其成员，但政府机关不应成为集团成员。企业集团应当有实力较强的核心企业，有能够影响整个集团的紧密层，还应当有外围的半紧密层和松散层。核心企业与紧密层应以股权联结为纽带，这涉及控股、参股与环形持股等产权关系，需要通过法律条文确定下来。例如，一般的控股关系是指集团公司（母公司）对被控股企业（子公司）持股比例超过51%；母公司对子公司应拥有控制权，包括经营决策权、人事任免权等；集团内部可以实行多层的控股关系，国际上的一些大公司已形成了六七级的分层控股关系；持股比例达不到51%的不应成为控股关系，集团公司只能以大股东的身份参与被投资企业的经营决策活动。

3. 要加强政府对企业集团的宏观管理和调控，协调企业集团发展过程中可能出现的各种矛盾和问题。从发达国家企业集团的发展看，在促进经济发展的同时，也出现了一些新的问题。比如，日本环形持股的企业集团加强了经理阶层对

集团的控制而削弱了股东的权益，美国财团实力的减弱和股权的日益分散化导致了“经理革命”，而且企业集团的发展还必然形成对市场的垄断，等等。我国正处于制度转轨时期，企业集团的组建可能导致更多矛盾的产生，更需要加强政府对企业集团的宏观控制。这就要求各级政府部门充分认识组建企业集团的目的、意义、原则和条件，增强自觉性，避免盲目性，切忌“一哄而上”。对于已经组建多年而且基础较好的企业集团，可以通过优惠政策予以重点扶持，如允许其成立财务公司，赋予其必要的外经外贸权和外事审批权，通过政府对核心企业的授权经营实现对紧密层的控股，鼓励国有企业实现跨地区、跨部门的横向联合等。此外，各级政府还要加强对企业集团的管理和监督，使企业集团的发展符合社会经济发展战略和产业政策，处理好创造规模经济与防止市场垄断之间的关系等。总之，政府部门一定要统筹规划，去弊存利，促进我国企业集团健康有序的发展。

4. 通过兼并、合并、授权持股和贷款等方式，增强重点发展的企业集团的实力，使之成为具有国际影响的大型企业集团或集团公司。与发达国家相比，我国的企业集团总体上规模太小，有的实际上只能算是人家的一个小小的分厂。例如，美国通用汽车公司和北京轻型汽车公司都叫“企业”，但二者根本无法相提并论。如按 90 年代初人民币与美元 1∶5.77 的汇率计算，美国通用汽车公司的销售额、资产额分别为10 688亿元、15 056亿元，而北京轻型汽车公司分别只有 9 亿元和 7 亿元，两者相差1 000倍以上。又如，1993 年，我国 500 家最大国有企业销售总额为10 233亿元，与通用汽车公司一家不相上下。我国最大的 17 家汽车公司的销售总额只有 119 亿元，仅相当于德国大众汽车公司的 40%。过去我们常说，社会主义的优越性在于可以集中人力、物力做大事情，但实际上，由于“条块分割”，使这一优越性没有发挥出来，众多的分散的中小企业反而成了国有经济的特征。所以，扩大生产规模、增强国有企业的国际竞争力，也是组建企业集团的目的之一。

扩大国有企业规模的途径有多种，如兼并、合并、联营等，但这里想强调的是授权经营（严格地说，应称为授权持股）。国有资产授权经营是于 1990 年 1 月第一次全国国有资产管理会议上提出来的，选定二汽集团等 4 家公司进行试点。主要做法是将紧密层企业的国有资产授权给核心企业进行经营，并且赋予股权代表资格，建立起母子公司关系，强化资产联结纽带。这种做法在国务院国发［1991］71 号文件《关于选择一批大型企业集团进行试点的请示》中得以进一步明确。但是，从几年的实践情况看，地方、部门分割的格局并未根除。比如，二汽集团的核心企业东风汽车集团公司，应对其紧密层的云南、柳州、新疆三个汽车厂实现控股关系。但在实际运作中，这几家企业的财务隶属关系在财政部计划单列，只是由二汽集团实行承包经营，所以这并不是真正的控股关系。而如果让二汽集团出资去购买三家汽车厂的股份，又是难以做到的，因为二汽集团无法筹集这么多的资金。而且，它们都是国有企业，资产都是国家的，从道理上说，国家也没有必要自己出资去购买自己的股份。可是，不采取产权交易的办法，又会损害三家企业所在地的地方政府的利益。总之，应将授权经营改为授权持股，以强化集团内部的产权纽带。但这又涉及如何协调集团与地方政府利益关系的棘手问题，还有待中央政府制定统一的政策予以解决。

第三节　控股公司的生产运营与资本运营

一、控股公司的含义及类型

（一）控股公司的含义

控股公司是指持有另一个或几个公司一定数量的股份，从而对其他公司进行控制的公司。控股公司通常也称为母公司，被控股公司称为子公司，这说明，二者是控制与被控制的关系。但严格地说，控股公司与母公司的含义也有所差别，一般将积极参与被控股公司业务活动的混合型控股公司叫做母公司；而一些对被控股公司的具体业务干预不多的单纯型控股公司，习惯上不能叫做母公司。但这种差别只是习惯用语上的差别，并无严格的法律规定，所以，将所有的控股公司都叫做母公司也未尝不可。

从理论上说，控股公司要达到对其他公司的完全控制，必须持有被控股公司的绝对多数份额的股份，例如在51%以上；严格地说，应在2/3或3/4以上，这样才能保证控股公司（母公司）在被控股公司（子公司）的股东大会表决时处于绝对支配地位，保证符合母公司意愿的提案（包括一般决议和特别决议）都能顺利通过。但由于股权分散化、社会化的发展，实际上控股公司对子公司的持股份额不必这样高，一般持股比例达到30%～40%，甚至更低，就可以达到控股的目的。

目前，世界各国对控股公司的规定不尽相同。例如，美国1985年的《公共事业控股法》规定，任何公司已发行的有表决权的股票中，如果有10%或更多的数量为另一公司所掌握时，该公司即为另一公司的子公司，另一公司即为该公司的母公司。这是因为，美国的公司以股权的高度分散化为特征，因而控股权的份额就很低。

法国 1985 年的《股份有限公司法》规定，如果一公司掌握另一公司一半以上的股本，则后者是前者的子公司，前者是后者的母公司。

英国 1948 年《公司法》第 154 条对控股公司和子公司的关系所作出的规定主要是：(1) A 公司是 B 公司的在册股东，并实际控制 B 公司的董事会；(2) A 公司拥有 B 公司一半以上的股本；(3) B 公司是 A 公司的孙女公司（即子公司的子公司）。凡符合其中任何一种情况的，则 A 公司是 B 公司的控股公司。

意大利的公司法对控股公司的描述与英国相仿，凡是某一公司可以对另一公司的股东会进行控制，或对其业务活动有决定性影响，或持有多数的股份，则可成为控股公司。

可见，对控股公司的规定是比较复杂的，除了持有一定份额股份的规定比较明确外，至于什么叫做"控制董事会"、"控制股东会"，或"对业务有决定影响"，就比较难以界定了。

（二）控股公司的类型

控股公司的类型，一般可分为纯粹的控股公司和混合的控股公司。纯粹的控股公司是单纯为了控制其他公司的经营和管理，本身不再从事其他业务活动的公司；混合的控股公司则除了控制其他公司的运作外，本身还要经营其他业务。在现实生活中，绝大多数控股公司属于混合的控股公司，纯粹的控股公司很少。

控股公司在 20 世纪初开始出现于美国，随后在其他资本主义国家也得到广泛的发展。控股公司可以通过组建新的子公司实现控股，也可以通过购买其他公司的股份实现控股。控股公司还可以实现多级的控股，如一个"母公司"控制若干个"子公司"，而每个"子公司"又控制多个的"孙公司"，"孙公司"又控制"孙孙公司"，等等。由此可见，控股公司实际上也就是前面所说的企业集团中的集团公司，被控股的子公司、孙公司都属于集团的紧密层。

建立控股公司的作用是：(1) 用控股公司的办法控制其他公司，比用合并、兼并或收购其他公司的办法更简便、更节省资金。(2) 控股公司可以利用自己的声誉提高子公司的资本效率，增加本公司市场占有率，同时母公司又不必对子公司的债务承担更多的责任。(3) 某些国家不允许国外企业建立独资公司，采取控股公司的形式就可以避开这种限制，甚至可以享受到一些优惠政策。

但也应看到控股公司制度存在的一些缺陷。例如，由于控股关系比较复杂，会影响资本的经营效率；维持各个独立"子公司"所缴纳的税款，要比联合成一个公司缴的多；可能遇到法律上的种种限制，如各国的公司法都有对母子公司关联交易的限制条款。

二、控股公司的生产运营与资本运营

随着控股公司的出现，也就发生了生产运营与资本运营的新的分工。生产运营是指传统的生产经营活动，其直接的产品就是企业向社会提供的商品和劳务。其基本特征是：(1) 生产经营的基础是物化资本，其中生产产品的工艺技术装备具有重要意义；(2) 现有的物化资本在运营中一般是非交换对象；(3) 生产经营的核心问题是根据市场需求及其变化趋势决定生产什么、生产多少以及如何生产；(4) 投资活动主要围绕强化物化资本和产品开发进行，如从量和质的提高出发进行固定资产的更新、改造、新建等；(5) 生产经营的收益主要来自向市场提供产品和劳务所取得的利润，并以此实现原有资本的保值、增值；(6) 资本循环一般要依次经过购买、生产、销售三个阶段，顺序地采取货币资本、生产资本和商品资本三种职能状态。

资本运营作为崭新的经济学概念，90 年代才在中国被提出。对于资本运营概念的界定，目前在经济理论界观点不一。有人认为，资本运营是按照资本一般规律来经营并优化配置企业全部资本和生产要素的经济活动；有人认为，资本运营是高层次的、以资本的虚拟形式为对象的资本经营活动，即资本的运作。我们同意后一种看法。因为，在我国的经济改革实践中，资本运营是作为与生产经营相对应的概念提出并加以利用的。因此，我们通常所说的资本运营，是一个狭义的概念，主要指可以独立于生产经营而存在的，以价值化、证券化了的资本或可以按价值化、证券化操作的物化资本为基础，通过优化配置达到资本价值增值的经济行为及经营活动。

所谓资本运营，是指把企业所拥有的各种类型的存量资本变为可增值的资本，通过流动、裂变、组合、优化配置等各种方式进行有效运营，以最大限度地实现增值。这实际上是控股公司发展到一定规模和阶段时必定要采取的战略选择。现代大型的控股公司必须充分利用资本市场，改变资本结构，吸纳外部资源，剥离不良资产，进行组织和制度创新，从而延长企业的生命周期，达到低成本、高效益的目的。可以说，现代市场经济意义上的资本运营是以利润最大化和资本增值为目的，以价值管理为特征，通过生产要素的优化配置和产业结构的动态调整，对企业的全部资产（包括流动资产、固定资产和无形资产等）进行综合、有效经营的一种经营方式。

资本运营与生产经营有所不同。它能跳过产品这一中介，以资本直接运作的方式实现资本增值，或是以资本的直接运作为先导，通过物化资本的优化组合提高其运行效率。资本运营有以下特点：

1. 资本运营的主要对象不是产品本身，而是价值化、证券化了的物化资本，或者说是可以按价值化、证券化操作的物化资本。资本运营虽然极为关心资产的具体形态及配置，但更为关心资本的收益和市场价值，以及相应的财产权利。

2. 资本运营的核心问题是如何通过优化配置提高资产的运营效率，以确保资本不断增值。因此，其运营方式主要采取两种形式：一是转让权的运作，二是收益权和控制权的运作。

3. 资本运营的收益主要来自于生产要素优化组合后生产效率提高所带来的经济收益增量，或生产效率提高后资本值的增加。从根本上讲，资本运营收益是产业利润的一部分，一般表现为较高的投资收益与较低的投资收益之间的差额。

4. 资本运营一般要求企业全部财产资本化，并以获得较高的资本收益率为目的进行运作，因此，资本运营中的资本循环与生产经营中的资本循环不同。例如：它可以表现为货币资本和虚拟资本两种形态，有时也可以表现为生产资本、货币资本、虚拟资本三种形态。

尽管资本运营有其明确的内涵边界和不同于生产经营的若干特点，但是，资本运营仍然属于企业经营的范畴，因此，资本运营与生产运营有着不可分割的联系。否则，资本运营将成为空中楼阁，有可能促成一种“泡沫经济”。

第四节　政府行业管理部门改组为国有行业性控股公司

一、组建国有行业性控股公司的基本途径

1995 年以来，我国国有经济改革向纵深突破的战略目标之一，就是将政府中的行业管理部门改组为行业性控股公司。这是国有资产管理部门一直探求的建立国有资产双层委托—代理经营体制的延续，也是近几年来组织国有资产授权经营试点工作的延续。

组建国有行业性控股公司包括两个层次：一是将现有的全国性行业总公司和行业管理部委改组为国有控股公司；二是将地方政府的国有企业主管局改建为新型的国有控股公司。这里重点分析第一种行业性控股公司。

1982 年 2 月，国务院决定将原第六机械工业部率先改组为第一个全国性行业总公司——中国船舶工业总公司；此后又陆续建立了有色工业总公司、兵器工业总公司、汽车工业总公司、航天工业总公司、石油化工总公司、石油天然气总公司等。这一改革的初衷，是想精简政府机构，实现政企职能分离，但实际效果并不理想。党的十四届三中全会提出：“按照现代企业制度的要求，现有全国性行业总公司要逐步改组为控股公司”。在 1995 年确定的 100 家现代企业制度试点

中，将石化、航天、有色三个行业总公司列入改组为行业性控股公司的试点，后来又加入了电力、冶金两个行业管理部委（简称“三加二”）。改组后的国有控股公司不再拥有行政管理职能，不套任何行政级别，完全成为企业性质的专司国有资产经营的经济实体。

地方政府的国有企业主管局改组为国有控股公司，是 1987 年率先在深圳进行试验的。当时成立了深圳市国有资产管理委员会，下设国有资产投资管理公司，同时撤销了一部分行业主管局。投资管理公司专司国有资产的运营，成为下属各国有企业的“老板”，企业原先的行政隶属关系就不存在了。近 10 年来，深圳市投资管理公司做了大量的企业股份制改造工作，并使 34 家企业的股票上市交易。投资管理公司作为国有资产中介经营机构，切断了政府与企业的直接联系，主要负责国有股权的经营，这种改革是具有超前性的。另外，有的地方政府将一个单独的主管局改组为控股公司，例如，1993 年，青岛市一轻局改组为青岛“益青”（“一轻”的谐音）实业总公司，由企业主管局转变为国有资产经营公司，对下属 15 家国有企业实行受托经营。益青公司按照企业的组织形式要求，撤销了 18 个处室，重新设立 8 部 1 室，将原来的行业管理职能交给市经委的轻工行业管理办公室。

组建行业性控股公司的主要程序是：

1. 组建新型的中央和地方（省级）两级国有资产管理委员会，并界定它们代理国家所有权的权限范围。新的国有资产管理委员会比现在的国有资产管理局拥有更大的所有者权能，将成为国家所有权的统一的也是惟一的代表。按照国有资产实行“国家统一所有、政府分级监管”的原则，明确界定中央和地方两级国有资产管理委员会所管理的国有资产的范围，使每一部分国有资产都有明确的“负责人”。

2. 分解现有政府行业管理部门的机构与职能，按照社会管理与国有产权管理分离的原则，分别进行不同的机构改组。将现有的行业管理部门“一分为二”：一部分继续履行行政性行业管理的职能，把它并入政府综合性经济管理部门中去，其组织机构大幅度削减，做到精而又精；另一部分脱离政府序列，按照企业化方式组建国有行业性控股公司，专司国有资产的经营，各个国有控股公司都是平等的市场主体，不再套政府行政级别。同时，还要规范授权国有控股公司经营国有资产的权能和责任，并将其以正式的受托经营协议书的形式确定下来。

3. 规范行业性控股公司与企业的关系，以资产联结为纽带，使资本运营与生产经营相分离。各级行业性控股公司与其出资的企业之间，是一种投资与被投资的关系，它们都是独立的平等的企业法人，按照公司法的有关规定，享受各自的权益。行业性控股公司对其控股的子公司拥有重大经营决策权和人事任免权；对其参股的企业，与其他股东一起按其持股份额享有权能和承担责任。

二、国有行业性控股公司的属性及其组建的意义

按照“三加二”改革的设想，行业性控股公司应属于新的国有资产管理体制的第二级委托—代理关系，即国有资产经营机构。它与国家投资公司、国有集团公司、国有综合性控股公司属于同一层次，但它属于纯粹型控股公司。按照目前通行的说法，国有行业性控股公司只从事资本经营，不搞生产经营活动。

国有资产的第一级委托代理关系，是指将国有资产所有权委托给国家国有资产管理机构，它是专司国有资产管理的政府机构。行业性控股公司则采取国家独资公司形式，是参与市场竞争的法人实体，以国有资产的保值、增值为目的，不再兼有行政管理的职能。它与政府国有资产管理机构的关系是受托与委托的关系，与被其控股或参股企业的关系是投资与接受投资的关系。

将政府的行业性管理部门改组为行业性控股公司，有以下几方面的意义：

1. 这一改革有利于转变政府职能，实现“政资分离”。在社会主义市场经济中，政府有两种经济职能，一种是作为公共权力的代表对国民经济进行宏观管理，另一种是作为国有产权的受托人管理国有资产。在传统体制下，政府的两种经济职能被融为一体，造成了政企不分。因此，国有经济管理体制的改革，不仅需要改革国有企业，更需要政府机构的改革。蒋一苇先生曾指出，政企不分的根子在“政资不分”；只有在政府机构设置中就将两种职能分离开来，才能最终实现政企分离。将政府的行业性管理部门从政府机构中分离出来，改组为行业控股公司，无疑是符合这一改革方向的。

2. 这一改革有利于加强对国有资产的管理和监督，促进国有企业的改革。国有企业建立现代企业制度的改革，其核心是实现出资者所有权与法人财产权的分离。两权分离的基础是所有权对经营权的有效监督，否则就会出现经营者损害出资者权益的现象。我国近年来屡屡发生的企业法人代表犯罪的事件，就充分证明了在向企业放权的同时加强国有资产监督机制的重要性。在传统的政企不分的体制下，对国有企业的监督是由政府部门承担的，由于政府机构常常从政治上考虑问题，缺乏严格的经济约束，使这一监督的效率不高。“相比之下，作为经济实体的行业性控股公司则会在经济利益的驱动下，对其授权的法人财产权主体进行更加有效的监督。而政府机构监督数量有限的行业性控股公司要比监督众多的生产经营性企业容易得多。”①

---

① 韩小明：《论行业管理部门改组为行业性控股公司》，载《经济研究》，1996（6）。

3. 这一改革有利于解决国有企业建立现代企业制度中的国有产权代表的规范化问题。建立以国有经济为主体的企业集团和股份公司，需要国有产权关系的明晰化和规范化。国有产权的明晰化，要求国有产权有一个明确而具体的代理人，对国有资产的经营承担保值、增值的责任；国有产权的规范化，要求政府机构不直接参与生产经营活动，不搞任何带有垄断性质的行政性公司。在行业控股公司建立之前，代表国有产权的是政府部门和行政性行业总公司，这使得国有资产的运作十分不规范，成为国有资产流动与重组的一大障碍。组建国有行业控股公司，规范国有资产的投资主体和投资行为，就可以提高国有资产的投资效益和配置效率。

4. 这一改革有利于为政府行业管理部门寻找在市场化改革中的现实出路。政府行业性管理部门是计划经济的产物，在新的市场经济体制下，这些部门是没有生存空间的。但实事求是地讲，改革也必须为这些权力部门找到现实的出路，实现权力与利益的转化，否则就会成为改革的阻力。“所以，积极为这些部门寻找市场化出路是上策。而组建国有控股公司可以使这些部门从传统体制的坚守中走出来，转为能为市场经济体制服务的新形式。”①

三、组建国有行业性控股公司面临的问题

对于将政府行业管理部门改组为行业控股公司的方案，理论界和经济管理部门的许多人士持怀疑的态度。他们提出了一些很难处理甚至是具有挑战性的问题，是值得在这一改革过程中认真考虑和解决的。

1. 担心这一改革搞不好会走过场，搞成新的“翻牌公司”。因为这种控股公司与国外的控股公司不同，它不是由企业的发展与联合自发形成的，而是由政府部门转化而来的。政府机关长期形成的官僚作风和人际关系，绝不可能在短期内改变。况且，政府的行政管理与企业化的资本经营也是根本不同的，不是换个牌子和下个文件就能解决的。

2. 担心这一改革会重新加强政府干预企业的权力，导致旧体制复归。国家国有资产管理局科研所 1994 年就此问题进行的千家厂长经理调查问卷的调查结果显示，企业普遍担心控股公司搞成“翻牌公司”，仍用老一套办法管理企业，“换汤不换药”，只是打出个新牌子。而且，企业原主管部门作为政府机构，只是单一的“婆婆”身份，企业还有个“政企分开”的挡箭牌做保护。而原主管部门改组为控股公司后，“婆婆”变成了“婆婆加老板”，它们可以利用其控股人的地

① 钱津：《论我国国有控股公司的组建与发展》，载《经济研究》，1996（6）。

位，合理合法地对企业进行干预，使企业刚刚争取到的自主权得而复失。

3. 担心资本运营与生产经营分离的提法会造成新的混乱。什么是资本运营？目前各种说法不一。一般的解释是，将资本运营与生产经营区分开，资本运营是指与生产活动相分离的以虚拟资本为对象的经营活动。这样说来，纯粹型控股公司搞的是资本运营。那么，以金融商品为经营对象的投资公司和投资基金，搞的更是资本运营了，它们之间有什么区别？所以，可以说，资本运营是一个尚待科学规范的范畴，这一提法本身就十分模糊。实际上，纯粹型控股公司与被控股企业的关系，本质上是一种出资者所有权与法人财产权“半”分离的关系，“控股”的目的恰恰是要对下属企业的生产经营和人事任免进行控制，而绝不是为了使“资本运营”与生产活动分离。也就是说，在这种关系下，资本运营与生产经营是不可能截然分离的。

4. 担心在某些国有经济占绝对优势的行业（如目前的“三加二”试点行业），会形成市场的经营垄断，阻碍国有资产的流动。有人解释说，以资本运营为主的纯粹型控股公司不会形成垄断，因为垄断总是针对生产经营而言的。这种说法也值得商榷。如果说，投资基金或投资公司搞的资本运营，是以股票、债券、拆借、短期票据、金融期货等作为经营对象，说它们与生产垄断无关或关系不大，这是正确的。然而，对于纯粹型控股公司来说，情况就并非如此了。因为控股公司的目的，是要对被控股企业的生产经营活动进行监督控制，否则控股的意义何在？所以，在这种情况下，资本运营与生产经营常常是密不可分的。特别是对于我国试行的国有行业性控股公司来说，就更是如此。当一个全国性的国有行业性控股公司成为本行业所有的大企业的控股者，并且可以利用其控股地位合情合理地对企业的人事任免、重大决策发号施令时，行业垄断就自然形成了。意大利国家参与制的实践，就可以作为这方面的见证，国有控股公司伊里公司就曾通过对一些国营企业的控股，在金融、钢铁、造船等行业中占据了垄断地位。

也有人说，国有行业性控股公司搞的是资本运营，各个行业控股公司都可以向其他行业投资，这样就可以消除行业垄断，使国有资产流动起来。但是，这一设想要付诸实施并不容易，因为行业性控股公司不会轻易地放弃对任何一个被控股企业的控股权，更不会放弃对自己所在行业的控制地位，否则它就不是“行业性”的控股公司了。

5. 担心组建行业控股公司后，进一步加大国有资产运营的代理成本。因为行业性控股公司与生产性企业集团不同，它不从事生产经营活动，这实际上是在政府与企业之间又加入了一层委托代理关系。在国家所有权主体因过于抽象而不能有效监督的前提下，代理层次的增多，就意味着代理成本的提高和资本运营效率的降低，以及国有资产流失危险性的增加。世界银行专家巴兰先生指出：国际经验表明，国有企业改革在不采用控股公司形式的情况下，收益是显著的。控股公司的官僚机构所造成的经济与政治问题，提示中国需要仔细审查其现存的国有资产管理机制。要本着简化和明确各个部门角色与功能的原则进行改革。只要有可能，国家作为所有者的利益，将由企业董事会代表，而不是通过中介的资产经营管理机构代表，那些大型的、有重大战略意义的国有企业就更是如此。

由于组建行业性控股公司的试点工作时间不长，以上这些问题一时还难以找到明确的答案和解决的方案。但无论如何，这一改革的关键是要使行业性控股公司真正与政府机构脱钩，一定要达到精简政府机构的目的，防止再度出现“翻牌公司”现象。同时要加快有关法律、法规的制定，因为严格地说，《公司法》并不完全适用于国有行业性控股公司。总之，由于试行国有行业性控股公司在世界上尚属首创，没有现成的经验可循，因此，这一试点工作应谨慎进行。与此同时，应当加快“抓大放小”的改革，组建以国有经济为主体的大型企业集团，将国有资产经营权直接下放给国有集团公司的董事会，尽量减少中间的代理环节。

第十六章

中小型企业的股份合作制改革

近年来，随着"抓大放小"战略的实施，国有和集体中小型企业的股份合作制改革越来越引起全社会的关注。股份合作制实质上是一种新型的合作经济，它从农村走向城市、从集体企业走向国有经济。股份合作制改革对明晰企业产权、提高经济效益具有重要意义，但也有很大的局限性。为了促进我国股份合作制的发展与规范，这里就合作制和股份合作制的一些基本理论及改革实践做一探讨。

第一节　合作制经济的产生及其产权基础

一、合作制经济的产生与发展

近代的合作经济是从18世纪开始的。1760年，英国德伍威彻和查特赫姆两地的码头工人，为了反对面粉厂主垄断面粉价格，以合作为基础，开办了两个面粉厂，从而拉开了合作经济的序幕。19世纪初，罗伯特·欧文极力宣扬合作思想，并远渡重洋，到美国印第安纳州创办了示范性的"新协和"公社。不过，资本主义的汪洋大海很快就淹没了欧文的公社孤岛。在此期间，尽管英法等国出现过四五百个合作社，但大多数经营不善，寿命很短，都不具有典型意义。真正具有代表性并在世界合作社运动上留下成功经验的，是1844年诞生于英国罗奇代尔镇的公平先锋社。

罗奇代尔镇距著名工业城市曼彻斯特约40公里，当时该镇只有两万多居民，但纺织业非常发达。一些深受欧文思想影响的工人，把改善自己生活处境的希望寄托于合作社运动，并成功地组织起以零售商业为主的消费者合作社。该社由28名工人发起，每人交1英镑股金，对经营管理实行“一人一票”的原则，合作社盈余按社员在合作社的购买额比例分配，并在盈余中提取2.5%作为社员教育费用。这些都被称为“罗奇代尔原则”。在公平先锋社的带动下，合作社运动很快在欧洲大陆展开。由于各国的社会经济条件不同，合作社的组建形式也有所不同，如英国以消费者合作社为主，法国的生产者合作社最为典型，而德国则以信用合作社为其发端。以后，人们就经常根据这三种模式，将合作社划分为消费者合作社、生产者合作社和信用合作社三种类型。

1937年，国际合作社联盟大会以正式决议的形式，将罗奇代尔原则归结为7条，包括门户开放、民主管理、按交易额分配盈余、股本利息应当限制、对政治和宗教的中立、现金交易、促进社员教育等。此外还有4条附加规定。在1966年国际合作社联盟第23届大会上，将原11条罗奇代尔原则归纳为6条，并改称为“合作原则”，使之不仅适用于消费者合作社，也适用于其他类型的合作社。在1984年国际合作社联盟第28届大会上，对这6条原则又作了进一步修改，并称之为《国际合作社联盟章程》。该章程的主要内容如下：（1）入社自愿；（2）民主管理，基层社员享有同等表决权；（3）对股金分红严格限制；（4）对经济成果分配要公平，先提留公积金、公益金，再按交易额分配；（5）开展合作社教育；（6）为社员和集体利益服务，开展合作社之间的合作。①

从以上分析可以看出，合作经济是一种非常复杂的、并在不断发展变化的经济形式，是劳动群众自发组建的互助互利的经济组织，很难对它做出统一而规范的规定。仅从《国际合作社联盟章程》的6条原则来看，可以将其财产制度归结为以下一些特征：（1）社员入社自愿，对合作社的债务承担有限责任，合作经济组织在法律上享有法人资格；（2）它是劳动合作与生产要素联合的结合体，社员具有投资者与劳动者的双重身份，一般外部人不能入股；（3）承认和保护私人产权，股金与劳动共同参与分配，但以劳动分红为主，严格限制股金的分配比率；（4）社员共同参与管理，实行“一人一票”的原则；（5）互助互利、为社员服务是合作经济的基本宗旨，但也不排除以营利为目的的生产经营活动。

---

① 参见周万钧主编：《合作经济概论》，17页，北京，中国商业出版社，1987。

二、合作制经济的产权基础

从表面形式看，合作经济与我国传统的集体经济的财产制度有些相似。在两种经济形式中，劳动者都是企业的主人，他们共同参加劳动，共同参与企业管理，都要按劳动贡献进行分配，等等。但二者更有本质的差别：合作经济以社员的私人产权为基础，个人股金要参与分配，并在退出合作社时可以撤回；而传统的集体经济是以公有产权为基础，它是对私人产权和按股金分配的彻底否定。

依照我国《民法通则》，合作经济的财产制度属于共有关系，而且是按份共有，社员按自己掌握的股金份额对合作社财产享有所有权；而集体经济的财产制度属于公有关系，它的财产归“集体”公共所有，不能划分到个人名下。财产的共有与公有的法律性质是不同的。主要表现在：(1) 共有财产的主体是多个共有人，而公有财产的主体是单一的“集体”。(2) 公有财产已经脱离个人而存在，它既不能实际分割为个人所有，也不能由个人按照一定份额享有财产权利，在法律上任何个人都不能成为公有财产的权利主体；而共有财产没有脱离共有人存在，特别是在公民个人的共有关系中，承认和保护公民对共有财产享有的私人所有权。(3) 单个公民加入或退出公有组织，不影响公有财产的完整性（或者说，加入时不必投入 1 分钱，退出时也不可带走 1 分钱）；而单个公民进入或退出共有经济组织，将会对共有财产产生影响，如社员退出合作社时，应能撤回他的股金。①

有人会提出，列宁在《论合作社》中曾反复强调合作企业是集体企业。他说：“在私人资本主义下，合作企业与资本主义企业不同，前者是集体企业，后者是私人企业”；“合作企业首先是私人企业，其次是集体企业”；“在我国现存制度下，合作企业与私人资本主义企业不同，合作企业是集体企业”②。然而，不能以此就将合作经济与传统的集体经济混为一谈。因为列宁在这里只是从一般含义上使用“集体”的概念，说明合作经济的所有者是由多个劳动者构成的。列宁从未使用过“集体所有制”的范畴，这一范畴是后来斯大林在实行“农业集体化”运动时提出的，并把它明确定义为公有制的一种低级形式。因此，不能将列宁所讲的“集体企业”与我国现行经济体制中传统的“集体所有制经济”等同起来。

应当指出，合作经济与集体经济的本质差别，并不影响前者对后者的包容。实际上，在我国的股份合作制改革中，不仅可以将社员的个人股金集中起来，同时也应当允许职工集体所有的财产的加入，并使之与其他社员的私人财产按照合

---

① 参见佟柔主编：《中国民法》，282 页。

② 《列宁选集》，3 版，第 4 卷，772 页，北京，人民出版社，1995。

作原则享有平等的权利，如按股金分红、“一人一票”参与民主管理等。正因为如此，我们可以将股份合作制看做是“集体经济的一种新的组织形式”①。但反过来，在传统集体所有制经济中却不允许有合作经济的成分，因为作为公有制的集体所有制经济否定了私人产权，否定了按股金分红的原则。

此外，合作经济与股份经济也有一些相似之处，比如它们都有多个出资者，都实行“民主”化经营管理，“都应当被看做是资本主义生产方式转化为联合的生产方式的过渡形式”，也都是对资本主义生产方式的“扬弃”。但是，二者毕竟有显著的本质差别。主要是：(1) 二者联合的主体和内容不同，合作制是以劳动联合为基础，股金联合处于从属地位，外部人一般不得持股；而股份制是以资本联合为基础，“认钱不认人”。(2) 二者的“民主”管理的原则不同，合作经济实行的是“一人一票”，而股份制实行的是“一股一票”，公司实际上为大股东所控制。(3) 二者的分配原则不同，合作经济实行的是按劳动贡献分配，限制股金收益；而股份经济实行的是按股金分红。正因为二者有着“水火难容”的本质差别，所以，将股份合作制看做是股份制与合作制的“混合物”是不妥的，只能说股份合作制是采取了股份制某些做法的新型合作经济。

第二节　合作制经济的历史进步性与局限性

一、合作制经济的历史进步性

对于资本主义制度下的合作社运动，马克思给予了很高的评价，他说：“工人自己的合作工厂，是在旧形式内对旧形式打开的第一个缺口……资本和劳动之间的对立在这种工厂内已经被扬弃”，“资本主义的股份企业，也和合作工厂一样，应当被看做是由资本主义生产方式转化为联合的生产方式的过渡形式，只不过在前者那里，对立是消极地扬弃的，而在后者那里，对立是积极地扬弃的。”②

但同时也应看到，资本主义制度下的合作经济是建立在空想社会主义理论基础之上的，它只是试图通过工人联合劳动来改变劳动者的生活，并未触动资本主义的根基，因而也逐步为资产阶级所接受。正如马克思所说：“不管合作劳动在原则上多么优越，在实际上多么有利，只要它没有越出个别工人的偶然努力的狭隘范围，它就始终既不能阻止垄断势力按着几何级数增长，也不能解放群众，甚

① 国家体改委：《关于发展城市股份合作制企业的指导意见》，载《人民日报》，1997－08－07。

② 马克思：《资本论》，第3卷，497～498页。

至不能显著地减轻他们的贫困的重担。”正因为如此，资产阶级一开始总是想把合作经济铲除在萌芽中，后来却“令人发呕地捧起它的场来了”①。

因此，自18世纪末以来，合作社运动虽然从来没有停止过，但它并没有、也不可能根本改变工人的社会地位，甚至连它自身的生存也很艰难。合作社运动的实际情况表明，只有以零售商业和为社员提供服务为主的消费者合作社办得比较成功，而在劳动密集行业组织的生产者合作社的失败率却一直很高，它在各国经济中一直未能占据较为重要的地位。例如，20世纪初，在英国有130多个生产者合作社，而到60年代末，只剩下23个。

二、合作制经济的局限性

合作社运动失败率高的原因，在于合作经济的产权制度所固有的局限性，这种局限性主要表现在资金限制和管理方式限制两个方面。

1. 由于合作社社员多是普通劳动者，资金筹集能力有限，难以形成大资本。而且据调查分析，社员普遍存在急功近利心理，“吃种子粮”现象严重，使本来就紧张的资金更加捉襟见肘。这样，合作经济特别是生产合作社，不可能是资本家企业的竞争对手，日趋衰落是总的趋势。生产合作社的出路一般只有两条：一是破产，这是大多数合作社的最终结局；二是吸收外部股份，雇工剥削，转化为资本家企业。所以，列宁在《论合作社》一文中指出：“自罗伯特·欧文以来所有的旧日合作社工作者的计划都是幻想”②。

2. 合作经济的管理制度，也限制了资本规模的扩大。合作社强调实现劳动者自愿的与民主的管理，实行“一人一票”原则，这可以说是合作经济的最大优势。然而，实际上，这种优势并未得到很好的发挥。随着合作社规模的扩大，非社员的专业管理人员的作用越来越大，而社员对管理的参与热情必然不断下降，“只有少数在晚上志愿参加公共管理工作”③。这就是说，合作经济的管理体制最适合于小型企业，而不适合于大型企业。如果说资本所有权与经营权的分离是社会化大生产的必然产物，那么，它与合作经济“一人一票”原则的矛盾就是难以解决的。

三、合作制经济在20世纪的发展

为了保持合作经济的合理性，克服它的局限性，人们一直在探索合作经济改

---

① 《马克思恩格斯全集》，中文1版，第16卷，12、13页。

② 《列宁选集》，3版，第4卷，772页。

③ 《新帕尔格雷夫经济学大辞典》，中文版，第1卷，719页。

革的出路，并使得合作经济出现了一些新的变形。例如，20 世纪 70 年代，合作社运动经历了一个重要的复兴阶段。在英国，一个特殊的实体——工业公共所有制运动（ICOM），开始组织超出国际合作社生产联盟的基本结构的新合作社。英国贸易和工业大臣托尼·本是其主要倡导者，所以这种合作社也叫"本"合作社。它的主要做法是，政府向一些破产或面临倒闭的企业注入资金，并发动职工对企业实行合作社方式的管理，也就是在国家参股的股份制企业中，实行合作制的管理方式。尽管这一试验由于种种原因很快就失败了，但它对社会的影响是不能低估的。

西班牙的蒙德拉贡合作联合公司，以其新型"股份合作制"的成功经验，引起了国际经济界的极大关注。这个集团的基础是 1956 年创办的一个合作社，经过 30 年的努力，已经发展成为拥有工业、金融和供销三个集团、140 多个合作制企业、2.5 万职工和 90 多亿美元资产的大型企业集团。蒙德拉贡的成功，得益于其别具特色的产权制度。主要表现在：（1）以个人所有与集体共有相结合为其产权基础，既保存了劳动者个人所有权，又明确有一定比例的不可分的共有财产。（2）社员入社时要缴纳相当于 1 年工资的股金，股金不分红，只支付高于银行存款利率的利息。（3）社员收入有三部分，一是工资，二是股金利息，三是企业纯利中分给个人名下的部分。分红部分是按职工的劳动贡献分配的，只能记载到内部资本账上，以后每年可提取 7.5% 的利息。（4）社员退休时可以不退股；职工在合作社之间调剂，其股金可以在集团内流动；社员提出退社退股，要经过社员大会讨论，如同意退股，要用企业税后利润的一部分分期返还。可见，该集团内虽有巨额不可分割的共有财产，但个人产权关系是清晰的。[①]

第三节　发展股份合作制经济是我国的长期国策

一、社会主义合作制经济的新使命

在社会主义条件下，合作经济的性质和地位都发生了深刻变化。它被赋予新的历史使命，这就是组织广大小生产者进行联合劳动，引导他们逐步走上社会主义道路。恩格斯在《法德农民问题》中指出："当我们掌握了国家政权的时候，我们决不会考虑用暴力去剥夺小农（不论有无报偿，都是一样），像我们将不得不如此对待大土地占有者那样。我们对于小农的任务，首先是把他们的私人生产

---

① 参见肖维湘：《有必要研究西班牙股份合作制经验》，载《中外管理》，1994（7）。

和私人占有变为合作社的生产和占有，不是采用暴力，而是通过示范和为此提供社会帮助。”① 列宁在《论合作社》一文中也指出：“使俄国居民充分广泛而深入地合作化，这就是我们所需要的一切”；“在采用尽可能使农民感到简便易行和容易接受的方法过渡到新制度方面，这种合作社具有多么重大的意义”。②

以上分析表明，马克思主义关于社会主义条件下合作社运动的指导原则，同国际合作社联盟的基本原则有一致的地方，如入社自愿、民主管理、按劳动分红等，但二者更有本质的、原则性的区别。主要表现在两个方面：一是出发点不同。马克思主义把合作制作为改造小私有制的一种途径，要通过合作制将小私有制转变为具有社会主义合作性质的共同占有和生产；而西方国家的合作社主要是为了减少中间商的盘剥，维护社员的个人利益。二是归宿点不同。马克思主义把合作社作为引导农民和其他小生产者走向社会主义公有制的中间环节；而西方国家的合作社运动是继承空想社会主义思想，试图通过合作社改良资本主义制度。总之，在社会主义条件下的合作经济，已经具有了初步的社会主义性质，发展合作经济不仅同建立公有制基础的目标是一致的，而且是改造小生产者的必由之路。

但是，无论是苏联、东欧国家，还是中国，在实行合作化的进程中都存在“急于求成”的问题，没有充分考虑本国生产力发展状况和农民的自愿程度，急于将各种个体经济改造为合作经济，又急于将合作经济改造为集体所有制的公有经济。我国政府是在1952年提出农业合作化方案的，应当说，这一方案是符合中国国情的，这一方案的实施是一次具有深远意义的社会变革。合作化运动开始的几年也搞得相当成功，极大地促进了我国农业和农村经济的发展，但从1955年下半年开始，便出现了“要求过高，工作过粗，改变过快，形式也过于简单划一”的问题。到1956年底，参加农业生产合作社和参加高级社的农户，分别占全国农户总数的96%和88%。特别是在1958年中央北戴河会议后，轻率地发动了“大跃进”和人民公社运动，全国农村在两个月内就人民公社化了，建立起了“政社合一”的体制，农村合作经济转瞬之间就变成了集体经济。与此同时，城镇的个体工商户也完成了向合作经济和集体经济的两步转变。这样，合作经济在我国基本上就名存实亡了。

二、“先生孩子后起名”的股份合作制

在传统的农村集体企业中，一直存在着一个难以解决的重要问题，这就是集

① 《马克思恩格斯选集》，2版，第4卷，498～499页，北京，人民出版社，1995。

② 《列宁选集》，3版，第4卷，768页。

体财产所有权主体“缺位”与行政干预“越位”的问题。从法权关系说，乡镇企业集体财产的所有者是明确的，这就是企业全体职工的“集体”。但是，在实际经济生活中，由于这个“集体”是流动状态的：新职工入厂时，不掏1分钱就可以成为集体财产的主人；老职工离厂时又不能带走1分钱，职工很难体会到自己是集体财产的主人。由于集体企业的产权关系操作时不够明晰，全体职工对集体财产难以行使所有者的权利，这就出现了所谓集体财产主体的“缺位”问题。这一问题的最好验证，就是山东诸城市在进行股份合作制改造时，出售乡镇集体企业所得到的资金，说不清应该归谁所有，只得作为“待界定财产”，由国有资产管理局代管。

为了解决“缺位”问题，需要构造一个权力机构，代表全体职工行使所有权。在现实生活中，地方政府由于其特殊的政治地位，就“越位”掌握了集体企业控制权，对集体企业拥有经营决策权、人事任免权和剩余索取权。这就造成了政企不分，使集体企业变成了“二国有”。由于“缺位”与“越位”问题的存在，使得集体企业的产权关系比国有企业更加模糊不清，集体财产的流失也更加严重。

《人民日报》的记者在广东省宝安县横岗镇采访时，村干部向他们反映：初级社时，农村的产权关系是明确的，除去按劳动分配外，各家入社时的土地、农具等还可以按股分红；高级社以后就糊涂了，“大锅饭”越做越大，平均主义越来越严重，与此相反，群众的积极性越来越低，集体经济的吸引力越来越小。职工对集体所有到底是怎么“所有”说不清楚。前几年，一个村办厂着火，竟没有几个人去救火。所以，不改不行，再不改，集体的家底就真的要糟蹋光了，还有什么共同富裕！①

值得庆幸的是，我国的经济改革率先在农村中进行，广大农民在改革中创造了许多有效的企业组织形式，其中影响最大的就是股份合作制。山东省淄博市周村镇长行村是股份合作制的试验地区之一。1982年，村民在实行“家庭包干”时遇到一个难题：有一些原集体财产，如拖拉机、耕牛等，不便分到个人，于是就“对原村集体财产清产核资，折股量化到人，然后集中进行民主管理”。此外，为了照顾离退休老职工的利益，继续让他们保留了部分集体公股。这样，股份合作制模式基本形成，它以“集体股”和“职工股”的组合为基础，前者实行“一人一票”原则，后者实行“一股一票”原则。②

---

① 参见英长生、蒋亚平：《三级合作，股为基础》，载《人民日报》，1992－11－08。

② 参见崔之元：《股份合作制是个人突破》，载《中外管理》，1994（9）。

此后，股份合作制很快在全国推开，但各地的形式又有所不同。深圳市宝安县横岗镇旱塘村1989年搞股份合作制，全村集体财产经清产核资为46万元，全村42人，满16岁的分1股，不满16岁的只分半股，加上集体股12股，总共42股，每股股金约合1.1万元。他们实行“分清”不“分光”的原则，不仅保留了部分集体股，而且规定分到个人名下的股份，有所有权、受益权，但没有处置权。这样，横岗镇的村级集体资产不但没有分光，而且在增加，3年后，已由6 000多万元增加到2亿多元，农民的个人股也相应增加了。广大农民反映，股份合作制实现了农民对集体财产的实实在在的所有权，股份就像一条无形的纽带，把乡镇集体经济与广大农民紧紧联在一起。股份合作制产权明晰，管理民主，政企分离，像块磁铁把人心吸得牢牢的。

三、股份合作制从农村走向城市

改革十多年来，许多国有企业特别是小型国有企业，虽然经过放权让利、承包制或租赁制的改革实践，但始终没有摆脱困境，一直处于微利或亏损状态。于是，人们开始探索更深层次的改革，即产权制度的改革。这样，股份合作制试点就在一些小型国有企业中悄悄地展开了，并已取得显著的成效。

位于山东半岛南部的诸城市，1992年对市属独立核算的企业进行清产核资和资产评估。其结果令人震惊：绝大部分企业负债率很高，平均在85%左右，不少企业成了没有资本的“空壳”；国有资产和集体资产人人有份、人人不管，政府有关部门摊派多，企业大吃大喝多，资产流失十分严重；企业亏损面高达68.7%，亏损额达1.47亿元。面对如此局面，诸城市自1992年9月至1994年7月，在全市274家企业中全面推行了股份制和股份合作制的改革，成立有限责任公司9家，股份合作制企业203家，其余62家进行了拍卖、租赁、兼并、外资嫁接等形式的改革。在股份合作制改革中，企业如果有净资产，将其折成股份出售给企业职工。出售采取配股认购和自愿认购两种方式，同时规定认股最高限额，使职工之间持股数量大体平等。考虑到企业资金周转困难，国有资产管理局将出售经营性资产的收入部分再以借贷形式给企业使用1年～2年。由于城镇集体企业财产关系的复杂性和模糊性，其资产出售价值由国有资产管理局作为“待界定资产”专项代管。通过改革，企业经济效益有了大幅度提高，1994年资金利税率达13.7%，人均劳动生产率达2.8万元，比上年提高73.1%，是改革开放以来从未有过的。[①]

---

① 参见臧志风等：《诸城市企业改革的选择——股份合作制》，载《改革》，1995（6）。

上海市从1993年开始，对一些国有小企业进行股份合作制试点。最先实行改制的上海灯具厂，是二轻系统专业生产船用灯具的一家国有里弄小厂，在职职工202人，离退休职工87人。经资产评估，企业净产值由204万元升值为415万元，扣除待处理财产损失和应报废财产40万元，以及87名离退休职工的安置费261万元，剩下100多万元由职工出资一次性买断。职工入股多数为3 000元～4 000元，厂长入股为职工平均数的3倍。改制后，职工积极性明显提高，经营管理人员肩负压力开拓经营，企业税后利润逐年增加。

另一个率先改制的是上海医用恒温设备厂，在职职工86人，离退休职工54人。该厂账面资产113万元，评估后为183万元。经各方协议，由出售方（原上级主管部门）支付离退休职工安置费108万元给买方，他们的生活保障继续由企业承担。厂内职工已认股165万元，平均每个职工入股1万元，中层干部2万元，厂长3万元。现在全厂正在加紧技术改造和深化改革，力争年内实现销售收入和利润翻两番。①

当然，国有小企业的改革不应搞"一刀切"，而应结合企业的具体情况，采取多种形式，如承包、租赁、合营、兼并等。但是，应当肯定的是，股份合作制是国有小企业改革的有效的形式之一，如果能够试验成功，它将具有十分广泛的适用性，有利于解决我国国有经济中的一些深层次的问题。

四、发展股份合作制经济是我国的长期国策

在党的十五大报告中，江泽民对股份合作制作了充分的肯定。他指出："目前城乡大量出现的多种多样的股份合作制经济，是改革中的新事物，要支持和引导，不断总结经验，使之初步完善。劳动者的劳动联合和劳动者的资本联合为主的集体经济，尤其要提倡和鼓励。"这说明，发展股份合作制已成为我国的一项长期的基本国策。可以相信，在建立社会主义市场经济体制的过程中，股份合作制必定会有更快速的发展，它在国民经济中的地位将会进一步提高。这是因为：

1. 合作经济在我国拥有极为深厚的社会土壤，大力发展合作经济应是我国的一项长期国策。根据马克思主义的原理，合作经济是对小农经济进行改造的必由之路，是经济落后国家进行社会主义建设惟一正确的政策选择。中国作为一个发展中的社会主义国家，二元经济结构十分明显，农村人口占全国人口的80%，这就为合作经济的发展提供了广阔的天地。我们过去之所以出现严重的政策失误，归根结底，是对社会主义建设的艰巨性和长期性认识不足。而社会主义初级

---

① 参见王玉丛等：《国有小企业股份合作制改革的有益尝试》，载《管理世界》，1995（4）。

阶段理论和社会主义市场经济理论的提出，清除了急于求成的极左路线的理论根源，为合作经济的稳步发展扫除了思想认识上的障碍。

2. 合作经济在我国拥有深厚的群众基础，有着很强的生命力和广泛的适应性。众所周知，股份合作制既不是由政府授意，也不是由经济学家设计而创建的，它完全是农民群众自发创立起来的，是“先生孩子后起名”。当它出现之后，立即受到广大农民群众的欢迎，也受到许多专家学者的认可和支持。合作经济的产权关系比较明晰，能够更好地调动职工的积极性。在一些集体企业实行股份合作制改造以后，职工由对企业“虚有”变为“实有”，使职工与企业真正成为一个利益共同体，职工的参与热情和企业的经济效益都明显提高。

3. 合作经济可以通过自己的服务网络将各种形式的企业联合起来，配合政府承担某些政策性任务。从西方国家合作社运动同政府的关系看，有一个从强调社会变革、政治中立到积极与政府合作的转变过程。与此同时，各国政府对合作社也由排斥、限制转变为支持和扶植。特别是第二次世界大战后，一些发达国家为了缓解各种社会矛盾，还赋予合作社一些政策性任务，如推进农业政策、扶贫工作、调解劳资矛盾、实行社会福利、发展对外联系等。我国的合作社运动一直在中央政府的领导下进行，各级合作社组织应该在宣传和贯彻有关经济政策方面发挥更大的作用。

4. 合作经济可以通过加强同国际合作社联盟的联系，在我国发展对外经济关系中做出更大的贡献。“国际合作社联盟”成立于 1895 年，100 年来，它不断发展壮大，已成为世界经济中不可忽视的一个经济组织。特别是在第二次世界大战后，它几次修改章程，使合作社原则得到完善和确立。同时，国际合作社联盟为发展各国合作社之间的国际交往和贸易联系，增强合作社组织的经济实力，提供了良好的条件和环境。1985 年初，我国供销合作总社正式加入国际合作社联盟，这不仅壮大了国际合作社联盟的力量，也为我国合作经济走向世界市场创造了有利条件。

第四节　股份合作制的规范发展与制度再创新

一、股份合作制经济的不断规范

在全国城乡广泛进行股份合作制试点改革的经验基础上，国家体改委于 1997 年 8 月 7 日正式颁布了《关于发展城市股份合作制企业的指导意见》（以下简称《指导意见》）。其主要内容如下：（1）股份合作制是采取了股份制一些做法的合作经济，是社会主义市场经济中集体经济的一种新的组织形式。在股份合作制中，劳动合作与资本合作有机结合。劳动合作是基础，职工共同劳动，利益共享，风险共担，民主管理；资本合作采取了股份的形式。(2) 在自愿的基础上，鼓励企业职工人人投资入股，也允许少数职工暂时不入股。职工之间的持股数可以有差距，但不宜过分悬殊。不吸收本企业以外的个人入股。职工离开企业时股份不能带走，必须在企业内部转让，其他职工有优先受让权。(3) 职工个人股和职工集体股应在总股本中占大多数。企业应当设置职工个人股，还可以根据情况设置职工集体股、国家股和法人股。(4) 坚持民主管理，职工享有平等权利。股份合作制实行职工代表大会制度，它是企业权力机构，应当实行“一人一票”的表决方式。职工代表大会选举董事会和监事会成员，也可直接选举和聘任总经理。(5) 企业实行按劳分配和按股分红相结合的分配方式。企业的税后利润应按规定提取法定公积金和公益金。经职工代表大会同意，可以在可分配利润中提取一部分进行按劳分红，用于奖励对企业有贡献的职工。

根据这些规定，应如何判定股份合作制的经济性质呢？现在有三种看法：(1) 新合作经济论。国家体改委在《指导意见》中指出，“股份合作制是采取了股份制一些做法的合作经济”，这种观点也是大多数学者比较一致的看法。(2) 新集体经济论。党的十五大报告指出：劳动者的劳动联合和劳动者的资本联合为主的集体经济，尤其要提倡和鼓励。国家体改委在《指导意见》中也指出，股份合作制是“集体经济的一种新的组织形式”。如前所述，这里需要将股份合作制同传统的集体经济区分开来，因为股份合作制本质上应是以劳动者私人产权为基础的财产共有关系。(3) 股份制是公有制的实现形式。党的十五大和国家体改委的《指导意见》都把股份合作制看做是公有制的一种实现形式。而且，我国宪法也将合作经济定性为集体经济和一种公有制形式。那么，如何看待合作经济中的私人产权呢？有的学者指出，衡量某种经济的所有制性质，不仅由其生产资料所有权的性质所决定，更要由资产的占有和使用方式决定。股份合作制虽然有职工个人股份，但由于劳动者与投资者是统一的，实现了劳动者与生产资料直接结合，所以可以将它归入公有制的范畴之中。总之，对股份合作制的性质还有待进一步探讨。

二、股份合作制改革中出现的问题

推行股份合作制这一新型企业组织制度，其改革的成果已经充分地显现出来。(1) 股份合作制改革明晰了企业的产权关系，使职工的主人翁地位得到真正实现。我国原有的国有和集体企业，都存在着不同程度的产权关系不明晰的问题。企业的财产名义上属于“全民”或“集体”，但由于产权主体过于抽象，职工很难体验到自己是企业的主人，企业的实际控制权掌握在政府部门手里。通过股份合作制改革，职工对企业的“虚有”变成了“实有”，他们对企业的权利与义务也随之明确了。(2) 在传统的国有和集体企业中，内部的民主管理形同虚设。而在股份合作制企业，职工（股东）代表大会是进行重大决策的最高权力机构，实行“一人一票”原则，职工成为企业的真正主人。(3) 股份合作制建立起了有效的利益激励与约束机制。在传统的国有和集体企业中，企业的收益都要上缴，同时企业也不必承担投资风险。而在股份合作制企业，职工要共同承担投资风险，共享经营收益，并使按劳动分红的原则得以实施。这是改革试点企业经济效益提高的原因所在。

在充分肯定股份合作制改革的同时，也要清醒地认识到它的局限性，这样才能准确把握它在企业改革中的地位。当前，一些地方出现了股份合作制模式“一股风”、“一刀切”的过热现象，其思想根源就在于对股份合作制的局限性认识不清或认识不够，以为“一股就灵”。其实，同任何事物一样，股份合作制也有两面性，它既有优越的一面，也有局限的一面。这主要表现在以下几个方面：

1. 股份合作制在资金筹集上的局限性，限制了企业规模的扩张。由于股份合作制只能向内部职工筹集股金，而且职工的股金要基本均等，也就是要向生活困难的职工看齐，这就从根本上束缚了企业的资本扩张能力，使股份合作制只能与小型企业相适应，而小企业在市场竞争中，必然成为大企业欺压和排挤的对象。

2. 股份合作制在管理体制上的局限性，限制了资本所有权与经营权的分离。股份合作制的股权相对平均化所决定的管理民主化，从积极意义上讲，增强了职工的主人翁责任感和参与民主管理的意识；从消极意义上讲，也可能出现职工“过分主人化”的极端情况，与专家理财的潮流不相符合。一些职工会片面地认为，现在企业的股份有我的一份，我就是老板，什么都该问，什么都可以管，从而干扰了企业经营者的正常管理。部分职工为了自己的局部利益，甚至联合起来攻击、威胁经营者，出现了劳动者“倒逼”管理者的现象。

3. 股份合作制在积累机制上的局限性，影响了企业的技术改造和产品升级。据调查分析，股份合作制企业普遍存在积累缓慢、发展后劲不足的问题。究其根源，除了企业本小利微之外，职工存在急功近利心理，要求高回报率，甚至出现“吃种子粮”现象，是又一个重要原因。

4. 股份合作制企业职工在文化素质方面的局限性，使得民主管理的参与率和参与效率有逐步下降的趋势。股份合作制通过股份的纽带，将职工与企业联成利益共同体，职工必然十分关心企业的发展。但是，民主管理的参与及其效率，不仅取决于利益的驱动，更要求有对技术、产品、财务、法规、市场等方面的专门知识。当职工尚不具备这些必需的知识与素质的时候（否则他就可能当上了经营者），自然会对用业余时间参与管理越来越冷漠。可以说，企业的规模越大，这种现象就越严重。

5. 股份合作制企业在承担风险方面的局限性，限制了改革的进程。股份合作制企业职工的投资风险应当是比较大的，这是由小企业在市场经济中的地位所决定的。在进行股份合作制试点改革时，这一问题并没有显现出来，因为改革试点总可以得到或多或少的放权让利的“政策租金”，所以试点总是可以成功的。但是，将试点向面上推开时，“政策租金”取消了，企业面对的是竞争激烈的市场环境，风险自然就充分显露出来。而且，这时的风险已不再由国家或集体去承担，而是由职工个人去承担。这是改革的决策者必须考虑的。

三、对股份合作制再创新的探索

股份合作制的上述局限性，要求我们继续探索股份合作制的再创新之路。克服股份合作制自身局限性的出路，无非是两条：一是探索大幅度提高内部职工持股金额的途径；二是探索股份合作制广泛吸收外部人股份的途径。美国的“雇员持股计划”在这方面可以给我们许多有益的启发。

所谓的“雇员持股计划”，是美国经济学家路易斯·凯尔萨与帕特里西亚·凯尔萨在《民主与经济力量》一书中提出来的。该书作者认为，随着生产由劳动密集向资本密集转化，资本对生产的贡献越来越大，分配也同时向资本倾斜。劳动者要求提高工资的努力，只能加快资本对劳动的替代。这样的结果是：(1) 劳动者不可能享受因科技进步而日益提高的生活水平，“劳动最多只能维持生活，而资本则产生富裕”；(2) 就业问题越来越严峻，“劳动工作是暂时的，而资本工作则提供终身就业”。

为了向普通劳动者“提供一生的舒适和安宁的生活”，该书提出了“雇员持股计划”。其基本原则包括：参与原则，鼓励职工广泛参与企业管理；平等原则，即每个职工所持股份有一个最高限度，以防止垄断；按贡献分配原则，要根据职工的工资水平和贡献大小向职工分配股份；共同管理原则，即职工持有的股份不能自由转让，由职工持股信托委员会统一管理，实行民主决议原则。“雇员持股计划”的实施方案是：(1) 企业提供信托票据担保，由金融机构向职工提供贷款；(2) 成立职工持股信托委员会，扶助职工按市价购买本企业股票或认购公司新发行的股票，并统一管理职工的股票；(3) 职工的股票要放在贷款机构作为抵押，并用股息和部分工资分期偿还贷款，同时取回股票，分到职工名下；(4) 政府给予试点企业一定的政策扶持，如在 1994 年的《雇员持股法》中规定，银行由于雇员持股计划贷款而收取的利息收入，可减少不得超过 50%的所得税，同时公司的所得税、保险税也可在 50%的税级内，这类公司受到进口冲击时可得到政策保护等。目前，美国已有 11 000 多家企业实施了这一计划，使 1 100 多万雇员正在成为本公司的“资本工人”，拥有 500 多亿美元的财产。这样，通过股权纽带，使职工与企业构成了一个真正的利益共同体。①

“雇员持股计划”的融资方案如图 16—1 所示。

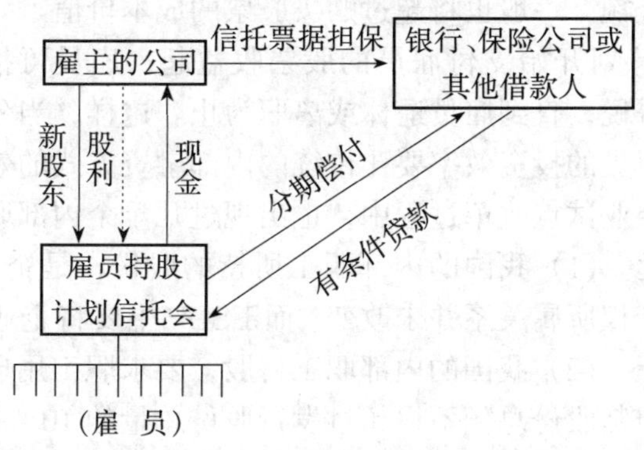

图 16—1 “雇员持股计划”融资方案

“雇员持股计划”融资机制的几个重要特点是：

1. 资金不是像传统做法那样直接贷给公司，而是贷给符合联邦和州税法、有资格成为免除税收的雇员信托机构。这个机构通常包括公司所有雇员在内，信托委员会由 3～5 人组成，由董事会任命，其中可包括少数普通雇员。支付每个人的融资费用期间，每个雇员通过 ESOP 获得的股票数量，应与向雇员支付的年补偿金成比例。

2. 雇员持股计划信托委员会用贷款按股市现值购买公司新发行的股票。如果股票未公开上市，则按财政部和劳工部的规定，根据专家评估的公开价格成交。

3. 信托会交给放款人贷款借据。这个借据可以用、也可以不用股票作抵押担保。如果用股票作担保，则随每一次分期还款的金额而拿回一定的股票，拿回

① 参见［美］路易斯·凯尔萨、帕特里西亚·凯尔萨著，赵曙明译：《民主与经济力量》，62～64 页，南京，南京大学出版社，1996。

的股票被分配到每一个参与者的账户上。公司为信托会归还贷款做出担保。

4. 公司董事会托付投资银行设计所有的贷款条件，确保雇员持股计划购买的股票的收入在税前分期提留融资的本金和利息，并且确保在雇员持股计划向雇员股东支付股利之前，迅速恢复其他股东暂时被冲淡的资产。

5. 因为公司有税前偿还贷款的本金和利息的优惠政策，并且有与融资同步的获利能力，银行给予雇员持股计划融资比较高的资信等级。由于雇员持股计划能得到公司的税前所得以支付购买股票的费用，并减少雇主和雇员的社会保险税，从而减少了公司的资本购置费用。最后，雇员持股计划按信托资产价值给予退休或离职雇员的金额，一般也将超过购买股票的成本价值。

6. 从雇员持股计划开始支付雇员的股票收益起，雇员可推迟缴纳因 ESOP 而获得的收入的所得税，直到雇员退休或离职为止。这样，当公司通过 ESOP 融资时，公司和它的雇员的投资效率要比传统的内部融资方式的效率高。

我国在股份制企业试点改革过程中，也出现过几千个内部职工持股企业，但这与 ESOP 相差甚远。(1) 我国的内部职工所持的股份，是企业新增发的股份，企业原资产存量的产权所属关系并未改变；而 ESOP 主要将企业资产存量的部分股权向职工有偿转让。(2) 我国的内部职工持股，要求职工用现金购买股份，一般实行优惠价格，但其股份总额不得超过发行股份总量的 10%；ESOP 并不要求职工用现金购买股份，而采取向职工提供贷款的方式，这样，职工持股份额就会提高，许多企业达到 50%以上，但购买股票的价格要随行就市。(3) 我国的内部职工所持的股份，按规定是可以自由转让的，只不过有个时间限制；而 ESOP 的目的在于使职工成为企业的稳定的所有者，所以职工股份一般不能自由转让。(4) 我国的内部职工所持的股份，只是由职工个人保管和支配；ESOP 则要求建立职工持股委员会，由职工共同管理，共同行使其股东权能，从而对企业管理和决策产生着重要的影响。(5) 我国的内部职工持股试点企业，目前还没有较为完善的法规，政府对职工持股也没有配套的政策支持；ESOP 则已经成为一种政府的政策行为，受到政府的积极提倡和大力扶持。由此可见，ESOP 绝不是简单地让雇员持有一些本企业股份而已，而是将股份制与合作制有机结合的企业制度的深刻变革。

总之，“雇员持股计划”的成功经验，对于我国中小企业改革具有十分重要的借鉴意义。我们应该继续解放思想，借他山之石攻己之玉，探索股份合作制制度再创新之路，使这一新事物再创新的辉煌。

图书在版编目（CIP）数据

现代公司制度概论/徐茂魁著. 2版
北京：中国人民大学出版社，2006
（21世纪经济学系列教材）
ISBN 978-7-300-07346-0

Ⅰ. 现…
Ⅱ. 徐…
Ⅲ. 公司-经济体制-高等学校-教材
Ⅳ. F276.6

中国版本图书馆CIP数据核字（2006）第050481号

教育部推荐教材
21世纪经济学系列教材
现代公司制度概论（第二版）
徐茂魁 著

出版发行	中国人民大学出版社		
社　　址	北京中关村大街31号	**邮政编码**	100080
电　　话	010－62511242（总编室）		010－62511770（质管部）
	010－82501766（邮购部）		010－62514148（门市部）
	010－62515195（发行公司）		010－62515275（盗版举报）
网　　址	http://www.crup.com.cn		
	http://www.ttrnet.com（人大教研网）		
经　　销	新华书店		
印　　刷	北京鑫丰华彩印有限公司	**版　　次**	2001年9月第1版
规　　格	170 mm×228 mm　16开本		2006年5月第2版
印　　张	22.25	**印　　次**	2018年6月第9次印刷
字　　数	398 000	**定　　价**	48.00元
